유럽문화 속의
독일인과 유대인,
그 비극적 이중주

유럽문화 속의
독일인과 유대인, 그 비극적 이중주

지은이 │ 오한진
펴낸이 │ 송주한
펴낸곳 │ 한울림

기획·편집 │ 김주연 김남중 박보영 유덕전
디자인 │ 이미정 마케팅 │ 이영남 김영석 관리 │ 김영희

등록 │ 제14-34호
주소 │ 서울시 영등포구 당산동6가 374번지 삼성Ⓐ 상가
전화 │ 02-2635-1400(마케팅) 02-2635-8110(편집)

초판 1쇄 발행 2006년 12월 22일
Copyright ⓒ 오한진 2006

ISBN 89-5827-036-5 03180

유럽문화 속의
독일인과 유대인,
그 비극적 이중주

| 오한진 지음 |

한울림

I

우리나라 사람들에게 독일인은 성실하고 근면하며 정직한 모범적인 국민으로 인식되어 왔다. 또한 독일은 철학과 문학의 나라, 음악의 나라로 알려져 있고, 과학의 나라로 높이 평가되어 선망의 대상이 되고 있다. 그런데 이러한 모범적인 국가의 국민이 2차 세계대전 중 왜 그토록 많은 유대인들에게 가혹한 짓을 했을까 하는 데는 의구심을 갖게 한다.

이에 대한 해답은 그리 간단하지 않다. 오랫동안 이어진 중동 및 유럽의 종교·사회·정치사적 환경에서 오는 증후적인 역사인식에서만이 이해될 수 있으며 많은 성찰 또한 요구된다.

유대인들의 디아스포라Diaspora(유배)가 시작되던 때는 로마황제 하드리아누스Hadrianus가 예루살렘을 식민지로 만들었던 서기 131년에서 135년 사이부터다. 유럽으로의 유랑민 가운데는 중부와 동부 유럽으로 쫓기어온 아시케나짐Aschkenasim유대인들이 있고, 북아프리카를 거쳐 이베리아반도 스페인으로 들어온 세파르딤Sephardim유대인들이 있다. 이들 가운데 유럽에서 최초로 박해를 받은 사건은 1066년에 발생한 스페인 그라나다의 학살이었다. 이것은 그라나다 시민의 대다수를 점하고 있던 회교도인과 기독교인들이 1,500가구에 달하는 유대인가족들에게 가한 학살과 추방이었다. 이러한 박해는 십자군 원정시대에 있어 중부유럽에서 다시 발생했으며(1096년), 그 후 20세기에 이르기까지 영국, 프랑스, 독일 등 유럽 각지에서 계속되었다.

박해의 원인은 종교와 경제, 인종적 갈등에서 비롯되었다. 특히 종교적 갈등으로는 중세시대부터 유대인을 신의 살해자(마태복음 27장 25절), 또는 악마의 후손들(요한복음 8장 37-47절)로 저주한 것으로부터 시작되었다.

그러나 유대인들은 이러한 박해상황에서도 살아남기 위해 돈을 벌어 궁중 귀족들에게 환심을 사야했고 국가재정에 기여도 해야 했다. 상류사회로의 진입을 위해 지성적 문화를 쌓아올리는 데 온갖 노력을 다한 것은 물론, 심지어 자신들의 종교를 기독교로 개종하면서까지 동화를 꾀하기도 했다. 그렇기에 유대인들의 공통적인 노력목표는 재산과 지식을 쌓기 위한 '소유와 교양'에 있었다.

이러한 목표는 유대인에게만 있었던 것은 아니다. 이미 유럽시민사회 전체에 있어서도 지속되어왔던 사회문화적 목표였다. 그 때문에 유대인으로서도 유럽사회로의 동화과정에서 자신들의 지위향상을 위해서 소유와 교양을 쌓으려 온갖 노력을 다해야 했다. 마침내 그들은 계몽주의 이후 자신들의 사회적 위상도 높여갔고 유럽문화형성에도 많은 기여를 했다. 이는 마치 서양문화의 원류인 희랍문화가 이집트문화와 바빌론문화를 포함한 중동아시아문화와의 조화를 통해 인본주의사상을 낳게 할 수 있었던 것과 같이 유대인들도 근대사에 들어와서 유럽인의 한 구성원으로 유럽문화를 형성하는 데 일정한 역할을 한 것이다.

그러나 유대인을 바라보는 유럽인의 상념에는 언제나 기독교문화의 토양 위에서 인식하는 종교적 갈등 때문에 그들을 적대시하였으며, 배금주의를 금기시하는 기독교정신이 낯선 유대인들의 고리대금정신에 의해 손상되고 있다고 보았기에 이들에 대한 적대감은 더욱 깊어갔다. 그리고 이러한 감정이 정치적 감정으로 표출되자 유대인들에 대한 사회적 인식은 더욱 멸시와 저주로 일관되었다. 프랑스혁명이 일어나고(1789) 독일의 이상주의철학이 발현되던 시기에도 한편으로는 이성을 바탕으로 하는 자유·평등·박애사상이 그들의 사회적 지위를 높이고 해방시켰음에도, 다른 한편으로는 보이지 않는 사회적 차별이 지속되었다.

유대인들에 대한 편견은 항상 존재했다. 한 예로 칸트의 도시 쾨니히스베르크에서는 이미 1756년에 이곳 최초의 유대교회당이 설립되었고, 18세기 말에 7백 명의 유대인이 그곳에 살면서 쾨니히스베르크대학이 유대교계몽주의의 센터가 되어 있었다. 그런데 칸트가 유대인에게서 받은 인상은 그의 저작 『실용적 관점에서의 인성학』(1789)에서 언급했듯이 "우리들 가운데 살고 있는 팔레스티나사람들은 … 거짓말쟁이라는 근거 없는 소문 속에서 고리대금 정신에만 몰두하고 있다"[1] 하고, 그곳을 여행한 여행자와의 대화에서 유대인을 '사회의 흡혈귀'라고까지 칭했다.[2] 그의 유대인에 대한 인상은 처음에 그리 좋았던 것은 아니다. 그는 유대인의 신앙에 관해서도 모세의 계명을 지켜가며 사는 '유대주의신정론(神政論)'을 위한 '규약종교'로 이해했었다. 이들의 신앙은 '도덕적 마음의 내면세계에서 오는 것이라고 볼 수는 없고 … 윤리적인 것이지만 외부강요에 의해 그들의 부담스러운 의식이나 인습에 부과된 시민적 규약법'이라 했다.[3]

사실 칸트는 이들의 신앙을 인간의 양심과 이성을 묻기 이전에 하나님의 계시를 직접 받은 모세의 계명을 세속적인 통치자로 하여금 윤리적 법규로 실천하게 하는 신정론으로 보았기에 정치적 의미에서 강제성을 지닌 신앙으로 보았던 것이다. 그렇기에 유대교의 규약법은 도덕적 상념의 내면에서 온 것이 아니라 계시라는 외부적 관찰로 해명되는 신앙으로 보았다. 인간에게 부여되는 상벌도 인간행위의 윤리적 개념과 공평성을 떠나서 모든 계명을 실천적으로 충족시키고 있느냐 또는 이탈하고 있느냐에 따른다고 보았다. 그리고 종교적 신앙이란 인간이 지니고 있는 보편적 윤리성을 바탕으로 한 인간의 자발적 양심과 이성적 판단행위에 따라야 하는데, 유대교의 신앙에는 이러한 인간중심의 자발적 의지가 소외되고 계시적 계명만을 따르도록 하는 신정론이 중심축을 이루고 있다고 본 것이다. 그래서 칸트는 생각하기를 인간의 순수한 종교는 기독교를 포함하여 계시적 신앙으로 남아있는 모든 옛 성서구절의 교리를 떠나 인간의 도덕적 양심과 이성의 범주 내에서 신성을

---

1) 참고: I. Kant: Werke Bd. 10. Darmstadt, 1970, S. 517f. A 130.
2) 참고: S. F. Abegg: Reisetagebuch von 1789. In: hg. v. Rudolf Malter: Kant in Rede und Gespräch. Hamburg 1991. Nr. 518. In: Milcha Brumlik: Deutscher Geist und Judenhass. München 2000, S. 14.
3) 참고: Kant: Die Religion innerhalb der Grenzen der blossen Vernunft. 1974. 3. Stücke 2. Abteilung. 2. Stücke 2. Abschnitt. In: R. Eisler: Kant- Lexikon. 1977. Hildesheim/ New York. S. 280.

추구하는 종교여야 한다고 믿고 '유대교의 안락사'가 곧 '순수한 도덕적 종교'가 될 것이라 했다.4) 물론 이러한 칸트의 종교관은 이성종교로서 『이성의 한계 내에서의 종교』(1794)로 분석한 개념이다.

일반적으로 독일의 이상주의철학자들은 칸트와 마르크스를 제외하고는 대부분이 기독교목회자의 가정에서 출생했고, 신학공부로 학업을 시작하였기 때문에 유대교에 대해서는 기독교적 논리로 수용하고 있었다. 유대교를 낮게 평가한 피히테를 제외하고 헤겔, 슐라이어마허, 셸링 등은 유대교를 적극적인 개념으로 그들의 논리에 수용하고 있었다. 헤겔은 변증법적 논리에서 유대교를 고귀한 종교문화의 한 축으로 활용하고 있었고, 슐라이어마허는 인간적으로 유대인 여성과 지성인들과의 접촉을 즐기면서 유대인의 해방적 차원에서 인간의 존엄성을 추구하고 뿌리를 같이 한 기독교정신과 유대교를 연결하려 노력했다. 셸링 역시도 유대인의 문헌과 신비주의사상에 많은 관심을 표명하면서 이를 그의 범신론적 자연주의철학에 수용했던 것이다. 그리고 칸트도 유대인에 관한 편견은 있었으나 그의 계몽적인 철학과 초월적 자아의식의 형이상학에서는 기독교와 유대교 모두가 역사적인 우발성으로 발생된 종교로서 도덕적 유용성에 위대함을 지니고 있다고 보고 종교간의 배타성을 지양하려 했다.

그러나 이들 이상주의철학자들은 대부분 기독교인이었기에 그들의 상념에는 항상 유대교를 거부했건 좋아했건 유대교와의 관계를 끊을 수 없는 것으로 생각하고 동전의 양면처럼 인식해왔다. 왜냐하면 그들의 종교가 아브라함의 후손으로 혈연적 뿌리를 공유하고 있었기 때문이다. 그러나 기독교가 로마제국의 국교가 된 후기고대시대부터는 기독교적 신앙이 유대교전통에 뿌리를 두었다고 할지라도 기독교와 유대교간에는 화해할 수 없는 적대감으로 발전했고 유혈극이 계속되었으며, 19세기에 이르러서는 반유대주의로 전개되고 말았다.

---

4) 참고: I. Kant: Streit der Fakultät. 1. Abschnitt All. Anmerkung. Von Religinssekten. In: R. Eisler: Kant-Lexikon. 1977. S. 280.

II

그렇다면 기독교가 지배하고 있는 유럽, 그 가운데 독일에서의 유대인의 삶은 어떠했을까 하는 문제가 우리들의 물음이다.

독일계 유대인들은 디아스포라 이후 중부유럽권으로 들어온 아시케나짐유대인들로, 이들이 프러시아정부의 공식적인 허락을 통해 독일 땅에 발을 딛게 된 것은 브란덴부르크의 선제후 프리드리히 빌헬름이 내린 선언에 따라 1671년에 50가족의 유대인들이 오스트리아로부터 초청된 일로부터 시작된다. 초청이유는 재정적 도움 때문이었다. 당시 '궁중유대인'이란 재정적 도움이 되는 영주들의 사유재산이었다. 세금도 많이 내고 재정적 자문도 하는 도움이었다.

1700년경 '궁중유대인'이 시나고게Synagogue에서 미사를 올릴 수 있게 허락 받기 위해서는 1인당 150탈러와 말 1필이 요구되었으며, 도시성문을 통과할 때마다 일정한 통관세를 지불해야 했다. 마인츠시에서는 통관세를 지불하여야 할 품목에 꿀과 호프, 목재, 옷, 치즈, 석탄 등 물품에 유대인까지 포함되어 있었다. 결혼하는 데도 특별한 허가가 필요했으며, 어린이가 태어나거나 사람이 죽어도 세금이 부과되었다. 그들에 대한 기독교인들의 차별의식은 대단했다.

그러나 18세기에 들어와서는 재정적 도움이 많이 되는 '보호유대인'들에게 점차 삶의 폭을 넓혀주어 사회적 지위가 향상되어 갔다. 18세기 중엽에 들어와서는 그들 가운데 개화된 교양인이나 지성인들은 처음으로 대학이나 지성인들의 모임 또는 베를린의 살롱에서 독일인의 상류사회와 접촉할 수 있는 기회를 갖게 됨으로써 유대인들의 동화과정이 시작되었다.

그들이 일반적인 시민권을 얻을 수 있게 된 것은 프랑스혁명이 있었던 18세기말부터다. 시민권도 얻고 병역의 의무와 같은 일반적인 의무도 이행할 수 있게 된 것은 이정표상 1812년에 프러시아에서 제정한 유대인법 이후다. 이 법은 유대인들에 대한 차별을 상당부분 제거시킨 법이었다. 그 후 19세기에 들어와서는 유대인들이 독일전체사회에 동화될 수 있는 분위기가 비약적으로 확산되어 유럽 어느 나라에서 보다 독일에서 가장 잘 적응하고 동화될 수 있게 되었으며 사고방식도 독일인과 거의 비슷하게 되었다.

산업혁명 이후로는 독일에서 많은 재정이 필요했으나 기독교에서는 고리대금을 금기시하고 있었기에 유대인들이 이 기회를 활용하여 돈도 벌고 재정적 기여도 많이 했다. 그들은 중소은행들을 많이 설립하였고 선박, 해운, 방직, 출판업 등에도 가담했다. 그럼으로써 그들은 점차 기독교인들의 기업활동에 버금가는 경쟁자가 되었다. 1860년에는 이미 베를린에 유대인은행 수가 독일인은행 수의 두 배가 되었고, 철도, 전기, 화학, 석탄, 중공업에서도 중요한 역할을 했다. 1908년에는 많은 부호들이 생겨 프러시아의 최고 갑부 29가족 중 9가족이 유대인이었으며, 작은 부호들 가운데 5사람 중 1사람이 유대인이었다. 베를린과 여타 대도시에서는 한두 세대를 거치는 동안 유대인들의 사회적 위치가 중산층으로 상승되었다. 베를린에서만도 평균치 이상의 주거환경지역에서 유대인들이 살게 되었다. 1914년 베를린의 총 인구 중 유대인은 5%밖에 되지 않았는데 그들이 내는 세금징수는 전체수입의 3분의 1이었다.

이처럼 산업화와 재산형성의 '소유'과정에서 그들은 많은 결실을 얻었고, 국가재정에도 기여했다. 그리고 그들은 교육문화를 위한 '교양'과정에서도 커다란 결실을 이룩했다. 18세기 모세 멘델스존(1729-1786)의 유대교계몽주의운동이 있은 이후부터 베를린의 유대계 지성인들과 궁중유대인, 부호들의 후손들은 '문학적 살롱'을 열고 독일귀족과 지성인들과의 사교모임을 갖게 되었다. 이러한 만남들은 독일지성인들과의 첫 번째 접촉이 되었다. 그리고 그들은 이러한 만남을 통해 자신들의 사회적 위치를 극적으로 변화시켜갔다. 1812년 프러시아의 법 개정을 통해 도시에 사는 유대인들의 거주권제한을 완화시켰고, 학교를 개혁하여 교육기회도 넓혔으며, 사회적 위상도 높여갔다.

1816년에는 프러시아에서 유대인을 포함한 모든 어린이의 60%만이 학교를 갈 수 있었던 것이 의무교육실시로 인해 30년 후에는 80%의 어린이가 학교를 진학하게 되었으며, 1860년 중반에는 모든 아이들이 학교에 진학하게 되었다. 연구와 교수를 통합한 대학의 개혁도 독일대학이 전 유럽에서 선도적이었다. 이러한 교육환경개선 때문에 유대인들의 진학열기도 거의 열광적이었다. 그들은 교육을 위해 기독교인들보다도 더욱 빠른 속도로 도시에 모여들었다. 1871년에는 유대인 5명 중 1명이 도시에서 살게 되었고, 히틀러가 권력을 장악했을 때는 모든 독일계 유대인의 3분의 2가 도시로 모여들었다. 유대인 과반수가 7개 대도시로 집중되었으나 그 중 베를린으로의 집중현상이 가장 두드러졌다.

유대인의 인권해방이 있기 전에는 일반적으로 유대인 아이들은 종교교육만을 받고 있었는데, 이제는 보다 나은 학교와 대학으로의 진학을 희망했다. 상급학교로의 진학은 유대교인이 비유대교인의 진학률보다도 높았다. 프러시아에 있어 1880년도 상급학교로의 진학률은 신교기독교학생들이 1,000명 당 5.2명의 학생이 진학했고, 가톨릭학생은 2.3명의 학생이 진학했다. 그런데 이에 반해 유대교학생은 33.6명이나 진학하는 놀라운 현상이 벌어졌다. 베를린에 있어서는 도시인구의 5%만이 유대인인데 그곳 도시의 김나지움(인문계 고등학교)에 진학한 학생은 4명 당 1학생이 유대인이었다. 이러한 현상은 대학에 있어서도 마찬가지다. 19세기 중반에 있어 대학 진학률은 인구비율로 보아서 유대계 학생이 독일계 학생들의 배가 넘었다. 19세기말 전환기에는 인구비율로 유대계 등록학생이 독일계 학생의 8배가 되었다. 유대인들은 참으로 배움에 굶주린 사람들 같았다. 그래서 이들은 '교양'과정에 있어서도 결실을 얻어가고 있었으며, 학업 후의 직업선택도 넓혀가고 있었다.

그러나 이러한 현상이 벌어지자 독일인 사이에서는 유대인에 대한 원한과 분노가 높아질 수밖에 없었으며 그로 인한 차별도 계속되었다. 19세기 말만해도 유대인들은 아무리 돈이 많고 지식이 높다 해도 일반적으로 공공관리직이나 군인이 될 수 없었다. 의사나 변호사, 그리고 학자는 될 수 있었어도 우체국과 철도국직원 같은 공공관리인은 될 수 없었다. 대학들도 국립이었기에 유대인이 공개된 교수직에 오른다는 것은 거의 힘들었다. 대부분이 자유

직업인으로 학문과 문화예술영역에 종사하였고 변호사나 의사로 일했다. 1910년경에는 독일변호사의 16%가 유대인이었고, 바이마르공화국에 와서는 의사의 10%, 치과의사의 8%가 유대인이었다. 그리고 학문과 연구분야뿐만 아니라 연극인, 작곡가, 지휘자, 언론인, 출판인, 작가, 문학비평가 등 모든 문화분야에서 많은 유대계의 문화인들이 배출되었다. 이때부터 독일계 유대인들은 이중적 정체성을 지니면서 독일에 동화되어 공생하는 상태였다. 단지 종교적 개종과 동화를 거부하고 유대교정교회만을 신봉하는 소수그룹만이 지온주의를 추종했다.

20세기에 들어와 1차 세계대전이 발발하였을 때 이미 유대인들은 독일에 대한 애국심이 독일인과 마찬가지였다. 10만 명의 독일계 유대인들이 전선에 달려갔고, 3명 중 1명이 훈장을 받았으며, 2천 명 이상이 전선에서 장교로 승진했다. 그리고 1만 2천 명이 전사했고 많은 부상병이 속출했다.[5] 그런가 하면 바이마르공화국에서는 유대인들의 활동영역이 모든 공개생활에 허용되어 공직에서도 출세할 수 있었다. 대학교수도 많아졌고, 극좌에서 극우에 이르는 사상가도 나오고 장관도 나왔다. 그렇지만 이러한 유대인들의 동화와 공생과정 속에서도 반유대주의는 보이지 않게 계속되어왔다. 그리고 히틀러가 권좌에 오르자 불행히도 1933년부터 독일계 유대인들의 공생은 실종되어 대량학살이란 상상도 할 수 없는 세계적 비극이 시작된 것이다.

그렇다면 독일과 인접한 프랑스나 영국에서는 어떠했을까? 이곳에서도 이미 로마의 카이사르 때부터 살아왔던 유대인에 대한 추방과 학살이 계속되었다. 프랑스에서는 이미 8세기 칼 대제가 사망한 후 831년과 846년에 리용에서의 추방사건이 있었고, 십자군원정이 있던 1095년에는 프랑스동부지역에서 피나는 박해가 있었다. 루이 6세와 7세 때에는 추방이 다소 완화되었으나 다시 1171년에 블루아에서 30명의 유대인을 불에 태워 죽이는 사태가 발생됨으로써 무서운 살상의 신호탄이 올려졌다. 1181년에는 파리에서의 추방이

5) 참고 : W. Michael Blumenthal : Die unsichtbare Mauer. München. 2000. S. 15-27.

진행되었고, 1191년에는 전국으로 확산되었다. 그러다가 필립 아우구스트 Ⅱ세 때는 다소 완화된 조건으로 유대인들의 재진입이 허락되었으나 필립 4세 때 다시금 유대인 1만 명이 프랑스로부터 추방되었다. 1315년 루이 10세는 추방된 그들을 다시 되돌아오게 하였으나 1320년~1321년과 1349년에 다시금 그들에 대한 대량학살이 전국적으로 확산되었고, 1394년 칼 6세 때는 모든 프랑스계 유대인을 추방하기에 이른다. 그러나 18세기에 들어와서는 기독교로 개종한 스페인계 유대인들을 받아들임으로써 점차 유대인들이 프랑스에 정착할 수 있게 되었으며, 시민혁명 후인 1791년에는 그들 모두에게 시민권이 부여되었다. 하지만 유대인에 대한 편견은 계속되어 19세기말 드레퓌스 사건(1894-1906) 같은 부당한 사태가 발생하기도 했다.

프랑스계 유대인 포병장교 드레퓌스는 우연히 스파이사건에 연루되어 종신형을 받게 되었다. 이에 가톨릭성직자들과 극우파민족주의자들은 그를 변호하는 극좌파변호인들과의 싸움에서 사건을 반유대주의적 증오로 몰고 갔다. 그러자 드레퓌스를 구하려는 공화주의자들은 리가의 인권선언을 제정하게 하고, 에밀 졸라는 1898년 1월 13일자 일간지 <오롤 *L'Aurore*>에 '나는 탄핵한다'라는 서한문을 발표함으로써 그의 무죄를 호소했다. 그래서 그는 대통령으로부터 사면을 얻게 되고 복권되었던 것이다(1935). 이 사건은 에밀 졸라의 편견 없는 변호를 통하여 지성인들의 공개적인 참여정신을 일깨운 일이 되었으며, 유대인들에 대한 생존권을 시민적 차원에서 확인한 새로운 인권운동이 되었다.

그렇다면 영국에서는 어떠했을까? 영국에서도 유사한 역사적 과정을 밟아 왔다. 1041년 에드워드 신앙고백자는 유대인과 그들의 재산을 왕실재산으로 선언했다. 그리고 브리타니아를 정복한 통치자 빌헬름은 1066년에 유대인들의 인두세를 인상하여 재정수입을 높이려는 목적으로 기독교로 개종한 유대인들에게 그들의 신앙을 다시 되돌려주었다. 그러나 3차 십자군원정에 참여했던 리처드왕은 노리지와 요크 등 여러 도시에서 유대인집단마을에 대한 공격을 감행한 바 있었고, 1264년에는 런던에서 반유대주의적 박해가 자행되었다. 그 후 박해의 강도는 더욱 심해져 1290년 에드워드 1세에 와서는 영국에서 유대인들이 완전히 추방되었다. 그로부터 500년이 지난 올리버 크롬웰의 집정기에 와서야 비로소 유대인들에게 다시금 영국으로의 진입이 허용되었다. 그때부터 유대인들의 공생은 관용적인 입장에서 가능해졌다.

Ⅲ

본인은 이 책에서 기독교적 유럽사의 정치·사회·문화적 배경 속에서 유대인들이 어떻게 유럽을 유랑하게 되었으며, 어떠한 삶의 형식을 통해서 살아왔는가, 유럽인에 동화되어 공생하는 과정에서 현지인들과의 관계는 어떠했나를 여러 문헌과 독일문학, 그리고 정신문화를 통해 탐색하고자 한다.

우선 Ⅰ부에서는 유대인들이 독일중세문학에 어떠한 모습으로 투영되어 있으며, 계몽주의 이후 근세문학에는 어떠한 인상으로 묘사되어 왔는가를 알아보았다. 물론 여기에는 유대인들에 대한 적극적인 모습과 부정적인 모습도 함께 있다. 그리고 근세사에 들어와 유럽에 있어서의 반유대주의적 편견은 어떠했나를 유럽비평가들(두루몽과 듀링 등)의 목소리를 통해 소개했다. Ⅱ부에서는 독일민족의 정신사적 정체성을 이해하기 위해 그들의 윤리적 전통과 삶의 인습들이 독일문학과 사상적 문헌에 어떻게 묘사되어 왔으며, 외국인이나 비평가들의 눈에는 어떠한 모습으로 인식되어왔는가를 찾아보았다. 그리고 독일인의 생활양식 속에서 독일인의 특성을 가장 잘 나타내고 있는 생활문화는 어떠한 것이 있으며, 그들이 가장 사랑하는 숲과 강물의 자연문화에는 어떠한 독일인의 정신사와 역사가 스며들어 있는가를 독일문학과 사상을 통해 짚어보았다.

유대인들은 종교적 갈등 속에서 참으로 많은 어려움을 유럽 각지에서 겪으며 살아왔다. 때로는 중세시대로부터 성체 빵을 훔쳤다는 '성체(聖体) 사악범'으로 박해도 당했고, 때로는 '인신제물'을 위한 어린이 유괴범으로도 박해를 받았으며, 때로는 유럽에 페스트가 창궐했을 당시에 유대인들이 기독교인을 말살시키기 위해 '우물에 독극물을 투여했다'는 소문으로 대량학살을 당하기도 했다.

'성체 사악범'으로 희생된 첫 번째의 경우는 1290년 파리에서 발생한 사건이며, 그 다음 독일로 번져 1298년 프랑켄지역에서의 대량학살로 이어져갔다. 기독교 어린이들을 유괴살인하여 제물로 바쳤다는 '인신제물에 관한 전설'은 영국의 노리지에서 1144년에 처음 발생한 다음, 1168년 글로스터에서 재발되었고, 1171년에는 프랑스의 블루아에서, 1182년에는 스페인 사라고짜에서 계속되었으며, 그 후 독일로 번져 1287년에는 오버 베젤지역에서 가장 커다란 소동이 벌어졌다. 그리고 15세기 말에는 북부이태리와 티롤지방에서 많은 유대인이 학살되는 사태가 일어났던 것이다. '독극물사건'은 1347년에서 1353년 사이 페스트에 의해 전 유럽에서 2천 5백만 명이 사망하였는데, 이를 유대인의 행위로 매도하여 죄를 묻게 한 것이다. 전 유럽인들의 4명 중 1명이 페스트로 희생된 일인데 이를 유대인들의 소행으로 죄를 물은 것이다. 그 후 이로 인해 많은 유대인들이 학살되거나 추방되어 곳곳에서 격리된 게토생활을 하여야 했다. 추방된 사람들은 대부분이 비교적 관용적인 동유럽 쪽으로 옮겨왔기에 폴란드, 체코 등에서 많은 유대인들이 살게 되었다.

이렇게 추방된 사람들 사이에는 자신들의 위로와 보호를 위해 철저한 유대교신앙을 중심으로 한 공동체생활을 영위하였으며, 자신들의 보신을 위한 보조신앙으로 골렘전설을 믿고 있었다. 골렘전설이 처음으로 널리 유포되었던 곳은 체코의 프라하였다. 이에 본인은 작품과 문헌들에 나타난 프라하의 골렘전설들을 종합해 소개해보았다.

이처럼 유럽계 유대인들은 많은 수난과 역경을 딛고 일어선 민족이다. 그들은 살아남기 위해서 자신들의 신앙을 포기하고 유럽의 기독교문화에 동화되어 공생하였다. 그 결과 유럽문화에도 유럽인으로서의 문화적 공헌을 많이 하였다. 그들은 자신들이 구사하는 현지어를 모국어로 삼아 유럽적 영혼 속에 용해된 사람들이었다. 그렇기에 유럽문화를 형성하는 데 크게 일조했다.

이는 독일계 유대인들도 마찬가지다. 이들도 독일어를 모국어로 사용하고 독일문화에 동화되어 살아온 사람들이었기에 독일 영혼에 젖은 국민적 독일인이다. 그렇기에 이들의 문화적 기여는 곧 독일문화의 창출이었다.

이러한 이유 때문에 본인은 독일계 유대인들이 독일문화 형성에 어느 정도 기여했는가 하는 문제들을 독일계 유대인이나 독일지성인들의 작품세계를 통해 음미해보았으며, 그들 지성인간의 정신적 만남도 검토해보았다. 왜냐하면 이들 작품에 나타난 지성인간의 사상적 만남이 곧 독일사회의 문화적 자극을 가져오는 지진계의 바로미터가 되었기 때문이다.

유대인이 독일문화에 가장 큰 기여를 한 부분은 여러 분야에 걸쳐 있겠지만 그 가운데서도 의학과 음악분야에서 두드러졌다. 특히 이 두 분야에서 유대인들이 우수한 재능을 가지고 있다는 것은 너무나 잘 알려진 사실로 토마스 만은 『끈질긴 민족』(1944)에서 이를 거듭 언급하고 있다. "이미 중세시대부터 유대인의사는 아랍인의사들과 함께 지식과 능력 면에서 높은 인지도를 갖고 있었다. 내가 체험한 유대인의사들은 가장 지혜롭고 부드러운 감정을 지니고 있으며 이해력이 깊고 믿을만한 사람들이다. … 혈액검사를 발견한 아우구스트 훤 바사만 같은 선행을 많이 한 정직한 의사도 있었는가 하면, 인간 영혼세계에 대한 인식을 확대시킨 프로이트 같은 심리학자도 있었다. 음악에 관해서는 음악회에서 인간적 경이를 맛보게 한 음악가들이 많았다. 메뉴인이나 호로비츠, 하이페츠, 밀스타인, 제르킨, 루빈스타인, 후버만, 시게티, 슈나벨 등이 있었으며, 지휘자로서 발터와 쿠세비츠키, 오만디 같은 동유럽에 뿌리를 둔 음악가들도 있었다. 그리고 해석학적인 예술인 거장들을 거명한다면 나로서는 현대음악의 창조적인 음악인 대표자로서 구스타프 말러와 아놀드 쇤베르크를 들겠다. 그리고 마지막으로 독일국가주의적 낭만주의 영웅이라 할 수 있는 리처드 바그너의 작품도 마이어베어와 멘델스존의 영향을 받았다는 사실은 부정할 수 없다(아마도 바그너의 아버지가 유대인일지도 모르지만 말이다). 그 외에도 과학분야에 영향을 미친 이론물리학의 대가 알베르트 아인슈타인도 있다. 유대인이 독일의 문화·예술·과학분야에서 많은 기여를 했다는 것은 사실이다."[6]

　이처럼 유대인들이 독일문화에 기여했다는 사실을 거론하면 반유대주의자들은 분노하고 독일작가들 가운데도 불쾌하게 생각하는 사람들이 많다. 그러나 분노하게 하는 내용들이 실질적으로는 유대인들이 독일문화에 기여한 부분이라 하겠다. 독일계 유대인들은 자신들이 와서 살고 있는 나라의 문화를 독일인들처럼 자신들의 조국문화로 생각하고, 독일문화를 '수용하고 창조하는' 역할을 다한 것이다.

　또한 유대인은 '책의 민족'이라 불리는데, "책이란 낱말에는 감수성과 수용성, 영적 성숙과 고통에 대한 인식, 그리고 정신에 대한 사랑이 상징적으로 의미되는 것이다. 그런데 바로 이러한 문학정신을 유대인들이 독일에 기여했다는 것에 우리는 감사하여야 한다"고 토마스 만은 말했다. 그뿐만이 아니다. "유대인 가운데는 영향력이 있고 특출하며 존경받을 만한 교양인이 많다. 그들 가운데는 인격적으로나 문헌적으로 많은 신앙인 동료들로부터도 존경받는 사람들이 있었다. 그들 모두는 대체적으로 국민적 독일인으로서 관심도 끌고 즐겁게 독일문학에 참여하고 있는 사람들이었으며, 그들의 재빠른 통찰력과 이해력은 독특한 위트로 감상적인 대중적 인기를 가져오고 있었다. 그런데 이러한 이들의 감상적인 성격이 가끔 느슨히 생각하고 신중하게 이해하려는 순수 독일인에게는 뜻밖의 독일인 구성원으로 마주치게 된다."[7] 왜냐하면 '감상적 대중인기'를 지니고 있는 국민적 독일인으로서의 유대인들이 '순수 독일인'에게 독일문화의 우호적 요소로 다가섰기 때문이다. 그리고 이처럼 다가선 유대인의 우호적 요소는 주로 독일문화로의 동화과정에서 '수용적이고 창조적인' 문화활동요소로 작용하게 된 것이다.

　그러나 나치시대의 반유대주의에 있어서는 이러한 유대인들의 문화적 참여를 경계하고 증오하고 말살하려 했다. 특히 동유럽유대인들에 대한 증오는 대량학살이라는 참극으로까지 이어졌다. 이유는 '동유럽유대인 전체가 사실

---

[6] 참고: Th. Mann: Ein beharrliches Volk. 1944. Werke. Fischer Verlag. Bd. XIII. S. 510f.
[7] 참고: Th. Mann: Zum Problem des Antisemetismus. 1937. Werke. Bd. XIII. S. 482f.

은 서양예술과 학문에서 놀랄 만큼 수많은 천재와 재능을 갖춘 인재들을 배출한 토양이었으며, 잠재적 문화의 힘을 지닌 저장고였기 때문이다.'[8] 그리고 그들은 '자신들의 인습과 신앙, 무한한 문화의 원천을 간직한 담당자'들이며 '서양의 정신적 모태문화의 생생한 계승자'[9]가 될 것이라 생각되었기에 독일의 반유대주의는 그들을 증오하고 말살시키려 했던 것이다. 하지만 그 반대적 이면을 해석해보면, 이들이 유럽에서 동화되어 살아오는 동안 그들이 유럽인들과 함께 남긴 문화적 유산은 결국 유럽문화에 보이지 않게 남겨진 문화적 기여라고 생각된다. 하기에 이들의 기여는 곧 동화과정 속에서 '수용하고 창조한' 유럽문화의 새로운 부분적 요소가 되고 있는 것이다.

사실상, 유대인들은 독일뿐만 아니라 유럽 각국에서 수십 세대를 거쳐 동화되어 살아오는 동안 문화적으로도 동화되었을 뿐 아니라 혈연적으로도 동화되었다. 그렇기에 그들의 관상학적 모습이나 정신적 영혼에서도 독일화 되었고 유럽화도 되었다. 물론 이들 모두가 그런 것은 아니지만 상당수의 사람들이 동화되는 과정에서 상호간에 문화적 자극을 통해 인종을 초월한 유럽인이 된 것이다. 또한 이러한 과정을 통하여 유대인이 유럽화 되는 것이 유럽에 있어서의 유대인 문제를 해결하는 최선의 방안이었던 것이다.

이에 토마스 만은 1907년 9월 14일에 발표한 그의 에세이『유대인문제해결』(1907)에서 유대인들은 이제 카시딤적 신비주의에 덮여있는 게토유대인 생활에서 벗어나 문화적으로 개화된 유럽인으로 변화하여야 된다는 '유대인 타입의 유럽화'를 거론했다. 특히 유럽인들과 결혼한 유대인이 증가하자 그는 '기독교로의 세례'도 촉구하면서[10] 유럽화로의 동화를 희망하고 있었다.

하지만 이에는 종교사회적 갈등에서 오는 한계와 저항도 만만치 않아 그리 쉬운 일은 아니었다. 유대인의 독일화와 유럽화는 곧 유럽에 있어 국가주의의 해체요소가 된다는 반유대주의적 저항이 있었기 때문에 더욱 그러했다.

---

8) 참고: Th. Mann: Der Untergang der europäischen Juden. 1943. Werke. Bd. XIII. S. 499.
9) 참고: Th. Mann: Ein beharrliches Volk. 1944. Werke. Fischer Verlag. Bd. XIII. S. 509.
10) 참고: Th. Mann: Die Lösung der Judenfrage. 1907. Werke. Bd. XIII. S. 462.

그렇기에 동화과정에서 살아왔던 유대인들의 내면에는 이를 극복하려는 고통이 컸다. 그 결과 그들의 직업에서나 생의 투쟁에서 '경쟁싸움'이 심한 친인척 형제간의 '경쟁자'가 되고 있었다고 토마스 만은 그의 에세이에서 두 번씩이나 언급하고 있다.[11] 토마스 만 자신은 말하기를 "나는 유대인이 아니다"라고 했다. 하지만 독일인 외조부가 결혼한 외조모가 포르투갈-라틴아메리카계의 브라질출신여성으로 로만스계의 혈통을 이어받은 분이었기에 자신도 어머니를 통해 로만스계의 '혼혈'이 흐르고 있음을 시사하고 혼혈인에 대한 사려가 남다르게 깊었다. 그렇기에 그는 '유대인에 대해서도 호의적으로 생각하는 사람'이었다.[12]

따라서 토마스 만은 항상 어머니의 이국적인 미모와 훌륭한 예술가적 재능에 탄복하고 있었다. 그러나 다른 한편으로는 "그녀의 눈에서 빛나고 불꽃 튀는 눈초리가 당시 뤼베크의 착한 시민들에게는 대단한 매서움으로 자극되었다"고 토마스 만의 아들 크라우스만이 회고하고 있어[13] 역시 독일사람에게는 그의 어머니가 낯설게 다가왔음을 알게 한다. 이에 토마스 만 형제들에게는 독일-로만스계 혈통에서 오는 내면적 갈등이 있었기에 독일계 유대인들의 삶에서 오는 내면적 고통을 충분히 이해하고, 그들의 동화과정을 사려 깊게 통찰하면서 작품 속에서도 여러 인물상으로 당시대의 유대인상을 동정적으로 묘사하고 있었다.[14]

"유대인들은 이제 더 이상 기름기가 배인 구부러진 허리에 밖으로 휜 안짱다리와 노름이나 하는 불그레한 손을 갖고 다닐 필요성도 없으며, 낯선 사람처럼 보일 필요도 없다. 이와는 반대로 이제는 책에서나 보는 '찬달라'와 같은 천민의 유대인모습에서 벗어나 유럽의 문명에 동화되고 교양 있는 유대인으로서 자신들의 정치사회적 위치를 높이고 고귀한 유대인으로 살아가야 한다. 그렇기에 유대인문제는 유대인이 유럽인들과 동등한 사람이 되어

11) 참고: ebd. Bd. XIII. S. 640.
12) 참고: ebd. Bd. XIII. S. 459.
13) 참고: Klaus Mann: Der Wendepunkt. Ein Lebensbericht. Frankfurt. 1963. Fischer Bücherei 560/61.
14) 참고: Jacques Darmann: Th. Mann, Deutschland und die Juden. Tübingen. 2003. S. 5ff.

살아갈 수 있을 때까지 시간을 요하더라도 꾸준한 인내가 있어야 한다. 그리고 성숙하고 원숙한 문화적 발전을 통해 서로가 이해하고 공생할 수 있는 시기가 오면 유대인문제는 스스로 자연스럽게 해결되리라 믿고 있었던 것이다. 즉, 유대인이 유럽인들과 '동등한 가문출신의 사람이 된다'는 것은 3세대를 걸쳐서도 성취될 수 없는 일이라 할지라도, 어느 날에는 반드시 이룩될 것이란 것은 의문의 여지가 없다"[15]며, 유대인문제는 유대인이 유럽화 된다는 일반적인 문화발전과정 속에서 해결될 것이라 예견했던 것이다.

사실상 우리도 믿기를 인종간의 종교적 갈등문제는 어느 날인가 전 세계 인류가 서로 동화되어 원숙한 이해를 갖고 공생할 수 있는 고도의 문화적 성숙시기에서만이 가능할 것이라 생각된다. 이 점에 있어서는 토마스 만도 독일에서의 가능성을 예견하고 있었던 것이다. 그는 당시 미국으로의 망명생활을 하였지만 항시 그에게는 독일인으로서의 자긍심과 독일영혼에 대한 애국심으로 가득했다. 그리고 유대인들이 독일에 대한 원한도 가지고 있었다지만, 독일은 이민족을 포용할 수 있는 세계시민적 사상을 지닌 민족이란 것도 일찍이 변호한 바 있다. "독일인은 있는 그대로 세계시민적인 사상을 받아들이고 소화시키려는 민족이다. 이들 민족성 속에는 영원토록 북쪽의 이교도성과 남쪽에 대한 그리움이 함께 공존하여 싸우고 있는 민족이며, 서방의 시민성과 동방의 신비가 함께 혼합되어 있는 민족이다. 이러한 독일민족성의 토양 위에서 반유대주의라는 나무가 뿌리를 내릴 수 있단 말인가? 내가 살고 있는 한 나는 그렇게 묻고 싶다."(1921)[16] 독일인이 배타적인 민족이 아니라 그들 내면에는 포용적인 세계시민사상이 내재하고 있음을 강조한 바 있다.

이 자리를 빌려 말하건대, 본인이 이 책을 집필하게 된 동기는 독문학을 전공한 본인에게 많은 사람들이 질문해오는 것이 독일문학에 관한 것 외에는 역시 유럽에 있어 독일인과 유대인의 정체성이 무엇이고, 어떠한 인연 때

---

15) 참고: Th. Mann: Die Lösung der Judenfrage. 1907. Werke. Bd. XIII. S. 462.
16) 참고: Th. Mann: An Jakob Wassermann. 1921. Werke. Bd. XIII. S. 465.

문에 상호간에 적대시하게 되었는가 하는 것이었다. 그래서 본인은 이에 대한 최소한의 의문을 해소시키는 데 적으나마 일조하고 싶어 이 연구를 시도해 본 것이다. 물론 만족스럽지는 못하지만 말이다.

이제 내 나이 칠십을 넘기면서 정년 후에 써놓은 글들을 한 번 엮어보았다. 그간 자료수집을 위해 후원해준 독일 프리드리히 에버트 재단Friedrich Ebert Stiftung에게 우선 감사하며, 자료를 정리해준 나의 가족과 제자들에게도 고마운 마음을 전한다. 그리고 이 책을 출판해준 한울림출판사에도 감사한다.

2006년 12월 15일
吳 漢 鎭

I부 - 독일인과 유대인, 그 비극적 이중주

I부

독일인과 유대인,
그 비극적 이중주

1장_ 중세문학에 나타난 유대인에 대한 증오

일반적으로 독일을 포함한 서구사회에서 유대인의 역사는 많은 상처로 점철되었다. 고대사와 중세사에서 유대인들은 증오의 대상이 되어 흩어져 살아온 것이 사실이며, 인본주의와 르네상스시대(1470-1600)에 와서도 추방의 서러움은 여전했다. 겨우 계몽주의시대(1720-1785)에 이르러서야 다소 관용적인 대접을 받게 되었으나 이도 일시적이었다. 특히 유대인 모세 멘델스존의 계몽정신과 프랑스혁명 이후부터 유대인 해방과 평등권이 보장되었지만 이 역시 형식적이었으며, 내실에 있어 유대인들에 대한 경계는 지속되었다.

그렇다면 유대인들이 중동으로부터 분산되어 유럽으로 이동해 온 이후 유럽중세시대에 있어서의 모습은 어떠했나를 먼저 제한적으로나마 독일중세문학을 통해 알아보려 한다.

독일에서 제일 처음으로 히브리어주의를 창시했고, 법률학자이자 인본주의자이며 시인이었던 요한네스 로이크린Johannes Reuchlin(1455-1523)은 종교개혁에 반대한 사람으로 유대계 신비주의를 연구한 사람이다. 그는 전래되어온 『유대계 문헌에 관한 평결문Gutachten ueber juedischen Schriften』(1505) 때문에 이단자로 오해받은 일도 있다(1510). 그러한 그가 자신의 『평결문』에서 「무엇 때문에 유대인은 그렇게 오랜 세월 비참하게 살게 되었는가」라는 짧막한 글을 그의 출생지 포르츠하임Pforzheim에서 언급한 적이 있다(1505). 신앙문제에 관한 법적 평결문으로 볼 수 있는 간결한 글이지만 유대인들이 왜 그렇게 죄악시 되고 있는가 하는 문제에 대한 종교적인 해답이 담겨있었다. "유대인들은 자신들이 저지른 죄악Suende과 그릇된 행위Missetat 때문에 신으로부터 오랜 세월 그 이상의 벌을 받게 된 것이며, 이러한 벌은 신의 하인 모세를 통해 언급된 바대로 신의 정당한 조치로 요구하게 된 것이다.(참고 5. Mose 25,2) 그리고 죄가 크면 클수록 벌의 양도 더욱 많아질 것이다"라고 했다. 그의 의견에 따르면, 유대인들이 어려운 생활을 운명적으로 지니게 된 이유는 첫째로 유대인들이 저지른 그릇된 행위 때문이며 이에 따른 그들에 대한 벌은 그릇된 행위보다 더 큰 것이 될 것이라 했고, 바빌론으로 끌려간 70년간의 유형생활보다 더욱 큰 벌이 내려지게 될 것이라 했다. 둘째로 모든 유대인들이 벌을 받게 되었다는 사실도 그들이 저지른 죄악이 전체 민족구성원에 적용된다는 의미로, 이는 신이 내린 벌이기 때문에 유대인이 유대인으로 존재하는 한에는 그들에 내려진 벌은 그들 모두에게 언제나 머물기 마련이라고 본 것이다. 다음으로 유대인들은 그들의 죄악에서 벗어나려고 그들의 죄악을 머릿속에서 없애려 하고 있기 때문에 그들은 자신들이 저지른 죄악과 자신들이 벌을 받게 될 사람이란 것을 의식하지 않고 있다. 그러나 신은 그들의 이러한 무지한 눈먼 짓에 대해 특별히 벌을 주려 하는 것이다. 하지만 그들은 한 발 더 나아가 자신들의 죄악을 인식하려 들지도 않고 알려고도 하지 아니하며, 그들의 죄악을 알고 인식하려는 태도에 대해 오히려 경멸하고 무시하고자 하는 경향이 있다. 이러한 경향이 로이크린의 평결문에 투영된 유대인의 모습이었다.[1] 유대인들이 신의 아들이라 불리는 죄 없는 예수를 살해했기 때문에 신에 대한 그들의 모독은 언제나 계속되는 것이며, 그들에 대한 벌 역시 지속되는 것으로 보았던 것이다.

사실상 중세시대에 있어 기독교인들이 가졌던 유대인들에 대한 증오는 대단히 컸다. 이는 유대인들이 처음부터 예수를 처형하도록 비방하고 그를 이단자로 몰아세웠던 과거의 성서적 논쟁 때문이다. 이에 대하여 로이크린도

---

[1] 참고: Reuchlin, Johannes: Gutachten ueber juedischen Schriften. hg.v. und uebersetzt von Antonie Leinz von Dessauer. Konstanz/Stuttgart. Thorbecke. 1965. Pforzheimer Renchlinschriften. Bd. 2/3. In: Winfried Freg: Gottesmoerder und Menschenfeinde. In:Alfred Ebenbauer/Klaus Zatloukal: Die Juden Wien/Koeln/ Weimar. 1991.S. 35f.

자신의 평결문에서 유대인들이 기독교인에 가했던 악의에 찬 비방들을 언급하고 있는 것이다. 유대인들은 예수를 죄인이며 마술사이고 처형될 사람이라 불렀고, 선량한 성모마리아까지도 광폭한 여자라고 불렀으며, 예수의 사도들을 이단자라 했고, 기독교인들을 하나의 민족도 아니며 민족이 될 수도 없는 사람들이라 하고, 바보스러운 이교도들이라 했다. 다른 나쁜 말로 표현한다면 항시 우리들과 논쟁해야만 할 개선의 여지가 없는 사람들이라 했던 것이다.[2] 그러니 유대인들이 가해왔던 이러한 비방들을 기독교인 또한 용서할리가 없다. 기독교인 입장에서 보면 유대인들은 한없이 예수를 저주했던 신의 살해자로밖에 볼 수 없었던 것이다. 하기에 로이크린의 『유대계 문헌에 관한 평결문』에서도 유대인들은 기독교의 복음에 저항하는 완고한 사람들로 투영되었고, 기독교를 증오한 나머지 신을 살해한 죄인들로 낙인찍혔다. 그리고 그들이 소수열등민족으로 억압받고 있다는 사실도 신이 내린 벌의 한 부분이라 보았다.

이러한 성서적 뿌리에서 시작된 반유대주의 사상은 13세기에서 16세기에 걸친 중기, 후기 중세문학에서는 더욱 널리 형성되어갔다. 11세기 중반까지만 해도 작은 그룹으로 살아왔던 유대인 공동체들은 독일에서 비교적 장애받지 않고 괴롭힘 당하지 않으면서 살아왔다. 그러나 첫 십자군원정(1096)이 있은 직후부터는 반유대주의가 신부들이나 신학자들(예: 페터 휜 클루니Peter von Cluny)에 의해서 널리 대중화 되고 정치화 되었으며, 기독교 평신도들 사이에서도 통속화 되어갔다.

그렇기에 십자군원정 당시 평신도 사이에서는 유대인에 대한 ·개탄스러운 감정표현들이 속출했던 것으로 나타났다. 신학자 페터 휜 클루니의 말을 빌리면 "사라센사람들Sarazenen보다도 더 나쁜 경박스럽고 죄악스러운 유대인들이 먼 나라도 아닌 우리나라 우리들 한복판에서 자유롭고 대담한 기독교와 모든 기독교적 세례성찬식에 벌도 받지 않은 채 모독적인 비난이나 하고

---

2) 참고: Pforzheimer Reuchlinschriften. Bd.Vr. In: Alfred Ebenbauer/Klaus Zatlonkal: Die Juden. S. 36.

기독교를 비웃듯이 교회를 드나들고 있는데 머나먼 나라에 가서 기독교의 적이나 찾고 그들과 싸운다는 것이 무슨 소용이 있겠는가? 그리고 기독교의 가장 나쁜 적들인 유대인들이 괴로움을 받지도 않은 채 구제되어 뻔뻔스럽게 살아가고 있는데 어떻게 하나님의 질투적 열망이 하나님의 아들들에게 생기 있는 영혼을 불어넣어 줄 수 있단 말인가?"[3] 하면서 개탄했다. 그렇기에 이러한 개탄스러운 유대인들의 행위에 대해서는 결국 영육(靈肉)적인 학살로 그들에 대한 대가를 지불하지 않으면 안 되겠다는 의지가 십자군원정 시대에 지배했던 것이다.

이러한 반유대주의적 사상은 주로 13세기와 14세기 초엽에 도미니크교단의 탁발수도사(거지승려Bettelorden)들의 활동에 의해 급속히 전유럽으로 확산되어 갔다.[4] 탁발수도사들은 도미니크설교회 사람들로 일반서민 대중 속으로 파고들어 설교했기 때문에 일반국민들의 감정이나 사고에 지대한 영향력을 미쳤다. 교황이나 주교들은 주로 라틴어로 설교를 했지만, 이들 탁발수도사들은 일반국민들이 사용하고 있는 통속언어로 설교를 했기 때문에 그들의 신앙적 영향력은 일반서민에게 효과가 배가 되었다. 특히 13세기 이후부터는 유대인들이 고리대금업을 하고 있다는 비난이 점증되었고, 페스트 전염으로 인한 대량사망이 유대인들의 인신제물죄로 유포되면서 유대인들에 대한 적개심은 날로 커져 갔다. 그리고 이러한 비난들이 유대인과 적대시하고 있는 승려들이나 신분 낮은 로마가톨릭 성직자들에 의해 설파되고 있었기에 일반국민들에게는 쉽게 전파되었다. 그러나 이러한 반유대주의적 쟁점은 후기 중세설교문학에서는 뜸해졌다. 이 시기에 있어 반유대주의적 설교내용은 문헌상 변두리의 주석으로나 취급될 정도였다. 하지만 반유대주의적 동기는 반복되고 있었기에 유대인에 대한 비난정서는 여전히 계속되었다고 본다.

14세기 초엽에는 유랑하는 성직자들의 설교내용을 시적표현으로 담아낸

---

3) 참고: uebersetzt von Bernhard Blumenkranz: Die Entwicklung im Westen zwischen 200 und 1200. In: Kirche und Synagoge. Anmerkungen. S.120 In: Alfred Ebenbauer/Klaus Zatloukal: Die Juden. S. 36.

4) 참고: Jeremy Cohen: The friars and the Jews. The Evolution of Medieval Anti-Judaism. Ithaca/ London. Cornell Univ. Press. Second Printing 1986

라틴어에서 자유로운 독일어로 풀어쓴 소책자 『책문(責問)의 책』이 있었다. 이는 기독교인들의 각 계층에서 터져 나온 종교인에 대한 역겨움을 고발한 비방문으로, 내용은 유대인이건 기독교인이건 관계없이 범죄 중 가장 나쁜 예들을 담고 있었다.5) 이 소책자의 핵심내용은 역시 기독교의 적은 '이교도 Heiden와 이단자Ketzer, 유대인Juden(책문의 책 1007절)'으로 지칭되고 있으며, 이 3가지의 구성요소가 상이한 비중으로 취급되고 있었다는 것이다.

이교도들과의 투쟁에서는 주로 황제들과 영주들이 물질적인 이유와 정치적 이유에서 이교도들을 박해하고 비난한다는 내용이며, 이단자들과의 투쟁에서는 반교황을 빙자한 12, 13세기경의 알비파전쟁Albigenkrieg과 이단자들의 추방문제를 다루고 있어 결국 기독교의 적을 기독교 내부의 분파논쟁에서 찾고 있었다. 그리고 이들 이단자들에 대한 비난을 담고 있다. 그러나 유대인과의 투쟁에 있어서는 선입관에서 유발되는 유대인에 대한 강력한 엄명과 유대인을 멸시하는 정치적 어투들로 비난하고, 유대인들이 자신들의 '돈궤를 앗아가고 텅 비우게 하고 있다'는 항소풍의 비방을 담았던 것이다.

이 모두의 비방들은 중세후기사회에서 발생한 유대인의 죄악과 경제적 위협에 대한 심각한 심리적 '불안증후'를 피력했다고 본다.6) 이러한 불안증후의 국부적 현상은 1349년에 있었던 뉴른베르크의 유대인공동체에 대한 파괴적 행동으로 나타났다.7) 그리고 이러한 '이교도와 이단자, 유대인'들에 대한 비방설교는 중세시대에 있어서도 마찬가지였다. 그 가운데서도 13세기에 있어 가장 유명했던 설교자가 독일 프란체스코교단의 신부 베르톨드 휜 레겐스부르크Berthold von Regensburg(1210-1272)이었다.8) 그의 설교에서도 이교도와

---

5) 참고: Karajan von Theodor: Buch der Ruegen. In: Zeitschrift fuer deutsches Altertum. 2. (1842) S. 6-92.
6) 참고: Jean Delumeau: Angst im Abendland. Die Geschichte kollektiver Angste in Europa des 14 bis 18.Jhdts. 2 Bde. Rowohlt. Hamburg 1985(Kulturen und Ideen) In. Alfred Edenbauer/Klaus Zatloukal: Die Juden S. 38
7) 참고: Mueller Arndt: Geschichte der Juden in Nuernberg 1148-1945. Nuernberg. Selbstverlag der Stadtbibliothek 1968. S. 30-35.
8) 참고: hg.v Pfeiffer Franz: Berthold von Regensburg. Vollstaendige Ausgabe seiner Predigten mit Anmerkungen. Wien/Braumueller 1862,1880. Berlin 1965. Die Dokumente ueber die Zahl der Zuhoerer in Bd. I. Nr. 23 und 24. S. XXVIf

이단자, 유대인에 관한 비방이 반복되고 있으나 이교도와 이단자에 관해서는 별로 악의에 찬 반응을 보이지 않았던 데에 반하여 유대인에 관해서는 '예수 그리스도에게 고통을 끼친 살해자이며, 기독교사회의 적이 될 수 있는 가능성의 사람들'이라 낙인찍고 있었다.[9] 그리고 탈무드에 관한 논쟁에서도 유대인이란 이단적 신앙에 전염된 사람들이기 때문에 "그들은 12사도에 대한 악의 축에 해당되는 사람일 수도 있으며, 이단의 싹을 낳고 저주받아야 될 사람들로 그들은 사는 방법도 좋지 않았다"[10]고 했다. 만일 황제의 손에 칼이 있다면 황제는 칼을 들고 "모든 무신론자들과 유대인들, 그리고 이교도와 이단자들 앞에서 인간들(기독교인)을 보호하여야 할 책무가 있다" 하고 유대인들은 사람을 괴롭히는 악인들이라 했다. 또한 "하지만 유대인들 가운데도 그들의 육체와 선량한 영혼을 함께 갖춘 사람들이 있다. 그런 경우는 그들을 기독교인으로 보고 보호해야 할 것이다. 그러나 그들이 자신들끼리 그들의 신앙에 관해서 무엇인가 공공연히 주장하고 은밀하게 의논하고 있다면 이는 허용되어서는 안 될 일이다. 기독교인들 역시도 성서에 관해 대가인 유대인들이 있다 할지라도 그들과 함께 그들의 신앙에 관한 이야기를 나누어서는 안 된다. 그뿐만 아니라 기독교인은 그들과 함께 잠을 자서도 안 되며 함께 식사를 해서도 안 될 것이다"[11]라고 했다. 그러면서 결론 내리기를 유대인이란 제외된 사람이며, 적이며, 매나 맞아야 할 아이들이라 하고 '구역질 냄새가 물씬 나는 유대인'들이라 혹평했다.[12]

그런데 유대인에 대한 이러한 비난들은 다른 성직자문인들에게서도 다소 변형된 표현으로 표출되고 있었다. 사람들이 전혀 알아차리기 어려운 비유적 어법으로 잠재적 반유대주의 정서가 표현되고 있었던 것이다. 그러한 예가 콘라드 휜 뷰르츠브르그Konrad von Wuerzburg(1220/30~1287)가 남긴 작품 성모 마리아의 찬가『황금연금술Die goldene Schmiede』(1270)이다.[13] 이 작품은 당시

---

9) 참고: hg.v. Pfeiffer Franz: 위의 책 Bd.I. S. 363
10) 참고: hg.v. Pfeiffer Franz. 위의 책 Bd.I. S. 401
11) 참고: 위의 책 Bd. II S. 238.
12) 참고: 위의 책 Bd. I. S. 270

에 성모마리아를 섬기고 그녀에 심취된 사람이라면 모두가 잘 알고 있는 내용이었다. "성모마리아 찬가가 우리들 도미니크성도와 프란체스코성도들에게도 잘 설교되고 있다."[14]고 화두를 꺼냄으로써 기독교인들이 당시 성모마리아 숭상을 위한 그의 찬가를 애독하고 있었음을 짐작케 한다. 이 작품에서는 성모마리아에 대한 기독교적 신앙을 높임으로써 상대적으로 유대교와의 차별을 꾀하고 거리감을 두려고 했던 것이다. 비록 콘라드 휜 뷰르츠브르그가 이곳에서 신약성서와 기독교적 신앙을 축복하기 위한 충분한 모습을 보여주지는 못했지만, 적어도 구약과 신약성서의 차이를 표현함으로써 기독교의 성스러움을 보여주려는 새로운 모습을 제시했다. 즉, "숫염소에게서 오래된 뿔의 가지를 치고 나면 새로운 뿔이 돋아나는데 이 새로운 성스러운 뿔이 새로운 복음서라 생각한다." 했다.[15] 그리고 '기독교는 어린 양의 제물'의식을 갖는 데 반하여 '유대교는 염소의 제물'의식을 갖는다고 함으로써[16] "기독교인과 유대인은 어린 양과 숫염소로서의 비유와 같다"고 했다. 복음서에 관한 차별에서도 다음과 같이 설명하고 있었다. "하나님께서는 전에는 유대인의 두루마리율법(토라Tora)을 찬양하시더니 이제는 기독교인의 신약복음서를 찬미하고 있다"[17]고 했다. 그리고 성당의 모습에 관해서도 '시나고게'와 '교회 또는 돔Ecclesia' 양식으로 구별하면서 "이 뾰족한(지붕) 모자가 아름다운 우리들 세계의 주교 모자라네."[18] 하며 유대교를 제외한 기독교의 뾰족한 성당 지붕 아래서 새로운 기독교적 윤리를 낳게 하고, 이렇게 성스럽고 명예스런 교회 한복판에서 새로운 성스러운 제국을 탄생케 하고 있다[19]고 찬양했다. 결국 콘라드 휜 뷰르츠브르그는 유대교에 대한 공개적 비난은 하지 않았지만 잠재의식 속에서 간접적으로 유대교를 어린 양 대신 뿔이 달린 염소로

---

13) 참고: hg.v. Schroeder, Edward: Die goldene Schmiede des Konrad von Wuerzburg. 2. Aufl. Goettingen. Vandenhoeck u. Ruprecht. 1969.
14) 참고: 위의 책. S. 154f.
15) 참고: 위의 책 S. 1393f
16) 참고: 위의 책 S. 1396ff.
17) 참고: 위의 책 S. 1414f.
18) 참고: 위의 책 S. 1418f.
19) 참고: 위의 책 S.1420-33.

비교하고 하나님께서 이제는 새로운 복음서를 찬미하고 있다는 표현으로 은 연중 기독교를 성스럽게 선전하는 태도를 보였던 것이다.

유대인을 비난한 또 다른 작품으로는 14세기경 잘츠부르크의 승려인 헤르만 휜 잘츠부르크Hermann von Salzburg(14세기후반-1424)의 찬가 『십자가 아래서 있는 슬픈 성모마리아Stabat mater dolorosa』[20]를 들 수 있다. 그는 라틴어 시가문학으로 집필된 이 작품을 중세어로 옮겨놓음으로써 성모마리아의 수난사를 복음게 했다. 즉, 성모마리아의 성체가 유대인에 의해 수난을 당하고 있는 슬픔을 성가로 읊었던 것이다. "성모마리아의 슬픔은 예수가 십자가에 순교하신 같은 장소에서 발단되었다; 삼위일체의 옥좌에 한 유대인이 날카로운 창을 들고 다가와 갑작스럽게 찔러댔으니; 아, 이 정신적, 육체적 고통은 얼마나 크고 눈물겹게 쓰라렸을까. 정말로 이때의 고통에는 얼마나 고통이 가중되었을까! 나는 수십만 개의 입을 가지고 모든 천사들에게 이 아픔을 호소했었으나, 이 모두를 이야기할 수가 없었다. 그러한 눈물과 그러한(아픔의) 호소들을; 그때는 탄식에 탄식만이 거듭되었을 뿐이었다."[21]

여기서 성모마리아의 아픔과 탄식의 노래는 예수가 골고다의 십자가에 희생되었을 때의 수난을 변형하여 작시한 것이다. 한 유대인이 삼위일체의 옥좌를 창으로 찔렀다는 사실도 유대인이 기독교를 이단자로 보고 삼위일체를 거부하면서 하나님을 살해한 장본인이 되었다는 말이다. 그러나 그렇다고 삼위일체의 육체와 영혼이 사라진 것일까? 이 물음에 대해서는 아니라고 말할 수 있다. 왜냐하면 하나님의 성체는 부활한다고 믿고 있었기 때문이다. 비록 유대인의 손에 의해 예수가 살해되었다 하더라도 예수는 그들을 용서하고 구원의 손길로 속세의 죄악을 사하고자 수난의 고통을 스스로 택하고 있었던 것이다. 그러니 수난의 고통은 곧 속물을 용서하고 구제하는 길이요, 성채로 부활하는 변화의 과정일 것이다. 하기에 콘라드 휜 뷰르츠브르그의 찬

---

20) 참고: Behr, Hans-Joachim: Stabat Mater Dolorosa. Bearbeitung in der Liederdichtung des Moenches von Salzburg. In: Zeitschrift fuer Dentsches Altertum. 116(1987) S. 83-99.
21) 참고: 위의 책 V. VI 구절 S. 83-99.

가는 성모마리아의 수난을 통한 예수의 부활을 고하고 있는 성체의 변질론을 노래한 것이다. 이러한 성체의 변질론을 통한 예수의 부활을 축복한 '성찬식축제Fonleichnamsfest'는 1246년에 류틱히Luettich의 유리아나Juliana 수녀에 의해 처음으로 시작되었다. 성체를 섬기는 성찬식에서는 항시 빵과 포도주가 상징적 실체로 사용되는데, 빵과 포도주는 변용된 예수그리스도의 육체와 피로 변하고 육체와 영혼, 신성과 인간성의 상호작용으로 승화되어 부활한다는 성체의 기적을 낳고 있는 것이다. 그리고 성찬식을 통한 신앙적 기적을 믿게 하는 이러한 실체의 변질론은 이미 12세기부터 유포되어 있었으나 1215년 제4차 로마교황궁회의에서 '성체변질론Transsubstantiation'을 공식적으로 공표함으로써 성체의 비밀스러운 기적을 신봉하게 되었던 것이다.[22] 따라서 사람들은 이러한 기적을 표현하고 있는 성체를 숭배하게 되고 성찬식의 빵과 술을 존엄한 세례물로 섬겨왔던 것이다. 나아가서 이러한 기적의 전설은 널리 퍼지게 되었고, 성찬식은 새로운 성지순례로 옮겨가는 축제행렬로 이어져 갔던 것이다.

그러나 중세시대에는 십자군원정으로 황제와 귀족들이 중동지역으로부터 많은 재화를 가져오게 되어 부를 축적하게 되었다. 하지만 상대적으로 많은 서민들은 가난과 질병에 놓여 있었다. 이에 탁발승려들은 전국을 누비며 가난한 사람들을 위한 유랑설교를 하였다. 그들은 귀족들의 부를 빈민들을 위해 분배할 것을 설득하였고, 사회복지를 위한 정의를 설파하였다. 그런데 귀족들에게 아부나 하고 재산에 대한 탐욕이나 갖고 있는 유대인들은 기독교에서 허락하지 않는 금전놀이나 하고 재산을 증식하고 있었기 때문에 유대인들의 생존방식에 대한 증오는 날로 점증되었다. 더욱이 유대인들은 신앙적 갈등으로 기독교인의 적이 되어 있었기 때문에 유대인에 대한 탁발승려들의 증오는 대단했다.

이들에 있어 유대인의 모습은 신의 살해자이며, 성찬식을 위한 빵과 제물

---

22) 참고: Der Brocklaus. S. 632f. S. 819f.

을 훔치는 성체의 모독자들로 독일 바이에른지방과 오지리지역에서는 증오의 대상이 되었다. 그렇기에 유대인들에 대한 증오는 성찬식에 나쁜 짓을 하였다는 유대인의 행위와도 연관되어 있다. 그리고 이러한 행위로 인한 대참살극이 벌어졌던 일이 1350년에 있었던 '데겐마을의 유대인학살Judermord von Deggendorf'이었다. 참살의 이유는 유대인들이 성체 빵에 독약을 넣고 우물에 던져 넣어 이 우물물을 마신 많은 기독교인들이 죽었다는 것이다. 그런데 묘하게도 이 시기가 유럽에서는 페스트가 유행하던 14세기였기 때문에 페스트로 사망한 일들이 유대인들의 독극물사건으로 변질되어 책임추궁된 것이 아니냐 하는 의구심을 갖게 한다.

그러나 유대인들의 부도덕한 행위는 당시의 문헌에 사실화되어 있다. "사악한 유대인들이 구두장이의 송곳바늘로 성체에 흠집을 내기도 하고, 가시로 긁어대기도 했으며, 성체를 빵 굽는 아궁이에 집어넣기도 했다. 그러고 성스러운 성체를 해머를 가지고 비인간적인 손으로 내려치기도 했다. 그러나 유대인들은 이러한 비인간적인 자신들의 행위를 지워 없애버리려고 성체 빵을 지긋지긋한 복수심으로 씹어 삼켜 없애버리려고도 했다. 그러나 성공하지 못했다. 왜냐하면 성스러운 빵은 개 같은 그들에게는 예속되어 있지 않는 것이기 때문이다." 그렇기에 데겐마을의 광장에서는 분노한 시민들이 나쁜 짓을 한 유대인에게 매질도 하고 그들의 시체를 끌고 다니는 마지막 모습을 보여주기도 했다. 그리고 당시의 이러한 모습을 그림으로 그려놓은 책의 그림서명에 다음과 같은 말들이 적혀있는 것이다. "유대인들은 적법한 하나님의 열정으로 기독교인들에 의해서 살해되었으며 뿌리 채 뽑혔다. 그리고 하나님께서는 지옥으로부터 더럽혀진 우리들의 조국을 해방시켜 주었노라"[23] 하고 말이다.

유대인들에 대한 이러한 증오의 표현은 그밖에도 다른 동기에서 여러 모습으로 서술되고 있었다. 한 예로 유대인들은 구세주의 강림을 고대하고 있

---

23) 참고: wachinger, Burkhard: Der Judenmord von Deggendorf. In: hg.v. Kurt Ruh: Verfasserlexikon.(Anm.22) Bd.4 Berlin/New York, de Gruyter Verlag. 1983 Sp. 893~896.

는 메시아의 희망을 성모마리아에 대한 에로스적 사랑으로 회자하고 있었다 한다. 이러한 회자는 비단 유대인에 있어서만이 아니고 기독교인에 있어서도 익살스러운 소극으로 회자되고 있었다. 이는 14세기에 유행했던 에로스문화와도 깊은 관계가 있다고 본다. 대표적인 작품이 보카치오Boccaccio의 『데카메론Decamerone』(1348-53)이다.

페스트 질병이 가장 심했던 1348년부터 집필된 이 작품은 7인의 숙녀와 3인의 신사가 페스트를 피해서 플로렌스의 시골마을에 피신하여 머문 10일간에 100개의 우화와 비유, 그리고 실제로 있던 이야기들을 간결한 틀소설로 자유롭게 토로해낸 내용이다. 이들 귀족들은 부드러운 성녀들의 젖가슴 속에 숨겨있는 타오르는 사랑의 불꽃들을 두려움과 순진함으로, 정중함과 익살로 엮어내고 있다. 이야기들 가운데 4일째의 두 번째 이야기에서는 성욕이 강한 프란체스코교단의 승려 알베르트가 그의 애인 리제타와의 사랑이야기를 토로하고 있다. 리제타는 꿈에서 대천사 가브리엘과의 사랑에 빠져 있었다 하며, 가브리엘 천사와의 성적 애정과 동경에 도취되어 있었음을 밝힌다. 이에 승려는 그녀를 구애하기 위해 가짜 가브리엘 천사로 위장 접근하여 성녀와의 에로스적 사랑을 성취했다. 그러나 승려는 그 죄과로 급습을 당해 체포되고 수도원 형무소로 끌려가게 되는 소극을 묘사했던 것이다.

이처럼 성스러운 천사와 귀부인과의 성적행위 묘사가 회자된 것은 당시 에로스문화에서 파생된 신앙적 모독이었다. 하지만 이러한 풍자이야기는 동전의 양면처럼 기독교인이나 유대인에 있어서도 존재했으며, 이미 보카치오 이전 13세기 초에 시토교단Zisterziener의 수도사 세자리우스 휜 하이스터바하 Caesarius von Heisterbach와 유대인여성과의 애정이야기에서도 존재했었다. 그리고 독일뉘른베르크의 이발사이자 시인이었던 한스 휠즈Hans Folz(1440-1513)의 15세기경 우화에서도 회자되고 있었다.[24] 휠즈의 우화는 한 학생이

---

[24] 참고: Hans Folz: Die Reimpaarsprueche. hg.v. Hans Fischer. Muenchen. BeckVerlag. 1961 Muenchener Texte und Untersuchungen zur dentschen Literatur des Mittelalters. I. Nr. 12. Der falsche Messias.

쉬레지엔지방의 한 유대계 딸과 애정관계를 맺고 한 아이를 낳는다. 그 학생은 아브라함과 사라라고 하는 특별한 이름을 가진 그녀의 부모에게 밤중에 커다란 소리로 전했다는 것이다. 나는 당신의 딸에서 '진정한 메시아'를 영접했노라 하고 말이다. 그런데 유대계 여성을 이용해 진정한 메시아를 얻었다는 우화내용은 파장을 불러일으켰다. 유대인의 공동체에서는 그녀를 영주부인처럼 대우하며 환영했지만, 기독교인들은 아이의 혈통문제 때문에 도시정부로 하여금 강제로 그들 모자에게 기독교적 세례를 받게 했다. 그리고 그런 후에 학생과 그녀를 정식으로 결혼하게 했다는 내용이다.25) 물론 이 우화에서는 유대인들이 이러한 처사에 격노한 나머지 아이를 모독한다.

그 후 이러한 익살문학은 하인리히 베벨Heinrich Bebel(1472-1518) 작품『다면체의 유쾌함Libri facetiarum iucundissimi』(1509-1514)과 한스 빌헬름 키르쉬호프Hans Wilhelm Kirchhoff(1525-1603) 작품『전환기 불만Wendunmuth.』(1563-1603)에 와서 재현되었으며, 18세기 초 아브라함 산타클라라Abraham a Santa Clara (1644-1709) 작품『아브라함의 사막 피난처의 초가집Abrahamische Laub- Huett』 (1721-1723)에 와서는 격분한 유대인들이 메시아적인 아이를 벽에 던지고 살해하는 잔악한 모습으로 재현되고 있다.

그런데 이러한 나쁜 모습을 통한 반유대주의적 묘사가 가장 상세하게 서술되어 있던 작품은 그림멜하우센Grimmelhausen(1622-1676)의 작품『경이적인 새집Wunderlichen Vogelnest II Teil』(1672-1675)이다. 이는 익살과 에피소드, 그리고 동화적인 모티브를 다양하게 담고 있는 마술적인 '새집'을 짊어지고 유랑하는 사람이 새집을 통하여 불투명한 세상을 풍자하면서 세상살이의 의미를 찾고 있다. I부에서는 마음씨 착한 시골하인이 새집을 짊어지고 유랑하는 동안에 새집을 통한 우화 속에서 세상살이의 거짓을 벗겨보는 체험적인 자아의식을 찾고 있다. II부에서는 새집을 짊어진 주인공이 소박한 시골하인이 아닌 상인으로 저속한 본능을 만족하려 마술적인 새집을 남용하는 악인이었

---

25) 참고: 위의 책 Die Reimparrsprueche. S. 36.

다. 그는 죽음에 앞서 자신이 지은 죄에 불안을 느끼고 결국에는 새집을 부수어 라인강에 던져버린다. 그리고 절망스러운 모습을 보일 뿐이었다.

이야기의 핵심은 II부에 묘사된 유대인에 대한 성격묘사에 있다. 주인공은 우연히도 이스라엘예언자 엘리아스Elias로 위장하고 자신의 마력과 메시아적 신앙을 고백하면서 암스테르담출신의 돈 많은 유대계 여인을 유혹해 환심을 산다. 그리고는 그녀에게 아이를 임신하게 하는 모습으로 묘사되고 있다. 여기에서 묘사된 유대인이란 이 세상의 사물에 관해 대단히 '학식이 많으면서도 약삭빠르고 교활하며 노회한 민족'이고26) 메시아의 강림을 희망하는 신앙적인 차원에서는 대단히 '미신적이고 어리석을 정도로 바보스러우며, 눈먼 민족'27)으로 묘사되고 있다. 그리고 자신들의 신앙적 진리에 관한 주장에서는 '완고하고 고집 센'28) 사람으로 표식되어 있다. 나아가 "유대인들은 남녀를 불문하고 본능적으로 기독교인을 증오하고 있는 사람이며, 이러한 증오는 기독교인에 대해서 뿐만 아니라 앞으로 메시아가 강림하여 이 세상을 지배해 줄 것을 희망하고 있는 아브라함의 후손들까지도 개보다 나을 것이 없는 사람들로 증오하고 있다."29) 그럼으로써 유대인들은 '기독교인과 기독교교회, 전 기독교민족들'을 유대인의 '철천지원수인 사탄Erzfeind'으로 묘사하고 있다.30) 그렇기에 이곳에서 유대인과 기독교인간의 증오는 항상 고정관념으로 표식되어 있다. 아름다운 유대인여자 하면 '적어도 코의 모습만 잘생겼다'31)고 생각한다든가 '유대인의 얼굴을 보면 전면에는 경건하고 신앙적이며 선입견이 강한 사람들로 보이지만, 이면에는 시대적인 행복과 육체적인 만족만을 생각하는 사람들'32)로 보이고 재물욕으로 가득 차 유대인부자하면 그들의 재화가 엘리제궁을 가득 메울 듯하고, "그들의 재화가 독일과 라틴계 언어를

---

26) 참고: Grimmelhausen: Das Wunderbares Vogelnest. Hg.v. Tarot, Rolf. Tuebingen. Niemeyer Verlag. 1970. S. 230
27) 참고: 위의 책. S. 234
28) 참고: 위의 책. S. 231
29) 참고; 위의 책. S 229, 237, 244, 259f.
30) 참고: 위의 책. S. 239
31) 참고; 위의 책. S. 220
32) 참고: 위의 책; S. 241

사용하고 있는 인접국(이태리와 프랑스)에서는 찾아볼 수 없는 재산을 갖고 있다."33)고 묘사하고 있다.

그러나 이러한 모습들이 작품에는 전래되고 있지만, 실제로 13~15세기경의 일반서민들은 문맹들이 많아서 유대인들에 대한 부정적인 모습이 잘 전달되지 못하고 있었다. 그렇기에 반유대주의적 감정은 당시의 탁발승려들에 의해서만이 널리 선전되었다. 선전되는 방법은 대중설교와 희곡형태를 갖춘 크리스마스놀이와 지역에 따른 순교자놀이Passionsspiel에서 유대인들에 대한 부정적인 모습들이 연출됨으로써 소개되었다. 일찍이 12세기경의 남부독일 테게른세Tegernsee지역사람들의 '반기독교인놀이Ludus de Antichristo'에서는 반기독교인으로 등장하는 인물이 이단자와 위선적인 아첨꾼으로 소개되었으며,34) 1549년도 스위스 루체른Luzern지방의 '반기독교인놀이'에서는 처음부터 유대인들이 구세주를 부정하고, 구세주를 이단자라 지칭하며, 그를 살해하는 사탄의 모습으로 묘사되고 있었다. 그리고 신의 살해자로 지목된 유대인들은 재물만을 탐하고 돈과 황금만을 추구하는 사람들로 풍자되고 있었다. 15세기 말에 있었던 '도나우엥거지방의 순교자놀이Donauschinger Passionsspiel'에서는 유대인이 마귀화되고 있다. 이곳에 등장하는 유대인이란 '신의 모독자이며, 쫓겨 다니는 사람이고, 신의 살해자로서 기독교인들의 증오대상'이 되고 있어 결국은 '대량학살'을 요하는 사람들로 지목되고 있다. 그리고 이 놀이에서 유대인들이 예수를 헐뜯는 표현을 빌리면, 예수는 너무나 거만하고, 신의 십계명을 어기며, 비밀리에 설교하는 '엉터리 설교자'라 비난하고 있다. 그리고 '사람을 속이는 마술사이며, 세계를 교류하는 모험적 악한이고, 유대인의 눈 속에서 항시 배반자 유다의 붉은 수염만을 찾고 있는 사람'이라 회자하고 있다.35) 이렇듯 순교자 놀이에서는 유대인들이 예수를 배반하는 유다의 모습으로 각인되고 있다.

---

33) 참고: 위의 책. S. 224
34) 참고: Karl Langosch: Lateinische Drama des Mittelalters mit deutschen Verse. Darmstadt. Wissenschaftliches Buchgesellschaft. 1961. S. 179-239.
35) 참고: Ebenbauer/ K. Zatloukal: Die Juden. Wien/Koeln/Weimar. 1991. S. 44f.

이러한 순교자놀이는 9세기경에는 라틴어로 쓰여 있었다. 그러나 14세기부터는 부활절이나 사순절에 교회와 시장마당에서 독일어의 익살극으로 연출되었으며, 천사극과 마귀극으로 구성되어 상연되었다. 그러나 페스트를 퇴치하기 위해 기원문을 낭독하던 1634년부터는 10년마다 지역마을에서 '순교자놀이'를 반복하게 되었다.

순교자놀이의 텍스트가 보존되어 있는 것으로는 '프랑크푸르트Frankfruter 순교자놀이(1493)'와 '알스펠트Alsfelder 순교자놀이(1501)', '스테르징Sterzinger과 하이델베르그Heidelberger 순교자놀이(1513)', '보즌Bozener 순교자놀이(1514)', '루체른Luzerner 순교자놀이(1534)' 등이 있다. 그리고 15~16세기경에는 '아우구스부르그Augusburger 순교자놀이'가 지속되었다. 그러나 이때부터는 점차 시대적 간격을 두고 반복되어갔다. 주로 알프스지역과 티롤지방에서는 예수의 수난을 희곡화하여 연출되고 있었으며, 기타 지역에서는 기독교의 성스러운 역사 전체를 희곡화하는 순교자놀이로 확장되어갔다.[36]

그런데 죄 없는 유대인들을 학살할 수 있도록 적절한 구실을 제공한 놀이는 유대인이 기독교인 아이를 인신제물로 살해하는 1600년경의 '엔딩Endinger 순교자놀이'에서 해설된다. 이곳에서는 유대인들이 인신제물을 위해 한 어려운 기독교인 거지 아이를 살해하려는 음모를 꾸미고 살의에 가득한 유대인들이 랍비의 지시에 따라 아이를 살해하는 장면을 묘사하고 있다. 은밀한 기지를 발휘한 묘한 방법으로 어린 양을 도살하는 것처럼 아이를 살해하는 놀이가 회자됨으로써 유대인에 대한 분노는 극에 달한다.

그런가 하면 '프랑크푸르트 순교자놀이'에서는 유대인들이 고리대금업과 돈 자루에만 관심 있는 사람들로 묘사됨으로써 유대인들은 '피에 굶주린 인간의 적으로 뿐만 아니라 배금주의적 우상숭배자'로 소개되고 있다.[37] 바로 이때부터 유대인은 신의 살해자라고 보는 종교적 시각에서보다는 고리대금업자로서 인간의 적으로 보는 반인종적 인식이 강해지기 시작했다. 그리고

---

36) 참고: Gero v. Wilpert: Sachworterbuch der Literatur. Stuttgart. 1961. S. 436.
37) 참고: A. Ebenbauer/K. Zatlounkal: Die Juden. S. 45f.

이러한 반유대주의적 증오는 우연하게도 17세기 초 프랑크푸르트의 한 법률 고문관인 침례교도 요한 시저Johann Baptist Caeser가 발행하는 팸플릿 <유대인 거울Juden Spiegel>에 한 풍자시가 게재됨으로써 유대인에 대한 반인종적 인식이 일반화되었다.[38]

이곳에서는 전통적인 세례의식을 고집하는 랍비들의 선서와 이에 변화를 원하는 기독교인간의 의견에서 반유대주의정서가 점화되었다. 그리고 이러한 정서는 1612년과 1614년 사이에 프랑크푸르트 시민봉기로 이어졌으며, 결국 유대인에 대한 대량학살로 끝을 맺었다. 바로 이 시점부터 종교적인 영역에서 유대인들이 신의 살해자이며, 이단자이고, 구세주와 성체를 모독하는 기독교인의 적이라는 비난과 기독교신앙에 대해 복수심이 가득한 사람이라는 선입견적인 비난이 점차 바뀌어, 이제는 유대인들이 본능적으로 위선자이며, 고리대금업자이고, 작물죄인이며, 외국환부정 상인이라는 사실과 남의 일에 계획적으로 파산이나 가져다주는 악한이며, 남의 피와 땀에 의존해서 편하게 살고자 하는 게으름뱅이라고 비난하는 여론이 일반화되어 갔다. 그러므로 유대인에 대한 증오는 이제 종교적인 영역에서 인종적인 선입감으로 옮겨왔으며, 중세시대의 반유대주의는 반인종주의적 반유대주의사상으로 변질되어갔다. 그리고 이러한 중세문학에 나타난 반유대주의사상이 19~20세기에 와서 반인종주의가 되는 기반이 되었던 것이다.[39]

---

[38] 참고: Frey. Winfried: Vom Antijudaismus zum Antisemitismus. In: Daphinis, Zeitschrift fuer Mittlere Deutsche Literatur. Bd.18 Heft.2, 1989. S. 251-279
[39] 참고: A. Ebenbauer/K. Zatloukal: Die Juden, S. 47.

2장_ 독일인과 유대인, 그 비극적 이중주(I)

‧

자매적 경쟁자

역사학자 크레그Gordon A. Craig(1913-현재)는 자신의 저서 『독일인에 관하여Uber die Deutschen』(1982)에서 독일인과 유대인의 관계를 에드가 앨런 포 Edgar Allan Poe(1809-1849)의 소설 『윌리엄 윌슨William Wilson』(1839)에 나오는 주인공들과 비유했다.

영국의 한 부유하고 기이한 가정에서 태어난 주인공 윌리엄 윌슨은 임종 직전에 자신도 모르는 낯선 무서운 힘에 의해 자신과 똑같이 생긴 친구를 살해하게 되는 용서받을 수 없는 자신의 묘한 운명에 관해 이야기하고 있다. 기숙사학교에서부터 대학까지 함께 공부하게 되었던 쌍둥이 같은 친구가 있 었다. 우연히 이름도 같았고, 습관도 같았으며, 얼굴모습과 체형도 비슷하며, 생년월일까지도 같은 1813년 1월 19일 생인 친구였다. 그 친구는 어린 시절 희미한 환상에서나 떠올릴 수 있는 제2의 자아처럼 자신에게 다가와 귓속말로 보다 나은 인생변화에 대한 조언도 해주고, 호기심도 불러일으켰다. 그러나 점차 그에 대해 주의도 해야 하며, 존경심도 가져야 하면서도 불쾌한 호기심을 불러일으키는 증오심이 싹텄고, 불안한 감정이 생겼다. 그는 도덕적으로나 육체적으로 유사성을 지니고 있었기에 자신과의 경쟁적 관계에 서게 되었던 것이다. 만남의 계기가 있을 때마다 가까우면서도 멀리해야 할 증오심이 쌓여갔다. 이튼학교에서는 은밀한 술 축제가 있는 동안에 매우 혐오스런 건배를 함께 해야 했고, 옥스퍼드에서는 감춰진 패를 가지고 사기도박을

하다가 마지막 순간에 그에게 발각되어 체면을 잃기도 했다. 그리하여 결국
은 주인공 화자는 대학에서 추방되고 지방으로 돌아다니면서 보이지 않는
경쟁자에 대한 원한을 품게 되었다. 그러다가 한 영주부인의 로마카니발에서
그를 만나 격노한 나머지 결투로 그를 살해하게 된다.

이 소설이 제시하고 있는 것은 자신과 똑같은 제2의 인간을 살해하게 된
무너진 양심을 죄의식 속에서 도덕적으로 고민해보는 의식세계를 주인공과
제2의 자아관계의 비유 속에서 드러내놓고 있는 것이다. 이는 마치 독일로
이민해온 유대인들이 독일에 동화되어 살아오는 동안 독일어를 모국어로 사
용하면서 독일사람과 똑같은 독일시민이 되었지만 나치시대에 이들을 학살
하였던 비극적인 관계를 성찰케 하고 있다. 물론 독일인과 유대인은 상이한
민족이며, 상이한 신앙적 인습과 전통을 지니고 있다. 하지만 유대인들이 독
일인에 동화되어 살아오는 동안 두 민족간에 가족적인 유사성을 발견하게
된다.

특히 두 민족간의 유사성을 든다면 경제적인 면에서 근면하며 근검절약한
다는 점이며, 끈기와 고집이 있고 종교적인 감성이 강하다는 점이고, 가족에
대한 가치관이 높다는 점이다. 그리고 유대인이 책의 민족이라면 독일인은
문학과 사상의 민족이라는 점에서 문헌에 대한 존경심이 강한 민족들이다.
지성적 노력에 있어서도 목적을 실용적인 면과 유용한 면에 제한하지 않고
인간과 신의 신비적 관계를 해결하고 범우주적 비밀을 탐구하기 위해 파우
스트적 노력에 명예를 걸고 다하고 있다는 점에서 유사하다. 이는 바로 칸트
와 헤겔, 셸링의 형이상학적 철학과 유대인들의 카발라신비주의에서 탐구되
는 신비적 자연철학의 유사성을 말한다. 반면에 부정적인 면에서의 유사성도
있다. 두 민족 모두가 사람들이 싫어할 정도로 열정적인 사업성실성을 지니
고 있다는 점이며, 좋은 일이 나쁜 일로 될 수 있을 정도로 몰입적인 광기와
절대자에 대한 신앙을 갖고 있다는 점이다. 그리고 모방할 수 없는 두 가지
요소가 결합되어 있다는 것이다. 즉 우둔함과 예민성이 결합되어 있으며, 우
월감과 굴종이 결합되어 있고, 선택된 민족이란 망상과 자기모멸감이 함께

결합되어 있다는 점이 두 민족간의 성격적 유사성으로 표식될 수 있다.

그런데 이러한 유사성을 간직한 두 민족이 상호윤리적 친화력을 발휘하지 못하고 서로가 증오하게 되었다는 것이다. 여기에는 많은 이유들이 있겠지만, 근세사에 들어와서는 계몽주의 이후 긴박하게 변해온 산업화와 사회사에 따라 서로가 자매적 경쟁자의 관계에 돌입하게 된 것이 반유대주의의 원인 중 하나가 되고 있다. 그러나 심층적 이유로는 역시 종교적 관계로부터 시작된다고 보겠다. 기독교인으로서는 유대인을 개전의 빛이 없는 죄인으로 보는 과거사가 있었기 때문이다. 같은 아브라함의 자손으로 태어난 유대인들이 예수를 죽이려 한 악마의 자식으로 굴절되었기 때문이다. 요한복음 8장 37-45절에서 "예수께서 유대인에 말씀하시되, 나도 너희가 아브라함의 자손인줄 아노라. 그러나 내 말이 너희 속에 있을 곳이 없으므로 너희는 나를 죽이려 하는 도다.(37절) … 하나님이 너희 아버지였으면 너희가 나를 사랑하였으리니 이는 내가 하나님께로 나서 왔음이라. 나는 스스로 온 것이 아니요, 아버지께서 나를 보내신 것이니라. 어찌하여 내 말을 깨닫지 못하느냐. 이는 내 말을 들을 줄 알지 못함이로다. 너희는 너의 아비 악마에게서 왔으니 너희 아비의 욕심을 너희도 행하고자 하느니라. 그자는 처음부터 살인한 자요, 진리가 그 속에 없으므로 진리에 서지 못하고 거짓을 말할 때마다 제 것으로 말하나니 이는 그자가 거짓말쟁이요 거짓의 아비가 되었음이라. 내가 진리를 말해도 너희가 나를 믿지 아니하도다(42절-45절)." 하며 그들을 악마의 자식으로 보는 갈등의 증후를 보였다.

이에 기독교국가인 독일에서도 중세시대부터 반유대주의적 감정이 산재되어 싹터왔다. 물론 이는 로마제국시대부터 유일신을 믿는 유대인들이 로마황제의 신격화를 거부하고 로마인들의 의식을 허용치 않은 데서부터 박해를 당했으며, 그 후도 유대인들이 배금주의 성향을 강하게 추구하는 이유로 비인간적 대우를 받아온 것이 로마제국시대의 실정이었다. 바로 이러한 역사적 연관 때문에 독일에서도 15세기경 유대인들에게 박해를 가했으며, 밤베르크 도시에서는 노란 옷감의 누더기 옷을 입히고 뿔 달린 모자를 그들에 씌우기도 했다. 그리고 유대인들의 투기적 경쟁 때문에 위협을 받았던 기독교인상 인들이나 유대인들에 빚을 지고 있던 농민들에 의해 반유대적 감정은 계속 확산되어갔다. 그러나 돈 많은 유대인상인들은 당시의 영주나 귀족들에게 사치품을 상납하고 재정적 도움을 주고 있었기에 필요한 존재들이 되어 황제와 귀족들에게서는 보호를 받게 되었다.

하지만 마르틴 루터의 종교개혁시대에는 타종교에 대한 배척이 강화되어 유대인에 대한 박해가 계속되었으며, 그들 스스로 기독교로 개종할 것을 희망하고 있었다. 하기에 마르틴 루터는 『예수그리스도는 유대인태생Dass Jesus Christus ein geborener Jude』(1523)이란 논제에서 유대인들이 기독교로 개종할 것을 회유하고 있었다. "우리들의 어리석은 교황이나 추기경, 소피스트, 승려들 그리고 미련한 사람들은 이제까지 유대인들을 인간으로 취급하지 않고 개처럼 취급했다. 그러나 이제부터는 그들을 더 이상 비난하지 말고 잘 대우하여야 한다. … 나는 희망하건데, 사람들이 그들에게 친절히 대하고 성서의 내용들을 올바르게 가르쳐준다면 그들 중 많은 사람들이 올바르게 기독교인이 될 것이다." 하면서 그들이 개종할 것을 기대하고 있었다. 그런데도 유대인들의 태도에 별다른 변화가 없자 루터는 참다못해 분노의 기색을 표면화시켰다. 그는 『유대인과 그들의 거짓말Von den Juden und yhren Lügen』(1543)에 관한 논설에서 묻기를, "이제 우리 기독교인은 이러한 저주받고 망할 유대민족을 어떻게 할 것인가? 그들이 우리와 함께 있는 한 참을 수가 없다. 그리고 이러한 문제에 관해서는 우리가 그들에 관해 알고 있는 모든 것을 비방하고 저주해야 하겠다. … 그렇기에 우리는 유대인들이 개종하기 전에는 꺼질 줄 모르는 분노의 불길을 끌 수 없단다. 그러나 우리는 기도하고 하나님의 두려움을 갖고 강력한 자비심으로 참아가야 한다." 하고 그들을 비난하면서도 인내하고 있다고 했다.[1] 그러나 유대인들에 대한 비방과 박해는 계속

---

1) 참고: M.Luther: Von den Juden end yhren Luegen.1543. In: Weimarer Kritische gesamte Ausgabe, hg, v, Knaeke und G. Kawerau. U.a. CXII. S. 1883ff. In : Gorden A. Craig: Ueber die Deutschen. dtv.1982. Muenchen S. 145, 146

되었으며, 일반인들은 유대인이 독일인의 재산을 훔쳐 부자가 되었다고 믿으면서 유대인의 가옥을 파괴하고 방화하는 사태까지 이르게 되었다.

그렇지만 다른 한편으로는 종교개혁시대(1517-1648)의 기나긴 종교전쟁(30년전쟁1618-1648) 이후 귀족들 차원에서는 유대인들의 경제적 도움과 국제적 관계개선 역할에 감사하면서 유대인에 대한 공격을 자제했다. 그리고 17세기 후반부터는 오히려 많은 영주들이 유대인의 정착을 환영하고 그들에게 특혜도 주었다. 특히 재정적인 지원에 많은 역할을 하였던 소위 '궁중 유대인'들은 작은 독일영주들뿐만 아니라, 오스트리아의 절대군주들 레오폴트 1세와 요셉 1세,. 칼 6세, 마리아 테레지아 여황제에게 없어서는 안 될 필요한 존재가 되었다. 독일국가들 중에서도 브란덴부르크, 프로이센은 유대인에 대해 대단히 관용적인 태도를 보였다. 1670년에 4천 명의 유대인들이 비인에서 추방되어 왔을 때도 일부 독일국가에서는 이들을 받아들이기 거부했지만 브란덴부르크의 선제후대제(1640-1688)는 돈 많은 유대인 가운데 50여 가족에게 20년간 보호되는 '보호장Schützbrief'을 발급하여 받아들이고 특혜도 주었으며, 유대교의 공개적인 예배의식도 허가했다(1671). 이는 선제후가 후일 1685년 10월 18일에 포고된 낭트칙령의 파기에 따라 프랑스로부터 추방당한 프랑스 캘빈파의 신교들Hugenotten에게 새로운 고향을 제공한 사실만큼이나 중요한 결정이었다. 그 결과 프러시아로 이주해온 유대인들은 프러시아의 경제회복에 커다란 기여를 했다.

그 후 18세기 전반에도 '궁중유대인'들은 무역과 산업, 궁중재정의 제도적 합리화에 많은 공헌을 하였기에 유대인 신하들에 대한 특혜는 계속되었다. 특히 프리드리히 빌헬름 1세(1688-1740)때 제정된 '유대인에 관한 일반규제법 General-Juden Regelment'(1730)에 따라서 베를린에 거주할 수 있는 '보호장'을 받은 특혜가족은 100가족이었으나 1737년에는 120가족으로 증가되었다. 그들 가족의 2세에게도 보호장이 발부되었는데, 첫아들은 1,000탈라를 내면되었고, 둘째아들은 2배가 되는 돈을 내면 되었다. 딸의 경우에는 독일인과 결혼하는 경우 특혜가 부여되었다. 그리고 일반 유대가족이 보호특혜를 받으려면 1만

탈라의 재산을 소유해야 했다. 이렇게 하여 영주국가의 재정도 좋아졌고, 유대인 특혜가족의 사회적, 법적 지위도 상승되어갔다. 18세기 후반에 접어들면 돈 많은 유대인귀족들은 프러시아귀족들이나 상위중산층들과 문화적으로 공생할 수 있는 위치에까지 이르게 된다.

살롱문화를 통한 자유해방과 계몽적 동화과정

'궁중 유대인'들이 독일의 상류층과 문화적으로 공생할 수 있게 정신적 길을 닦아놓은 계몽가는 모세 멘델스존Moses Mendelssohn(1729-1786)이다. 그는 유대문학과 문화를 독일문학과 문화에 접목시키려했던 과도기적 인물로 유대인들의 문화적 전통의식을 자신들의 정신적 게토로부터 해방시키고 독일문화를 수용할 수 있는 의식으로 계몽시켰던 사람이다.

그는 1754년부터 레싱(1729-1781)과의 교분을 맺기 시작함으로써 모든 종교는 편견과 차별이 없어야 하며 서로가 관용적이어야 한다는 레싱의 인본주의 작품 『현자 나탄Nathan der Weise』(1779)에 공감하고 참된 종교는 모든 계시적 종교로부터 해방되어 윤리적 감성과 행동으로 추구되어야 한다는 의미로 레싱의 계몽주의에 동조했다. 그는 유대인들이 그들의 종교의식을 뛰어넘어 독일인의 종교의식을 수용함으로써 사회문화적 생활에서 유대인과 비유대인간의 사회적 벽을 허물어야 된다고 믿었다. 그래서 그는 많은 지성인들과 외부 외국방문객들이 만날 수 있도록 자신의 집을 베를린 상류사회의 사교장으로 만들어놓았고(1762년 이후), 유대인이 이국적인 사람이 아니라 독일인과 같은 독일사회의 계몽된 구성원으로 서로를 이해하고 공통의 관심사에는 적극 참여하여 줄 것을 요구하고 있었다.

그 후 이러한 멘델스존의 뜻을 이어 그의 딸, 도로테아 멘델스존 바이트 Dorothea Mendelssohn Veit는 '독서회'를 만들어 1주일에 2회씩 종교적 차별 없이 베를린작가들과 학자들을 초대하였고, 유대인사업가와 자유업을 가진 사람들의 부인과 딸들을 함께 초대하여 사교장을 열었다. 이들 손님 가운데는 빌헬름과 알렉산더 휜 홈볼트 형제가 있었고, 궁중고문관 바우어Bauer가 있었다. 당시 유대계의 살롱마담으로 사회적 위상을 떨치고 있었던 복성(復姓)을 가진 첫 베를린 유대계 의사 벤야민 드 르모스Benjamin de Lemos의 딸인 헨리에테 헤르쯔Henriette Herz(1764-1847:마르크스 헤르쯔 박사Dr. Marcus Herz와 결혼해 헤르쯔 여사로 호칭됨) 여사와 보석상인 마르크스 레빈Marcus Levin의 딸로 풍부한 정신세계를 지녔던 라헬 레빈Rahel levin(1771-1833 : 후일 화른하겐 Varnhagen과 결혼해 라헬 화른하겐Rahel Varnhagen으로 호칭됨) 여사도 동참했다. 그리고 진지한 성격을 지닌 프리드리히 니콜라이Friedrich Nicolai가 살롱독서회에 찾아들었고, 철학자 슐라이어마허Friedrich D. E. Schleiermacher(1768-1834)는 고정손님이 되었다. 이외에도 화른하겐의 친구이며 정치평론가였던 프리드리히 휜 겐츠Freidrich von Gentz와 스웨덴 대사였던 브링크만Brinckmann이 참여했으며, 작가들인 젊은 뵈르네Börne와 티크Tieck, 샤미소Chamisso, 브렌타노Brentan, 프리드리히 슐레겔Friedreich Schlegel 형제 등이 함께 했고, 황태자 루이 페르디난드Louis Ferdinand와 그의 소첩 파울리네 비셀Pauline Wisel이 참여하기도 했다.

이 시기에 사교장으로서 유대인 살롱문화가 베를린에 제도화되었던 첫해는 1791년이었다. 이때에는 프리드리히II세 때 재무정책을 지원했던 유대계 부호 은행가 다니엘 이치히Daniel Itzig와 바이텔 에프레임Veitel Ephraim, 모세 이삭Moses Isaak, 굼페르쯔Gumpertz 등이 핵심적인 유대계 특권층이었는데, 이들은 기독교 상인들이 갖고 있는 법적 권한을 함께 누릴 수 있는 사람들이었다. 이들 가운데서도 독일국적을 최초로 얻은 사람이 다니엘 이치히다. 이치히가 유대계 살롱을 재정적으로 지원함으로써 유대계 살롱은 활기를 띠어 처음으로 제도화되었던 것이다.

당시 살롱마담으로 중심적 인물이 되고 있었던 사람은 단연 헨리에테 헤르쯔 여사와 라헬 레빈 여사, 그리고 도로테아 멘델스존 등이었다. 아름다운 미모에다 위트가 풍부한 헨리에테 헤르쯔 살롱에는 15세의 젊은 나이에 어머니를 여위고 1794년에 아버지까지도 잃은 슐라이어마허가 외로움을 달래고 당시의 계몽주의적 시대정신에 고무적이었기에 헨리에테 헤르쯔 살롱에 고정손님이 되었고, 위에 언급된 낭만주의 작가들과 철학자들을 비롯하여 그녀의 남편으로 의사이면서 칸트의 제자였던 마르쿠스 헤르쯔 박사가 동참했다. 헤르쯔 박사는 은행가였던 다니엘 이치히의 사위였던 쾨니히스베르크의 부호 프리드랜더Friedländer가 재정적 도움을 주어 학업을 마쳤던 사람으로 유대인의 동화과정에 많은 기여를 한 사람이다. 당시 유대계 지성인들은 비록 그들이 능력과 야망이 있어도 행정직에 참여할 수 있는 기회가 차단되어 있었기에 주로 의학공부를 선택하게 되었고, 그 젊은이 가운데서도 문학과 철학에 관심을 가진 사람들은 그들의 교양을 넓히기 위해서 살롱에 모여들고 있었다. 그렇기에 당시의 베를린 살롱은 지식을 넓히기 위한 대학교육의 산실역할도 하였으며, 유대계와 독일지성인들의 사교장이 되었다.

헤르쯔 여사는 아버지 벤야민 드 르모스의 주선으로 마르크스 헤르쯔 박사와 결혼했다고 그녀의 회상록에 적고 있다. 그는 그녀보다 15세나 나이가 많은, 키도 작고 못생긴 사람이었으나 풍부한 정신세계를 간직한 용모에다 학식과 덕망이 높은 사람이었으며, 의사로서 경제적 기반도 보장되어 유대계 의식에 따라 결혼하였다 한다.[2] 헤르쯔 여사의 미모는 당시 전 유럽에 알려질 정도로 유명했으며, 그녀의 미모는 희랍고전미의 재탄생이라는 찬사까지 들었다. 다만 외형적인 육체미에 치우친 면도 없지 않았으나 기품 있는 고전미를 함께 갖췄기에 그녀의 살롱무대는 그녀의 아름다움과 일체화된 낭만적 사랑의 사교장이 되었다. 특히 그녀의 문학적 사교성은 살롱무대의 정신적 분위기를 주도함으로써 그곳에 참여하는 사상가들과 조화로운 분위기를 이루고 있었다. 그녀의 아름다운 미모가 한 축이었다면 다른 한 축으로는 얼굴은 못생겼지만 풍부한 정신세계를 지닌 남편 헤르쯔 박사와 멘델스존, 그리

---

[2] 참고: 1. 12. 1779. In: Herz Heinriette: Herz in Erinnerungen, Briefe und Zeugnissen. Hg. v.Rainer Schnitz. Leipzig/Weimar.1984. S.21,23,24,26. In: Peter Seibert: Der Literarische Salon. Stuttgart/Weimar. 1993.S.118

고 슐라이어마허 등이 함께 어울렸기에 그녀의 살롱은 유대인들이 독일인에 동화되는 과정을 한 단계 높일 수 있는 사교장이 되고 있었다. 그뿐만 아니라 베를린에서 문학을 통해 대화를 꽃피울 수 있는 '최초의 문학적 살롱'이 성립되었던 것이다.3)

그런데 도로테아 멘델스존은 헤르쯔 여사와는 반대로 미모보다는 풍부한 정신세계와 친절함, 적극성을 갖춘 여성이었다. 이러한 면에서는 라헬 레빈도 유사했다. 도로테아 멘델스존의 '독서회'는 애정의 감정과 감성이 넘치는 낭만적 문학의 정서로 가득했으며, 그녀의 살롱은 문학을 통한 낭만적 사랑의 산실이 되었다. 그 결과 도로테아 멘델스존은 첫 남편 다비드 지몬 바이트와 헤어지고 독일낭만주의작가 프리드리히 슐레겔과 파리에서 1804년 결혼하기에 이른다. 이에 자유연애사상과 성해방을 묘사한 프리드리히 슐레겔 작품『루쯘데Lucinde』(1799)에는 그들의 부부관계가 문학을 통해 낭만적 부부가 된 남녀양성구유(具有)의 균형적 부부상으로 부각된 기념비가 되었다. 그리고 이에 적극적인 호감을 가졌던 슐라이어마허도 후일에 도로테아의 친숙한 친구가 되었다. 비록 도로테아 멘델스존이 헨리에테 헤르쯔와는 반대로 미모의 얼굴을 갖고 있지는 못했지만 베를린 살롱계에서는 서로가 풍부한 정신세계의 낭만적 주관주의에 아름다운 이상적 미모로 보완되는 정서적 분위기를 자아냄으로써 점차 여성들의 육체가 생동하는 아름다운 낭만적 정서로 베를린 살롱계를 지배하여 갔던 것이다.

라헬 레빈도 헤르쯔 여사와는 반대로 미모는 갖추지 못했다. 그러나 그녀의 살롱에는 항시 기품 있고 풍만한 여인에 관해 조롱시를 읊었던 그녀의 동생, 루드비히 로베르트 레빈Ludwig Robert Levin이 있었고, 유대계의 베를린 부호 고헨Cohen의 가정교사로 베를린에 오게 되어 후일 그녀와 결혼하게 된 젊은 칼 아우구스트 화른하겐Karl August Varnhagen(1785-1858)이 동참했다. 그러나 그녀의 문학적 살롱은 부모님의 집안에 있는 겸손한 다락방에서 15년

---

3) 참고: Peter Seibert: Der literarsche Salon. S. 126

간(1790-1806) 진행되었으며, 사교형식에는 문학적 대화가 지배하고 있었다. 본래 그녀는 아버지 마르크스 레빈이 1790년에 사망하자 1791년에 살롱을 열게 되었다. 바로 그 살롱이 베를린 살롱 역사상 첫 번째 살롱이었다(1791). 그녀는 그곳에서 슐레겔 형제와 훔볼트 형제, 티크 형제, 슐라이어마허, 피히테, 장 파울Jean Paul, 브렌타노, 샤미소, 푸케Fouque 등의 지성적 문인들과 어울리며 살롱을 운영했다. 1795년에는 칼스바드에서 괴테와의 첫 만남이 있은 후, 그들간에는 서신문화가 지속되었으며, 그해 말에 핀켄슈타인 백작Graf v. Finckenstein과의 결혼을 생각했으나 유대계 여인과의 결혼을 결정짓지 못하는 핀켄슈타인의 태도 때문에 그와는 헤어졌다(1800). 그 후 나폴레옹이 베를린에 입성한 몇 년 후, 1808년에 자신보다 젊은 화른하겐을 알게 되었고, 프로이센이 프랑스에 선전포고한(1813) 그해부터는 프라하로 피신했다가 1814년, 그녀가 개신교도로 개종하면서 화른하겐과 결혼하게 되었다. 그녀는 외교관으로 근무하게 된 화른하겐을 따라 비인과 칼스루에에서 몇 년 간 머물다가 1814년 베를린에 돌아와 제2의 살롱시대를 열었다.

바로 이 시기에도 하인리히 하이네H. Heine, 레오폴드 랑케Leopold Ranke, 슐레겔 형제와 훔볼트 형제, 헨리에테 헤르쯔 등이 동참함으로써 살롱은 활기를 띠었다. 그녀는 미모인 헤르쯔 여사와 상호간의 경쟁심 때문에 사이가 좋지 못했다. 하지만 그녀는 이러한 경쟁심을 자제하고 오히려 헤르쯔를 변호하고 있었다. 헤르쯔가 아름다운 것은 지나친 의상과 화장 때문이란 비난을 가하기도 했지만, 이는 나이 먹어가는 여성들이 자신들의 나이를 은폐하기 위한 시도에서 치장하는 것으로 이해해야 한다 하고, 그녀의 문학적 살롱 역할에 칭찬도 아끼지 않았다. 그녀의 남편 화른하겐도 헤르쯔 여사의 살롱뿐만 아니라 낭만주의 동화작가였던 크레멘스 브렌타노의 누이동생이자 아힘 휜 아르님의 부인이 되었던 베티나 휜 아르님Bettina von Arnim의 살롱에 함께 참여함으로써 브렌타노와 아르님의 공동작품인 독일민요집 『어린이의 경이적인 뿔Des Knaben Wunderhorn』(1805-1808) 출간에 커다란 기여를 했다. 그렇기에 이들 모두는 문학적 살롱을 통해 유대인과 독일작가들의 융합과정에 커다란 공헌을 한 것이다.

하지만 라헬 화른하겐은 유대계 여인으로서만 아니라 독일부인으로서 자신의 인생여정을 통해 많은 종교적, 종족적 갈등을 겪으면서 회의를 느끼고 독일인의 반유대주의에 대한 비난도 가했던 최초의 여성비평가이기도 했다. 그러나 그녀는 우주적 정신세계를 지닌 풍요로운 지성인으로서 유대계의 해방을 위한 선각자가 되었다.

이들 여성 외에도 당시 살롱을 주도했던 아름다운 여성들은 많았다. 동양학자 미하엘리스Michaelis의 딸 카로리네 미하엘리스Caroline Michaelis는 정신적으로 개방되고 결단성이 강한 여인이었다. 그녀는 정숙한 가정주부로 첫 남편 뵈머Bomer와 살다가 사별한 후, 새로운 인생을 걷게 되었다. 그녀의 행동은 자유분방하고 개방정신이 강했기에 프랑스혁명의 물결이 독일에 넘치자 프로이센에 의해 구금되었다. 그러나 낭만주의작가 아우구스트 빌헬름 슐레겔A. W. Schlegel(1767-1845)이 그녀를 구출해 그와 결혼하게 되었으며, 슐레겔의 셰익스피어 작품번역에 많은 조력을 했다. 그러나 그 후 다시 셸링 Schelling(1775-1854)과 결혼함으로써 여성해방의 여인상으로 묘사되어 역시 성해방의 표상이 되고 말았다. 당시의 살롱분위기는 정신적인 게토로부터 해방되어 여성들의 육체적 해방이 형성되었기에 슐레겔 형제의 부인이 되었던 도로테아나 카로리네, 그리고 황태자 루이스 페르디난드의 소첩 파울리네 비셀 등이 프리드리히 슐레겔 작품 『루찐데』의 성해방을 묘사한 주인공의 모형인물로 투영되고 있었다.

이처럼 유대계의 아름다운 여인들은 문학적 살롱을 통해 유대계와 독일지성인들의 혼성사교장을 형성해갔으며, 지성과 감성이 감도는 정서적 분위기를 만들어 독일인에 동화할 수 있는 혼성사회를 진작시키고 있었다. 그들의 노력은 비단 문학과 예술, 사랑을 통한 융합만이 아니었다. 폭넓은 문화적, 인간적 이해를 통해 피를 나누기도 한 사람들이다. 그렇기에 유대인들과 독일인들의 문화적 동화에는 이들 아름다운 유대계 여인들의 공로가 컸다. 그러나 이러한 기여는 비단 이들 세대뿐만 아니라 선대 때부터 시작되어 결실을 맺게 되었던 것이다.

프리드리히 대제(Ⅱ세) 때의 부호들인 다니엘 이치히나 바이텔 에프레임, 모세 이삭 등의 노력에 의해서 이미 베를린에서는 유대계와 독일계 지성인들 사이에 서로의 만남이 자유로울 수 있게 되었던 것이다. 그들 중 이치히는 파리의 수비즈de Soubis호텔을 모방하여 지어놓은 부르그거리Burgstrasse에 있는 도시궁전을 사들여 자택에서 유대계 상층귀족들의 예배의식도 보고 교류도 할 수 있는 사교장을 마련했었고, 바이텔 에프레임도 자신의 대저택 이외에 스판다워거리Spandauerstrasse에 화려한 궁전을 마련하여 사교장을 만들었다. 그리고 모세 이삭도 에프레임과 같은 스판다워거리에 궁전을 갖고 사교장을 제공하고 있었다.4) 이에 헨리에테 헤르쯔 여사는 그녀의 부친이 사교장을 제공하고 있던 시대를 다음과 같이 회상하고 있었다.

그녀의 부친 르모스는 율법에 따른 예배의식을 갖추는 집안교회나 추수감사절인 가을축제에서 상류층과의 사교를 맺고 있었다고 하면서, 이러한 유대계의 가을축제에는 프리드리히 대제의 누이동생인 아말리에 공주가 구경을 다녀간 일이 있었는가 하면 다른 누이동생인 스웨덴 왕비 울리케가 유대계의 결혼식에 참여한 바도 있었다고 회상하면서 이미 유대계 상류층의 사교계에는 독일귀족들과의 교류가 빈번했음을 알리고 있었다. 그러나 당시 헤르쯔 여사의 부모집에는 유대계사람들과 외부사람들이 잠시 차나 마시고 담소하면서 친교 하는 정도의 가부장적인 엄숙한 분위기가 지배했다 한다.5)

그리고 자유로운 사상을 지닌 정신적인 엘리트들이 모여 대화를 나눌 수 있는 '학자들의 카페'는 모세 멘델스존의 스승이었던 아론 굼페르츠Aaron Gumpertz가 첫 번째 유대인으로서 열어놓았었다. 이곳에는 주로 레싱이나 니콜라이, 학술원 회장인 마우페르티우스Pierre Louis Moreau de Marpertius와 모세 멘델스존 같은 계몽된 작가들과 철학자, 신학자들이 모인 일종의 클럽과

---

4) 참고: Friedrich Nicolai: Beschreigung der Koeniglichen Residenzstaedte Berlin und Potsdam. Berlin 1786. In: Peter Seibert: Der Literarische Salon S.109
5) 참고: Peter Seibert: 같은 책. S.109

카페 성격을 띤 사교장으로 시작되었다. 당시 모세 멘델스존은 이러한 학자들의 카페회원들 가운데서 제2인자였다.

그러나 그 후 모세 멘델스존은 이러한 카페에서 갖는 학자들의 모임을 사교장이라기보다는 오히려 전문적인 영역에 대한 토론을 더욱 심화시킨 철학적이고 계몽적인 대화로 이끄는 학문적 토론장으로 변화시켜 자기 집에서 개인적인 모임으로 개설했다. 그럼으로써 그러한 토론장을 만든 첫 번째의 사람이 되었다. 하기에 모세 멘델스존의 대화모임에서는 철학적 논쟁대화가 이성적 승리로 끝났으며, 분위기도 선명하고 간결한 대화로 전개되었다. 모세 멘델스존의 아들 요셉은 당시의 분위기를 다음과 같이 회상하고 있다.

"모세 멘델스존은 보통 눈을 아래로 감은 채 논쟁의 심판관처럼 안락의자에 앉아 있었으며, 모든 사람은 그의 언행을 주시하고 있었다. 논쟁이 제기되면 갑작스런 흥분으로 용기를 점화시키고 무언의 감탄도 하는가 하면 미소의 동조로서 칭찬도 했다. 반면에 부정적인 경우에는 눈을 아래로 내리면서 머리를 흔들며 말없이 나무라는 모습을 보였다. 그리고 대화의 상대자가 잘 정리된 변론을 주지 못하거나 끝내 대화의 논쟁이 엇갈리고 혼돈에 빠지게 되면 자리에서 일어나 논쟁의 중심으로 들어가 애정 어린 말로 경청토록 유도하는 것으로 보였다."6) 그리고 그의 대화유도는 지극히 이성적이고 인간적이었다.

그렇기에 그는 그의 철학적, 문학적 대화의 사교가 있는 모임에서는 인간을 사교적 동물로 전제한 후 사교모임을 인간적 덕목을 지닌 윤리적 교양과 지성적 교양이 함께 하는 사교모임으로 이끌고 있었던 것이다. 그는 그의 논문 『파에톤(태양신의 아들) 또는 영혼불멸성에 관한 세 사람의 대화』(1776)에서 소크라테스적인 대화를 통해 그의 문학형식과 사교성을 분명하게 보이고 있었다. "사교성과 대화의 폭이 점점 넓어지면 모든 윤리적 도덕성이 활발히 성숙해지는 것이고, 마음을 우정으로 이끌며 가슴을 용감하게 만들고 정신을

---

6) 참고: hg.v. Sebastian Hensel: Die Familie Mendelssohn. 1729-1827. Bd.I Leipzig 1924. S.37f. In:
   Peter Seibert: Der Literarische Salon. S.131

진리의 사랑으로 만든다.; 그리고 서로의 봉사하는 마음이나 애정들이 경쟁적이 되어 농담과 정중함의 교체나 심오함과 명랑함의 교체가 인간생활에 넘쳐 사교성은 모든 고독하고 비사교적인 욕망들을 달콤함으로 압도하게 만든다. 그렇기에 사람이 이 지상에서 아무리 많은 재화를 갖고 불꽃 튀는 욕망으로 향락을 즐기려한다 해도, 인간이 고독 속에서 즐긴다면 결코 인간은 명랑해질 수 없다; 그리고 아무리 고상하고 화려한 자연의 대상을 본다 해도, 사교적 인간들이 함께 하는 모습을 보는 것보다는 사교적인 동물인 인간을 만족시키지는 못한다."7) 하며 사교성의 중요함을 강조했다. 그렇기에 그의 집에는 항상 정신적 대화를 통해 친교하려는 많은 젊은 지성인들이 찾아들게 되었다. 그리고 유대계와 독일계 융화에 계몽적인 역할을 담당하게 되었던 것이다.

그런데 그 후 유대계 살롱모임에 매력적인 독자적 힘을 더하게 된 것은 다름 아닌 정신적으로 풍부하고 아름다운 살롱마담들의 등장이었다. 그리고 이들 가운데 유대인 역사상 독일문학에 특기할만한 유일한 초기작가 모습으로 등장한 여인이 라헬 화른하겐이었다. 그녀는 이미 언급한 대로 부모의 집 다락방에서 문학적 살롱을 이끌고 있었다(1790-1806). 그러나 그녀의 정신적, 예술적 공헌은 역시 유대인해방에 있었다. 그녀는 하이네, 뵈르네와 함께 유대인의 자유정신을 위해 투쟁한 최초의 여인이었다. 그녀는 운명적으로 유대인으로서 뿐만 아니라 독일시민으로 태어나 독일에서 살아나가는 가장 자연스런 현존자임을 주장하고 자연인으로서의 해방을 당연시했다.

그러나 현실은 신앙적, 인종적 차별인식에서 오는 실망스런 현실 때문에 이들 모두에게는 자연인으로서의 회의가 컸다. 그렇기에 당시 자연인으로서의 회의를 느꼈던 뵈르네의 호소를 들어보면 그녀의 실망을 이해할 수 있다. 뵈르네는 말하기를 "나는 독일인이자 유대인이다. 독일인의 모든 덕성을 향해 노력하면서도 덕성의 부족함을 함께하고 있기에 모순된 행복을 지니고

---

7) 참고: Moses Mendelssohn: Phaedon oder ueber die Unsterblichkeit der Seele in drey Gespraechen 4Aufl. Berlin-Settin 1776. S157f, in P. Seibert: Der Literarische Salon. S.132

있다. 사실이 그런 것이 나는 하인으로 태어났기에 독일인보다 더 자유를 사랑하게 되었으며, 나는 노예가 되는 것을 배웠기에 독일인보다 자유를 더 잘 이해하고 있다. 나는 어떠한 조국에서도 태어나지 않았기에 독일인보다 더 목마르게 하나의 조국을 원하고 있다. 나의 출생도시는 유대인주거지역인 유대인 골목보다 크지 않았다. 잠긴 대문 뒤에는 나를 위한 외국땅이 시작되고 있었기에 나에게 이 도시는 더 이상 조국으로 충족되지 못하였고, 지역으로나 지방으로도 충족되지 못했다. 단지 언어가 통한다는 범위 안에서의 전체 조국이 나에게는 만족을 주고 있을 뿐이었다."8) 하고, 자연인으로서 얻은 것은 독일어가 서로 통용되는 영역 속에서만 조국이 인식되었다는 사실을 실토하고 있다. 이는 하이네에게도 같았고, 당시의 모든 유대계 지성인에 있어서 같은 심정이었다. 그들은 자연인으로서 태어난 현존세계에 대한 허상에서 회의를 느끼고 독일어권 속에서만이 조국의 실체를 직시하게 되었던 것이다. 이에 하이네는 1826년 개신교로 개종하고 독일 조국의 현실에 융합하여 지내려 했다. 그러나 결국 "그도 조국을 고별하여야 했고 외국으로 방랑하려는 욕구가 내면에서 솟아오르는 유대인으로서의 개인적 고민이 더욱 강하게 왔음을 고백하고 있었다."9) 이러한 감정은 라헬 화른하겐에게도 동일했다.

그녀는 1809년 푸케에게 보낸 서신에서 자신이 어떠한 존재의 사람일까? 하는 태생의 문제를 자문한 바 있다. 그녀는 태생의 문제로 인해 새롭게 전개되는 불행에 대해 표현을 자제하려 했다. 그러나 태생으로 유발되는 문제는 "자신의 전체 인생을 통해 고통스럽고 독약이 묻힌 화살을 장진한 활과도 같다면서 그 화살의 방향에서는 어떠한 예술이나 심사숙고, 어떠한 노력이나 근면, 굴종으로도 자신을 인도할 수 없었다고 했다. … 나는 자연인으로서의 여왕이나 어머니로 존재해야만 되는 것인데 지금 무의미한 존재임을

---

8) 참고: Ludwig Boerne: Saemtliche Schriften. hg.v.Inge und Peter Rippman. Dreieich1977. 3Bd. S.511. Maecel Reich- Ranicki: Im Magischen Judenkreis. In: Der Deutschunterricht. Juden in der deutschen Literatur I. Jahrgang 36.4/1984. S. 18
9) 참고: H. Heine: Briefe I Bd. I. Teil.hg.v.Friedrich Hirth. Mainz 1965.S.284. In: Der Deutschunterricht. 4/1984.S.18

체험하고 있다. 나는 딸도 아니고, 자매도 아니며, 연인도 아니고, 부인도 아니며, 여성시민으로도 한 번 되어보지 못한 존재임을 체험하고 있다"[10]면서 유대인으로서 자연인 대우조차도 받지 못하고 있는 자신의 실존적 고민을 전달하고 있었다.

이에 뵈르네는 그들이 겪고 있는 고민을 1832년에 총체적으로 다음과 같이 확인하고 있었다. "나는 참으로 놀라운 일을 겪고 있다. 나는 수천 번이나 다음과 같은 일을 체험하고 있다. 한 사람은 내가 유대인이라고 비난하는가 하면, 다른 한 사람은 내가 유대인임을 용서하고 있고, 또 다른 3자는 내가 유대인임을 칭찬하고 있다. 그러나 이들 모두가 생각하고 있는 것은 매혹적인 유대인에 관한 관심에 구속되어 있다는 사실이며, 이러한 생각에서 벗어나 있지 못하고 있다는 점이다.'[11] 결국 그는 유대계 독일인이란 자연인으로 태어났음에도 별종의 인간으로 인식되고 있음을 개탄했던 것이다.

사실상 도로테아 멘델스존이나 라헬 레빈이 살롱을 통해 유대인들과 독일인간의 지성적 교제를 이끌고 있던 초기에도 유대인에 대한 도시생활의 기동성은 이러한 인식 속에서 제약되고 있었다. 특히 베를린보다 프랑크푸르트와 프라하에서 기동성이 제약되고 있었다. 살롱을 방문하는 사람이나 종교적으로 중립적인 유대인들에 대해서도 경계의 조치가 엄했다. 프라하에서는 살롱에 참여하는 유대인을 통제하기 위해 야간통행을 금했었고, 프랑크푸르트에서는 유대인들에게 강변수로의 오목한 보도로만 통행이 허락되었으며, 멋있는 산책로에는 통행이 금지되어 있었다. 그리고 베를린에서는 1774년까지만 해도 대부분의 유대인들이 유대인거리와 쾨니히스거리, 스판다워거리 등몇 개의 거리에만 거주하도록 하고, 프리드리히도시에는 한 사람의 유대인도살 수 없었다.[12]

이때 라헬 레빈이 주도하는 베를린살롱에는 많은 독일인이 참여하기를 좋

---

10) 참고: Ludwig Varnhagen im Umgang met ihren Freunden (Brief 1793-18330. hg.v. Friedhelm Kemp. Muenchen 1967. S. 295f. In: Der Deutschunterricht 4/1984. S.18
11) 참고: Ludvig Boerne: Saemtliche Schriften, 3Bd. S. 510. In: Der Deutschunterricht. 4/84.S. 18.
12) 참고: Peter Seibert: Der Literarische Salon.S.106f

아했다. 그러나 일반국민 대중들은 유대인을 제2의 계층으로 생각하고 있었기에 유대인의 움직임에 대한 시선은 달갑지 않았다. 시기적으로는 물론 살롱문화가 시작되기 전의 일이지만, 1743년 모세 멘델스존이 베를린도시 문을 지나가자 세관원이 초소기록부에 적기를 "오늘은 6마리의 소와 7마리의 돼지, 그리고 한 유대인이 통과했음"이라 기록했다는 것이다. 물론 이는 베를린에서 살롱을 통해 사교하는 시대 이전의 일이지만, 이러한 역사적 과정에서 유대계 지성인들이 겪어야 했던 고민은 이루 말할 수 없었다.

그러나 이런 가운데서도 계몽적인 유대계 지식인들은 그들의 자유해방을 위해 독일인들과의 사교성을 게을리 하지 않고 살롱문화를 통한 그들과의 동화작용에 많은 노력을 경주하고 있었다. 바로 그러한 노력 때문에 독일지식인들로부터도 많은 동조를 얻고 있었다. 그 결과 어떤 의미에 있어서는 유대인들의 사교적인 살롱문화 때문에 오히려 독일인들이 자신의 교양을 쌓는데 많은 도움이 되지 않았나 생각도 된다. 이에 오스트리아작가 그릴파르처 Franz Grillparzer(1791-1872)는 1858년 프리드리히대제 주변에서 발견한 프랑스 예술문학의 영향과 '궁중 유대인'의 생활상을 체험하고 "베를린사람들은 그들의 교양을 프랑스인과 유대인들로부터 처음 얻고 있다는 사실을 영원히 깨닫게 될 것"이라는 말을 자신의 베를린기행문에서 회상하고 있었다.13)

사실상 1800년 전후로 베를린살롱문화를 통한 유대인들의 사교형식은 독일지성인에 많은 영향을 끼쳤다. 물론 살롱문화가 전유럽에 있어서의 자유해방을 위한 여성운동과 유대계 여성의 해방운동이 일체화되어 시작되었고, 유대계 귀족들과 시민계층의 만남의 장소로 초기단계에 제공되고 있었음은 모두가 아는 사실이다. 하지만 이러한 만남이 계몽적인 대화장소로 좋은 반응을 얻게 되자 독일인들도 사교문화의 필요성을 절대시 하고 이에 적극 참여하게 되었던 것이다. 그렇기에 18세기 후반부에 가서는 사교를 위한 살롱문화가 독일 내의 소수민족으로 살아가는 유대인들의 해방을 위한 목적뿐만

---

13) 참고: Franz Grillparzer: Saemtliche Werke. Hist-Krit. Gesamtausgabe.hg.v. August Sauer. 2Abt.Bd 12: Tagebuecher und Literarische Skizzenhefte.VI. Wien 1930. S.18

아니라, 그들이 독일사회와 융합되어 살아갈 수 있는 적극적인 사회운동현상으로 하나의 미학적 혁명을 가져오게 되었던 것이다.

그 대표적인 살롱문화가 예술문학을 통한 대화와 인간적 상호이해를 증진시켰던 베를린과 비인 살롱문화였다. 이곳에서는 작가들과 독자들의 문학적 대화와 교양된 인간들의 사교모임이 일체화된 사교적 공동체형식이 꽃피워 갔다. 하기에 이러한 이념을 예견했던 프리드리히 슐레겔은 이미 1799년에 도로테아에게 보낸『철학에 관하여Uber Philosophie』란 논문에서 "사교성이란 모든 사람이 목적으로 삼고 있는 모든 교양을 위해서 뿐만 아니라 우리가 문제 삼고 있는 철학연구를 위해서도 참된 요소가 되는 것이다"14)라고 살롱문화의 중요성을 강조했으며, 사교모임에서는 역시 '예술가들이 모여 가족을 형성하는 곳에서 인간성의 총화를 얻을 수 있는 것'과 같이15) 문학과 인간성에 관한 대화를 통해 인간성의 총화를 증진시킬 수 있는 미학적 장소가 되고 있음을 강조했다. 그렇기에 1800년에 슐레겔 형제가 발간하고 있던 문예지 <아테네움Athenaeum>에「시에 관한 대화Gesprache uber die Poesie」란 담론을 게재함으로써 문학적 사교성을 강조한 예술론을 펼치고 문예사적 문학이해를 돕는 사회문학적 의사소통을 계도하고 있었다.16) 그리고 이에 같은 생각을 갖고 있던 슐라이어마허도 같은 시기에 에세이『사교적 행위에 관한 이론시도Versuch einer Theorie des geselligen Betragens』(1799)를 발표함으로써 노련한 사교적 대가들과 문학애호가들의 사교적 태도에 관한 이론을 개진한 바 있다. "사교적 행위에 있어서 수수께끼와 같은 열쇠를 파악하고 있는 이론가는 사교적 생활을 하나의 예술작품으로 설계하려 한다. 왜냐하면 노련한 사람들은 아름다운 환상만을 관찰하고 있기 때문이다. 이론가는 예술작품에 아름다움과 우수함을 표현하려 하며, 이러한 표현을 통해 사교적 생활의 예술작품을 하나의 제도 속에서 제시하여 마지막 완성을 기하려 한다." 그렇기

---

14) 참고: Athenaeum. Eine Zeitschrift von A. W. Schlegel und F. Schlegel. Bd. Erste Stueck Berlin 1799. S.26.
15) 참고: Athenaeum. Bd.3. Erste Stueck. 1800. S.26
16) 참고: 같은 책. S. 58-128. S. 169-187

에 아름다운 대화로 엮어가는 사교문화란 제도적으로 '모든 구성원의 많은 사람들이 서로의 대화를 통해 서로의 영향을 주고받는', '상호교호작용'을 목적으로 하는 '자유로운 사교성'을 전제로 한다고 슐라이어마허는 언급하고 있다. 하기에 여기서의 '상호교호작용'이란 일방적인 것이 아니라 모임구성원의 개인들이 서로의 영향을 주고받으면서도 스스로 자성하고 보완하며 완성해가는 가운데 사교적 활동의 목적을 위한 형식을 갖추고 전체 모임의 본질을 완성해나가는 제도적 본질을 교호작용으로 보았다. 그렇기에 이러한 모임에서는 개별 인간들의 이해와 공동체의 이해가 조화롭게 일치되며 공감되는 것이다. 그리고 "이러한 모임에서는 구성원들의 활동이 그들의 감정과 사유의 자유로운 유희를 전제로 하기 때문에 구성원들의 개체성과 고유성이 함께 하는 모임이 이룩되는 것이다. 하지만 구성원 인간은 서로의 의견을 결정하고 이해하며 해명하면서도 자기중심을 잃지 않는 모든 사람과의 관계 속에서 한 인간의 개체가 되어야 한다"고 말했다.17)

그렇기에 사교모임의 구성원은 한 인간의 개체성과 모임의 보편성간의 균형을 유지하도록 노력해야 하며, 그러한 가운데서 이룩되는 사교형식이 이상적 모임형식의 원리가 되는 것이다. 물론 이러한 사교모임에는 직업과 성격이 상이한 사람들과 상이한 계층, 성이 다른 구성원들이 혼재하고 있기에 그들의 상이한 의견을 조화로운 전체 의견으로 융합시킨다는 것은 어려운 문제이기도 하고, 때로는 조심스럽고 위험한 일이 되기도 한다. 여성들이 갖는 가정주부로서의 이해관계를 남성들이 알기도 어려운 일이고, 남성들의 사회적 활동에 여성들의 이해를 구하기도 힘든 일이다. 각자의 직업과 성격에 따른 재능과 인식, 교양 등을 파악하기 전에는 한 인간을 이해한다는 것은 어렵다. 더욱이 1800년 경만해도 여성들은 가정주부로서의 여인들로 저평가되던 시대였기에 남녀간의 모임에 있어 사교적 행위에는 이상과 현실의 간격

---

17) 참고: Rahel-Bibliothek. Rahel Vernhagen: Gesammelte Werke. hg. v. Konrad Feilchenfeldt/ Uwe Schweikert/ Rahel E. Steiner. Bd.10 Studie, Materialen, Register. Muenchen 1983. S.256, 262. I: Der Deutschunterricht. Jg. 36, 4/84. S.82

이 있었다. 이에 시도되었던 것이 슐라이어마허의 이론적 에세이 『사교적 행위에 관한 이론시도』이었다. 그러나 이곳에서 개진했던 그의 판단은 단지 당시 가정주부로서 낮은 평가를 받고 있던 여성들의 사회적 역할에 관한 의견을 계몽적 입장에서 제고한 것이며, 사교적 모임에 있어 구성원간의 상호의존적 역할을 강조했던 내용이다. 그런데 슐라이어마허가 살롱문화에서 체험한 바로는 그가 개진했던 이론을 뛰어넘는 여성들의 사회적 역할에 감동한 바가 컸었다.

그는 베를린살롱문화에서 사교적 역할이 노련했던 도로테아 바이트 슐레겔 여사와도 친숙하게 되었고, 라헬 레빈 화른하겐과도 그러했다. 그리고 헨리에테 헤르쯔 여사와도 친한 우정관계에 있었기에 그녀들에게서 배운 사교적 행위에 관한 인상이란 그가 진술한 '이론' 이상의 내용이 담긴 체험들이었다. 그렇기에 슐라이어마허는 몇 해 후 발표한 『윤리를 위한 초록Brouillon zur Ethik』(1805/6)에서 그들 여성을 '자유로운 사교성의 예술영역에서 노련한 여성대가들Virtuosinnen'이라 찬양한 바 있는가 하면, 이들 '노련한 여성대가들'과 '예술애호가Dilletanten'들의 사교적 행위내용에 비하면 자신의 '이론'은 '모멸적'인 것이라 부끄러워하기도 했다.[18] 사실상 슐라이어마허는 이곳 프러시아 수도인 베를린의 문화생활에서 유대인 소수민족이 하나의 사회적 결정체의 초점이 되고 있음을 의식하고, 유대계 살롱문화에서 배운 바가 컸고 느낀 바가 많았음을 그의 자매에게 서신을 통해 전한 바도 있다.

"이곳 커다란 유대계의 집들(살롱)에는 젊은 학자들과 세련된 멋진 사람들이 열심히 방문하고 있단다. 이는 자연스런 일이다. 왜냐하면 이 집들은 대단히 부유한 시민층 가정들로 거의 유일하게 개방된 집이었기 때문이며, 그들 집에서는 광범위한 교제들을 맺고 있는 모든 계층의 외국손님들이 서로 만나고 있는 곳이기 때문이다. 또한 흉금을 털어놓고 기탄없이 대화하는 이

---

[18] 참고: Friedrich Ernst Daniel Schleiermacher: Werke. Auswahl in $ Bde. hg.v. Otto Braun und Johannes Bauer. 2 Aufl. Bd. 2. Entwuerfe zu einem System de Sittenlehre. Leipzig. 1927. S 135. In: Der Deutschunterricht. Jg.36.4/84. S.84

러한 좋은 모임을 보고 싶어 하는 사람들은 이러한 집들로 안내되기도 했으며, 이곳에서는 사교적 재능을 많이 지니고 있는 사람들이라 할지라도 모든 사람들의 재능을 서로 견학할 수도 있고 확실히 즐길 수도 있는 곳이었다. 왜냐하면 유대계 여성들은 ―남성들은 일찍이 상업에 종사하는 사람들이 되었지만― 교양수준이 대단히 높았고, 모든 것에 관해 해박하게 이야기할 줄도 알고 다방면에 걸친 아름다운 예술에 관해서도 높은 차원의 지식과 대화를 나누고 있었기 때문이다. 또한 나 역시도 나의 친지들이 열고 있는 모임이 있을 경우에는 그들 집 가운데 몇 집을 항시 방문했었다. 두 종족간에 서로 어울리지 못하고 있는 좋지 않은 상황이 있어도 내 자신은 이에 개의치 않고 방문했었다. 이런 경우는 사람들이 여성들 때문에 그곳을 방문하고 있다는 이목을 갖게도 했다."(1798년 8월 2일자 서신)[19]

하지만 이러한 이목과는 관계없이 베를린살롱문화에서는 많은 지식인들이 그들의 의사를 기탄없이 털어놓으며 서로의 의견들을 서로 보완적으로 이해하고 수용하고 있었으며, '상호교호작용'의 의존적 관계를 원칙으로 하는 제도를 선택하고 있었다. 슐라이어마허도 이러한 사교적 원리를 제도로 수용하는 '교호작용'을 그의 '이론'에 전적으로 수용했던 것이다.

그런데 1800년경 베를린 살롱문화를 주도했던 여성들은 슐라이어마허의 친구였던 헨리에테 헤르쯔 여사와 같은 연령층인 도로테아 멘델스존 여사, 그리고 헤르쯔 여사보다 7살이나 젊은 라헬 레빈 여사 등이었다. 그들 가운데서도 라헬 레빈은 젊은 나이에 오성과 정신세계가 충만한 여인이었다. 헨리에테 헤르쯔 여사는 1780년대 후반에 도로테아와 훔볼트 형제 등과 함께 '도덕연합Tugendbund'을 결성하여 살롱에서 히브리어도 강의하고, 많은 친구들과 친교를 맺었다. 이곳 모임의 원칙은 빌헬름 훔볼트가 남긴 전통대로 '구성원 각자는 타인의 비밀을 알고 있으되 비밀을 타인에 누설해서는 안 되며, 각자는 서로의 의존관계에서 교제하고 행동한다는 태도로 살아가고 생각

---

19) 참고: Aus Schleiermacher's Leben. In Briefen. Bd. I : von Schleiermacher's Kindheit bis zu seiner Ausstellung in Halle. Oktober 1804. Berlin 1858. S.191. In Der Deutsch Unterricht.Jg. 36.4/84 S85

할 것을 덕목으로' 하고 있었다. 슐라이어마허도 바로 이러한 원칙 위에서 사교적인 '상호교호작용'에 관한 이론을 펼친 것이었다.[20] 이곳 '도덕연합'을 위한 사교문화에서는 의사소통뿐만 아니라 서신문화를 통한 정보교류도 이루어져 살롱이 사회적 사건들을 탐구하는 곳이 되기도 했고, 현실문제를 직접 담론하는 '도덕연합'의 공동체적 장소도 되었다. 이에 헨리에테 헤르쯔 여사는 당시의 담론을 다음과 같이 회상하고 있었다. "우리 젊은이들은 이곳에서 모든 종류의 놀이들을 자유롭게 유희했다. 이러한 모임에는 나이 먹은 사람들도 합류했다. 그러나 매번 우리는 크고 작은 논문들을 읽었고, 연극물도 읽었다. 여성들도 우리와 함께 읽었으며, 내가 아름답게 읽어가면 사람들도 좋아하는 모습이 좋았다."[21]

이에 슐라이어마허는 헨리에테 헤르쯔 여사의 회상에 관한 소식을 누이동생에게 전한 바 있다. "나는 매주 한 번은 적어도 온종일 하루를 헤르쯔 여사와 보내고 있단다. 이렇게 보낼 수 있는 날은 그저 몇 사람 집에서만 가능하다. 그러나 일하는 날과 즐기는 날을 교대로 가지면서 이러한 날을 그녀와 보낸다는 것은 참으로 좋았다. 그녀는 나에게 이태리어도 가르쳐주었다. 더욱 즐거웠던 것은 셰익스피어를 함께 읽는 일이었다. 우리는 물리학도 함께 취급했다. 나는 그녀에게 자연에 관한 나의 인식도 전해주었다. 우리는 때에 따라 이러저러한 독일 책도 함께 읽었다. 좋은 시간이 되면 때때로 산책도 함께 하고, 중요한 일에 관해서는 속에 있는 내면적인 정서들도 서로 털어놓았다. 우리는 금년 봄 초반부터 잘 지내고 있으나 우리를 방해하는 사람은 아무도 없단다. 헤르쯔 여사는 나를 높이 평가하며, 우리 서로가 그렇게도 상이한 사람(민족)들인데도 나를 사랑한단다."(1798년 5월 30일자 서신) 하며[22] 슐라이어마허는 헨리에테 헤르쯔 여사와 좋은 우정관계에 놓여있었음을 알

[20] 참고: Hans Reinicke. Berliner Salons um 1800. Henriette Herz und Rahel Levin. In: Der Monat. 13. 1961. Nr.151. S.50
[21] 참고: Henriette Herz: Ihr Leben und ihre Zeit. hg.v. Hans Landsberg. Weimar 1913. S152
[22] 참고: Schleiermacher's Leben. Bd. I. Von Schleiermacher's Kindheit bis zu seiner Anstellung im Halle. Oktober 1804. Berlin 1854. S. 183. In Der Deutschunterricht Jg.36. 4/84. S86

리고 있었다.

그런데 사실은 유대인의 베를린살롱계에서는 헨리에테 헤르쯔 여사와 라헬 레빈 여사가 서로 경쟁적 관계가 되어 표면상으로는 친구관계였지만 내면적으로는 상호 분열적인 증후가 있었다. 분열의 조짐은 1797년 도로테아 멘델스존 바이트 여사의 새로운 반려자가 된 프리드리히 슐레겔이 라헬 레빈의 살롱손님으로 초대되어 관심을 끌기 시작하고, 라헬 레빈과의 서신교류가 빈번해지면서 발생했다. 당시에는 헨리에테 헤르쯔 여사가 살롱계의 중심이었는데 라헬 레빈이 경쟁자로 부각된 것이다. 그러자 라헬 레빈은 항상 헨리에테 헤르쯔 여사에게 비판적이 되었으며, 동시에 살롱손님들도 때로는 이편저편으로 이해를 구하며 교류해야 했다. 한 예로 루드비히 뵈르네는 헨리에테 헤르쯔 여사를 존경하고 동정하는 사람이었는데도 라헬 레빈과 서신교류를 하면서 서로의 우정을 유지하여야 했다. 이 때문에 뵈르네는 그녀들간의 분열에서 오해도 받고 어려움이 있었음을 후일 자네테 볼Jeanette Wohl에게 전한 1828년 2월 18일자 서신에서 회상하고 있다. 때는 그가 라헬 레빈 화른하겐 집에서 느꼈던 일이지만 뵈르네가 헤르쯔 여사편에 치중하고 있음을 섭섭하게 생각했는지 라헬 화른하겐 여사가 심기 불편함을 나타낸 태도에서 읽을 수 있었다.

"나는 화른하겐 댁에서 점심식사를 함께하고 있었다. 무엇인가 그들 부부에게서는 묘하고도 이상한 영적 윤회(輪廻)가 있었던 것 같았다! 이미 라헬 레빈 화른하겐 여사가 프랑크푸르트에 있었을 때 내가 느낀 바였지만 말이다. 대화도중 간혹 당황하기도 하고, 불안스럽게 자제하기도 하는 그녀의 얼굴표정에서 무엇인가 두려움을 읽을 수 있었다. 그런데 이러한 것이 이제는 더욱 나빠진 것 같았다. 우리 세 사람은 모두가 식탁에 앉아 있었다. 그런데 우리들의 대화는 우습게도 약간 슬프기도 하고 모가 나는 대화로 이어지다가 잠시 멍청한 침묵으로도 이어졌다. 방안 전체분위기는 마치 벼락이 내려친 것처럼 유황냄새로 그득한 것이었다. 이에 화른하겐과 라헬 여사는 멋쩍은 듯이 가능한 이를 외교적인 얼굴로 감추려 노력했다. 하지만 식사 후 화른하겐은 부인에게 낮잠이나 취하라 하고 나와 그는 한 시간 동안 우두커니 우리끼리 머물러있어야 했다." 즉, 뵈르네와 라헬 화른하겐 여사와의 어색한 관계가 노출된 것이다.[23]

그렇지만 1800년경 전후로 베를린 사교문화사 가운데서 헨리에테 헤르쯔 여사와 도로테아 바이트 슐레겔 여사와 비교하면 라헬 레빈 화른하겐 여사의 개인적 사교문화는 대단히 중요한 비중을 차지하고 있었다. '청년독일파' 운동과 함께 시작했던 그녀의 여성해방운동과 사회비평적 태도는 여러 사람들의 이목을 끌었고, 그녀의 문학적 교양과 음악, 예술, 연극에 관한 식견도 문인들의 관심을 모으게 됨으로써 그녀의 살롱에는 1795년과 1805년 사이에 유명한 정치인들과 예술인들이 자력처럼 끌려 모이게 된 만남의 장소가 되었다. 당시 베를린에 잠시 머물고 있었던 클레멘스 브렌타노Clemens Brentano는 자신의 부인에게 보낸 1804년 11월 24일자 서신에서 다음과 같이 그녀의 살롱 분위기를 전한 바 있다. "나는 어저께 칭찬이 자자한 그 유명한 마담 라헬 레빈 살롱에 가보았다. 대화에 서투른 몇몇 사람들만 없었더라면 정말로 유쾌할 수 있었다. 그녀는 30세가 넘은 나이였지만 25세 정도로 보였다. 체구는 작았지만 우아했다. 그녀는 사람들에게 아무런 부담도 주지 않으면서 모든 대화에 미소를 지으며 능숙하게 대화해나갔다. 그녀는 정말로 성품이 착하고 위트가 넘쳤다. 그녀 살롱에는 루이스 훼르디난드Louis Ferdinand 황태자와 안톤 라드지빌Anton Radziwill 같은 영주가 참여하고 있어 많은 사람들로부터 부러움을 사고 있었지만, 라헬 여사는 전혀 개의치 않고 마치 학생이나 장교들을 대하듯 이들에 대한 태도가 자연스러웠으며, 풍부한 정신세계와 재능을 갖고 대화함으로써 많은 사람들로부터 환영받고 있었다."[24] 이처럼 그녀는 부모집의 다락방에서 살롱을 개최하고 있던 초기부터 명성이 자자했

23) 참고: Ludwig Boerne: Saemtliche Schriften. hg.v. Inge und Peter Rippmann. Bd 4. Briefe I. Darmstadt 1968. S.863. In: Der Deutschunterricht. 4/84. S.87

24) 참고: Rahel-Bibliothek: Rahel Varnhagen: Gesammelte Werke. hg.v. Konrad Feilchenfeldt/ Uwe Schweikert//Rahel E. Steiner. Bd.10 Studien, Materialen, Register. Muenchen.1983. S.160. In: Der Deutschunterricht. Jg.36.4/84.s.88

다. 그러나 나폴레옹이 베를린을 점령한 이후 그곳을 떠났으며, 1814년 슐라이어마허에 의해 개신교도로 개종하면서 당시 외교관 참사관으로 있던 화른하겐과 결혼했다. 그리고 다시 베를린으로 돌아온 1819년부터는 제2의 베를린살롱시대를 열게 되었다. 그러면서 이때부터 그녀의 문학적 살롱활동은 정신적으로 돋보이게 되었던 것이다.

그녀의 살롱에는 뵈르네뿐만 아니라 하이네 그릴파르처가 방문하고 있었다. 그릴파르처의 자서전에 보고된 바에 의하면(1826년 9월 18일자 라헬 화른하겐 부부 방문기에서) 라헬 화른하겐 여사는 '나이도 많고 병색이 있었는데도 요정 같이 매혹적으로 지칠 줄 모르고 밤새도록 이야기를 하는 힘찬 부인'이었다고 하고, "나는 일생동안 그렇게 흥미 있고 좋은 이야기를 들어본 적이 없는 것 같았다. 하지만 나의 베를린 체류일정이 끝나갔기에 더 이상 그녀를 다시 방문하지 못하게 된 것이 유감스러웠다"며 그릴파르처는 그녀에 대한 인상을 강하게 전하고 있었다.[25] 그리고 이어서 "이 세상에서 내 자신을 그렇게 행복하게 만들어놓을 수 있는 부인이 있었다면 그녀는 바로 라헬 여사였을 것이다!"라고 감탄하면서 찬사를 아끼지 않았다.[26]

그런데 라헬 화른하겐 여사는 이처럼 살롱문화를 통해 많은 지성인들과의 대화를 이끌면서도 살롱문화를 일기와 서한교류형식을 통한 작품을 남긴 여류작가이기도 했다. 그녀의 첫 번째 서한집은 『괴테에 관하여』로 화른하겐과 나눈 단편적 서신들이 포함되어 있었다. 화른하겐은 이를 고타Cotta출판사의 <교양계층을 위한 조간Morgenblatt fur gebildete Stande> 잡지에 여러 횟수로 나누어 게재함으로써 발간하게 되었다(1812). 그러나 이들 서한이 간행되기 전에 고타출판사는 괴테에게 이들에 대한 괴테 자신의 소감을 물어보았다. 그러자 괴테는 화른하겐에 보낸 1811년 12월 10일자 서신에 자신의 소감을 이미 밝힌 바 있다 하고, 다음과 같은 내용을 전하고 있었다.

"현재 내가 알기로는 내 자신이나 다른 사람들이 나의 인생과 나의 작품

---

25) 참고: Grillparzer: Saemtliche Werke. (1, Abt) Bd 16. Prosaschriften IV. Wien 1925. S. 187
26) 참고: 같은 책, S. 361. In: Der Deutschunterricht, 4/84. S.89

에 관해 결산적인 설명을 하려는 것으로 알고 있는데, 이러한 설명에 관하여 중요한 분들이 나의 마음에 드는 부분들을 선정하여 말씀하고 있으니 내가 이러한 소식을 듣고 싶어 하는 줄 알겠으나 그것은 아니고 그저 듣고 있을 뿐입니다. 나를 좋게 설명하고 있는 라헬과 화른하겐 두 분은 참으로 흥미 있는 한 쌍의 사람들입니다. 부분적으로는 두 분의 설명이 일치하기도 하고 부분적으로는 차이점을 갖는 분들이지요. 라헬 여사는 묘하게도 잘 파악하고 통합하며 다시 보완하고 증보할 줄 아는 성품의 소유자인데 반하여, 화른하 겐은 선별하면서 탐구하고 분류하면서 판단하는 성품의 소유자에 속합니다. 라헬 여사는 본래 판단은 안하고 대상을 갖고 있을 뿐이며, 그녀가 대상을 소유하고 있지 않는 한은 대상은 그녀와 무관한 것이랍니다. 그러나 화른하 겐은 관찰을 하고 구분을 하며 정리를 통하여 사물과 사물의 가치를 판단하 고 설명하고 있습니다. 그런데 묘하게도 화른하겐의 설명은 라헬 여사의 작 용에 이끌려가고 있는 것으로 나에게는 느껴집니다. 즉, 화른하겐의 성품이 필연적으로 라헬 여사 성품에 의해 숙련된 효과작용으로 나타나고 있으니, 결과적으로는 그가 라헬 여사를 사랑하고 높이 평가하고 있음을 반증하고 있는 것으로 보입니다."27)

출판사에 전해진 이러한 답신을 전해 받은 라헬과 화른하겐 두 사람은 괴 테가 자신들을 꿰뚫어보고 있음에 감격하고 있었고, 라헬은 이러한 감정을 남편이 될 화른하겐에 보낸 1811년 12월 26일자 서신에서 괴테의 판단에 감 동한 나머지 그를 대단히 숭상한다는 흥분된 감정을 전하고 있었다.

"괴테의 편지가 내 앞에 놓인 이후로는 마치 홍수가 나에게 밀려온 듯합 니다. 이는 모두가 바다와 같습니다. 이것이야말로 모두가 차례차례로 형성 된 일들이지요." 하며 괴테가 자신의 서한집에 관해 칭찬도 하고 두 사람의 성격에 대해 정확한 판단인식을 갖고 있다는 점에 이루 말할 수 없는 감사 의 뜻을 전하고 있었다. "당신도 아는 일이지만 (괴테로부터) 칭찬받으려고 커

27) 참고: Rahel- Bibliothek, Rahel Varnhagen: Gesammelte Werke.Bd. 1 Rahel. Ein Buch des Andenkens fuer ihre Freunde. Erster Teil. Berlin 1834. S.581. In: Der Derschunterrucht 4/84. S.90

다란 노력을 한 것은 아니잖아요. 그러나 나는 그러한 성스럽고 멋있는 사람과 인간들(독자들)에게 정말로 이름 없는 사랑과 감동적인 존경심을 무릎 꿇고 전하고 싶은 심정이랍니다. 이러한 것은 그분들의 지속적이고 강도 높은 관심에 의해 발생한 일이지만 나의 인생 전체를 통해 갖고 싶었던 은밀하고도 조용한 소망이었답니다." 라헬 자신은 자신의 서한집 『괴테에 관하여』에 관심을 표명했던 괴테와 독자들에게 존경심을 표한다는 내용을 화른하겐에게 전하고 있었던 것이다.[28] 실제로 그녀에 있어서는 『괴테에 관하여』라는 서한집이 괴테와 고타, 화른하겐이 참여하고 있는 <교양계층을 위한 조간> 잡지에 개재되어 출간되었기에 그들에 대한 감사와 존경은 더욱 깊어졌고, 당시의 살롱문화를 통한 서신교류가 서한집 작품으로 다시 탄생하게 되었다는 사실에 대해서도 감사하고 있었다. 결국은 라헬이 운영했던 살롱은 서신교류를 통한 서신문화를 낳게 함으로써 이에 참여했던 모든 이들이 공동 저자가 된 사교문화의 공동체가 되었던 것이다. 그리고 라헬과 화른하겐간의 서신교류에는 괴테문학 인용이 중심이 됨으로써 그들간의 서신텍스트는 바로 괴테의 어록을 담은 살롱문화의 이론서가 되고 있었다. 이처럼 라헬은 괴테의 숭상자로서 독일지성인들과의 사교를 오랜 기간 진행하고 있었다.

그러나 역시 당시의 독일 전역에서는 유대인에 대한 박해문제가 지속적으로 이어지고 있었기 때문에 그녀의 마음에는 항상 슬픔과 걱정으로 그늘져 있었다. 이에 라헬은 유대인학대에 대한 자신의 울분을 동생 루드비히 로베르트 레빈에 보낸(1819년 8월 29일자) 서신에서 다음과 같이 전한 바가 있다.

"나는 무척 슬프다. 유대인 문제 때문에 이렇게 슬퍼본 적은 아직 없었다. 무엇 때문에 수많은 사람들이 쫓겨 다녀야만 한단 말인가. 이를 감수하면서도 난처한 사람이 되고, 멸시당하는 사람이 되며, 카드놀이나 하는 유대인 놈들이란 욕이나 먹고, 이윤이나 챙기는 소인배가 되고; 발길질이나 당하고,

28) 참고: Rahel Bibliothek. Rahel varnhagen: Gesammelte Werke. Bd. 4/2/ Aus dem nachlass Varnhagens von Ense. Briefwechsel zwischen Vvarnhagen und Rahel. Zweiter Band. Leipzig 1874. S.206

계단 밑으로 밀쳐 떨어지는 사람이 되고 있으니 말이지. 이러한 것들을 생각해볼 때는 모두가 혐오스럽기만 하고, 독살된 것 같기도 하고, 철저히 썩어빠진 것들이 된 것 같아 나의 마음을 차디차고, 깊게 병들게 하고 있는 것은 아닌지 생각된다. 참으로 악몽 같은 일이란다. 나는 나의 조국을 잘 알고 있단다! 유감스럽게도, 축복받지 못할 흉조의 예언자 카산드라를! 나는 3년 전부터 말하고 있었다; 유대인들은 유랑으로 몰리게 될 것이라고; 나는 증인을 갖고 있단다.' 하며 악몽 같은 유대인들의 처절함을 슬퍼하고 있었다.[29]

물론 이러한 슬픔은 이미 그녀가 유대인이란 이유 때문에 약혼했다가 파혼당했던 스페인 외교관 우르퀴죠Urquijo와의 관계에서 뼈저린 상상력의 상처를 입은 적이 있었기에 그녀가 받은 마음의 고통은 더욱 컸었다. 이러한 고통의 흔적은 그녀가 남긴(1810년 9월 3일자) 일기에서도 찾아볼 수가 있다. "무수한 고통을 통해 나의 상상력이 말살된 지 오래다. 오랜 기간의 영상들에서 꿈의 영상은 나에게서 사라지고 말았다. 그(우르퀴죠)가 나를 사랑할 수 있을 것이라는 강력한 내면적 소망으로부터 생긴 꿈의 영상이 사라진 것이다. 그는 겉으로만 나에게 친절했었던 거야! 그와 함께 있었던 일을 상상만 해도 이젠 두렵고 좋은 느낌은 없다; 고작해야 그에게 받은 인상을 관찰하고 싶은 욕심 외에는 없다." 하며, '눈물의 외침'만이 있었음을 언급하고 있다.

그렇기에 라헬은 이 시기에 삶의 기력조차 잃고 있었음을 마침 여행 중으로 떨어져 있게 된 그녀의 친구 파울리네 비셀Pauline Wiesel(황태자 루이스 페르디난드의 소첩)에게 고백하고 그녀가 부러운 듯, 반 년 전 1810년 3월 12일자의 일기에서 자신의 슬픔을 호소하고 있었다. "사랑하는 값진 친구와 남자 친구여!(파울리네와 황태자여!) 슬프답니다! 나의 상처 입은 마음은 슬프게 울고 있답니다! 슬프답니다! 우리들이 함께 살지 못하고 우리들 인생이 이렇게 흘러가고 있으니 말이에요. 그대(파울리네)는 나에게서 떨어져 홀로 있고, 나도 그대로부터 떨어져 홀로 있으니. 자연이란 한 번만 두 사람이 떨어져 살

---

29) 참고: Rahel- Bibliothek: Bd.9. S.582f. Bd. 10. S. 118ff. 154ff. in: Der Deutschunterricht 4/84. S.96.

게 하도록 한다지요. 우리들 연령에선 말이지요. 나는 매일 그대를 보고 자연도 내 자신도 보고 있답니다. 그대한테서 떨어져 내가 살고 있다는 것은 그대가 한 모든 말들과 자그마한 행동들까지 모든 표현들을 똑같이 답습하고 있다는 것 외에는 아무것도 없답니다. 그대는 그대의 존재와 그대의 본질에 관한 원리를 내가 그대보다 더 잘 알고 있는 것으로 믿고 있겠지요: 그런데 사실은 우리들 사이에는 오직 한 가지 차이만이 있답니다; 그대는 용기와 행복을 갖고 있기 때문에 모든 것을 즐기며 살고 있다는 것이며, 나는 행복도 갖지 못하고 용기도 없어 대부분의 일을 생각만하고 있다는 것입니다; 손으로 행복에서 행복을 짜내어 얻어내지도 못하고, 참고 견디는 인내만을 배우고 있답니다. 그러나 우리 두 사람에게는 자연이란 것이 위대하게 유혹하고 있답니다." 하면서 인간이란 근본적으로 모두 다 같이 자연이란 정체성을 지니고 있으니 인간의 동질성을 잊어서는 안 된다고 전하였다. 그러나 그럼에도 불구하고 행복한 사람과 행복하지 못한 사람으로 차별되어 있으니 이는 다 같은 여성으로서 그리고 유대인여성으로서 고통스러워할 수밖에 없음을 호소하고 있었던 것이다.[30]

바로 이러한 영적 고통 속에서 라헬 여사는 살고 있었기에, 그녀의 생각에는 언제나 인간의 동질적 정체성과 자유, 해방, 평등, 박애를 위한 투쟁적 상념이 엄존하고 있었던 것이다. 그렇기에 그녀와 서신교류를 했었던 젊은 시절의 친구 프리드리히 휀 겐츠Friedrich v. Gentz 같은 사람은 일찍이 1795년에 그녀를 가리켜 자유투쟁을 표방한 '혁명의 창시자'라고까지 칭한 바 있다.[31] 사실상 그녀는 일생동안 유대인해방을 위한 '개혁자의 역할'을 했으며, 유대인여성으로서 피나는 노력을 다한 사람이다. 그렇기에 1833년 임종하는 자리에서도 다음과 같은 말을 남겼던 것이다. "그토록 오랫동안 나의 인생에서 가장 치욕적이었던 것은 유대인여성으로 태어났다는 혹독한 고통과 불행

30) 참고: Rahel- Bibliothek; Bd. 9. S.44. In; Der Deutchunterricht. 4/84/ S. 97.
31) 참고: Jahrbuecher fuer wissenschaftliche Kritik. August 1827. Nr. 143, u, 144,145 u, 146. S.1145-1163. Sp.1151

이었다. 그러나 이제는 어떠한 희생이 뒤따른다 해도 유대인여성으로 태어났다는 사실에 후회하지 않는다."[32]

그런데 라헬은 이와 같은 고통스런 인생을 살아오면서도 살롱의 사교문화를 통하여 독일지성인들과의 정신적 교류를 게을리 하지 않았다. 그녀는 그들과의 동화에도 온갖 정성을 기울였다. 그녀는 자연에서 태어나 자연으로 귀의할 수 있는 범우주적인 겸허한 사상을 지니고 있었기에 누구와도 친숙할 수 있는 가장 자연스런 현존자다. 농민과도 친할 수 있고, 거지들과도 즐거이 동락할 수 있는 자연인이었다. 그러면서도 그녀의 살롱은 문학적, 정신적 생활의 구심점이 되어 베를린사람들에게 교양을 전할 수 있는 산실이 되기도 했다. 그녀가 헨리에테 헤르쯔 여사와는 살롱운영에 있어 경쟁관계에 있었지만 유대인의 해방을 위한 문화적, 정신적 연대의식에는 언제나 우정관계에 있었다. 하기에 이들 유대계 살롱문화에는 모든 지성인들이 함께 어우러질 수 있는 우정의 화합이 넘쳤다. 어딘지 모르게 교양인의 마음을 이끌어낼 수 있는 마력적 분위기가 지배했던 것이다. 이는 비단 베를린살롱과 비인 살롱 분위기에서만이 감지되는 것이 아니었다. 그들의 인간성에서도 마음을 움직일 수 있는 정신적 마력이 작용했다고 본다. 그리고 이러한 현상은 18세기를 전후로 살롱문화에 참여했던 지성인 모두에게서 뿐만 아니라, 19세기 이후시대의 작가들이나 사상가들에게서도 통찰되는 마력이었다. 비록 유대계 지성인들이 독일인들 사이에서 반유대주의적 학대를 심하게 받았다 해도 어딘지 모르게 독일인과 유대인간에는 내면적 벽이 허물어지고 인간적 애정으로 상호이해하려는 지성인의 융합노력이 상존하는 듯했다.

특히 근대작가들의 경우도 추방될 정도로 박해를 받았지만 그들은 독일어를 모국어로 하고 있었기에 그들의 영혼에는 독일에 대한 애국혼이 내재되어 있는 것이 사실이다. 비록 혈통은 달라도 인간이란 동질성에서 오는 공통적 요소의 성격을 지닌 것이 사실이고, 같은 지리적, 문화적 풍토에서 성장

---

[32] 참고: W. Michael Blumenthal: die unsichtbare Mauer. Die Dreihundertjaehrige Geschichte einer deutsch- juedischen Familie. Muenchen-Wien. 1999 S. 118

한 그들이었기에 유대인과 독일간의 친화력은 거역할 수 없는 정신적 운명이 된 것이다.

일찍이 라헬 여사도 유대인여성으로서 많은 수모를 당했다. 그러나 그녀가 독일지성인들과의 정신적 교류를 통해 서한문학을 남김으로써 독일문학사의 한 위치를 차지하게 되고, 평범한 자연인으로 겸허한 인생관을 가짐으로써 문학적 지성인으로 칭송받게 되자 그녀는 스스로 '나의 운명에 잘못된 왕관을!' 올려놓고 있는 것이 아닌가 하는 겸허한 마음을 실토하기도 했다.[33] 이러한 그녀의 겸손함은 인간적 본질에서 온 것이다. 비록 그녀의 정신세계가 유대계 정신의 성분요소와 합성되어 있고, 유대인으로서 유대주의 사상을 독일인에 교화시키고 변호하려 했다 해도, 그녀 자신이 독일의 지성세계에 융합하려 노력했던 결과에는 당연한 칭송이 뒤따라야 했다. 그리고 유대계 지성인들이 독일인사상에 용해되어 융합되는 과정에서 생성된 상호간의 친화력은 당연한 산물인 것이었다.

물론 친화력의 형성과정에서 발견되는 민족성의 특이성과 공통성은 상존하게 마련이다. 하지만 같은 독일어를 모국어로 사용하는 지성인들의 정신세계에서는 내면적 친화력이 당연한 현상으로 나타나게 마련이다. 하기에 독일인과 유대인 성격 사이에는 많은 친화적 공통점이 발견되고 있다. 이에 하이네는 일찍이 이러한 공통점을 다음과 같이 지적한 바 있다. "유대인과 게르만민족 두 민족간에는 윤리적인 면에 있어 내면적인 친화력이 지배하고 있다는 사실이 나타나고 있다. … 두 민족은 본래부터가 사람들이 옛날의 팔레스타인을 동양적인 독일로 바라볼 수 있다는 점과 오늘날의 독일을 성서언어의 고향으로 보고 예언자의 모국땅으로 보며 순수한 정신의 성곽으로도 간주할 수 있다는 점에서 서로 너무나 비슷하다."[34] 하이네의 이러한 표현은 '독일민족이 유대인에게 매력 있는 민족으로 다가섰었음을 말하는 것이고,

33) 참고: Hannah Arendt: Rahel Varnhagen. Lebensgeschichte einer deutschen Juedin aus der Romantik. 2 Aufl. Muenchen. 1962. S. 206. In: Der Deutshunterricht . 4/84. S.17
34) 참고: H. Heine : Saemtliche Werke. hg.v. Friedrich Hirth. Mainz 1965. bd. X. S.227

유대인 역시도 독일인에 보완적이고 개량적이며 유용한 민족으로 끌어당겨졌음을' 의미하는 것이다.[35]

그렇기에 발터 벤야민(1892-1940)도 1917년에 이미 "독일인과 유대인은 서로 친화적인 극단관계에 서 있다"고 했고,[36] 프란츠 카프카(1883-1924)도 친구 얀누후Gstav Janouch와의 대화에서 "독일인과 유대인은 많은 점에서 공통점을 갖고 있다. 이들 모두 노력하는 사람들이란 점에서 그렇고 성실하고 근면하고 철저하게 다른 사람을 증오한다는 점에서 공통적이다. 그런데 이들이 증오한다는 점에서 서로 충돌되었던 것이다"[37]라고 말했다.

이러한 증오심은 우선 고통스럽게 살고 있는 자기 자신의 불만족에서 싹튼 자신에 대한 증오현상일 수도 있다. 하지만 이에 대한 해답은 없으며, 결국 이러한 불만족에서 온 증오심은 근세사에 들어와서 평화를 파괴하거나 선동적인 행위로 나타나 상호비판적인 대상이 되기도 했다. 그렇기에 이러한 비판적인 콤플렉스와 숨은 원한관계에서 입은 상처들을 치유하기 위해서는 많은 지성인들의 노력이 필요했던 것이다.

'자신을 사랑하듯 이웃을 사랑하라'는 신구약성서의 말을 인용하지 않더라도 서로의 민족적 특이성을 존중하며 공통점을 살려 어우러질 수 있는 동화에 서로의 이해와 관용이 필요한 것이었다. 그러나 모든 일이 그러하듯 상황적인 논리가 맞지 않은 상태에서는 서로의 동화에 어려움이 있는 것이다. 바로 그러한 상황에서 유대인들의 동화에 세심한 노력과 까다로움을 체험했던 사람이 라헬 화른하겐 여사였다. 결과적으로는 그녀도 자신의 노력에 실망과 환멸을 느끼고 고통스런 인생으로 생을 마감했다. 18세기 전후 살롱문화의 주역을 담당했던 유대계 지성인들의 노력은 유대인들의 해방을 위한 현지사회로의 동화였다. 하지만 동화과정에서 이민족으로서의 소외감을 느꼈던 그들이 반유대주의의 상념에 사로잡힌 독일인들의 선입견을 해소시키기는 어

---

35) 참고: Der Deutschunterricht. Jg.36. 4/84. S. 25. Marcel, Reich- Ranicki: Im magischen Judenkreis

36) 참고: Walter Benjamin: Briefe. Bd. 1.S. 151

37) 참고: Gustav Janouch: Gespraeche mit Kafka. Aufzeichnung und Erinnerungen. Fischer Verlag, Frankfurt/ m. 1961. S.73f.

려웠다. 이유는 유대인 작가 볼프강 힐데스하이머Wolfgang Hildesheimer(1916-1991)가 1964년에 지적했듯이 "독일인 3분의 2가 반유대주의자이고, 이러한 현상은 과거도 그러했고 앞으로도 그러할 것이기 때문이다."[38] 이러한 상황에서 독일인과 유대인간의 형제애를 구한다는 것은 어려운 일이다. 그렇기에 근대사에 들어와서 체험했던 유대인들의 고통이란 표현하기 어려운 일로 전개되고 말았다.

야곱 바서만Jakob Wassermann(1873-1934)은 자신의 자서전 『독일인과 유대인으로서의 나의 길Mein Weg as Deutscher und Jude』(1921)에서 유대작가로서 체험했던 인종차별에 대한 소외적 심경을 다음과 같이 묘사한 바 있다. "시인과 사상가의 민족이 그들의 이름으로 호소하고 서약했어도 헛되었다. 사람들(독일)이 갖고 있는 모든 편견은 매일 수천 마리씩 나타나는 벌레 같은 썩어빠진 상놈들의 생각이었다. … 독일인의 속마음을 알아보려 해도 헛되었다. 그들은 말하기를 저 사람들(유대인)은 나쁜 양심으로 파고드는 비겁한 자들이라고 말이다. 독일인에 다가서서 손을 내밀어도 헛되었다. 그들은 말하기를, 비겁한 유대인이 자신들의 생각대로 보챈다 해서 무엇을 얻어낼 수 있겠단 말인가? 하고 말이다. 독일인에게 공동의 투쟁자로서 공동의 시민으로서 참된 신의를 다 바쳐도 헛되었다. 그들은 말하기를 유대인은 모든 일에 있어 변덕이 심한 사람이니 어떻게 믿느냐고. 사지가 묶여 있는 노예들의 족쇄를 풀어달라고 도움을 요청해도 헛되었다. 그들은 말하기를 유대인은 이미 이윤만을 생각하고 그런 짓을 한다고. 몸에 스며든 독소를 해독시켜 달라고 간청해도 헛되었다. 몸에서 생기가 일고 있는데 무슨 해독을. 독일인을 위해 살고 죽겠다고 말해도 헛되었다. 그들은 말하기를 이 사람은 유대인이니까. … 이러한 독일인의 말은 나에게 있어서는 산 사람에게 죽은 자에 대한 당위성을 선언하는 것처럼 느껴졌다. 그렇기에 그들의 말은 도저히 참을 수가 없었다."[39] 즉, 바서만은 독일인의 편견들을 해소시키기 위해 모든 노력을

---

38) 참고: Twen. Jg. 6.1964/I
39) 참고: Jakob Wassermann: Mein Weg als Deutscher und Jude. Fischer Verlag. Berlin. 1921. S.122

다하였지만 '헛되었다'는 회의적인 하소연만으로 일관하고 있었다. 물론 이러한 회의는 과장된 표현일 수도 있다. 그러나 1차 세계대전 직후의 실상을 생각해보면 이해도 할 만한 작가의 하소연이다.

바서만은 독일계 유대인으로서 항시 생각하기를, 유대인은 신화적, 전설적 의미에 있어서는 동양적인 사람이지만 사상적으로는 세계주의를 지향하는 유럽인으로 생각하는 문인이었다. 그렇기에 순수한 혈통을 주장하는 게르만 민족주의와 이러한 민족주의에서 파생되는 광신적 반유대주의에는 회의적이었다. 왜냐하면 순수인종주의를 주장하는 민족주의에는 한계가 있기 때문이다. 이는 역사적으로도 모든 이웃 민족들간에는 문화적 교류와 접촉을 통해 서로 이합되고 융합되어 문화적 이종교화현상이 발생하기 때문이다. 더욱이 같은 언어를 구사하는 문화적 토양 속에서는 이러한 현상이 두드러져 자연스럽게 동질의 정신적 세계가 형성되고 동질적 인간성을 추구하게 되어 동일한 국민성이 형성되기 때문이다. 그렇기에 바서만은 민족간의 구분에 회의적인 반응을 보였다.

"유대인과 독일인을 개념적으로 구분하려 한다는 것은 나에게 있어서 생각되지도 않고 생각하고 싶지도 않은 것이다. 내 자신 이러한 구분을 분명하게 하려고 한다면 나에게 있어 이는 정말로 고민스런 생각들이 된다. 도대체 이러한 구분이 어디서 생긴다는 말일까? 나는 자문도 했다. 혹시 신앙에서 오는 것일까? 나도 유대교 믿음을 갖고 있지 않으며, 그도 기독교 믿음을 갖고 있지 않은데. 그렇다면 혈액에서 오는 것일까? 누가 어떤 기준에 맞춰서 피로부터 피를 구분한단 말일까? 정말로 순수한 독일 피가 있단 말일까? 독일인이 프랑스 망명객들(이민자들)과 혼합된 일은 없었을까? 슬라브인들이나 북구인들, 스페인사람들, 이태리사람들, 그리고 흉노족이나 몽고족들이 떼를 지어 독일영역에 침공했을 때 혹시 혼합된 일은 없었을까? 또한 우수한 독일인이나 모범적인 독일인들이 비독일적인 혈통에서 나온 사람은 없었을까? 예술가나 장군들, 시인이나 학자들, 영주나 왕들 가운데서? 로마제국시대의 서양에서 2천 년이란 오랜 실존생활을 해왔던 유대인들이 다른 민족들의 피와 혼합된 일은 없었을까? 물리적인 혼합만을 제외하고는 공기나 대지, 물, 역사, 운명과 행위 등에 관여된 혼합은 없었을까? 만일 이러한 것들에 대처한 그들의 독자적인 법이 있었고, 민족들의 저항이 있었다면 과연 그들이 자연질서의 법에서 벗어날 수는 있었을까? 그들은 다른 도덕적 성분을 지닌 사람들이었을까? 또한 다른 인간적 각인을 가진 사람들일까?" 하며 민족들의 구분에 의구심을 던졌다. 그러면서도 그는 오직 유일한 구분이 있을 수 있다면, 이는 인간이 허구한 날 호흡하고 있는 언어의 절대적 우성적 지배에 의해서나 가능하다고 믿었다.

그러나 오랜 기간 독일에 토착해서 살아왔던 유대인들이 독일어를 모국어로 사용하고 있다는 사실은 이들이 이미 독일인에 동화되어 있음을 의미한다. 그렇기에 그는 독일어를 구사하는 자신이 비록 유대인이라 할지라도 자신은 독일인작가라 생각하고 있었던 것이다. "독일어와 독일어의 율동은 나의 내면적 현존세계를 완성시키고 있다. 독일어는 소재이지만 이 소재로부터 나는 나의 정신세계를 구축하고 있는 것이다. 소재는 힘이 없다지만 나에게는 직접적인 힘의 충동을 느끼게 한다. 독일어는 나에게 있어 충동적인 힘을 주는 이러한 요소들과 영원한 형제적 자매를 맺게 한다. 그럼으로써 독일어는 나의 용모를 형성시키고, 나의 눈을 밝혀주며, 나의 손을 인도해주고, 나의 마음을 느끼게 하고, 나의 머리를 생각토록 가르치고 있다; 독일어는 나에게 보아온 모든 것들을 환상과 판단 속에 모아서 이야기로 엮어주고 있으며, 일상적인 현존세계의 흐름이나 인생여정의 유희와 위대한 작품의 체험을 관조할 수 있도록 결정적인 모습으로 창작케 하고 있다."[40]

하기에 독일어의 구사는 민족의 구분을 허물고 동화현상을 가져오는 중요한 매체가 되는 것이다. 그런데도 유대인들이 독일사회에 융합되지 못하고 구분되었던 것은 상호간에 가졌던 불신의 편견 때문이다. 이에 유대인들은 바서만처럼 편견을 벗기려고 많은 노력을 기울였다고 본다. 그러나 이러한

---

[40] 참고: Jakob Wassermann: ebd. S.122f. Im: Metzler Lexikon. hg.v. Andreas B. Kilcher: Der Deutsch-Juedischen Literatur. Stuttgart- Weimar.2000. S.598

노력이 '헛되었다'고 생각되자 유대인들은 자신들의 자유와 해방이란 사상적 흐름을 이상으로 선택하고 사회적 혁명의 탈출구를 찾으려 한다. 그 결과 그들은 '당시대의 자코뱅당'이 되고 말았다. 사실 그들은 독일계 유대인으로서 융합된 모습을 꿈꾸고 있었다. 그러나 양극의 화합을 이루지 못한 찢겨진 모습으로 남고 말았다. 그리고 유대인의 내면세계에는 상처 입은 원한만이 쌓이고 말았으며, 근대에 와서는 고향 잃은 영원한 방랑자 아하스페르Ahasver 모습으로 재현되어 우울한 처지가 된 것이다. 그러나 유대인작가들은 스스로 이러한 원한의 상처를 간직하면서도 이를 극복하기 위한 종교적, 인류적 화합으로의 호소를 게을리 하지 않았으며, 방랑자의 처지에서도 서로의 관용과 이해를 구하는 창조적 비평활동을 계속했던 것이다.

특히 20세기 현대에 들어와 이러한 노력을 경주했던 유대계 작가들을 거명하면 아서 슈니츨러A. Schnitzler(1862-1931)를 비롯하여 리카드 비어 호프만 Richard Beer Hofmann(1866-1945), 프란츠 카프카, 엘제 라스커쉴러Else Lasker Schüller(1869-1945), 프란츠 베르팰F. Werfel(1890-1945), 알프레드 되블린Alfred. Doblin(1878-1957), 쿠르트 투홀스키Kurt Tucholsky(1890-1935), 칼 크라우스K. Kraus(1874-1936), 넬리 삭스Nelly Sachs(1891-1970), 요셉 로트J. Roth(1894-1939), 헤르만 브로흐H. Broch(1886-1951), 페터 바이스P Weiss(1916-1982), 스테판 하임 S. Heym(1913-), 파울 첼란Paul Celan(1920-1970), 볼프 비어만Wolf Biermann (1936-), 일제 아이힝거Ilse Aichinger(1921-) 등과 수필가이자 철학자로 발터 벤야민, 지그문트 프로이트, 테오도르 아도르노Theodor. W. Adorno(1903- 1969), 게오르그 루카치Georg Lukács(1885-1971), 에른스트 브로흐Ernst Bloch(1885-1977), 루드비히 비트겐쉬타인Ludwig Wittgenstein(1889-1951), 헤르베르트 마르쿠제Herbert Marcuse(1898-1979), 막스 호르크하이머Max Horkheimer(1895-1973) 등 무수한 문인들을 들 수 있다.

물론 이들의 성향은 다르겠지만, 계몽적 변증법의 자기성찰을 통해 자유와 해방, 관용과 이해를 추구하는 인본주의적 전통 속에서 서로의 비판적 화합을 추구했다는 공통점이 있다. 그리고 이러한 현대사상가들의 관용적 인간애 추구에 커다란 기반을 닦아놓았던 사람들이 계몽주의작가 레싱과 모세 멘델스존이며, 그 후 이어진 18세기 살롱문화에 참여했던 지성인들이라 할 수 있다. 이들 살롱문화에 관여했던 지성인들은 독일인이나 유대인들이 서로의 정체성을 유지하면서도 서로가 이해하고 융합하려 노력한 최소한의 관심을 가졌던 사람들이다. 그렇기에 18세기의 살롱문화는 독일인과 유대인들이 동화될 수 있는 과정의 전 단계로서 서로의 인간적 만남과 사회적 교류를 가능케 한 요람이었으며, 이를 통한 사교와 우정의 교제가 성숙될 수 있었던 문화였다. 나아가 유대인과 독일인 사이의 공생과 동화에 대한 관용적 이해를 넓힐 수 있었던 이정표의 문화였다.

원한(레상티망)의 지속과 심리적 초월주의

그러나 독일인과 유대인간의 공생에는 억압과 해방, 관용과 질투의 원한관계에서 오는 반목이 친화와 증오의 양면성으로 지속되고 말았다. 이유는 나폴레옹이 독일을 지배하게 된 이후 이에 대한 저항으로 발생한 독일의 애국주의운동이 유대계의 세계주의적 해방운동과 충돌하면서부터다. 그 이전 교양된 지식인사회에서는 유대인에 대한 관용적 이해가 어느 정도 폭넓게 준비되어 있었다. 하지만 나폴레옹 지배 이후부터는 독일의 애국주의운동이 반프랑스적인 공격으로 일어났고, 독일인의 조국애가 계몽주의이념에서 오는 진보적 세계주의에 편승한 유대인의 세계주의와 충돌하였기 때문이다. 특히 '독일인의 도덕연맹'과 '기독교적 독일인의 탁상모임Die Christliche deutsche Tischgesellschaft'을 중심으로 한 독일애국주의단체들이 프랑스침략에 대한 구국운동을 앞장서서 펼쳤고, 기독교적 신앙에 민족주의성향을 융합시킨 초월적 이상주의이념을 지닌 독일애국주의가 종교적으로 유대교와 반목되고 있었기에 반유대주의정서는 더욱 심화되었던 것이다.

그렇기에 당시 유대계 언론인이었던 사울 앗세르Saul Ascher 같은 사람은

1815년에 발간한 그의 『삐라 문헌』에서 이러한 독일인의 새로운 애국주의운동을 '게르만족광신주의Germanomanie'라고 칭하고 독일애국주의에 대한 괴로움을 다음과 같이 실토하고 있었다. "기독교적 정신과 독일민족성은 쉽게 하나로 용해되어 있다; 이러한 용해는 초월적 이상주의자들과 독일의 정체성 철학을 형성하기 위한 가장 쉬운 과정인 것이며 당연한 결론으로 나온 것이다. 낯선 외국의 독재자 침략으로부터 독일을 구제하기 위해서는 민족의 통일성을 하나의 이념으로 통일함으로써만이 가능하다. 이러한 통일성과 통일의 요구는 종교에 있어서도 마찬가지로 요청되고 있었다. … 따라서 열광적인 이상주의자들의 견해에 따르면, … 이러한 통일성은 유대인들의 가르침과는 정반대의 것이란 사실이 낯선 것이 아니다. 그렇기에 18세기 말 피히테를 비롯한 그의 숭배자들과 제자들은 유대인과 유대주의에 대해 거칠고도 위협적인 목소리를 쏟아내고 있었던 것이다."[41]

하기에 독일의 애국주의 목소리는 유대인에 대한 배타적인 것들이었다. 사실상 19세기 초에는 독일로의 유대인 유입도 제한되고, 기독교로 개종을 하기 전에는 유대인이 국가시민권을 보장받을 수도 없었으며, 이들의 법적 지위는 겹겹이 구분되어 있었던 시대였다. 유대인이 최소한의 법적 동등권을 얻을 수 있었던 때는 1860년대에 들어와 비로소 그들의 공적이나 능력에 따라 차츰 보장되기 시작했다.

따라서 독일계 유대인들은 비록 그들이 독일태생으로 독일어를 쓰고 독일을 조국으로 생각하고 있었다 할지라도 경우에 따라서는 이방인으로 추방되어야할 처지에 놓여있었던 것이다. 이에 게토에서 출생하여 기독교의 세례를 받았던 하이네도 자신이 세례를 받은 것은 기독교가 지배하는 '유럽문화로의 입장권'을 부여받기 위함이었으며, 다시금 유대교로 귀의할 수 없었음을 인정한 것이다. 그러나 그의 마음 한구석에는 유대교를 떠나본 적이 없었다고 고백하고 있다. 이는 그의 마음속에 간직한 독일에 대한 애국주의만큼이나

---

41) 참고: In: Gorden. A. Craig; Ueber die Deutschen. 1985. Muenchen. S.149

자신의 출생신분에 대한 애정도 깊었다는 자신의 회의적 고민을 말하고 있는 것이다. 이러한 그의 고민은 추방된 이국에서 창작된 여러 시에서 잘 나타나고 있다. 그는 추방된 이방인으로서 독일에 대한 향수를 잊지 못하고 독일에 대한 애정과 유대인으로서의 미련을 동시에 지닌 원한의 한을 표현하고 있었다.

『신시Ⅱ부Neue Gedichte Ⅱ Teil』에 게재된「밤중의 사색Nachtgedanken」(1844)에서 "나는 밤새 독일에 대한 생각을 해본 후에나 잠이 들곤 했다"든가,「서기 1839년Anno 1839」시에서 "오 독일이여, 나의 머나먼 사랑. … 나에게는 부드럽고 익숙한 야경꾼의 나팔 소리가 먼 곳에서 들려오는 소리처럼 들려왔다네; 야경꾼의 노래 부르는 소리들이 간간히 꾀꼬리 소리들처럼 들려왔다네. 시인에겐 고향에 돌아와 있는 듯이, 값진 참나무 숲으로 덮힌 쉴다우에 돌아와 있는 듯이 말이야! 그곳에서 나는 부드러운 시구를 제비꽃 향기와 달빛 아래서 엮고 있었다네." 하면서 추방된 독일시인이 이국에서 독일에 대한 사랑을 연민의 정으로 동경하고 있었던 것이다. 그러면서도 그는 독일인에 대한 역겨운 내면적 원한을 『독일 겨울동화』(1844)에서 풍자하고 있었다. "땅은 프랑스와 러시아에 속해 있고, 바다는 영국에 속해 있는데 우리들 독일은 꿈의 공중제국에서 지배권을 소유하고 있다지."(7장) 하며 독일의 이상주의적 상상세계를 높이면서도 풍자하려 했는가 하면, 반가톨릭적 입장에서 '쾰른성당'을 '정신적 감옥으로'(4장) 비유함으로써 독일인에 대한 반기독교적 입장을 밝혔던 것이다. 그리고 프러시아의 상징인 독수리를 바라보며 "너 증오스런 새야, 언젠가 너는 나의 손에 잡히게 되면 깃털을 뽑아내고 발톱을 토막 낼지어다"(3장) 하는 프러시아에 대한 증오도 쏟아내고 있었다. 본래 하이네는 독일의 가톨릭교회와 프러시아의 독재에 대해 투쟁했던 낭만주의작가이다. 그래서 독일인의 가톨릭정신주의나 칸트의 정언적 명령(지상)주의에 대해 회의적이었으며, 독일의 성당과 독수리의 상징을 풍자하기 시작했던 것이다. 그리고 기독교의 상징인 로마가톨릭성당에 대해서도 비판하기 시작했다.

로마의 페투르스성당을 건설했던 교황레오10세는 섬세한 플로렌스출신으

로 라파엘의 친구였으며, 희랍철학자로서 인본주의적 감성에 젖은 성인이었
다. 그렇기에 그가 성당을 건립했을 때는 성당을 고해성사를 위한 현명한 장
소로 구상했다. 고해성사가 이룩되는 성스러운 곳에서는 부드러운 마음으로
고백할 수 있는 감성적 대화가 가능해야 하며, 아름다운 소녀를 품에 안은
듯 애정적 안도감도 주는 인간적인 정서가 넘쳐야 했다. 하지만 비판적인 시
각에서는 이러한 장소가 감성주의에 의해 정신주의가 찬탈되어지는 모순적
인 곳으로 비판될 수도 있겠다고 생각되었다. 그렇기에 로마성당을 건립하였
을 때는 이에 대한 논쟁이 발생했던 것이며, 마르틴 루터의 종교개혁이 있었
을 때도 감성주의로 인해 야기되는 원죄를 속죄하기 위해 면죄부를 발부하
여 교회를 건립하고 있다는 가톨릭교회에 대한 비난이 계속되었던 것이다.
이는 마치 아름다운 소녀를 품에 안은 듯 고해성사의 장소가 기독교적 금욕
주의에 반하는 죄악의 장소가 되고 있었기에, 이에 대한 속죄로 면죄부를 발
부하여 그것으로 얻어진 현금으로 교회를 짓는다는 것이 비난의 대상이 될
수도 있었다는 말이다. 때문에 하이네는 그의 『독일종교철학사』(1835)에서 마
르틴 루터와 같이 성당건립에 관해 회의적인 비판을 가했던 것이다. 면죄부
를 통한 헌금으로 성당을 짓는다는 것은 "성당을 짓는 비용이 육체적 향락
을 위해 지불하는 수치스런 대가이며, 죄악을 위한 세금징수가 되기도 하고,
로마성당의 이름을 빌어 속죄에 대한 면죄부를 판매하는 성스러운 행상행위
가 되기도 한다"는 것이다. 그런데 하이네는 이처럼 본의 아닌 혹독한 비판
을 가하면서도 쾰른성당건립에 대해서는 이러한 종교적 비판을 단순한 자연
환경의 정서적 교감에서 오는 느낌으로 풍자적 비판을 가하고 있었다.

"로마의 페투르스성당은 면죄부성금으로 건설되었다는 논쟁을 야기할 점
도로 돈으로 속죄를 면죄시켜 성당을 건설하였기에 로마의 성당은 마치 이
집트의 창녀들이 성을 매매하여 번 돈으로 피라미드를 건설한 것과도 같은
것이다. … 하기에 로마성당은 감성적 욕망의 기념물이 되고 있다는 것이다.
따라서 이러한 신의 집들은 쾰른성당보다도 더 나쁜 악마에 의해 건설된 것
이라 주장할 수 있다. … 그리고 감성주의 스스로가 정신주의를 위해 아름다

운 사원을 건축하여 놓았다는 사실과 정신을 승화시키기 위해 육체를 수단으로 육체를 향한 수많은 고백들을 허용토록 건축하여 놓았다는 로마성당의 정신주의 승리는 북녘 독일에서는 이해할 수 없는 것들이다. 왜냐하면 이곳 독일에서는 이태리의 타오르는 하늘 아래에서보다는 오히려 감성을 최소화하여 정신적인 고백으로 기독교를 학습하고 있기 때문이다. 우리들 북녘 사람들은 차디찬 피를 지니고 있다. 그리고 우리들은 레오교황10세가 우리에게 아버지처럼 걱정해주면서 복음하신 육체적 죄악에 대해 많은 면죄부를 필요로 하지도 않는다. 이곳은 기후가 차기 때문에 기독교적 덕성을 학습시키는 데 유리하게 작용하고 있다. 그렇기에 1517년 10월 31일 마르틴 루터가 면죄부에 대한 자신의 주장을 아우구스틴성당 문에 붙여놓은 것도 이제는 비텐베르크도시 공원묘지에 모두 얼어붙어 묻혀있을 것이며, 그곳에서 추위를 즐기면서 원죄의식도 없이 스케이트를 타고 있을 것이다." 했다.

즉, 하이네는 로마페투르스성당과 쾰른성당의 건립에 관한 비판을 기후관계로 매개하면서 로마성당은 타오르는 정열의 감성주의로 건립되었다고 비판했고, 쾰른성당은 냉혹한 정신주의로 건립되었음을 비판적 시각으로 풍자하고 있었던 것이다. 하이네가 언급하고 있는 감성주의와 정신주의 낱말은 가톨릭에 대한 상이한 인식에서보다는 상이한 사유방식에서 오는 비판적 어휘로 이해되고 있었던 것이다. "두 개의 사유방식 중 하나(후자)는 물질을 파괴하려는 노력을 통해 정신을 승화시키려는 사유방식인 것이고, 다른 하나(전자)는 정신의 찬탈행위에 대해 물질의 자연권을 반환청구하려는 사유방식이었다." 따라서 독일에 있어서의 가톨릭성당에 대한 비판은 마르틴 루터의 종교개혁 이후 물질을 파괴하면서 정신을 승화시키려는 정신주의에서 출발한 비판적 사유방식인 것이며, 로마의 페투르스성당에 대한 비판은 물질의 자연권을 반환청구하려는 감성주의에서 출발한 비판적 사유방식이었다. 그렇기에 '독일에서의 가톨릭에 대한 투쟁은 정신주의에서 출발한 것'이라 보겠으며, 이태리나 '프랑스에 있어서의 가톨릭에 대한 비판은 감성주의에서 출발한 것'이라 보겠다.[42]

하이네는 정신주의와 감성주의라는 양면적 사유방법으로 가톨릭에 대한 비판을 가하고 있었던 것이다. 그 결과 가톨릭을 기축으로 하고 있던 당시의 독일 기독교인들로부터는 반감을 사게 되었고, 결국 무신론자로 비난의 화살을 받게 되었던 것이다. 그리고 독일의 애국주의운동으로 인해 이방인 취급을 받고 추방의 길을 걷게 되었다. 당시 하이네가 13년(1831-1833)이라는 긴 세월의 추방생활을 거치면서 마지막 고국방문(1844)을 가졌던 시기까지는 프러시아의 독제체제에 대한 저항과 독일의 민주적 통합을 위한 자유와 민주화를 부르짖던 '젊은 독일학파'(1830-1850)의 시대였다.

프랑스의 7월 혁명(1830)을 비롯하여 독일의 3월 혁명(1848)이 좌절되었던 시기까지 '젊은 독일파'(하이네, 뵈르네, 멘젤Wolfgang Menzel(1798-1873), 게르비누스Georg Gustav Gervinus(1805-1871), 비엔바르크Rudolf Wienbarg(1802-1872), 문트 Theodor Mundt(1808-1861), 구츠코Karl Gutzkow(1811-1878), 헤르베그Georg Herwegh (1817-1875), 라우베Heinrich Laube(1806-1886) 등)들과 '젊은 헤겔학파'(프이에르바하 Ludwig Feuerbach(1804-1872), 프리드리히 스트라우스Frr. Strauss(1808-1874), 칼 마르크스Karl Marx(1818-1883), 프리드리히 엥겔스Frr. Ehgels(1820-1895) 등)들의 영향력이 컸던 시대였으며, 프랑스에서는 볼테르와 루소의 사상을 계승한 상 시몬 Saint Simon(1760-1825)주의와 빅토르 위고Victor Hugo(1802-1885), 발작Henri de Balzac(1799-1850), 외젠 수Eugene Sue(1804-1857), 조르주 상드George Sand(1804-1876)문학의 자유주의사상이 팽배했고, 영국에서는 낭만주의적 아이러니 작가 바이런Lord Byron(1788-1824)의 영향이 컸던 고통의 시대였기에 자유와 해방을 표방하는 이들의 문학이 하이네를 비롯한 젊은 독일파에 커다란 영향을 미쳤던 것이다.

비록 하이네는 유대계 작가로서 독일의 가톨릭을 비판하고 독재에 항거하는 정치작가로서 독일에서 추방당했지만 그의 내면세계에서는 조국애에 대한 열정이 끊이지 않았다. 그가 파리에서 망명생활을 하다가 마지막으로 고

---

42) 참고: H.Heine: Zur Geschichte der Religion und Philosophie in Deutchland. hg. v. Gottard Erler. Bd. IX. 1964. S.180ff

국을 방문하던 해에 발간된『독일 겨울동화』에서는 독일에 대한 원한이 풍자되고는 있지만 내용의 주류는 애국주의적 호소였으며, 유년기의 고향 함부르크의 수호신 함모니아로의 귀의였다. 그가 프러시아에 저항하면서 자유와 해방을 부르짖고 독일의 민주적 통일을 절규하고 있었을 때는 분명 그는 마르셀 라이히 라니츠키Marcel Reich-Ranicki(현존 문학비평가)가 그의 저서『고요를 방해하는 자』(1993)에서 언급했듯이, 독일의 독재질서를 비판하고 혁명을 선동한 교란자로 오해받을 수도 있었겠지만, 그는 조국을 사랑하는 애국주의자로서 과격한 사회개혁을 반대하고, 혁명의 적으로서 인간의 에로스적 해방과 자유를 추구한 화해의 선구자였다. 그렇기에 그는 관용과 이해를 통해 서로의 증오를 사랑의 화합으로 주도했던 '증오를 사랑하는 천재'로 지칭되었던 것이다.[43]

그의 시문학에 펼쳐진 산문은 언제나 정신과 감성이 사랑으로 농축된 표현이었고, 반대감정의 양립이 용해된 아름다운 시어였다. 그는 추방된 시인이었지만 추방한 조국을 영원토록 사랑한 애국시인이었으며, 배부른 자와 배고픈 자, 억압하는 자와 억압받는 자의 갈등 속에서 하나의 인간성만을 추구한 정신주의와 감성주의의 종합론자였다. 그는 추방된 지 13년 만에 귀국하는 여로의 풍자문학『독일 겨울동화』서문에서 자신이 비록 유대인으로서 추방되고 프러시아 제복을 입은 독재자의 하인들로부터 증오의 대상이 되었지만 영원한 조국애를 호소한 자유주의자였음을 실토하고 있었다.

"우리들(이스라엘 바리세인들)은 독일국기색의 검정-붉은-황금색의 3색 군복을 입고 있는 용맹스런 영웅들의 하인들로부터 증오를 받고 있다. 하지만 이에 대한 마음의 준비는 되어있다네. 나는 그대들이 맥주에 취한 목소리로 너는 우리들의 국기 3색을 모독하는 자이며, 조국을 경멸하는 자이고, 자유로운 라인강을 프랑스에게 양도하고자 하는 프랑스의 친구라고 욕설하는 소리를 듣고 있다네! 그러나 그대들은 안심하고 걱정하지 말아주게나. 나는 그대

---

43) 참고: Marcel Reich- Ranicki; Ueber Ruhestoerer. Muenchen. 1993. S.84

들의 3색을 유의하고 존경하고 있다네. 만일 그대들이 3색에 대한 온당한 일들을 다하고 한가하게 하인 같은 일에 놀아나지만 않는다면 말이지. 검고-붉은-황금색의 3색 깃발을 독일사상의 정상에만 심어놓는다면 그 깃발은 자유로운 인간성의 깃발이 될 것이며, 나는 그 깃발을 위해 최선을 다해 심혈을 기울일 것이라네. 그대들은 안심하고 걱정하지 말아주게나. 나는 조국을 그대들보다 더 사랑한다네. 나는 이러한 사랑 때문에 13년간이나 유배지에서 살아왔고, 지금도 이러한 사랑 때문에 다시 유배지로 되돌아가고 있다네. 모르면 몰라도 영원히 말이지. 여하튼 울상도 짓지 않고 상을 찌푸리지도 않으면서 말이네. 나는 인도주의정신으로 선택된 독일인과 프랑스인의 두 민족이 영국과 러시아에 대한 대접으로 상처를 입힌다던가, 이 세상의 귀족들과 승려들에 대한 불행을 기뻐하는 질투심으로 상처를 입힌다는 것을 소망할 정도로 어리석고 나쁜 사람이 아닌 까닭에, 프랑스인의 친구가 되고 있는 것이고, 모든 사람들이 이성적이고 좋은 사람들일 경우 모든 사람들에 대한 친구가 될 수 있는 것처럼 나는 프랑스인의 친구가 되고 있는 것이라네. 안심하고 걱정하지 말아주게나. 나는 단순한 이유에서도 라인강을 프랑스에 절대로 양도하지 않을 것이라네. 왜냐하면 라인강은 나의 고향에 속하기 때문이네. 정말로 라인강은 나의 것이고, 영원한 나의 출생지이고, 나는 자유로운 라인강에서 자유로운 아들로 태어났으며, 라인강 언덕이 나의 요람이라네. 그렇기에 라인강이 조국의 아들에게 속하지 않고 다른 아들에게 속한다는 것은 인정할 수도 없다네." 하면서 역시 조국애에 대한 내면세계를 실토했던 것이다. 사실상 그는 독일의 민주화와 자유를 위한 투쟁자이면서도 조국애의 상념에 사로잡힌 애국주의자였음이 분명하다. 그렇기에 이러한 그의 조국애와 자유투쟁을 높이 사서 2차 대전 이후에 와서는 그의 출생도시에 있는 뒤셀도르프대학 명칭을 그의 이름으로 세례하였던 것이다. 하지만 대학이름을 명명할 당시에는 3차례에 걸쳐 학술위와 학생들의 거부가 있었기에 여전히 독일인에게는 반유대주의적 원한이 잠재되어 있었음을 알게 했다.

그런데 하이네가 활동하던 19세기 전반은 나폴레옹전쟁 이후 유럽국가체재를 재정비하려는 비인회의(1814-1815)와 1848년 '3월 혁명'이 있었던 격동기였다. 이때에는 농촌을 중심으로 한 독일경제가 좋지 못했다. 유대인들은 주로 고물상이나 곡물상, 가축상 그리고 고리대금업에 종사하고 있었기에 돈을 많이 갖고 있었다. 그러나 독일농민들은 그들로부터 빌린 돈으로 추운 겨울을 넘겨야 했다. 그들이 빌려 쓴 대금을 어려운 경제 속에서 갚지 못하게 되자 점차 유대인들에 대한 증오와 적대감은 대중적으로 확산되어 폭동으로 이어졌다. 따라서 남부독일 뷔르츠부르크에서 처음 발생한 유대인에 대한 추방운동은 라인란트지역뿐만 아니라, 밤베르크, 칼스루에, 프랑크푸르트, 함부르크, 덴마크의 코펜하겐까지 확산되었으며, 1848년에 가서는 바덴에서 헷센지역을 넘어 폴란드의 브레쓰라우와 체코의 프라하, 헝가리의 부다페스트까지 이르렀다. 그리고 독일의 산업화과정에서는 유대인들이 의류산업에서 많은 독일농민들의 노동력을 착취하게 되었고, 갑자기 번창한 유대인들의 은행이나 투자회사들이 베를린, 비인, 프랑크푸르트 등 대도시에 많이 생기면서 금융사기범의 범람시대가 시작되었다. 그렇기에 독일인에게는 유대인을 독성 있는 전염병균으로 보는 새로운 반유대주의가 확산되어갔다.

마침 증권시장의 위기를 맞이한 1873년에는 독일의 철도왕이라고 불렸던 금융정치인 베텔 스트로우스베르크Henry Bethel Strousberg(1823-1884)가 자신의 자본을 동원하여 프러시아의 철도망을 러시아와 루마니아, 헝가리까지 확장하려고 과다한 투자를 하였다. 그리고 철도주식으로 기관차 공장과 광산까지 매수하려 하였으나 자금압박으로 인해 결국 붕괴하고 말았다. 그 후 그는 주식시장의 위기에서 온 사기행위로 러시아에서 체포되었고, 그곳에서 수년간의 옥살이를 하였다. 그가 망한 이유는 기업가로서 철도제국을 건설하려는 과다한 계획확장과 돈만 알고 소액투자자들을 착취한 몇 사람의 손 큰 사업가들의 증권투기조작 때문이었다. 하기에 증권시장의 위기에서 나타난 유대계 사기꾼들에 대한 독일인의 분노는 이루 말할 수 없었으며, 그들을 샤이록으로 간주하기에 이르렀다.

1871년에서 1873년 사이의 유령회사 범람시기에는 1790년에서 1870년 사이에 300개도 못되던 증권회사들이 2년 사이에 780개나 되는 증권회사들로 증가되어 사기꾼들의 범람시대를 가져왔다. 이는 보불전쟁의 패전으로 인한 전쟁보상금을 준비하여야 했기 때문에 금융경제를 활성화시키는 과정에서 파생된 부작용이었다. 바로 이러한 증권시장의 위기가 발생한 1873년 이후로는 반유대주의 논쟁이 인종적 적대감으로 변해갔다. 이러한 과정에서 반유대주의적 입장에 서서 삐라를 살포하고 강연을 하고 다녔던 논객들이 어위겐 듀링Eugen Dhuring이나 파울 드 라가르드Paul de Lagarde, 빌헬름 마르Wilhelm Marr 같은 사람들이다. 이들은 유대인들이 기독교로 개종하려 하지 않는다는 입장에서 비판한 것이 아니라, 유대인들은 태생적으로 낯선 사람들이며, 독일사회의 생명력을 좀먹게 하고 퇴화시키며, 죽음으로 위협하는 존재들이라고 하면서 이들에 대한 비판을 순수하지 못한 과학적 용어로 포장하였을 뿐만 아니라 인류학적, 생물학적, 심리학적, 신학적인 인용구로 장식하여 반유대주의적 비판을 가하고 있었다. 그런데 놀랍게도 반유대주의적 생각을 가졌다고 인정되는 사람들 가운데 음악가 바그너Wilhelm Richard Wagner(1813-1883)와 그의 옛 친구 니체Friedrich Nietzsche(1844-1900)도 거명되고 있다.44)

바그너는 그가 음악의 인생행로에 접어들기 시작한 초기에 재정적으로 매우 궁핍하고 부채가 많았던 시절이 있었다. 이때 그에게는 그를 도와주지 않았던 유대계 금융인들이나 흥행업자들에 대한 반감이 일기 시작했으며, 나아가 마이어비어Meyerbeer Giacomo(1791-1864) 같은 유대계의 음악가 경쟁자들이 자신보다도 일찍 성공을 거두고 있었기에 반유대주의적 반감은 더욱 커갔다. 이에 그는 논문『음악에 있어 유대주의Das Judentum in der Musik』(1850)에서 부인 코지마 바그너Cosima Wagner가 자신의 일기장에 언급해놓은 유대인들의 사기성과 기독교인에 대한 착취행위를 확인하는 반유대주의적 정서를 표출했던 것이다.

그리고 니체도 자신의 잠언논설『선과 악의 저편Jenseite von Gut und Bose』

---

44) 참고: Gorden A. Graig: Ueber die Deutschen. Muenchen.1985, S.155f

(1886) 251장에서 독일인이 이웃 민족들에 관해 지니고 있는 자그마한 국민 감정들을 소개하면서 유대인에 관해서도 몇 마디 언급하고 있었던 것이다. 예를 들면, "독일인에게는 오늘날 바보스럽게도 반프랑스적인 생각이 있는가 하면 반유대주의적인 생각도 있고 반폴란드적인 생각이 있으며, 때로는 기독 교적이고 낭만적인 것이 있고, 때로는 바그너적인 것이 있으며. … 순수독일 적인 튜튼인Teuten이나 프러시안 같은 독일정신으로 꽉 찬 머리를 갖고 있 다." 하고, "유대인에 관해 듣노라면, 나는 유대인에 대해서는 호의적으로 말 하는 사람을 만나 본 적이 없다"고 했다. 그러면서도 "반유대주의는 모든 정 치적인 면에서 조심스럽게 거부되어야 한다"는 조심스런 감정을 표현하고 있었던 것이다. 그런가 하면 나아가 하는 말이 "이젠 더 이상 새로운 유대인 들을 들여보내서는 안 된다! 그리고 오스트리아 쪽의 동녘문을 폐쇄시켜라!" 하는 반유대주의적 감정을 전하면서도 "지금 유럽에 살고 있는 유대인들은 의심할 여지없이 가장 강력하고 가장 끈질긴 순수한 종족으로 살고 있어 어 떠한 나쁜 여건 속에서도 뚫고나갈 수 있는 덕성을 지니고 있다. 하지만 그 덕성이 오늘날에 와서는 하나의 죄악으로 각인될 수도 있다"고 함으로써 유 대인이 독일인을 천천히 약화시키고 찬탈할 수 있는 투쟁대상으로 부상하고 있음을 암시하고, 이에 대한 반유대주의정서를 은연중에 엿보였다.45)

이는 바로 니체가 선과 악의 본능적 논리에서 유대인을 상대적 힘의 대상 으로 인정하게 될 것이라는 독일인에 대한 경고일 수도 있었다. 그렇기에 니 체는『도덕의 계보를 위하여Genealogie der Moral』(1887)라는 논설에서 도덕을 '지배자의 도덕Herren Moral'과 '노예의 도덕Sklaven Moral'으로 구분하면서 억 압자와 억눌린 자, 지배자와 노예 사이에는 언제나 서로 지배자가 되려는 도 덕적 투쟁의 노력이 수반되는데, 이러한 노력이 바로 '허무주의에서 의지로 의 극복'을 이루려는 '힘을 위한 의지로의 극복'을 의미하는 철학원리가 되고 있음을 말했던 것이다. 그리고 이러한 원리를 유대인에 관해서도 같은 맥락

---

45) 참고: F. Niezsche: Werke in 3 Bde.hg.v. Karl. Schlechta. Muenchen.1966. Bd. II. S. 717f

으로 이해시키고 있었다. 니체는 '지배자의 도덕'에는 지배자를 찬탈하려는 피지배자에 대해 '앞서 가려는 열정Phathos von Distanz'이 있고, '노예의 도덕'에는 '원한의 열정Phathos von Ressentiment'이 있다고 했다. 그런데 '원한의 열정'에는 의지로 극복하려는 도덕적 공격력의 사유적 충동이 솟아나고, 원한을 극복하려는 철학적 생명의 영액이 흘러들어 생명을 위한 창조적 기능을 다하게 된다는 것이다. 반면에 '지배자의 도덕'에는 '앞서가려는 열정' 때문에 마치 신부 성직자의 모습에서 찾아볼 수 있듯이 도덕적 지배를 위한 '금욕주의적 이상'을 펼치려는 노력이 있다는 것이다. 그렇기에 이곳 '지배자의 도덕'과 '노예의 도덕'에는 '금욕'이란 '부정'과 '원한'이란 '부정'의 논리를 통해 '창조적 행동'을 가져오게 되는 초월적 논리가 성립되며, 이러한 '부정'의 철학적 사고를 통해 의지로의 극복을 위한 힘의 철학을 갖게 된다는 것이다. 그뿐만 아니라 이러한 '부정Die Verneinende'을 통한 극복의 철학은 '인간적이고 너무나 인간적인 것'을 찾기 위함이요, '생을 보존하고 얻기 위한' 적극적인 '긍정을 창조하는Ja-Schaffende' 생명의 힘이 된다는 것이다. 그리고 '원한'과 '금욕'은 '부정'의 논리에서 서로가 일치하는 가치체계를 지니게 된다는 것이다. 그렇기에 니체는 '원한'의 극복과 '금욕'의 극복철학을 같은 맥락으로 분석하고 '극복'의 철학을 초인적 힘을 발휘할 수 있는 생명의 원리로 수용하고 있는 것이다. 나아가 '힘을 위한 의지로의 극복'을 인간의 독자적 책임으로 윤리문제를 성취할 수 있는 '도덕의 극복' 문제로 보았던 것이다.46)

그런데 도덕의 극복을 완성할 수 있는 초인적인 경지는 어디에 있을까? 하며 니체는 약자의 원한에서 오는 증오를 거두고 강자의 우월감을 제거할 수 있는 도덕적 경지를 불교적인 심리에서 찾고 있었던 것이다. 인간이 원한의 한 속에 사로잡혀 있다는 것은 결국 복수의 욕망과 복수의 무력감에서 오는 병적인 상처만을 간직한 고통스런 마음의 화병상태를 말한다. 그렇기에 병을 치유하기 위해서도 '원한은 환자에겐 금물'인 것이다. 마음을 비우고 초

---

46) 참고: Norbert Bolz: Lust der Negation. Die Geburt der kritischen Theorie aus dem Geist des Ressentiments. In: Merkur 2004. Sept/Okt. Nr.665/666. S. 772ff

월적인 상태를 유지하려는 "불교 같은 종교가 심리적으로는 오히려 … 기독교 같은(정신적) 위생학보다 더 나은 것이라 할 수 있다. 이러한 효과는 원한을 어떻게 극복하느냐에 달려 있다. 그리고 이러한 것은 곧 영혼을 원한으로부터 자유롭게 하는 일이며, 병으로부터 치유되는 첫 걸음인 것이다. '적대감은 적대감을 통해 종식되는 것이 아니다. 적대감은 친구 같은 우정을 통해 종식된다'는 것이 불교에서 가르치는 교훈의 시작인 것이다. 그렇기에 이는 도덕의 문제가 아니고 심리적인 문제이다"라고 했다. 니체는 이처럼 원한이란 병에서 해방될 수 있는 원한으로부터의 자유를 계몽적으로 불교의 심리 속에서 찾고 있었음을 『이 사람을 보아라』(1888/89)에 수록된 「무엇 때문에 나는 지혜로운가」 6장에서 다시금 언급하고 있었다.[47]

그리고 원한이란 본래부터 약자에게서 태어나는 것이기에 지배자(로마제국)에 저항했던 예수그리스도 기독교도 알고 보면 '심리적으로'는 '기독교의 탄생은 사람들이 믿고 있는 정신에서 온 것이 아니라 지배자에 대한 원한의 정신에서 왔다'고 보는 것이다.[48] 그렇기에 심리적 측면에서는 기독교의 출발도 아이러니하게도 지배자에 대한 원한에서 왔다고 본다.

사실상 니체는 「무엇 때문에 나는 지혜로운가」의 7장에서 자신은 진정한 기독교인에 친밀감은 느끼고 있지만 "냉정한 의미에서는 내 자신 기독교의 적이었다"고 말함으로써[49] 그 자신이 모든 종교에 거리감을 두고 초월적인 입장을 취하려는 이교도적 태도를 지니고 있었다고 본다. 그렇기에 니체에게는 원한의 고통을 이겨내려는 초월주의에서 모든 종교가 기독교주의이건 유대교주의이건 '힘을 위한 의지로의 극복'을 생명의 원리로 선택하고 있음을 알게 하고 있으며, 그들의 초월적 극복이 금욕의 부정이건 원한의 부정이건 부정의 논리로 긍정의 결과를 낳을 수 있는 창조적 수단이 되고 있음을 말하고 있었던 것이다. 따라서 여기에서는 심리적 측면에 있어서 '기독교의 탄

---

47) 참고: F. Nietzsche: Werke, Bd. II. S. 1077f
48) 참고: F. Nietzsche: Werke, Bd. II. S.1143.(Ecco homo에 수록된 Genealogie der Moral을 위한 소감)
49) 참고: F. Nietzsche: Werke, Bd. S.1079

생만이 … 지배자에 대한 원한의 정신에서'[50] 나온 것이 아니다. 유대교도 '노예로 태어난 선택된 민족'이 수천 년 전부터 지배자에 대한 '도덕적 항거'를 통해 시작된 종교라는 것이며, '신을 잃고 악하며 폭력적인 민족'이란 저주를 받으면서도 '성스러운' 민족으로 '가치전도' 되어 거듭난 민족의 종교라는 것이다.[51]

하기에 기독교와 유대교는 그늘에 덮인 세속적인 계곡 아래에서 태양을 향해 극복된 신앙들이며, 이들의 신앙은 서로의 정신적 원류가 맞물리는 수난의 역사를 딛고 일어선 유사한 얼굴을 지니고 있는 것이다. 다시 말해 유럽의 기독교민족과 유대민족은 서로가 뒤엉켜 유럽인을 형성하는 과정에서도 서로 적대시하고 증오하는 수난의 역사를 지니고 있다지만, 그 과정에서 서로가 충돌하면서도 일치할 수 있는 문화의 환을 형성하고 있었다고 본다. 특히 중동아시아의 동양으로부터 유대인들이 유럽으로 유입되고 유럽인들이 상대적으로 고대희랍문화와 기독교문화에 용해되어 유럽문화를 형성하는 과정에서 유대인들의 역할도 유럽인 못지않게 유럽구성원으로서 한몫을 했음을 인정하고 있는 것이다. 서로 다른 국가민족들이 혼합되어 유럽인을 형성하는 과정에서는 서로의 문화적 충돌을 극복하고 국가간의 폐쇄성과 적대감을 해체시켜야 되는 것이다. 그런데 이러한 의미에 있어서 독일인은 민족간의 통역자로서 그리고 중개자로서의 역할을 잘해왔던 좋은 특성을 지녔다고 한다. 그러나 유대인은 그간 역사적으로나 현실적으로 예외적인 증오의 대상이 되어 좋지 못한 모든 상황 속에서 속죄양이 되었던 것이며, 위험스런 민족으로 경계의 대상이 되어왔던 것이 사실이다. 이에 니체는 이러한 유대민족에 대해서 때로는 반유대주의적 정서를 표현해오면서도 때로는 일상적인 정치적 현실범주에서 떠나 초월주의적 입장에서 반유대주의에 반하는 '反-反유대주의'의 '애매모호한 가치전도적인, 그리고 자유사상가의 기교자'로서의

---

50) 참고: F. Nietzsche; Werke, Genealogie der Moral. Bd. II. S.1143
51) 참고: F.Nietzsche: Werke. Jenseit von Gut u. Boese 에 수록된Zur Naturgeschichte der Moral. Nr. 195. Bd. II. S.653

태도를 취해왔던 것이다.52)

즉, '반-반유대주의'로서의 그의 초월사상은 국가주의에서 오는 반유대주의 사상을 모든 국가와 민족들이 하나 되어 유럽인을 형성하고자 하는 초월적 이념 속에서 해소하고, 동서양의 사상적 문화를 초월적으로 통합해보려는 극복사상에서 찾고 있었던 것이다. 그리고 이러한 여러 민족들의 사상적 통합과정에서 경계의 대상으로만 증오되어왔던 유대인들도 전체 유럽문화를 형성하는 데 중동아시아의 정신세계를 매개함으로써 일조했음을 알리고 있는 것이다. 그렇기에 니체는 유대인들의 기여를 옹호하는 의미에서 그간 유럽에서 계몽적인 활동을 해왔던 유대계 지성인들에 대한 고마움도 잊지 않았다. 이에 니체는 『인간적이고 너무나 인간적인-자유로운 사상을 위하여』 (1886)의 첫 권 475번 논설에서 유럽인들의 죄도 없지는 않지만 모든 민족들 가운데 가장 고통스러움을 당했던 유대민족인 "그 민족에게서 가장 고귀한 인간 예수그리스도와 가장 순수한 현자 스피노자가 나왔으며, 그들이 남긴 강력한 성서와 커다란 영향력을 미쳤던 세계의 윤리법칙에 우리는 감사하여야 한다"고 했다. 그러면서 "아시아의 무거운 구름층이 유럽을 덮고 있었을 어두운 중세시대에 있어서 개인적으로는 가장 어렵게 억압된 상태 속에 살고 있으면서도 계몽적인 생각과 정신적인 독립을 고수하고 아시아에 대해 유럽을 방어하려 했던 유대계의 자유사상가들과 학자들, 의사들에게도 감사하여야 한다. 그리고 그들이 계몽적인 정신세계를 자연스럽고 이성적이며 무엇보다도 비신화적인 해명으로 일관되게 설득시켜왔다는 사실과 그들이 희랍과 로마의 고대문화를 우리들에게 함께 연결시킴으로써 문화의 (둥근)환을 파괴되지 않도록 유지하였다는 노력에 대해서도 감사하여야 한다: 만일 기독교가 서양을 동양(중동아시아)화하는 데에 모든 힘을 다해 일했다면 유대교는 본질적으로 동양을 다시금 서양화시키는 일에 도움을 주고 있었던 것이다: 따라서 결정적인 의미로 말해본다면 희랍문화를 계승시킨다는 것이 유럽의

---

52) 참고: hg.v. Henning Ottmann: Nietzsche Handbuch. Stuttgart/ Weimar. 2000. S.185

사명이었으며 역사였다."53)

　그렇기에 니체가 여기서 언급하고자 했던 것은 중동아시아의 혼합민족으로부터 생성된 동양문화인 희랍문화가 다시금 기독교의 서양문화로 흡수되고 축적되어 서양문화의 기초를 이루게 한 데 대해 유대인들의 도움이 많았음을 인정하고, 반유대주의를 초월적 극복사상으로 극복해보자는 뜻이었다. 그리고 국가 내부에서 발생되고 있는 반유대주의 문제들이란 마치 고대희랍문화에서 중동아시아의 인종적, 종교적 갈등문제가 융합되어 인본주의적 문화를 꽃피웠듯이, 유럽국가들이 서로 결합되고 상이한 인종들이 혼합되어 생성되어가는 전체 유럽이란 새로운 통합과정 속에서 반유대주의문제를 용해시키고 극복해보자는 초월적 전망을 시도한 것이다.

　바로 이러한 낭만주의적 초월적 통합사상에서 유대인문제를 니체가 개인적으로 전망해본 것은 마치 '정신적으로 가장 정교한 유럽문화를 지니고 있는 프랑스'에 아버지의 고향을 두고 프랑스인과 폴란드인 사이에서 태어난 쇼팽의 음악사상과도 같이 폴란드계의 머나먼 조상을 가졌던 니체의 인연과도 연관되어 있었다고 본다. 니체는 이민족간에 생성된 폴란드출신 쇼팽의 유럽적 음악사상처럼 자신의 초월주의철학도 국적을 초월한 유럽사상에서 이해되어야 한다는 사실을 알리고 있었던 것이다.

　이러한 관점에서 태생과 국적을 떠나 사상적 초월주의를 공유하고 있는 유럽지성인들은 많다. 특히 독일인으로서 프랑스사상에 젖었던 독일사상가들이나, 그와 반대로 독일의 소박성에 매료된 프랑스사상가들이 있었는가 하면, 남유럽과 북유럽의 영향에 심취되어 유럽적 예술을 꽃피운 '좋은 유럽인들'도 많았다. '염세주의의 고향인 프랑스사상'에 젖었던 쇼펜하우어나 파리의 망명생활이 서정시의 '피와 살이 되었던' 하이네 같은 독일지성인이 있었는가 하면, 헤겔로부터 실증과학적인 결정론의 영향을 받아 자연과학적 객관성을 추구했던 '텐Taine(1828-1893) 같은 프랑스의 역사비평가'도 있었다. 음악

---

53) 참고: F. Nietzsche: Werke. Menschliches, Allzumenschliches. Erster Bd. Nr.475. Muenchen 1966. Bd. I. S.686

의 형식이나 문학형식에 있어서도 같은 맥락이다. '프랑스음악이 현대적 영혼을 형성하려는 실질적 필요성을 배우면 배울수록 바그너적 음악이 되었던' 프랑스음악이 있었는가 하면, 실증주의 철학자 콩트Auguste Comte(1798-1857)에 의해 정리된 프랑스의 '예술을 위한 예술'론도 여타 유럽국가의 소수 작곡가들에 의해 가능하게 된 '문학의 실내악'에서 영향 받았다는 사실이 그 예이다. 특히 유럽적 영혼을 가장 많이 흡수하고 있던 프랑스문화의 다양성은 특이한 문화를 지닌 이웃나라들과의 문화적 교류에서 영향 받은 대표적인 유럽문화이다.

그런데 이처럼 프랑스인들이 유럽적 영혼을 빠르게 수혈한 역사적 이면에는 나폴레옹전쟁이 한몫을 하고 있었던 것이다. 19세기 사회비평적인 소설을 심리학적인 면에서 선명하고 날카롭게 서술했던 스탕달Stendahl(1783-1842)이 그 대표적인 작가이다. 그는 일찍이 국방성에 봉직할 때부터 이태리, 독일, 오스트리아, 러시아 등의 전투에 참여하고 후일에 영국등지를 여행함으로써 다양한 문화를 접할 수 있었기에 그의 예술적 시각에는 유럽적인 특성이 강했다. 그는 이태리의 사랑에 빠져 심미적 쾌락주의에 심취된 바도 있고, 독일인의 '소박성'에 젖은 바도 있었으며, 프랑스인들이 접하는 '파리의 바람둥이'와 '신문소설가'들에서 오는 심리적 자극과 호기심도 잘 알고 있는 심리학자였다. 그렇기에 그는 어둠침침한 안개 속의 유령으로 비유되는 북쪽의 영국인도 잘 알고 있었고, 이태리의 리구리지방 사람이나 프랑스의 프로방스 사람 같은 변덕스런 남쪽 사람들의 다혈질적 기질도 알고 있었으며, 철의 피를 지니고 있는 독일인의 결단성과 멋없는 취미병도 알고 있는 작가였다. 그리고 이러한 점을 가장 잘 알고 있는 국민이 위치적으로 유럽의 중간에 놓여있는 프랑스인으로 보았던 것이다. 하기에 프랑스예술은 북쪽의 문화와 남쪽의 문화가 종합된 대표적 문화가 되었던 것이다. 그리고 그러한 유럽적인 요소를 가장 잘 수혈한 예술이 프랑스의 '비제Georges Bizet(1838-1875) 음악'으로 거명되고 있다. 비제는 프랑스와 이태리, 독일 오페라작곡의 장점만을 교묘히 수용하여 성공한 작곡가로서 프랑스의 국민오페라를 확립한 사람이며,

아름답고 매혹적인 '남쪽음악을 발견한 마지막 천재'로서 '좋은 유럽인' 중의 한 사람이 되었다. 여기서 '좋은 유럽인'이란 유럽적 요소를 두루 갖춘 지식인을 지칭하고 있는 것이다.[54]

그렇기에 니체는 유럽민족들의 문화적 특성들을 전체 유럽문화라는 틀 속에서 인식하고 이해하려 하고 있다. 더 이상 유럽민족들의 문화적 특성을 개별적인 인식 속에서 보지 않고 유럽문화란 총체적 인식 속에서 통찰하려는 초월적인 태도를 보였던 것이다. 유대인문제에 관해서도 마찬가지였다. 니체는 '반-반유대주의'의 초월적 정서 속에서 유대인문화를 유럽문화의 한 부분으로 이해하고 있었던 것이다. 더 이상 유대인을 개별민족에 대한 반유대주의적 시각에서 인식하려 하지 않고, 상이한 민족들이 혼합하여 살아가는 전체 유럽인 중의 한 구성원으로 인식하려 했다. 그리고 그곳에서 '좋은 유럽인' 중의 한 사람이 되기 위해 온갖 역경을 딛고 일어선 초월적 유럽인으로 바라보았던 것이다. 그렇기에 그는 유대인을 지칭하여 '유럽에서 살고 있는 가장 강하고 끈질긴 순수한 인종'으로 표식한 바 있었으며,(참고: 『선과 악의 저편』 Nr. 251) 수천 년 동안 고난의 역사를 딛고 발전해온 인종으로서 위협적으로 성장해가는 유럽문화 속에서도 나름대로의 생존을 보존하기 위해 힘의 한몫을 유지하고 있는 민족으로 보았던 것이다. 따라서 유대인이야말로 어느 환경에서도 살아남을 수 있는 적응력이 가장 뛰어난 민족으로 초월적 능력이 있는 사람들로 보았다.

신앙적 차원에서도 니체는 『자라투스트라는 이렇게 말한다』(1883-1885)에서 초인사상을 설파하고 있다. "신은 죽었으니 나는 너희들에게 초인이 되는 것을 가르쳐주겠노라" 하며[55] 기독교적 신을 부정하는 전제 하에서 힘을 위한 의지로의 극복을 통한 초인사상을 거론했던 것이다. 그리고 이러한 초인사상을 유대인들의 종교적 수난사와 결부시켜 유대인의 정체성을 이해시키려 했다. 니체는 『자라투스트라는 이렇게 말한다』의 제1장에서 초월적 인간이 되

---

54) 참고: F. Nietzsche: Werke. Jenseit von Gut und Boese. Nr.254. Bd. II. S. 721ff
55) 참고: F. Nietzsche: Werke, Also sprach Zarathustra. Vorred. 2, Bd. II. S.279.

기 위한 정신적 변화과정을 '세 가지의 변화'단계로 우화화하고 있다.56) 그의 우화를 소개하면, "정신이 낙타로 변하고, 낙타가 사자로 변하며, 마지막으로는 사자가 아이로 변한다"는 3단계 변화를 언급하고 있다. '정신'에는 여러 가지 어렵고 중요한 요소들이 있다. 그러나 그 가운데서도 가장 어려운 것으로 보는 것은 '강하게 견뎌가는 인내력의 정신'과 자연에 대한 '외경심'을 거명하고 있다. 고독한 사막에서 살아남기 위해서는 우선 '낙타'와 같이 사막에 대한 외경심으로 순응하는 '인내력의 정신'이 필요한 것으로 보고 '정신의 낙타로의 변화'를 요구하고 있다. 하지만 다음으로 중요한 것은 고독한 사막 속에서도 주인이 되기 위해서는 단순한 인내력보다는 성스러운 영물인 '용'과도 싸워 이겨낼 수 있는 '사자'로의 '의지'와 '자유'정신이 필요한 것으로 보고 '낙타의 사자로의 변화'가 요구되었다. 그러나 사자는 약한 짐승을 찬탈하는 '맹수'임으로 맹수로서의 의지는 성스러운 창조자의 평화로운 뜻에 반한다. 그렇기에 맹수로서의 '사자'는 성스럽고 평화스런 창조자의 뜻을 이루기 위해서도 순수한 인간인 유희하는 '아이로의 변화'가 요구되었다. 여기서 순수한 '아이'라는 것은 성스러운 절대자의 뜻을 '긍정'하며 이에 따른 '창조적 유희행위'가 시작되는 도덕적 인간의 원초적 행위모습이 되는 것이다. 그리고 이러한 아이 인간의 유희적 행위를 통해 지상에서 최고의 도덕을 창조할 수 있다는 것은 곧 '힘을 위한 의지로의 극복'을 통해 '진리를 위한 의지로의 극복'에 이르는 초월적 인간의 도덕적 세계를 이룬다는 것이다. 그렇기에 이곳 우화에서 설파하고 있는 지혜는 끈질긴 생명의 '인내력'을 가진 '낙타'가 강력한 '자유의지'를 지닌 '사자'로 변신하여 수난의 고통을 극복함으로써 끝내는 초월적이며 긍정적인 창조적 유희경지에 이른다는 순수한 윤리세계를 인간의 원초적 '아이' 세계에서 추구한다는 것이다. 그리고 이러한 세계가 곧 니체의 초월적 세계를 의미하는 것이고, 초월적 절대자의 성스러운 경지에 이른 평화세계를 대변하고 있는 것이다. 그뿐만 아니라 이러한 우화의

---

56) 참고: F. Nietzsche: Werke. Also sprach Zarathustra. Die Reden Zarathustra. 1. Von den drei Verwandlungen. Bd. II. S. 193f

비유는 유대민족이 유대교 기독교적인 수난사를 통해 생존해온 자신들의 민족사적 정체성을 이해시키는 소재가 되기도 하는 것이다. 즉, 수난을 극복한 초월적 인간의 비유로 유대민족을 바라보고 있는 것이었다.

사실상 유대인들은 여러 중동아시아민족들 사이로 추방되고 혼합되어 살아오면서 희랍문화를 이룩한 한 구성원이 되기도 했다. 그리고 유럽에서도 여러 민족들 사이에 혼재되어 생존하면서 유럽문화를 이룩한 유럽인의 한 구성원이 되었다. 그렇기에 그들은 '좋은 유럽인' 중의 한 사람이란 일반적 범주에 속하는 민족이 되었다. 다시 말해 여러 이민족들 사이에서 이종생식(異種生植)하며 생존 발전한 초월적 민족으로도 보고 있는 것이다. 다만 니체가 유대인을 별개의 민족으로 구별하여 경원시했다면, 이는 유대인이 종교사적으로 초기에 '가장 낮은 노예계층(파리아)민족Paria Volk'으로 선택되어 수난의 여정을 거친 민족이란 점이며, 그 과정에서 '원한'에 쌓인 민족이란 점이다. 그렇기에 그들이 찾았던 신도 태초부터가 원한으로부터의 해방과 가난한 사람들을 구원해줄 수 있는 하층민들의 신이었다. 예수그리스도가 가난한 유대계 출신이란 점도 바로 이러한 맥락에서 이해되는 것이다.

인도어로 '찬달라Tschandala' 같은 가장 더러운 하층계급의 특성을 지닌 낮은 계층을 위한 믿음에서 이들의 신앙이 출발했던 것이다. 그렇기에 기독교의 "신은 유대인이며, 모퉁이의 신이었고, 어두운 모든 구석자리의 신이며, 전 세계의 건강하지 못한 모든 지역의 신이란다! … 그리고 그의 제국은 언제나 가장 낮은 세계의 제국이며, 병원이며, 지하실제국이며, 게토제국이었다." 그들이 추구하는 종교가 직업계층이 없는 천민들의 신앙이었기에 신앙의 발로도 그들이 처한 처절한 환경에서 오는 '원한' 감정을 윤리적으로 풀려는 '원한의 도덕'에서 찾고 있었다. 그렇기에 그들의 신앙은 지극히 심리적인 '원한'관계에서 추구된 원한종교가 되고 있는 것이다.

'예수'가 당시 기존사회의 지배계층을 유지하고 있던 '성직계급에 항거하였던' 것도 바로 이러한 하층민을 위한 구원행위였으며, 유대민족의 특수한 실존을 보호하려는 항거였다.[57] 그러나 이러한 유대민족의 '원한'을 치유하고 극복하며 승화시키기 위한 신앙적 희생으로 끝내는 예수그리스도 자신은 십자가의 고행으로 순교하고 말았다. 그렇기에 니체가 유대민족에 대한 선입견이 있다면 자신의 철학을 대변하기 위한 '힘을 위한 의지로의 극복을 위한' 극복사상에 유대인의 수난사를 비유함으로써, 유대인이 '원한'에서 오는 끈질긴 실존적 생명력과 적응능력, 그리고 극복능력을 지닌 특이한 민족이라는 점을 강조하고 싶었던 생각이었다. 그리고 이점이 그들에게 있어서는 때로는 장점으로 때로는 단점으로 이해되고 있다는 것이다. 장점으로는 유대민족이 '원한'에서 오는 생존적 극복능력을 지닌 적극적인 민족이란 점이며, 단점으로는 '원한'에서 끝없는 증오와 질투만을 낳고 있는 부정적 민족이란 점이다. 그리고 이점에서 지난날의 비극이 왔던 것이다. 특히 나치시대에 있어 니체의 힘을 위한 의지로의 극복을 위한 초월주의 사상이 독재정권의 초월적 힘을 상징하는 폭력적 광신주의로 악용되어 유대인을 원한의 민족으로 학살하고 증오하게 되었고, '원한'에서 오는 장단점의 원리가 서로 상치된 비극적 원리로 원용되어 역사적 비극을 가져왔던 것이다. 바로 이러한 점에서 니체철학의 아이러니가 있다고 보겠다.

그렇기에 여기서 거론되는 '원한'의 문제는 종교사회학적 견지에서 볼 때 어떻게 이를 도덕적으로 극복하느냐가 문제이다. 이점에선 모든 종교인들이 이미 커다란 업적을 남겼다고 본다. '원한'이란 문제가 인간의 '실존적 질투'와 '삶의 질투와 복수'라는 반동적 원리에서 오고 있었기 때문에 이러한 원리를 어떻게 진리를 위한 의지의 세계로 성실하게 극복하고 종교적 도덕세계로 초월하느냐가 문제가 되는 것이다. 이점에 있어 니체의 철학은 커다란 의미를 지니고 있다.

57) 참고: Gustav Seibt; Das Paria Volk, In: Merkur. Nr.665/666.2004. S.794

3장_ 독일문학에 있어 유대계 작가들의 기여

독일어권 문화에 토착화하여 대대로 살아왔던 유대계 작가들이 독일문학에 어떠한 기여를 했느냐 하는 문제를 논한다는 것은 어렵다. 왜냐하면 알고 보면 이들 역시도 독일작가들이기 때문이다. 그러나 문학의 수용사적 측면에서 예를 들어 프랑스문학이 독일문학에 어떠한 영향을 끼쳤는가 하는 문제를 검토한다는 것은 논의될 수 있다.

몽테뉴Montaigne(1533-1592)에서 까뮈Camus(1584-1652)까지, 또는 고전적 희곡작가에서 백과사전학파까지, 볼테르Voltaire(1694-1778)나 루소Rousseau(1712-1778)에서 보들레르Baudelaire(1821-1867)까지, 또는 베를렌Verlaine(1844-1896)과 랭보Rimbaud(1854-1891)에서 발레리Valry(1871-1867)와 지드Gide(1869-1951)에 이르기까지 독일문학에 어떠한 영향을 시대별로 미쳤는가 하는 문제는 연구검토 할 수 있다. 그렇지만 프랑스계의 사람으로서 대대로 독일에 살아왔던 푸케Friedrich de la Motte Fouque(1777-1843)와 같은 독일작가나 출생지는 프랑스이지만 독일작가였던 샤미소Chamisso(1781-1838) 같은 작가들이 독일문학에 어떠한 영향력을 끼쳤는가 하는 문제를 검토한다는 것은 그리 쉬운 일이 아니다. 그렇듯이 혈통이 유대계라 할지라도 독일권에서 대대로 토착되어 살아왔던 유대계 작가들이 독일문학에 어떤 영향을 끼쳤는가 하는 문제는 정말로 논하기 거북스럽다. 이는 19세기 초 이래 산업화과정과 함께 전개되어온 독일역사 속에서나 이해될 수 있는 반유대주의와 유대계 보호주의논쟁 차원에서 거론될 수 있는 문제일지는 몰라도 같은 독일어권 내의 독일작가로서 독일계 작가와 유대계 작가를 구분하여 그들이 끼친 상호영향을 논한다는 것은 역시 연구의 기준설정이 애매함으로 신중히 고려하여야 할 문제라고 생각한다. 굳이 이 문제를 유대계 작가와 독일계 작가로 구분하여 연구하여 볼 필요가 있다면 이는 별도의 작가론 연구 영역에서나 가능하다.

독일작가와 같은 독일어 작품을 남긴 유대작가라 할지라도 그들이 남다른 신앙과 습관을 가지고 독일어문화권에서 살아왔다고 한다면 독일계 작가들의 작품사상과는 상이할 수도 있다. 그러나 같은 신앙과 관습 속에서 동화되어 살아온 작가였다면 그들 문학 역시 독일문학으로서 정체성을 지니게 마련이다. 하지만 만일 사상적 갈등이나 종족간의 갈등문제가 작품내용으로 표현되었다면 이는 역시 별도의 사회정치사적 여건 속에서 발생된 사안임으로 재음미되어야 할 연구대상이 되겠다.

독일문학권 내는 유대계 출신의 많은 작가들이 있다. 그러나 그들의 신상관계는 상이하다. 유대교 세례를 받았던 하이네나 알프레드 되블린, 칼 클라우스Karl Kraus(1874-1936) 같은 작가들이 있었는가 하면, 가톨릭 신앙을 신봉했던 프란츠 베르펠Franz Werfel (1890-1945) 같은 사람도 있었고, 반(半)유대계인 스테른하임Carl Sternheim(1878-1942)과 쥬크마이어Carl Zuckmayer(1896-1977), 엘리자베스 랑게세르Elisabeth Langgaesser(1899-1950) 같은 작가도 있었다. 그리고 완전 유대계였던 후고 휜 호프만스탈Hugo von Hofmannstahl도 있다. 그러나 대부분의 유대작가들은 기독교인으로서 일반 기독교인들보다도 더욱 두터운 신앙심을 갖고 있었다. 하기에 이들은 유대사상을 지닌 작가들이라기보다는 기독교문화에 동화된 독일작가들로 보는 것이 타당하다. 여기에 거명되고 있는 '반(半)유대계'니, '완전유대계'니 하는 구분은 본래가 없었던 명칭이다. 단지 히틀러집권 이래 반유대주의정책에서 나온 낱말들이다.

1935년 9월 15일 독일제국의회에서 제정된 소위 말하는 '뉘른베르크칙령'은 '시민법'개정에 따른 것이다. 2대 조부가 유대인이면 '반(半)유대계Halbjude'라 불렸고, 3대 조부가 유대인이면 '완전유대계Volljude'라 하였다. 그러면서도 4대 이상의 조부가 모두 기독교를 신봉했다면 독일계(아리안계)로 간주한다는 내용들이 담겼다.[1] 그렇기에 그 후 많은 유대인들이 종교를 개종했는지는 몰라도 사실은 이미 그 이전부터 기독교문화에 동화되어 개종한 사람이 많았다. 히틀러가 유대인을 인종적으로 구분하면서도 아리안족이 아닌 유대인을 4대 이상의 조부가 기독교를 신봉하였다 해서 아리안족으로 취급하였다는 사실은 모순으로 가득 찬 나치정책의 일단인 것이다. 그렇기에 나치시대에는 종교적 문제가 유대인을 추방할 수 있는 근거가 되지 못하였고, 인종문제만을 가지고 유대인을 추방하고 학살하는 근거가 되었던 것이다. 이는 참으로 끔찍한 일이었다. 이 시기에는 종교와 언어는 유대인을 구분할 수 있는 잣대로 사용되지 않았다. 인종적인 생태학적 기준만을 가지고 유대인을 구분하려는 표면적 이유를 찾고 있었던 것이다.

사실 2천 년 이상 역사의 흐름 속에서 유랑과 정착을 반복하면서 유럽으로 옮겨왔던 유대인들은 이미 이 지역의 문화와 언어습관에 단계적으로 동화되었고, 소속감과 정체성을 형성해왔던 것이다. 하기에 이들의 고향은 오랫동안 정착하여 왔던 이들의 토착지가 된 것이다. 다른 말로 하면 제2의 고향이 된 것이다. 이러한 삶에 대한 감정을 유대작가 아서 슈니츨러Arthur Schnitzler(1862-1931)는 1차 대전 중 집필한 자신의 젊은 시절 자서전에서 이미 술회하고 있었다. "나는 5~6살 먹은 어린아이로서 아버지의 고향에 딱 한 번 며칠 동안 가본 일이 있다. 나의 짧은 체재기간에 머릿속에 남은 것이란 멀리서 칙칙폭폭 하고 달려오는 기관차의 화통소리와 나뭇조각으로 에워싸인 울타리, 그리고 마당에 닭들이 전부였다. 나는 나의 할아버지 할머니가 헝가리의 칸니자에서 살기도 하고 헝가리 이곳저곳에서 떠돌며 살기도 했다는 사실을 대충 알고는 있다. 그렇지만 그들의 조상들이 2천 년 전에 본 고향인 중동팔레스티나에서 떠나왔다는 사실은 전혀 모르고 있었다. 물론 할아버지 할머니가 사시던 칸니자에 다시 가보았으면 하는 유혹은 있다. 하지만 이러한 유혹이 그곳에 대한 동경이나 향수는 될 수 없었다. 설사 내가 아버지께서 태어나셨고, 나의 할아버지 할머니가 사셨던 그곳 도시로 쫓기게 되

---

1) 참고: Hg. v. Gerhard Taddey: Lexikon der deutschen geschinchte. Kroener. Stuttgart. 1977. S. 873

어 장기간 동안을 살게 되었다 할지라도, 그리고 그곳에서 구속된 느낌 ·없이 자유롭게 살아왔었다 할지라도, 나는 역시 그곳에서는 이방인으로 머물렀을 것이다. 그렇기에 이러한 문제를 같은 맥락 속에서 분석해본다면 어떤 사람이 비록 일정한 국가에서 태어나서 그곳에서 성장하였고, 그곳에서 활동하고 살게 되었다 할지라도 그는 자기 나라가 아닌 어느 다른 나라에서 여전히 살게 된 것처럼 느껴지는 처지에 놓이게 될 것이다. 그러나 그곳의 다른 나라라는 것은 수십 년 전에 나의 부모와 조부모들이 잠시 살아왔던 그러한 다른 나라가 아니라 수천 년 전에 그들의 조상들이 고향처럼 살아왔던 다른 나라가 될 것이며, 그러한 다른 나라는 정치·사회·경제적인 이유뿐만 아니라 감정적 느낌으로도 자신이 본래의 고향처럼 관찰하게 되는 곳이 될 것이라 하겠다."[2)

즉, 슈니츨러는 그가 오스트리아 빈에서 태어나 그곳에서 살아오는 동안 느꼈던 것이 자신이 이방인으로서 그곳에 살고 있으면서도 자신이 사는 곳이 다른 나라가 아닌 고향인 것처럼 느껴왔다는 것이다. 타향살이의 고향이 자신의 고향으로 확인되었던 것이다. 이렇듯 슈니츨러는 이중적 삶의 심리적 의식 속에서 자신의 정체성에 대한 이중적 동화성을 표출하였던 것이다. 사실상 그는 유대인들이 독일계 사람들과의 사이에서 융합되고 동화되어가는 혼합-변동-발전과정에서 그들의 삶에 대한 태도와 정체성에 대한 탐구를 필요로 했던 것이다. 그 결과 그는 정체성에 대한 도덕적 요구로써 지온주의를 지지하였지만, 이민족과의 정치적 갈등을 해소하기 위해서는 별도의 유대국가 건설 없이 현지국가에 동화되어 살아가는 것이 좋다고 생각했다.

그러나 유대인들의 정체성에 대한 의식은 19세기에 프랑스에 있어서의 가톨릭부활운동과 맥을 같이하는 유대교부활운동renouveau juif에서 시작되었다고 본다. 그 이전 로마시대 때부터 독일민족과 이질적인 삶의 공존상태에서 공생하고 있었다. 그러면서 점차 독일어문화권에 적응하게 되었고, 18세기

---

2) 참고: Arthur Schnitzler: Jugend in Wien. Fraukfurt/ a. M. Fischer. 1981.S 13ff.

이후부터는 그들이 비록 유대교신앙을 가졌다고는 하나 독일시민으로서 자신들의 전통과 관습을 포기하고 신앙을 개종하는 독일국민으로 남게 되었다. 바로 이 시기인 18세기부터 극소수의 유대작가들이 독일문학에 기여하기 시작하였던 것이다. 그러나 19세기에는 프랑스에 있어서의 유대교부활운동에 자극되어 독일어문화권에서도 공개적으로 유대계 작가들이 독일문화에 동화해야 하느냐 말아야 하느냐 하는 논쟁을 제기하기에 이르렀다. 그렇지만 이러한 문제를 의식하고 작가활동을 한 사람은 극히 제한적인 몇 사람에 불과했다. 일반적으로 대부분의 유대계 성인들은 독일문화에 순응하면서 토착하려는 소박한 태도와 너그러운 이해 속에서 폭넓게 동화되어갔다.

이에 18세기부터 19세기에 이르는 동화과정 속에서 공헌했던 유대계 작가들을 몇 사람 거명해 본다면 다음과 같다.

모세 멘델스존Moses Mendelsohn(1729-1786)

멘델스존은 유대교의 세례명을 간직했던 충실한 유대인이었다. 그는 가난한 교사의 아들로 데사우Dessau에서 태어났다. 그에게 결정적인 영향을 미쳤던 사람은 유대교 성직자인 데사우출신 다비드 후렝켈David Fraenkel이다. 그는 그의 가르침에 따라 탈무드학업을 시작하게 되었고(1739), 그를 따라 14세 나이로 베를린으로 왔다. 그는 베를린에서 독학으로 많은 언어들을 습득하게 되었으며, 이를 바탕으로 후일에 로크Locke와 라이프니츠Leibnitz철학, 볼프Wolff의 계몽주의철학에 입문하게 되었다. 그리고 베를린에서 비단공장을 운영하는 이삭 베른하르드Isack Bernhard의 아들을 위해 가정교사를 하다가 베른하르드가 사망하자(1768) 과부가 된 그의 부인을 도와 비단공장을 운영하는 경리사무도 맡게 되었다. 이러한 인연으로 경제생활이 나아졌기에 그는 함브르크 상인의 딸 후로메트 구겐하임Fromet Gugenheim과 결혼도 하게 되었고(1762), 틈틈이 독학으로 학업을 계속할 수 있었다. 또한 유대계 의사 아론

엠머리히 굼페르츠Aron Emmerrich Gumpertz의 도움으로 그는 베를린에 사는 지성인들의 세계를 접하게 된다. 이곳에서 그는 자신을 문인으로 이끌어주었던 레싱Lessing도 만나게 되고, 출판업자 프리드리히 니콜라이Friedrich Nicolai와 칸트Kant와의 서신교류도 하게 되었으며 우정도 맺게 되었다. 바로 이 시기에 모든 종교는 같다는 우화적 소재를 담은 레싱의 『현자 나탄』(1779)도 그의 권유에 따라 집필하게 되었다 한다.

그러나 멘델스존은 문인은 아니었다. 그는 유대계의 철학자로 칸트를 비롯하여 유럽계몽주의철학을 익힌 사람이며, 유대인들에 계몽주의철학을 주입시켜 중세시대부터 어렵게 살아왔던 유대인들의 의식을 계몽시키려 한 현자였다. 그는 유대인들에게 계몽주의 기본사상이었던 이성을 중심으로 한 합리주의적 사상과 신앙적 영혼의 영원성, 종파의 동등성, 유일신론, 그리고 유대인의 해방문제와 양심의 자유를 교화시킨 철학자였다. 그가 계몽주의철학을 유대인에게 계도시켰던 첫 번째 이유는 유대인들이 유럽에 정착하여 동화되어 살아가는 동안 그들이 겪어야만 했던 종교적 신앙의 갈등을 해소시키기 위함이었다. 즉, 이성이란 매체를 통해 유대교와 가톨릭, 신교의 공통적 이해를 갖게 하려는 데 목적이 있었다. 그럼으로써 모든 종교적 신앙은 동등하게 보호받고 존중될 수 있다고 믿었던 것이다. 두 번째로는 유대인들이 낙후된 중세적 게토생활에서 벗어나 먼지를 털고 보다 개화된 생활을 영위할 수 있게 될 것이라는 믿음 때문이었다. 그렇기에 그는 계몽주의사상을 통하여 유대인에게 유럽의 문화세계를 알리려 했던 것이며, 폭넓은 이해 속에서 유럽문화에 적응하여 살아갈 수 있는 길을 열어놓으려 했던 것이다. 그러나 그는 자신이 유대인들을 유럽문화에 동화되도록 계도했다고 해서 그 자신이 유럽문화에 흡수되는 것이 아닌가 하는 비판을 받기도 했다. 그렇지만 그는 자기 스스로가 유대교의 철저한 신봉자로서 유대인의 관습에 충실하였고, 유대계의 지성적 대변자로 살아왔기에 이러한 그에 대한 의구심은 사라졌다. 그가 유대인을 계몽주의로 진입시키려 한 또 다른 이유가 있다면 이는 "현대적 유대인에게도 유럽의 문화세계 속에서 자신들의 위치를 찾게 하려는 데 분명한 목적이 있었다."3)

유대인들이 유럽문화에 동화되어 평화스럽게 토착화하되 동등한 신앙의 자유를 갖고 상호간의 신앙이 보호되는 동등한 정신생활을 갖도록 함이었다. 모든 종교가 동등한 위치에서 추구하는 절대자가 신에 있었기에 그는 유럽 문화 속에서도 유일신을 찾는 유대교의 입지는 인정되리라 믿었다. 그리고 이러한 이유 때문에 그는 기독교와 유대교, 이슬람교의 신앙적 동질성을 교화시킨 레싱의 『현자 나탄』에 나타난 철학적 지혜를 적극 지지했던 것이다. 상이한 신앙이 공존하면서 평화롭게 공생할 수 있는 길이 계몽주의적 이성에 근거한 종교의 동등성에 있다고 보고 계몽주의사상에 동조한 것이다. 바로 이러한 이유에서 그는 유대교와 기독교의 조화로운 공존과 이해를 돕기 위해 1774년부터 히브리어로 쓰인 구약성서(모세의 5경 Pentateuch)를 독일어로 번역하였던 것이다. 이는 역시 이스라엘문화를 독일문화에 참여시켜 서로 이해를 돕고 융합시키고자 한 18세기의 상징적 사건이었다.4) 그리고 이러한 "멘델스존의 구약성서에 관한 독어번역이 독일문학에 기여한 첫 번째 유대작가의 공헌이 되었던 것이다."5)

그렇기에 멘델스존이 독일문학에 기여한 공헌을 요약한다면 다음과 같다. 첫째가 당시 유럽에는 반유대주의 파장이 일고 있었고, 이에 대해 유대계에서 신앙을 방어하려는 운명적 저항이 일고 있는데도 유대인에게 계몽주의의 사상적 세례를 받도록 유도하고, 유럽문화에 동화토록 정신적 길잡이 역할을 하였다는 점이며, 둘째는 이러한 사상적 동기를 계몽주의의 대표적 작가 레싱과의 우정을 통해 그의 작품에 반영되도록 자극을 주었다는 점이다. 그리고 마지막으로 가장 큰 공헌은 이스라엘문화를 독일문화에 소화시켜 신앙적 정신생활의 동화를 꾀하고자 구약성서를 독일어로 번역하였다는 점이다.

---

3) 참고: Jacob Allerhand: Judentum in der Aufklaerung. Stuttgart. Bad Cannstatt: Frommann Holzbog. 1980. S. 75
4) 참고: hg. v. Bernd Lutz: Metzler Philsophen Lexikon. Stuttgart. 1989. S. 537.
5) 참고: Egon Schwarz: Ich bin kein Freund allgemeiner Urteile ueber ganze Voelker Berlin. 2000. S. 61

하이네H. Heine(1797~1856)

하이네는 19세기 전반에 있어 대표적인 유대계 작가이다. 서정시인으로서 뿐만 아니라 에세이작가로서, 우화작가로서, 문화비평가로서, 대중철학자로서, 풍자시인으로서 그리고 프랑스와 독일세계를 매개한 대표적 지성인으로서 독일문학에 크게 기여했던 것이다.

그의 문학세계는 언제나 독일에 대한 조국애와 추방된 이방인으로서의 갈등구조 속에서 고민해왔던 사상이 담겨 있으며, 버림받은 조국애로부터 이상적인 진보주의적 사상을 표출시킨 문학이기도 하다. "한밤중에 독일을 생각하게 되노라면 그제야 나는 잠에 들곤 했다.(밤중의 사색Nachtgedanken1843)" 하고 항시 조국에 대한 상념으로 밤을 지새웠음을 나타냈으며, 프러시아제국의 독재 하에서 독일의 민주화를 갈망했던 진보적 이상주의를 꿈의 제국인 유토피아적 '하늘의 제국'에서 꿈꾸곤 했다. "새로운 노래를, 보다 나은 노래를 오 친구들이여, 나는 너희들을 위해 시를 짓겠노라! 이 지상에다 하늘의 제국을 건설하겠노라.(겨울동화 ein Winter-maerchen 1844)" 하면서 새로운 이념인 진보주의노래를 외치며 민주화를 위한 이상적 국가관을 피력하기도 했다. 항시 그의 시심에는 현실과 이상, 조국애와 민주화, 애향의 그리움과 추방이란 상반된 갈등의 상처들이 담겨 있었다. 그리고 그가 유대계라 하여 유명했던 그의 민요시 『로렐라이』는 19세기 말과 나치시대에는 익명을 요하는 시로 소개되었는가 하면, 당시의 반유대주의적 정치적 상황과 그의 친프랑스적 태도, 그리고 그의 반가톨릭주의적 문학성 때문에 급기야 그의 문학은 신을 저주하는 부도덕성으로 매도됨으로써 그의 문학에 대한 검열과 감시는 이미 1827년부터 시작되었다. 그리고 분서라는 금서조치까지 당했다. 이렇듯 하이네가 입은 상처는 컸다.

그러나 그의 문학은 그렇게 평가될 수만은 없었다. 그의 간결하고 쉽게 전달되는 계몽적 문학세계는 다양한 가치세계를 새로운 서정적 산문적 문체로 묘사함으로써 독일에 새로운 문학형식을 열어주었다. 그의 시에는 히브리어적 멜로디와 스페인 아랍적 음률의 성분을 조화시킨 새로운 독일적 서정시를 낳게 했으며, 산문이나 시구(詩句)에는 정치적 논쟁을 담아 당시 독일의 후진적 정치상황을 개화시키고, 독자들의 의식을 계도하려 한 새로운 '경향문학'과 '문화기사체'란 새로운 장르를 가져왔던 것이다. 나아가 그는 독일의 가장 위대한 유머작가로서 해학적 요소와 불꽃 튀는 예리한 감각을 통하여 사물을 비판할 줄 아는 '풍자적 산문문학'을 낳았으며, 그로 인하여 예술과 정치의 조화를 꾀할 수 있는 산문적 '경향문학'을 가져왔다.

1831년 그가 프랑스로 추방된 이후부터는 독일사상을 프랑스에 소개하고 프랑스사상을 독일에 소개하고자 독일문화와 프랑스문화를 매개할 수 있는 작업을 강력히 시도했다. 그는 불어로 『낭만주의학파』(1836)와 『독일에 있어서의 철학종교사』(1835)를 집필함으로써 독일사상을 프랑스에 소개할 수 있었고, 『프랑스 사정』(1833)과 『프랑스화가들』(1834), 『프랑스 무대에 관하여』(1840) 그리고 『루테치아』(1854)를 독일어로 집필함으로써 프랑스문화사상을 독일에 전달할 수 있었다. 당시 프랑스 마담 스탈Mme de Stals은 독일낭만주의문학에 관한 비판적 내용을 프랑스 독자에게 소개하기 위해 『독일』이란 작품을 집필하였는데, 이에 상응하여 하이네는 프랑스 독자를 위해 괴테시대까지의 독일문학사를 정리한 『낭만주의학파』를 집필하였다. 『독일에 있어서의 종교철학사』는 종교개혁시대부터 칸트, 피히테, 셸링, 헤겔에 이르기까지의 종교사와 철학사의 발전과정을 소개시킨 작품이다. 그리고 후일에 나온 『독일에 관한 서한』(1844)은 철학사에 관한 주석형식으로 집필된 것으로 주로 헤겔학파의 비밀스런 학파적 배후사를 담고 있다. 내용의 핵심은 헤겔이 혁명가이며, 그가 남긴 어록인 '존재하는 모든 것은 이성적이고, 모든 이성적인 것은 존재하여야 한다'는 이성주의적 변증법철학을 설파한 것이다.

이와 같이 하이네는 독일사상과 프랑스사상을 상호중계하고 전파시켰던 것이며, 그의 문학세계는 간결하고 경쾌한 서정적 형식으로 표출되어 세계의 모든 사람들에게 쉽게 전달될 수 있었다. 실제로 하이네 문학은 독일문학작가로서는 괴테 다음으로 외국에 경쟁적으로 소개되었으며, 그에 관한 연구도 세계 도처에서 활발했다. 이미 1920년대에 전 유럽국가에서는 말할 것도 없고, 일본, 중국, 한국, 그리고 멕시코에 이르기까지 활발하게 소개되어 많은 연구도 이루어졌다. 비근한 예로 한국에서도 1920~30년도에 번역소개된 하이네 시들이 126편이나 되었으며, 1958년까지 러시아어로 번역되었거나 서술되었던 참고문헌들도 717종이 넘었다고 한다.6)

이처럼 하이네 문학은 외국에 많이 소개되었으며, 하이네문학을 통한 독일문학과 독일문화에 관한 영향은 커져 갔다. 하지만 독일에서는 그가 유대작가라는 점과 반가톨릭적 태도 때문에 외국에서의 반응과 달리 모욕적이고 굴욕적인 대접을 받았다. 이에 그는 조국을 떠나야만 했고 분서라는 수난을 당했다. 이러한 수모는 결국 독일인이 갖는 반유대주의 증오 때문이었다. 예를 들어 1843년 함부르크에 유대인의 병원을 짓는데 독일인들이 유대인들에게 모욕적인 언사를 퍼부었다. "가난하고 병든 유대인과 3배 이상 처참한 어린이들을 위한 병원을 짓는데 따라다닌 세 가지의 욕설들이 있었으니 그것이 바로 가난과 육체적 고통, 그리고 유대인이란 모욕적 동의어였다. 이세 가지의 욕설 가운데서도 하이네가 가장 참을 수 없었던 최악의 것은 마지막 표현인 유대인이란 비어였다"고 한다.7) 하이네문학은 유대인이란 고통스러운 한(限)속에서 인간적 진실을 추구하는 상처 입은 문학이 되지 않을 수 없었다. 독일 조국을 그리워하면서도 세계시민적 세계관을 추구해야만 했고, 아름다운 감정을 지녔음에도 예리한 해학과 대담성으로 자신에 대한 정치사회적 학대를 비판해야만 하는 파라독스한 운명을 지녀야 했다. 그러나 그의 모순된 의식 가운데서도 감미로운 예술적 의식은 고통스러운 삶의 아픔을 아름다운 정서적 세계로 감싸는 새로운 서정적 '산문형식'을 갖게 하였고, 해학적이고 재치 있는 그의 기법들은 비평적인 '경향문학'과 '문화기사체 형식Feuilletonstil'과 간결한 그의 풍자적 '기행영상문학'을 갖게도 했다.

6) 참고: Heine Jahrbuch. 2000. Stuttgart S. 206 Achill Grigorevic Levington: H. Heine. Moskau. 1958.
7) 참고: H. Heine: Das neue israelitishe Hospital zu Hamburg. In: H.Heine: Saemtliche Schriften. hg. v. Klaus Briegleb. Muenchen. Wien: Hanser 1976.Bd.7. S. 420

독일어권 유대인들의 문화적 공생

특히 오스트리아 독일어권에 있어서의 유대인과 문화적 공생은 특기할만
하다. 19세기 후반 합스부르크군주국시대에는 폴란드에 있어서의 분할정책과
규제로 그곳에 살던 많은 유대인들이 오스트리아 동부권으로 밀려오게 되었
다. 그리하여 수도 비인도시는 이미 도시인구의 10%가 유대인으로 구성되어
졌다. 이들은 점차 오스트리아의 토착민이 되어 정신적 토양의 공생자가 되
었다. 그들 가운데 잘 알려진 사상가들이 지그문트 프로이트와 아더 슈니츨
러, 요셉 포퍼, 에른스트 마하Ernst Mach(1838-1916) 등으로 가장 먼저 합스부
르크군주국에서 사상적 영향력을 행사했던 학자는 요셉 포퍼였다.

포퍼는 보헤미안지방도시 콜린에서 태어나 삶의 질을 개선하기 위해 여러
면에서 기여를 했다. 기술발전이나 문학작품에서 창조적 환상을 일깨우는 작
업에 커다란 역할을 했다. 기술면에서는 우선 수력발전을 처음으로 발견한
사람이며 보일러장치와 축전장치, 가조법제염(架條法製鹽)시설의 자동조절기
등을 개발했다. 그러나 1862년 비인에서는 기술개발의 실제적 활용을 금지하
고 있었기 때문에 그가 발표한 <자연력의 활용에 관한Ueber die Benuetzung
der Naturkraefte> 연구보고서는 비인-학술아카데미에서 20년 후까지 공개되
지 않았다. 이처럼 그의 기술개발에 있어서의 환상력은 컸으며, 그가 발표한
기술은 반향을 불러일으켰다.

이러한 환상력은 그의 문학에 있어서도 같은 맥락으로 이어졌다. 그는 많
은 고독한 여행을 통하여 얻어진 다양한 테마를 가지고 단편소설이나 꿈의
환상들을 엮었다. 그 가운데는 성과 종교에 관한 미묘한 문제들도 있었고,
근친상간의 주제도 다뤄졌다. 그의 저서『리얼리스트의 환상Phantasien eines
Realisten』8)은 의회에서 부도덕한 글이라 하여 금서가 되었다. 그러나 금서에
관한 호기심은 날로 폭발하여 합스부르크군주국의 종말까지 12판이나 발간

---

8) 참고: Josef Popper-Lynkeus: Phantasien eines Realisten. Duesseldorf. 1980

되는 반향을 가져왔다. 『리얼리스트의 환상』에 실린 '꿈과 생시Traeumen wie Wachen'에서는 인간의 무의식 속에서 나타나는 꿈의 암시를 취급함으로써 프로이트심리학의 관심을 불러일으켰으며(꿈의 암시Traumandeutung 1900), 근친 상간소설인 『비밀의 발효력Gaehrende Kraft eines Geheimnisses』에서는 무의식 상태에서 오는 성의 욕구충동과 인간의 생식보존을 위한 충동의식을 취급함으로써 태초사회에 있어서 발생할 수 있는 불합리한 인간의 공격적 행위현상을 다루게 되었고, 개별 인간과 가족관계의 병리학적 관점에서 취급한 프로이트 후기 심리학에 새로운 영향을 주기도 했다(토템과 금기Totem und Tabu 1913, 시류에 맞는 전쟁과 죽음에 관하여Zeitgemsses ueber Krieg und Tod 1915, 욕구충동원리의 피안세계Jenseits des Lustprinzips 1920). 즉, 원초사회에서 발생할 수 있는 근친상간의 모티브를 인간의 성적충동과 자아보존을 위한 생식충동이란 이원적(二元的) 충동론으로 보았으며, 이러한 충동들은 인간의 무의식상태에 잠재하고 있는 인간적 공격성의 영적 원인에 기인한다고 보았다. 그리고 인간의 영적 잠재의식 속에는 이러한 충동 외에도 근친상간으로 인한 인간의 원죄의식을 윤리적으로 속죄하려는 죽음의 충동까지도 현현적(顯現的)으로 함께 내재해 있다고 보았다. 그렇기에 무의식 속에는 영적 감각조직에서 반사되는 다양한 충동현상이 사회생활의 유착관계에 따라 때로는 속죄의식에서 오는 선의 충동으로 나타나기도 하고, 때로는 욕구충동에서 오는 악의 충동으로 분출되기도 한다는 것이다. 그리고 이렇게 생성되는 다양한 충동현상들은 영적 감각으로 인한 꿈의 암시로 나타나기도 하고 꿈으로의 현현현상인 환상으로도 나타난다. 그런데 이러한 환상세계는 합리주의적 이성의 빛으로는 해명할 수 없다. 오히려 불합리한 인간의 본능적 무의식상태에서 표출되는 영적 현상으로 이해됨이 옳다. 그리고 이러한 영적 현현현상은 사람이 살아가는 사회적 합생관계에서 자연발생적으로 형성된 본능적 심리현상으로 보았던 것이다. 그리고 포퍼는 이러한 본능적 현상을 어린이의 순진성에 관한 잠재의식 속에서 찾고 있었다.

"나는 일생 동안 수천 명의 어린이를 보아왔다. 그러나 순진한 어린이는 단 한 명도 발견하지 못했다. 생각하건데 어린이란 자연상태에서 존재하고 있는 인간 그 자체와 동질의 것이었다. 그는 삶의 체험도 모르고 도덕문제에 관한 이해와 배움도 없다. 그런데도 사물에 대한 충족이나 유용성에 관한 생각을 갖고 있었으며, 많은 자기 고집과 나쁜 의지도 지니고 있다. 그러면서 우리가 성인들에게서 두려워하는 힘과 폭력은 모른다. 바로 이러한 것들을 우리는 순진성이라 하고 있다. 그러나 이러한 순진성은 연약함 이외에는 아무것도 아니다. 설사 어린이들이 처음부터 왕성한 힘과 풍부한 지각을 갖고 있는 존재로 여겨졌다 할지라도 어린이로부터 폭군은 발견하지 못할 것이다. 나는 어린이들을 대단히 사랑한다. 왜냐하면 어린이들이란 인간성을 파멸시키지도 않고, 우리들이 그들을 위한 노력과 개선작업을 기울이면 기울일수록 이를 헛되게 하지도 않는 표식과 보증이 되고 있기 때문이다. 그러나 나는 어린이를 정말로 우리들의 모범이나 모범적 예로 간주할 수는 없다."9)

왜냐하면 어린이들의 순진성에도 성인에게서 엿볼 수 있는 악의 의지와 고집스러운 성향을 내재적 본능 속에 함께 하고 있기 때문이다. 단지 어린이들의 순진성에는 성인에게서 엿볼 수 있는 폭력과 힘을 모르는 무기력함의 차이만을 지니고 있을 뿐이지 잠재적 본능 속에는 성인에게서 발현될 수 있는 모든 발아의 씨앗을 어린이들도 함께 지니고 있기 때문이다. 따라서 어린이와 성인이란 인간 자체의 동질적 존재임이 틀림없다. 그렇기에 어린이는 인간이 추구하는 성서적 의미에 있어서의 엄밀한 순진성에 있어서는 우리의 모범이 될 수 없다는 것이다. 즉 인간의 내면적 세계에는 어린이로부터 성인이 될 때까지 합리와 불합리가 공존하는 다양한 심성들이 함께 하고 있기 때문에 이들 심성이 사회적 유착관계에 따라 어떠한 현상으로 나타나느냐가 문제인 것이다. 때로는 선의 현상으로 때로는 악의 현상으로도 나타날 수 있기 때문에 만일 악의 현상까지 어린이에게서 나타날 때는 성인과 다를 바가 없다. 이에 어린이의 순진성도 성인 자체가 지니고 있는 속성과 같은 것이라

---

9) 참고: Josef Popper-Lynkeus: Des Erasmus von Rotterdam Besuch bei Sir Thomas Morus. In: J. Popper-Lynkeus: Phantasien eines Realisten. Duesseldorf. Erb. 1980 S. 279.

보는 것이다.

그런데 이러한 현상들은 사회적 현상에서 오는 영적 자극에 의해 다양한 선악의 심리현상으로 발현되고 있기 때문에 결국 이러한 현상은 심리적 현상으로 현현되는 환상에서도 같은 맥락으로 나타난다고 보는 것이다. 즉 그의 환상에도 언제나 선악과 합리와 불합리의 잠재적 요소들이 함께 내재하고 있는 것으로 해석된다. 그렇지만 포퍼는 그러한 환상세계에서도 언제나 인간에게 유용하고 삶의 질을 높일 수 있는 좋은 의미에 있어서의 환상적 순진성을 추구했다고 본다.

사실상 포퍼의 생존시에는 합리주의와 불합리주의의 혼성시대였다. 유대인의 해방을 가져다준 계몽주의와 추방된 유대인들의 염세주의적 정서에 사회적 유토피아를 심어준 평화주의와 종교적 불가지론주의에서 무신론까지 함께 하는 회의론이 대두되고 성과 사회적 난폭이 횡행하는 혼돈의 시대였기 때문에, 포퍼와 쉬닛츠러 프로이트 등 이 시대의 사상가들은 이러한 시대적 회의에서 벗어나 인간의 심리적 충족과 유용성이란 측면에서 새로운 인간애와 인간복지를 추구하려 했던 것이다. 포퍼가 1878년에 발표한 『삶에 대한 권리와 죽음에 대한 의무Das Recht zu leben und die Pfhicht zu sterben』(1972)에서는 이러한 유토피아적 복지국가론을 제안한 바 있다. 병역의 의무대신에 식생활의 생존보장을 위한 식량확보의 의무를 제안했다. 그리고 이러한 이념들은 후일에 미국에서 평화봉사단과 직업봉사단이란 정책운동까지 전개되어 군복무 대신에 평화봉사를 선택하게 하고 최소한의 생존수입을 보장하는 면세제도Nagative Income Tex를 단행케 하였다.

그러나 이러한 이념들이 어디에서 왔을까? 이는 포퍼 같은 인간복지와 자유, 생활개선을 위한 환상적 전망에서 출발했다고 본다. 즉 심리적 현상세계의 환상이나 문학적 환상의 다양성에서 뿐만 아니라 복지개선이란 창조적 환경개선의 차원에서 작동되었다고 본다. 그렇기에 그의 환상에는 언제나 인간의 성스러운 순진성과 삶의 질을 높이는 유용성을 삶의 목표로 했다고 보겠다.

본래 오스트리아에서 공생해왔던 당시의 유대계 지식인이란 비교적 지적 세계에 기여한 바가 크다. 그러나 초기에 있어서 유대인들의 사회적 진출상황을 보면 폴란드나 독일 등 유럽 전지역에서 상업행위로부터 출발하고 있었다. 그들은 원시적인 어려운 삶을 영위하면서도 농사짓기를 싫어하는 유랑 민족이었기에 우선 소상인으로 돈을 벌고, 다음에는 양조업이나 기타 중개상인등의 거간으로 돈을 벌었다. 그 다음 사회적 신분을 높이기 위해 작위도 사들인 사람이 있었는가 하면, 사회적 적응을 위해 귀족들과 결혼도 하고 신앙도 기독교로 개종하는 경우가 허다했다. 그러나 그들이 유럽사회에서 신분향상과 생존확보를 위한 노력으로는 지식사회로의 진출 노력이 가장 컸다. 그렇기에 그들의 지식사회에 대한 기여도 역시 대단했다. 모든 분야에서 괄목할만한 유용한 업적을 남겼다. 문학작가와 비평가로서 뿐만 아니라 배우연출가로서 극장운영자로서 문학잡지와 평론지 발행자로서 그리고 문학신문 발행인과 출판업자로서 1860년대부터 바이마르공화국과 오스트리아 제1공화국에 이르기까지 광범위한 분야에서 공헌을 했던 것이다.

이 시대에 공헌한 작가들로서는 프리드리히 토베르그Friedrich Torberg, 프란츠 베르펠Franz Werfel, 야곱 바서만Jakob Wassermann, 알프레드와 로베르트 노위만Alfred und Robert Neumann, 에른스트 바이스Ernst Weiss, 루돌프 보르헤르트Rudolf Borchert, 브르소 프랑크Bruno Frank, 헤르만 케스텐Hermann Kesten, 게오르그 헤르만Georg Hermann, 리온 휘이트 방거Lion Feuchtwanger 등이 있고, 소설가로서는 요셉 로트Joseph Roth, 헤르만 브로흐Hermann Broch, 프란츠 카프카Franz Kafka가 있으며, 희곡작가로서는 리하르트 비어 호프만Richard Beerhoffmann, 프리드리히 볼프Friedrich Wolf, 에른스트 톨러Ernst Toller, 풍자가로서는 칼 크라우스Karl Kraus, 서정시인으로서는 이반 골Iwann Goll, 엘세 라스커쉴러Else Larker-Schueller, 알프레드 에렌슈타인Alfred Ehrenstein, 야곱 환 호디스Jakob van Hoddis, 칼 볼프스켈Karl Wolfskehl, 알프레드 몸베르트 Alfred Mombert, 정치철학적 에세이작가로서는 에른스트 브로흐Ernst Broch, 쿠르트 투홀스키Kurt Tucholsky, 에리히 뮤흐삼Erich Muehsam, 구스탑 란다나

Gustav Landaner, 발터 벤야민Walter Benjamin, 게오르그 루카치Georg Lukcs 등이 있고, 출판인으로서는 쿠르트 볼프Kurt Wolff, 쿠르트 핀투스Kurt Pinthus, 모세스Mosses, 카씨레르Cassirer, 피셔Fisher, 로볼트Rohwohlt 등등이 있다. 그후 20세기 현대에 와서는 넬리 삭스Nelly Sachs, 브레히트Brecht 등등의 무수한 망명작가들이 있다.

특히 유대인들은 자유분방한 기질을 지니고 있었기 때문에 비인이나 베를린 수도권에서는 그들의 정신적 활동이 현저했다. 그 가운데서도 정신적 영향력을 끼칠 수 있는 연극계와 출판언론계에서의 활동이 특출했다. 그렇기때문에 이들에 대한 독일인들의 반목현상도 점차 일어나 독일인 비평가들가운데서 반유대주의적 비판이 싹트기 시작했다. 대표적 인물이 아돌프 바르텔스Adolf Bartels(1862-1945)이다. 그는 작가로서 뿐만 아니라 문화정치가 문학예술가로서 그리고 희곡작가이자 서정시인으로서 활약하면서 당시 경향적인반유대주의에 합세하였다. 솔직히 그는 독일의 정신적 토양에 융합되어온 유대인작가들은 독일시인이 될 수 없다 하고, 만일 독일시인이 유대작가들과영합하여 함께 일하게 된다면 독일작가들 역시 최선의 것을 잃게 될 것이라고 경고했다.[10] 왜냐하면 유대계와 융합된 독일의 가상적 문화는 마치 유대인들이 독일국민의 정신적 문화를 파괴하고 흡수하여 독일인들의 정신세계를 자신들이 관리할 것 같은 착각을 갖게 될 위험이 도사리고 있기 때문이었다. 그뿐만 아니라 유대인들이 독일인의 정신적 소유를 자신들의 것으로변화시키려고 독일언론매체까지 장악하려 하게 될 것이었기 때문이다. 그런데 사실상 당시에 독일의 유력한 잡지와 언론들은 이미 유대인의 손에 들어가 있는 것이 많았다. 그리고 이들 매체들에 의해 독일의 대중생활의식 역시유대계의 의식세계로 침식되어가기도 했다. 특히 당시에 국민들의 의식세계에 많은 영향을 미칠 수 있었던 '해학잡지Witzblaetter'들은 대부분 유대계의손에 들어가 있었다. 그리고 그들의 영향은 점차 학문세계까지 넓혀지고 있

---

[10] 참고: Adolf Bartels: Die dentsche Dichtung der gegenwart. Die Guengsten. Leipzig 1921 S. 89

었다.11) 이에 바르텔스는 언급하기를 학문영역에서 일하는 유대인을 계산해 보면 유대교로 세례 받은 학자들과 유대계 사람들과 결혼한 학자들까지 포함하여 '최소한 대학강당에 선 교수들의 4분의 1이 유대계'라 했다.12) 그리고 바르텔스는 그들 유대계 지식인들이 독일문화를 위해 많은 기여를 했었다 해도 그들의 기여를 선의로 보지는 않았다. 한 예로 다음과 같은 일이 있었다. 본래 유대인들에게는 예술보호주의자가 많았다. 그렇기에 당시 독일낭만주의작가인 하인리히 클라이스트를 위한 재단H. Kleist Stiftung 설립을 하기 위해 설립추진위원회가 조직되었는데, 61명의 추진위원들 가운데서 44명의 유대인들이 이에 서명함으로써 일을 잘 추진하게 되었다. 그런데도 바르텔스는 이를 좋지 않게 보았던 것이다. 왜냐하면 그는 유대인들이 클라이스트 재단을 둘러싸고 서적상업에 관심이 있는 것으로 의심하였기 때문이다.13)

그 외에도 당시 베를린도시에 있는 대부분의 극장에서는 유대인들이 극장장으로 일하고 있었기 때문에 연극계도 유대계가 지배하고 있었다. 외국문학과 현대문학을 출판하고 소개하는 출판계도 피셔출판사와 로볼트출판사 등을 중심으로 유대계가 많았다. 그리고 실제적인 문화적 국제교류담당자들도 유대계였다. 하지만 바르텔스의 시각에는 이러한 유대계의 활동이 매스껍게만 보였다.14) 이유는 다름 아닌 유대계의 활동이 언론출판계의 독점화를 통해 정신계를 지배할 수 있는 가능성이 존재했기 때문이다.

그런데 유대계가 이러한 문화분야에서 특별히 활동하게 된 일들은 그들 나름대로의 생존전략과 독점을 위한 활동이라고는 보지 않는다. 그들 자신들의 재능과 관심이 정신문화분야에 컸기 때문이다. 시대사적으로도 19세기 말부터 자유주의가 소멸되어가는 과정에서 정신적 활동이 위축되어진 현상이 벌어졌기 때문에 유대계는 이러한 사상적 위축에서 벗어나려 현대적 정신계몽과 개혁시도를 문화계에서 감행했던 것이다. 그리고 이러한 그들의 정신적

---

11) 위의 책 S. 78ff.
12) 위의 책 S. 81
13) 위의 책 S. 83
14) 위의 책 S. 83

활동이 적극적이다 보니 유대인에 대한 증오와 의구심도 싹텄던 것으로 보인다. 그리하여 1933년 1월 30일 히틀러가 재상으로 등장한 후부터는 독일어권 문화생활에서는 유대인들의 활동이 제약되는 불행을 가져왔다. 이에 많은 유대작가들은 추방이란 이름으로 해외망명생활을 시작하게 되었다.

그러나 다행스럽게도 이들 망명작가들은 독일문학의 명예와 가치를 지키면서 지속적으로 독일어로 작품활동을 계속함으로써 독일문학사상 한 시대의 장을 형성할 수 있는 새로운 망명문학을 이룩했다. 예로 브레히트, 안나 세가스, 파울 첼란, 하이너 뮐러 등이 그들이다. 그리고 이들을 통해 독일문학이 해외에서 창작되고 소개됨으로써 독일문학의 활동공간은 미국을 비롯해 기타 지역으로 확대되어 독일문학의 세계화에 기여한 바도 컸다. 그리고 전후독일문학의 새로운 정신적 좌표에도 토양이 되었다.

4장_ 독일인과 유대인, 그 비극적 이중주(Ⅱ)

독일문학작품에 나타난 유대인에 대한 증오와 호감

독일대학에서 라틴어로 강의하던 관행을 깨고 최초로 라이프치히대학에서 독일어로 강의를 시작한(1687년) 크리스티안 토마지우스Chn. Thomasius(1655-1728) 같은 학자도 유대인에 대한 증오와 박해 정신에 관한 논쟁에 한 번 휘말린 바가 있었다. 그는 <월간대화Monatsgesprachen>(1688년)라는 잡지 첫 권(1688년 1월호)에서 마차를 타고 라이프치히로 가면서 나눈 네 사람과의 대화를 게재한 첫 대화에서 유일하게 유대인에 부정적인 시각을 가졌던 다비드 교사와의 대화를 게재한 바 있었다. 다비드는 '고루하고 편협하며 관용적이지 못한' 표현으로 '유대인의 박멸'을 원하고 있었다. 그리고 이러한 유대인에 대한 증오는 계몽주의시대의 '도덕적 주간잡지Moralische Wochenschrift'(1724-1726)들 가운데 브로케스Barthold Heinrich Brockes(1680-1747)에 의해 발행된 <애국자Der Patriot>(1724-1726. 함부르크)라는 잡지에서도 계속됨으로써 잡지문학 속에서의 반유대주의정서는 커져갔다. 이 잡지에서는 유대인을 고리대금이나 하고 '기독교인의 피를 흡인하는 고슴도치Blut=Igel der Christen' 같은 사람들로 '젊은이를 파멸'시키는 사람들로 낙인찍고 있었다.[1] 그런가 하면 제들러Johan Heinrich Zedler에 의해 발간된 『학문과 예술을 위한 유니버설 사전』(1731-1735)의 '유대인' 항목에서는 유대인을 여전히 야만적인 신학적 적

---

[1] 참고: Der Patriot (1724-26). Hg.v. Wolfgang Martnes. Bd. Ⅲ. Berlin 1970. s. 109, 439

의 모습으로 소개하고 있었던 것이다.

"… 하느님께서는 유대인에게 벌을 내리시고, 시온산에 혐오를 갖고 있었으며, 유대민족을 악마의 아이들이라 하고, 사탄의 계파들이라 했다. … 그들은 우리들이 선언한 적이다. 그들은 기독교인의 아이들을 자주 살해하고, 십자가에 못 박히게 했으며, 절구방아질을 하지 않았던가. 그들이야말로 가장 분통할 도둑들이며, 속이는 일이 그들의 본래적 특성이 되고 있다. 그들은 놀랄만한 서약을 할 때마다 매번 거짓된 서약을 했다. 그들은 구역질나는 섬뜩한 사람들이며, 그들의 구린내 나는 음담패설은 엄청나다. … "[2] 했다.

이처럼 유대인에 대한 부정적 상투어는 곳곳에서 지적되고 있었다. 그리고 소설문학에서도 계속되고 있었다. 초기 계몽주의시대에 다니엘 데포Daniel Defoe의 『로빈슨크루스』(1719) 모험소설이 유행하던 시대에 독일에서도 『삭센출신의 로빈슨Sachsische Robinson』(1772)이란 모험소설이 유행했는데, 이곳에서도 유대인이 '악동'이나 '구더기 같은 놈'들로 폄하되고 있었으며, '그들은 천성적으로 사악한 생각을 하는 특성을 지닌 사람들'이라 지칭되고 있었다.[3] 이 기행문은 삭센출신 빌헬름 레트키르스Wilhelm Retchirs라는 사람이 1681년부터 라이프치히에서 시작한 자신의 여행기록을 소개한 내용이다.

그 후 사실주의소설에 와서는 빌헬름 라베Wilhelm Raabe(1831-1910)의 『굶주린 목사Hungerpastor』(1864)에서 유대계 아이가 부정적인 모습으로 묘사되고 있었다. 이 소설은 두 아이의 성장과정을 묘사하고 있다. 한 아이는(한스 운비르쉬) 편모슬하에서 성장하였고, 다른 아이는(모세스 쉬타인) 편부 밑에서 성장한 유대계 아이로 모두 어려운 환경 속에서 대학교육까지 받게 된다. 그러나 한 아이는 어려운 환경 속에서도 인간의 삶과 세계의 깊이를 이해하는 진실한 인간으로 성장하여 후일에 어촌마을에서 겸허하게 성직생활을 하다 82세

[2] 참고: Johann Heinrich Zedler: Grosses vollstaendiges Universal- Lexikon aller Wissenschaften und Kuenste. Bd. 14. Sp.1499f. In : Der Deutschunterricht. Jg.36.4/84. S.52

[3] 참고: 『Der saechsische Robinson』 oder 『Wilhelm Retchers Reisebeschreibung』 Leipzig. 1722. In: Wolfgang Martens: zur Figur eines edlen Juden in Aufklaerungsroman von G.E. Lessing. In : Der Deutschunterricht. 4/84. S. 52.

의 나이로 죽은 텔레니우스신부의 뒤를 이어 배고픈 목사의 길에 오른다. 다른 아이는 유대계 아이로 돈과 황금, 부귀영화만을 쫓다가 거짓과 사욕에 차파멸되는 모습으로 묘사하고 있다. 그럼으로써 당시의 유대인에 대한 인식을 나쁘게 묘사한 사실주의적 소설이 되고 있었다.

또한 정치적 목적에서 가장 부정적으로 유대인을 묘사했던 작품은 구스타프 프레이타그Gustav Freitag(1816-1895)의 시대소설『대차Soll und Haben』(1855)이다. 이 소설은 프러시아가 동유럽으로 팽창하던 시대에 폴란드와의 국경도시(포슨안)에서 소박한 독일국민들의 성실성과 근면성을 선전하기 위해 쓰인 작품이었다. 이곳에서는 쉬레터 상인가족과 안톤이란 독일청년이 성실하고 선량한 독일국민성으로 묘사되고 있었으며, 이에 반해 유대계의 히르쉬 에렌탈 상인가족과 그곳에서 일하는 바이틀 이치히 같은 유대인청년은 거짓과 사기성이 짙은 인물로 묘사되고 있다. 그럼으로써 이 작품은 독일인과 유대인을 포함한 비독일인(폴란드인)을 선과 악, 친구와 적의 흑백논리로 이념화시킨 대차관계의 병렬소설이 되고 있다. 물론 이곳에서 유대인이 모두 나쁘다는 것은 아니다. 고귀한 문인 베른하르트 에렌탈 같은 좋은 유대인도 소개되어 있다. 이 소설은 1855년에서 1925년까지 128판이나 출간되어 대부분의 독일가정에 진열되어 있을 정도였다. 1927년의 조사에 따르면, 토마스 만의『브란덴부르크일가』보다 더 많은 독자를 차지하고 있었다 한다. 이러한 사실만으로도 당시 독일인의 국수주의적 이념이 얼마나 강했나를 알 수 있다.

그러나 반유대주의적 이념이 강한 이 같은 작품만이 있었던 것은 아니다. 이미 계몽주의시대부터 서서히 유대인에 대한 호감을 나타낸 작품도 나오기 시작했다. 레싱의 희극『유대인Die Juden』(1749)에서는 인간적으로 완전하고 부드러운 감정을 지닌 유대인귀족이 소개된 바 있었다. 그러나 이미 그 이전에 초기 계몽주의우화작가 갤러트Christian Furchtegott Gellert(1715-1769)의 가족소설『스웨덴 G백작부인의 인생Das Leben der schwedischen Grafin von G』(1747-48)에서 유대인이 좋은 사람들로 묘사되기 시작했던 것이다. 사실상 이 소설은 유대인이 처음으로 고귀한 모습으로 서술된 중요한 작품이다.

이야기는 발틱연안 지방출신인 백작부인의 인생사에서 시작된다. 백작부인은 16세의 고아로 스웨덴의 귀족 G백작과 부부의 첫 인연을 맺는다. 그러나 그녀의 미모는 궁중에서도 경탄할 정도로 아름다워 황태자 S가 간교를 부려 그녀에게 구애한다. 하지만 그녀는 이를 거절한다. 이에 황태자는 보복으로 G백작을 스웨덴과 폴란드의 위험한 전쟁지역으로 보내버린다. 그리고 백작은 그곳에서 전쟁포로가 되어 시베리아의 강제수용소에서 사망한 것으로 전해진다. 그러나 G백작은 부인에게 보낸 이별편지에서 만일의 경우가 발생하게 되면 자신의 (서민)친구 R에게 피신하라고 전했다. 오랫동안 과부로 기다리던 백작부인은 끝내 남편이 죽은 것으로 알고 남편 친구 R과 결혼하게 된다. 그러나 죽은 줄 알았던 남편이 유대인의 도움으로 살아 돌아오게 되었다. 다행히도 친구 R은 생환한 친구를 위해 자신과의 결혼을 포기하고 G백작과 부인과의 재결합을 꾀한다. 그럼으로써 백작부부는 제2의 결혼인생을 갖게 된다. 이것이 소설의 1부이다. 2부에서는 러시아수용소에서 고통의 나날을 지냈던 과거를 백작의 이야기와 편지를 통해 알려주며, 그곳 사령관의 부인과 폴란드계 유대인귀족의 도움으로 생환한 과정을 밝혀준다. 그리고 우연히도 그 유대인이 사업차 여행하다 이곳 백작부부 집에 초대되어 8일간 머물다가 작별하게 된다. 그러다가 얼마 후 백작은 부인보다 일찍 사망하게 된다. 이에 황태자 S는 그녀에게 다시 구애하지만 그녀는 단호히 거절하고 남편의 친구 R과 결혼하게 된다. 그런데 R도 역시 얼마 후에 죽어 백작부인은 새로운 인생 앞에 홀로 서게 되는 것으로 이야기는 끝난다.

그러나 이 소설에서 주요부분은 백작이 시베리아의 토볼스크Tobolsk지역에서 3년간이나 비참한 포로생활을 하다가 폴란드계 유대인의 도움으로 생환하게 되었다는 점이다. 어느 날 폴란드계 유대인이 말을 타고 가다가 눈속에 넘어져 거의 동사 직전에 있었다. 이를 발견하고 구해준 사람이 백작이었다. 그리고 이 은혜에 보답하기 위해 상인인 폴란드계 유대인은 무한한 노력을 다한다. 그는 포로수용소에 갇혀있는 백작의 강제노동을 줄여주기 위해 사령관에게 금품도 가져다주고, 매일 백작을 방문하면서 위로도 하고 잠자리도 보살펴준다. 입을 것과 덮을 것, 모피 옷도 가져다주었다. 그리고 사령관의 마음을 사기 위해 동정적인 사령관 부인에게 환전이 가능한 값진 보석들을 가져다주면서 간청한다. 그 결과 백작은 우선 폴란드로 석방된다. 떠나올 때도 폴란드계 유대인은 그곳 토볼스크 유대인들에게서 모금을 하여 도움을 준다.

바로 이와 같은 유대인의 선행들은 백작의 서신을 통해 전해진 것들로 백작부인이 1인칭 소설로 설명하고 있다. 백작이 부인이 머물고 있는 네덜란드로 생환하여 재결합한 후 그 폴란드계 유대인을 손님으로 맞이하였을 때도 그 유대인은 정말로 고귀한 행동을 남기고 작별했었다. 백작은 백작부인과 결혼하기 전에 시민계층의 연인 카로리네Caroline와의 사이에 두 딸이 있었는데, 그들을 입양하여 키우고 있었다. 그리고 이들 딸 중 작은아이에게는 1만 탈러의 재산과 값진 팔찌를 선사하고, 다른 아이에게도 극진한 보살핌의 선물을 남기고 작별한 것이었다. 그럼으로써 그들 사이에 깊은 우정을 남기고 이별한다. 그렇기에 이 소설에서는 백작이 이 폴란드계 유대인을 지칭하기를 '친구'이며, '위대한 선행자'이고 '가장 고귀한 생각으로 감사해야 할 사람'이라고 했다.[4] 또한 '그는 나의 가장 사랑하는 유대인'이며 '진실한 사람', '정직한 사람', '가장 신망이 높은 사람'[5]이라 높이 평가하고, 백작부인 역시도 그에 관한 묘사에서 그는 '정직한 유대인'이었으며 '인간애가 넘치는 사람'이라 했다. 그리고 "그의 마음씨는 정직하고 소박한 얼굴에 나타난 바와 같았고, 그의 예절품행도 그의 마음속에서 우러나오는 것이었다. 그의 지긋한 나이와 흰 턱수염에 기다란 폴란드 모피 옷을 걸친 모습은 진정한 고귀함을 보여주고 있었다"[6]고 칭찬했다.

갤러트의 소설에 나타난 고귀한 유대인의 모습은 초기계몽주의의 모험소

---

4) 참고: C.F. Gellert: Leben der schwedischen Graefin von G. 1747-48. hg. v. Fritz Brueggermann in der Reihe 「Deutsche Literatur in Entwicklungsreihen. Reihe Aufklaerung」 Bd. 5 Leipzig. 1933. S. 163.278. S.221
5) 참고: 같은 책. S.232
6) 참고: 같은 책 S. 247

설인 쉬나벨Johann Gottfried Schnabel(1692-1750)의 작품 『섬, 바위성Auf der Insel, Felsenburg』(1731-1750)에서도 같은 맥락으로 소개되고 있었다. 히브리(이스라엘)출신 유대인이 모하메드(회교도)사람들에게 포로가 된 기독교인을 돈을 주고 구명해준 착한 사람으로 제3부(1736)에서 소개되고 있었는가 하면,[7] 제4부(1743)에서는 랍비 모세가 몽고제국에 잡혀간 포로를 돈을 주고 석방해준 인물로 소개되고 있었다.[8] 이 소설 역시 『로빈슨크루스』 모험소설이 유행하던 시기에 쓰인 작품이지만 초기에 읽힌 『삭센출신 로빈슨』과는 달리 유대인을 좋은 사람으로 언급하고 있었다. 특히 이 소설은 계몽주의사상을 대변한 『로빈슨크루스』의 영향을 받아 집필된 초기계몽주의 작품이었기에 내용 역시 독일계몽주의사상을 결정지은 최초의 작품이 되고 있다.

작품 내용은 알베르트 율리우스라는 주인공이 파선되어 성헤레나섬 동남쪽에 놓인 암벽 섬에 도달한다. 그는 그곳에서 표류해온 다른 여러 나라 사람들의 도움으로 모범적인 공화국을 건설한다. 이 과정에서 그는 표류인 동반녀와 결혼하여 몇 대손을 이어가며 300명이 넘는 대가족을 형성하고 100년이 넘는 가부장적 가족사를 이룬다. 이 섬에서 살아온 사람들은 주로 30년 종교전쟁에서 피신해온 사람들이었기에 종교적 갈등이나 계층간 갈등도 없었으며, 부와 빈곤의 갈등도 없이 자연과의 조화 속에서 이상적인 행복한 생활을 한다. 루소의 자연사상과 경건주의사상 속에서 가부장적 이상주의국가를 건설하며, 유토피아적 국가관으로 절대주의국가를 표방하고 있었다. 그러나 작가는 독자의 흥미를 넓히기 위해 여러 나라 사람들의 다양한 직종에 관여되는 인생사를 추가적으로 제3부와 4부에 삽입함으로써 모험담을 다양하게 하고 있다.

특히 3부(1736)와 4부(1743)에서 언급되고 있는 유대인의 선행도 이러한 범주에 속한 이야기의 한 부분이다. 그리고 이곳에서 언급되고 있는 회교국 마

---

7) 참고: J. G. Schnabel: Wunderliche Fata einiger See- Fahrer, Absonderlich Albert; Julii eines geborenen Sachsens, Auf der Insel, Felsenburg, Hildesheim/ New York. 1773. 3 Teil. S.124
8) 참고: 같은 책. 4 Teil. S.504ff.

로코왕실에서 있었던 이야기나 페르시아공주 이야기, 여성들의 영웅적 모험들도 이 소설의 이색적 특징이 되고 있다. 그런데 이곳 쉬나벨의 『섬, 바위성』에서 언급된 유대인의 행위와 갤러트의 『스웨덴 G백작부인의 인생』에서 언급된 폴란드계 유대인의 행위는 모두가 포로수용소로부터 사람을 구명해 주었다는 선행에서 일치하고 있었다. 그러나 행위목적에서는 상이했다. 『섬, 바위성』에서는 돈을 주고 기독교인을 구명해준 행위가 유대인이 처한 삶의 위험 속에서 생존하기 위해서는 마호메드교인들로부터 기독교인을 석방시켜 주는 일이 가장 값싸게 자신들의 행복을 가져올 수 있는 기독교인에 대한 선물이 되었기 때문에 '아부성' 있는 행위가 되었다. 그러나 『스웨덴 G백작부인의 인생』에서는 유대인의 선행이 자신의 목숨을 구해준 백작에 대한 '감사'의 표시로 행한 행위가 되었기에 "그가 보여준 행위는 어떠한 방법으로도 이기적인 면이 없었으며, 온화한 감정의 표시였고, 고귀하고 인간적인 행위가 되었다." 그렇기에 갤러트 작품에 거명된 폴란드계 유대인은 도덕성이 강한 고결한 모습으로 묘사되고 있는 것이다.[9]

이곳에서 묘사된 '유대인은 내가 가장 고귀한 방법으로 감사하여야할 사람이었으며, 그들 민족들 가운데도 마음씨 착한 사람이 있다는 사실을 나에게 증명해준 사람'이라고[10] 백작은 말하고 백작부인도 '만일 우리가 그들(유대인)을 무시하지 않고 천박하게 취급하지만 않았어도, 그리고 그들의 행위를 거짓으로 취급하지만 않고 그들이 우리들의 행동을 통해 우리의 종교를 증오하게 할 필요만 없었다 해도 그들 민족들 가운데는 착한 마음씨를 가진 사람들이 더 많아졌을 것'이라고[11] 실토한다.

바로 이러한 백작부부의 인식은 유대인의 행위에 대한 인식을 기독교인인 자신들의 입장에서 다시 한번 음미해봐야 할 대목이었다. 사실 백작 자신은 시베리아포로수용소에 있었을 때 같은 기독교인들에게서 좋지 못한 체험을

---

9) 참고: Wolfgang Martens: Zur Figur eines edlen Juden im Aufklaerungsroman von Lessing. In: Der Deutschunterricht. Jg.36.4/84.S.53
10) 참고: C. F. Gellert: Leben der schwedischen Graefin von G. S.221
11) 참고: 같은 책. S.248

이미 경험한 바가 있었다. 시베리아에서 만난 기독교인들은 친절하지도 않았고 동정심도 없었으며 보복심으로 가득 찬 적일 뿐이었다.

"그들은 동물보다도 이성적이 않았고 가끔 무섭기도 했다."[12] "덕성 대신에 야만적인 성격을 보여주고 있었다."[13] 특히 시베리아 사령관은 금품이나 받고 포로들을 쉽게 풀어주고 있었기에 감시자로서의 인간애가 돈으로 '사고 파는'[14] 행위가 되었다. 무엇보다 러시아귀족 중의 한 사람인 그리스정교회 승려 역시도 복수심과 비열함으로 가득 찬 전형적인 인물이었다.[15] 그는 백작과 그 일행의 포로들이 러시아황제와 교회를 비난했다고 모략하면서 포로들 중 한 사람을 고문하여 죽게 했다. 그런데 바로 이러한 시베리아 기독인들의 저주받을 행위에 비한다면 백작 일행을 구해준 폴란드계 유대인의 행위는 너무나 선량하고 고마운 것이었다. 그렇기에 갤러트 소설『스웨덴 G백작부인의 생애』에 나타난 "유대인 모습이란 정말로 성실하며, 신뢰성 있고, 헌신적이며, 더 말할 나위 없이 감사하며, 이기심이 없는 인간애와 온화한 마음씨에 선량한 행위를 한 인간모습으로서 모든 행위에 있어 덕성이 강했던 것이다."[16]

그리고 이러한 선량한 유대인의 모습은 계몽주의의 다른 작품에서도 계속 나타하고 있었다. 18세기 후반에 시민들에게 감동적으로 읽힌 요한 티모토이스 헤르메스Johann Timotheus Hermes(1738-1821)의 『독일, 메멜에서 삭센으로 향한 소피엔스의 여행Deutschland, Sophiens Reise von Memel nach Sachsen』(Leipzig 1769-1773)이란 소설과 레싱의 희극『유대인』이 이들 모습을 소개한 작품들이다. 『소피엔스의 여행』에서는 여주인공 소피엔스가 칸트의 고향인 쾨니히스베르크에서 여행을 마친다. 그녀의 모험적인 여행은 쾨니히스베르크와 단치히지방을 중심으로 한 여러 주민들의 정신적, 종교적 사회생활상을

---

12) 참고: 같은 책. S.227
13) 참고: 같은 책. S.230
14) 참고: 같은 책. S.225
15) 참고: 같은 책. S.234
16) 참고: Wolfgang Martens: 같은 책 : In: Der Deutchunterricht. Jg.36. 4/84. S.55

폭넓게 묘사하고, 당시 7년전쟁으로 인해 러시아 지배하에 있던 이곳 동프러시아의 시대상을 표현하고 있다. 그리고 이곳 생활상의 한 부분으로 고귀한 유대인이 소개되고 있다. 레싱의 『유대인』에서는 한 남작이 어린 딸과 여행하다가 도둑에게 습격을 받는다. 그러나 다가오는 다른 여행객들에 의해 구조된다. 습격한 도둑들이 유대인의 가면을 쓰고 나쁜 짓을 하였기에 사건이 유대인의 소행인 줄 알았으나 가면을 벗기고 보니 도둑들은 유대인이 아닌 하층민들이었으며, 오히려 그들을 구해준 다른 여행객들이 유대인임이 밝혀진다. 그럼으로써 이 작품에서는 유대인들이 존경받을 도덕적 인간으로 소개되고 있다. 그런데 이 두 작품에서 나타난 유대인의 모습은 레싱의 『유대인』에서 묘사된 바와 같이 학식도 많고 교양 있는 사람들에다 유대인해방이 실현되어 재산도 소유하고 있는 '교양과 소유'를 두루 갖춘 인간으로 소개되고 있었다.[17]

이들 소설이 갤러트 소설과의 차이가 있다면 학식과 교양면에서이다. 갤러트의 소설에서 나타난 폴란드계 유대인은 학식과 교양을 두루 갖춘 유대인이라기보다는 마음씨 착한 어진 사람으로 소개되었던 것이 다르다. 백작부인 스스로가 그의 언행에서 마음씨 착한 윤리성과 경건성, 그리고 존경스러움을 읽고 있었던 것이다. 그리고 백작부부가 폴란드계 유대인으로부터 얻은 존경스럽고 경이적인 인간적 신망은 이 사람 개인에 대한 신망으로 느껴졌던 것이 아니었다. 유대인 전부에 대한 도덕적 신망으로 느껴졌던 것이다. 왜냐하면 이 작품에서는 이 유대인이 개인적 이름으로 호칭된 것이 아니었고, '폴란드계 유대인'이란 통칭명으로 개인이름이 호칭되었기 때문이다. 이러한 면에서 볼 때 초기계몽주의부터 이미 유대인에 대한 인식이 개별적인 인간 인식에서 전반적인 유대인에 대한 포괄적 인식으로 점차 개선되어가고 있었음을 알게 한다.

그뿐만 아니라 갤러트의 『스웨덴 G백작부인의 생애』가 초기계몽주의소설

---

17) 참고: Wolfgang Martens: 같은 책: In: Der Deutchunterricht. 4/84.S.55

이었기에 모든 주인공들의 삶의 형태도 이성적이고 진심 어린 계몽적 덕성으로 묘사되고 있다. 백작부인이 남편이 죽은 줄 알고 과부로 기다리다가 결국엔 남편 친구인 서민출신 R과 결혼도 하였고, 백작의 옛 연인이었던 서민출신 카로리네에게서 태어난 사생아를 양육해온 카로리네와 백작부부의 행위도 당시 사회로 보아서는 출신성분계층을 초월한 인간적인 계몽적 행위였다. 백작이 생환하자 친구 R이 스스로 백작부인과의 결혼을 포기하고 백작부부를 재결합시켜 제2의 인생을 걷도록 한 행위 역시도 사회적 인습을 초월한 개방된 도의적 행위다. 그렇기에 이 소설이 주는 메시지는 플라톤적인 이상화보다는 이성적이고, 현실적이며, 마음의 정서로 이룩되는 인간적 조화를 계몽적으로 꾀하고자 한 점이며, 이들 주인공들에 상응되는 폴란드계 유대인의 도덕적 행위를 함께 채색함으로써 유대인문제도 개방된 인도적 보편성으로 해소해보려는 도덕적 의미와 계몽적 희망이 담겨있는 것이다. 물론 이에는 보편적 시민사회의 일원으로 유대인의 사회적 위상을 높이려는 계몽적 의식이 일반화되어야 했다.

그런데 이러한 의식이 실현되기에는 당시 사회로 보아서는 유토피아적인 면이 없지 않았다. 그런데도 이러한 면에 대한 희망을 갖게 한 시기가 계몽주의시대였기에 유대인의 문제도 이 시대의 작품에서 진단해보는 것이 유대인문제를 보편적 인간문제로 이해하게 할 수 있는 출발점이 된다고 믿기에 본인은 이 시대의 작품에 한해서만 소개해본 것이다.

유대인에 대한 편견적 증오(듀링과 드뤼몽의 반유대주의)

이와 같이 계몽주의시대에 이르러서는 유대인문제에 대한 인식이 차츰 좋아졌다. 하지만 반유대주의정서는 여전히 확산되어갔다. 특히 유대인에 대한 증오는 19세기 후반기부터 더욱 심해졌다. 물론 그 이전 고대사로 거슬러 올라가면 태초의 기독교역사로부터 시작된다. 예수의 살해와 그로 인한 유대민족의 추방에서부터 고리대금업을 허용해 경제적 압제를 가져온 경제의식에 이르기까지 유대인들에 대한 증오는 이미 오래 전부터였다. 하지만 19세기 말부터 시작된 반유대주의는 종교적인 갈등에서라기보다는 인종적 갈등에서 보는 시각이 크다. 특히 히틀러정권에 와서는 절정에 이른다. 이미 1846년에 발간된 알프레드 토우세넬Alfred Toussenels의 <시대의 지배자, 수전노 유대인 (1888)>18)이란 비방문 팸플릿에서는 유대인에 대한 악담을 털어놓고 "유대민족 하면 악덕상인이며, 남의 희생과 노동에 얹혀사는 비생산적인 기생충이라고 하면서 유대인을 고리대금업자와 동일한 의미로 경멸했다."19)

어위겐 듀링Eugen Duehring 같은 사람도 그의 저서 『세계사적 대답을 가진 종족문제와 윤리문제, 문화문제로서의 유대인문제』(1881)20)에서 유대인은 성서적인 위대성으로부터 "타락한 민족으로 수천 년 동안 같은 성격을 지니고 살아왔다"21)고 하면서 "이러한 천한 낮은 민족과 평범한 시민계층으로서의 유대인은 그들의 성직자나 종교적 계몽자들에 의해 계도된다 할지라도 그들의 자연본능과 감정을 완전히 개선시킬 수 없는 사람들이며, 그들 유대인들에게서는 그들 본래의 속성과는 일치할 수 없는 무엇인가를 항시 보게 된다"22)고 유대인들에 대한 낯설고 묘한 의구심을 제시하고 있었다.

또한 생태학적으로도 유대인들한테서는 묘한 체취가 난다고 하면서 에두아르 드뤼몽Edouard Drumont은 그의 저서 『프랑스유대인』(1886)23)에서 "그들은 그들의 특징적인 매부리코와 깜박거리는 눈, 드러낸 이빨과 좌우로 뻗친 귀들, 아몬드 모양의 둥그스레한 손톱 대신 네모난 손톱, 홀쭉한 몸통과 편족, 둥근 무릎과 불규칙하게 튀어나온 복사뼈들, 배신자들이나 아부꾼들이

---

18) 참고: Alfred Toussenels: Les Juifs, rois de lpoque. 4 Aufl. Paris 1888. 편의상 이 책의 약자는 저자의 약자이름을 따 T.자로 적겠음.

19) 참고: T. S. XI.

20) 참고: Eugen Duehring: Die Judenfrage als Racen-, Sitten- und Culturfrage mit einer weltgeschichtlichen Antwort. 2 Aufl, Karlsruhe/ Leipzg. 1881 편의상 이 책의 약자는 저자의 약자이름을 따 Due로 적겠음.

21) 참고: Due S.111.

22) 참고: Due S. 2

23) 참고: Edouard Drumont: La France Juive. Paris 1886. 편의상 이 책의 약자는 저자의 약자이름을 따 Dr.로 적겠음.

가질 수 있는 부드럽게 융해된 손들을 갖고 있다."[24] 하고, 무정하게 병든 유대인의 육체적 모습에서 정신적으로 병든 신경쇠약적인 모습에 이르기까지의 생태학적 특성을 언급하기도 했다. 그들이 이러한 모습을 가지게 된 이유는 어찌할 수 없는 그들의 과거사에서 왔다고도 본다. "그들은 오랫동안 쫓겨만 다니던 민족이며, 언제나 죽음의 공포와 잠시도 끊임없는 음모 속에서 살아왔기 때문이다. 그 후 사변적(思辨的)인 열풍에 뒤흔들리고 뇌신경적인 활동에만 의존하는 직업을 가지게 되어 결국 신경조직도 해치게 되었기 때문이다."[25] 그렇기에 그들은 항상 신경쇠약적인 모습을 보이게 되었다. 통계적으로도 프러시아유대인과 이태리유대인, 러시아유대인에게서 타민족보다 훨씬 많은 신경쇠약자들을 발견하게 된다고 한다.

사실상 이 같은 모진 유대인의 모습은 혼란스럽게 찢기고 쫓겨 살던 그들의 과거사에서 왔기 때문에 "그들 유대인들의 삶에는 안정이란 것을 모르고 지내왔다."[26] 하기에 그들의 삶은 질병과 고통의 질곡이었다. 그들이 살아오는 동안 겪었던 질병에는 "위궤양이 아니면 괴혈병 그리고 할퀸 자국과 출혈들로 만연되어 있었다." 그러나 그들의 모진 생명력 때문에 "전염병에도 면역성이 강했으며, 당시 유행했던 일반적인 페스트에 대해서도 잠재적인 예방왁신이 체내의 항생체질로 내재되어 있어 일종의 항구적 페스트면역성작용을 했었다"고 한다.[27]

그러나 이와 같은 고통과 질병 속에 생존해왔던 그들을 사람들은 동정하기보다는 곱지 않게 보는 비판적 시각이 많았다. 그리고 이들을 비판적으로 보는 대칭적 모델에는 아리안족이라는 모범적 기준이 있었다. 아리안족(독일인이나 기독교인)은 '연구와 지식에 대한 기쁨을 갖고 있어 언제나 이상적인 민족'으로[28] 돋보인다 했다. 그리고 '정당성의 표상과 자유에 대한 감정, 아

---

24) 참고: Dr. S. 35.
25) 참고: Dr. S. 107
26) 참고: Due. S. 112
27) 참고: Dr. S. 104f.
28) 참고: Dr. S. 47

름다움에 대한 지각이 풍부한'29) 민족으로 돋보이는 데 반해, 유대인은 인간적인 조화를 갖출 줄 몰라 '깊은 의미에 있어서의 인도주의를 모르고'30) "고귀하고 위대한 사상에도 귀를 기울이지 않는 불경스러운 마음이나 부도덕한 마음, 그리고 좋은 일도 매도하고 배반하는 성격을 지니고 있다"31)고 비난했다. 유대인들은 성격상 탐욕이 많고 자질구레한 일에도 생트집을 잡는 교활함이 있으며, 간교하고 음모술수가 강하다. 이에 아리안민족은 열광적이고 영웅적이며, 기사적이고 공평한 정신에 열린 마음을 갖고 있고 순박성과 신뢰감이 넘치는 기질을 지니고 있다. 그렇기에 '유대인이 지상의 본질을 지녔다고 한다면 아리안은 천상의 아들로서 높은 곳을 향해 끊임없이 노력하는 기질을 지니고 있는 것이며, 유대인이 지상이란 현실 속에서 살고 있다면 아리안은 이상 속에서 살고 있는 사람'이라32) 했다.

이러한 상이한 기질 때문에 두 민족이 선택하고 있는 직업 역시 차이점이 컸다. "아리안은 농업인이나 시인, 승려, 군인으로 종사하는 사람이 많았으며, 전쟁이란 것도 진실을 쟁취하기 위한 성전으로 생각했기에 이를 위해서는 죽음을 무릅쓰고라도 기쁜 마음으로 위험 속에 참전해야 하는 것으로 여겼다."33) 이에 반해 "유대인은 본능적으로 상인이었다. 상거래가 그들의 직업이 되었고, 가장 가까운 이해관계를 끌어들일 수 있는 기회가 오면 즉시 이에 가담했다."34) 그렇기에 "유대인들의 개인적 이해관계에서 오는 방자한 환상 이면에는 언제나 이윤추구만이 있었다. 그리고 이를 위하여 목숨을 잃는 한이 있다 해도 금고만을 차지하려 하는"35) 특성이 있어 "그들이 추구하는 것은 돈의 숭배뿐이었다."36) 그런데 이처럼 유대인들이 돈만을 추구할 수 있는 본성은 어떻게 해서 가능했을까? 이는 여러 곳에서 발견된다. 종교적으로

---

29) 참고: Dr. S. 6
30) 참고: Due. S. 47
31) 참고: Due. S. 66
32) 참고: Dr. S. 9
33) 참고: Dr. S.91
34) 참고: Dr. S. 9
35) 참고: Dr. S. 109
36) 참고: Dr. S. 3

는 기독교에서 금전놀이를 배제하고 있는 데 반하여 유대인들에게서는 금전
놀이가 용이했기 때문이다. 그리고 그들 본성 자체가 이기심과 소유욕이 강
하고, 그에 따른 폭리와 독점의욕이 강한 기질을 지니고 있었기 때문이다.
그들은 목적을 위해서는 간교를 통하여 돈 있는 사람들에게 파고들고, 심지
어는 상대방을 자기 것으로 독점하려 한다. 그렇기에 그들은 "아리안족을 자
신들의 하인으로 만들고 몸종으로 만들려고도 했다."37) 그들이 상대방에 스
며들 때는 "전혀 강압적인 면이 없다. 부드럽게 미소 짓는 방법으로 상대방
을 사로잡으며 토착민을 몰아내고 그 자리에 자신들이 들어앉는다. 그뿐만
아니라 온화한 방법으로 상대방의 재산을 차지하고 다음에는 전통과 윤리를,
그리고 마지막으로는 종교까지 빼앗는 방법을 일삼고 있다."38) 그렇기에 그
들의 침투방법에는 소리 없이 점진적으로 침투하는 침략행위가 감행되고 있
는 것이다. 그리고 이 같은 방법으로 세계의 모든 민족들을 흡수하여 '세계
의 주인'이 되겠다는 것이다.39) 이는 곧 "유대인들이 적어도 유럽에서라도
타민족의 주인이 되어 지배자가 되겠다"는 말이다.40)

여기서 유대인이 상대방을 파고드는 데는 고리대금업을 금지하고 있는 기
독교사회의 도움이 컸다. 기독교인들은 윤리적으로 고리대금업을 금지하고
있었기 때문에 기독교인들이 채무관계에 서서 어려운 처지에 빠지게 되면
그들을 돕는다는 미명 하에 그들에게 금전적으로 채무를 이행하게 해주고
이권을 얻는 매수행위가 이루어졌던 것이다. 그 결과 "유대인이 있는 곳에서
는 어디서나 부패가 싹텄다."41) 특히 "경망스럽게 살아가는 귀족들이나 장교
들, 재산소유자들이 유대인들의 고리대금조직에 걸려들게만 되면 이들 모두
는 유대인들과 함께 부정부패자가 되어" 그들의 사회적 위치는 흔들리고 말
았다.42) 즉, 유대인들은 상대방을 끌어들여 자연스럽게 부패를 만들어가고

---

37) 참고: Dr. S. 7
38) 참고: Dr. S. 8f
39) 참고: Due S. 30
40) 참고: Paul de Lagarde: deutsche Schriften. 1874. 4 Aufl. Muenchen/ Berlin: lehmann Verlag. 1940.
     (Anm.4) S. 421
41) 참고: Due. S. 7

있었기 때문에 유대인들이 관여되는 곳에서는 부패가 또 다른 부패를 낳고 부패는 증식될 뿐이었다. 이유는 유대인들이 부정부패를 자신들이 저질러놓고도 책임을 타인에게 전가하거나 공모된 일로 만들어가고 있었기 때문이다. 그렇기 때문에 유대인이 서식하는 곳에서는 부패와 타락만이 발생하게 되고 유대인동지들이나 친구들과의 분쟁에 휩싸이게 되면 당사자는 유대인처럼 그들 방법으로 행동하지 않을 수 없게 되었다.43) 그렇기에 유대인들이 관여한 일이란 모두 좋지 못한 일로 인식되어졌고, 좋지 못한 일은 모두가 유대인들 때문이라는 인식이 공공연해졌다.

이와 같이 유대인들을 악의로 인식하려 했던 당시의 19세기 말 반유대주의학자들(듀링Duehring, 드뤼몽Drumont 라가르드Lagarde)의 의견을 소개해보면, 유대인들에 대한 비방은 더욱 심화되고 있음을 알게 된다. 그런데 이에 공산주의와 사회주의를 설교했던 독일의 칼 마르크스Marx와 라살Lassalle, 러시아의 헤르젠Hertzen 같은 사람들에 대해서는 유대주의입장에서 그들의 사상을 해명해주고 있었다. 그들의 사상은 가진 자의 것을 나누어 없는 자들과 함께 살아가는 복지국가론적 사상이 일반적인 견해였지만, 그들은 나라를 잃고 쫓기고 쫓기어 알몸으로 도피해온 유대계의 신앙적 동지들을 살리기 위한 방편으로 공산주의이념을 펼치기도 했다는 것이다.44) 듀링은 말하기를 "공산주의라고 표식되는 나라는 유대인제국으로서, 선택된 유대민족들이 이 나라의 보물들을 관리하는 관리자가 되어 자신들을 위한 금은보화나 입을 의류를 챙겨야만 했다"는 것이다.45) 그러나 사실은 돈만을 벌려고 하는 가진 자도 유대인이며 없는 자도 유대인이었기 때문에 가진 자의 시민계층에서나 못 가진 자의 노동자계층에 있어서는 항시 공산주의에서 언급되는 계층간의 의식문제와 이해관계, 증오문제가 걸림돌이 되는 갈등구조를 안게 되었던 것이다. 그렇기에 라살 같은 사람은 이념적으로는 자신이 사회주의자였지만 유대

---

42) 참고: Due. S. 17
43) 참고: Due. S. 20
44) 참고: Dr. S. 108
45) 참고: Due. S. 63

인입장에 서서 가진 자에 대한 계층간의 증오문제를 예외적으로 취급하려 했다. 즉 "유대인들이 쉽게 사회적 지배계층으로 도달할 수 있기 위해서는 유대인부르주아들에게만은 계층간의 증오를 갖지 않도록 교양시켜야 된다"고 했다.[46]

이같이 유대인들은 자기 민족의 이해관계에 관한 일이라면 사상적 모순을 초월하여 합리화시키려는 연대의식을 가지고 있었다. 그리고 이러한 연대의식은 그들 본성에 종교적인 면에서나 자신들의 내부적 갈등에서도 비밀스럽게 간직되고 있었다. 종교적인 면에서 기독교에 대한 투쟁은 바로 이러한 연대의식의 표현이었던 것이며, 자신들간의 싸움에서도 공통된 이해관계에 부딪히면 일치단결하여 싸우는 것이 그들의 연대적 속성이었다. 하기에 "'유대인들은 자신들끼리는 서로 질투하고 비방하지만 이러한 비방과 질투가 유대계 아닌 타인으로부터 다가올 때면 언제나 그들은 이들에 대해 결연한 의식으로 밀집방어진Phalanx을 펼친다."[47] 그럼으로써 그들은 단결하고 목적을 쟁취하는 것이었다. 유대인이란 '그들의 조상인 아브라함과 야곱을 숭상하는 참된 유대인으로서도' 연대의식을 가져야했고, '유대계의 속성을 호주머니에 감추어둔 채 자유사상가인 체하는 사람으로서도' 속으로는 그러해야 했다. 그리고 "겉으로는 기독교인인 체하면서 속으로는 자기네 동지들에게 유용한 비밀들을 유출시키고 있는 보수적인 유대인으로서도 그들 유대인들은 모두가 한지붕 아래 숨어있는 사람들이었다. 그런고로 유대인의 힘이란 그들의 연대성 속에서 나오고 있음"을 알아야 한다.[48] "유대인들은 서로가 죽을 때까지 돕고 산다. 그러면서도 소름이 끼칠 정도로 이에 대한 냄새는 피우지 않는다"[49]고 했다.

이처럼 19세기말의 반유대주의학자 듀링과 드뤼몽의 비판적 시각은 신랄했다. 그들은 유대계의 학문과 예술에 대해서도 반유대적 시각을 갖고 비판

---

46) 참고: Due. S. 83
47) 참고: Wilhelm Marr: Der Judenspiegel. 5. Aufl. Hamburg 1862. (Anm.5) S. 39
48) 참고: Dr. S. 54
49) 참고: Dr. S. 134

했다. 유대계는 재능은 있지만 창조력이 부족하다. 학문적 태도에 있어서도 사업적인 성격이 강하다.50) 그런데 괴테나 셸링, 피히테 같은 사람들이 존경했고, 헤겔도 스피노자가 아니면 철학은 없다고 말할 정도로 높이 평가했던 유대계 철학자 스피노자마저도 그들은 비판했다.

"스피노자에게는 심오하고 논리적인 능력과 미학적인 능력이 결여되어 있다. 자신의 내면적 마음속에서 우러나오는 유대계 자신들의 본래적 학문에도 반하는 철학을 했다"고 비난한 것이다.51) 이러한 비난은 혹시 스피노자의 학문적 배경을 의도적으로 비난하고자 한 데서 언급된 것이 아닌가 생각된다. 스피노자는 젊은 나이에 당시 유행했던 데카르트의 철학을 익혔다. 그런 다음 유대계학문에서 벗어난 자유사상가 요셉 살로모 텔메디고즈Joseph Salomo Delmedigos로부터 코페르니쿠스Kopernikus와 케플러Kepler, 갈릴레이Galilei에 관한 새로운 자연과학적 학문을 배웠을 뿐만 아니라, 이태리의 르네상스철학자 캄파넬라Campanella와 지오다노Giordano, 브르노Bruno에 관한 학문과 홉스Hobbes의 국가론적 이념까지도 종합한 철학적 학문세계를 구축하였다. 따라서 그의 철학은 유대인들의 히브리어를 중심으로 한 신앙적 학문세계와는 다른 유럽인의 학문을 바탕으로 한 윤리철학이란 점에서 그러한 비난의 소리가 나온 것 같다. 그러나 사실상 스피노자는 그러한 이유로 24세의 나이에 유대인들로부터 버림을 받았다. 그가 라틴철학과 데카르트철학, 그리고 홉스 국가론에 젖어있다는 등등의 이유로 그는 유대인정교회로부터 파문을 당하고 고향 암스테르담을 떠나야 했다. 그러나 스피노자의 학문세계는 비난을 받을 이유가 없었다. 그의 학문은 교조적인 모세의 율법사상을 초월한 범우주론적 윤리관을 구축했기에 더욱 돋보이는 신비주의적 철학이 되고 있다.

단지 반유대주의학자들이 비난하는 초점은 유대계학자들이 다른 학자들이 구축하여 놓은 이러저러한 학설들을 가볍게 종합하여 자기 것으로 만드는 얄팍한 경향이 있기 때문에 그들 학문세계에는 혹시 정중한 깊이가 없지 않

---

50) 참고: Due. S. 46-48
51) 참고: Due. S. 50f

은가 하는 의문이었다. 이에 마르Marr 같은 학자는 "유대인들은 모든 일에 있어 진지하고 깊이 있는 연구를 싫어한다"[52]고 규정했는가 하면, 라가르드 같은 사람은 그러한 이유 때문에 "스피노자를 제외하고 유대민족 가운데서는 한 사람의 특출한 학자도 배출하지 못했다"고 힐난했다.[53]

그런데 이러한 비난은 유대계예술인들에게도 같은 맥락으로 가해졌다. 유대계예술인들에게도 특출한 천재들은 없다고 그들을 저평가했다. "유대인들은 단테나 셰익스피어, 보쉬에Bossuet, 빅토르 위고, 라파엘, 미켈란젤로, 뉴턴 같은 위대한 천재들을 가져보지 못했다. 천재라는 사람은 항시 잘못 인식되어 추방되는 경우도 있지만 인간성에 있어서 그 무엇인가 고차원적인 본질을 보여주고 있다; 그런데 유대인들의 본질적 요소에는 이러한 그 무엇인가를 보여주지 못하고 있다. 예술의 영역에 있어서도 그들은 자연 그대로의 본질적인 모습과 힘차며 감동적인 모습들을 보여주지 못하고 걸작도 가져오지 못하고 있다; 그들은 무엇인가 팔아보려는 작품 이외에는 가져오지 못하고 있다; 그들은 그들이 허락되는 범위 내에서 돈이나 벌 수 있는 낮은 작품들이나 우선적으로 창작하고 있다. 이러한 창작물이란 대중들의 저속한 탐욕 정도나 충족될 수 있는 정도이며, 여러 민족들의 감탄과 경건한 회상을 가져올 수 있고, 고귀한 생각들을 전해 줄 수는 것들은 타민족의 희생만을 통해서 이룩됨으로 결국 조롱거리가 되고 만다"고 했다.[54]

여기서 말하는 타민족은 기독교계의 아리안족을 말하고 있다. "사람들은 크고 작은 모든 발견에 대해 아리안족에게 감사하여야 한다. 인쇄술의 발견이나 화약발견, 미국발견이나 증기기관차발견, 대기펌프발견과 혈액순환발견 그리고 어려운 법률들의 발견들은 모두가 아리안족의 발견이다. 이러한 발견의 모든 진보는 기독교문명의 자연스런 발전에서 성립되고 있는 것이다. 그런데 유대인들은 다른 민족의 천재들과 노동자들이 정복해놓은 것들이나 착

---

52) 참고: Wilhelm Marr: Der Judenspiegel. 5. Aufl. Hamburg. 1862. (Anm.5) S. 39
53) 참고: Paul de lagarde: Ueber die gegenwaertigen Aufgaben der deutschen Politik. 1874. In: Paul de Lagarde: Deutsche Schriften. 4. Aufl. Muenchen/ Berlin. 1940. Anm. 4.S. 28
54) 참고: Dr. S. 27f

취하고 있다. 이 같은 착취를 통해 자기 것으로 만들어놓은 유대인들의 모습
이란 마치 다른 새들이 지어놓은 보금자리를 철면피처럼 빼앗아 그 자리를
들어차고 앉는 흉악한 새의 모습과도 같다."55) 이는 유대인들의 지식착취 모
습을 비판한 것이다. 그들은 자신의 심오한 성실성과 독창적인 창의력으로
자신들의 창조물을 가져오는 것이 아니라 남들이 창조하여 놓은 것들을 가
져다 자기의 것으로 만들어 자기 것처럼 포장하려는 부도덕한 지식문화를
갖고 있다는 비난이다. 그리고 이러한 부도덕한 문화들이 돈으로 매수되고
있다는 사실이다. 지식문화 가운에서도 대중문화를 이루고 있는 언론매체를
사들여 유럽의 기독교적 정신세계를 자기 것으로 위장시키려 하였을 뿐만
아니라 잠식하려 했다. 그렇기 때문에 유럽정신세계인 기독교문화를 대변하
고 있었던 공공연한 신문잡지들이 유대계의 손으로 넘어가거나 그렇지 않으
면 간접적으로 유대인 손에 의존되도록 만들어지고 있었다. 이는 프랑스에서
도 그러했고, 독일과 영국에서도 그러했다.56) 그들은 언론매체를 통하여 유
럽의 기독교정신세계를 유대계의 보편주의정신세계로 둔갑시키려 했던 것이
다. 하기에 기독교정신문화를 지니고 있는 유럽국가의 국민 모두는 반유대주
의적 사상을 결속시키기 위한 동맹을 창설하고 이스라엘을 중심으로 한 사
상적 동맹이 나타나지 못하도록 막아야 된다고 강조하고 있었던 것이다. 그
리고 이러한 동맹운동은 기독교정신을 원천으로 삼고 있는 독일이나 러시아,
오스트리아와 헝가리, 루마니아, 프랑스에서 이미 귀족들과 시민, 지식인, 노
동자들이 중심이 되어 시작되었으며, 그 결과로 반유대주의적 동맹은 결성되
어졌다.57) 그리고 유대인에 대한 이러한 적대적 투쟁은 제3국 히틀러정권에
와서 가장 강렬하게 나타났던 것이다.

그런데 이러한 반유대주의운동을 지원하게 된 이론적 근거를 남긴 사람들
은 바로 듀링과 드뤼몽이다. 물론 이들 두 사람의 반유대주의사상은 그들의

---

55) 참고: Dr. S. 34
56) 참고: Dr.XI. Due. S.12
57) 참고: Dr. S. 139

사상적 입장에 따라 다소 편차는 있었으나 대체적으로 같은 맥락이었다. 드뤼몽은 단호한 가톨릭신자로서 가톨릭이 지배했던 프랑스사회의 역사적 입장에서 반유대주의를 주장하게 되었고, 듀링은 개신교도가 많은 독일사회의 입장과 자신의 무신론적 입장에서 반유대주의사상을 외치게 되었다. 이에는 독일과 오스트리아의 가톨릭도 듀링의 반유대주의사상을 뒷받침하고 있다.

듀링의 무신론적 입장에서는 "모든 종교란 각 민족이 갖고 있는 민족의 환상을 종합한 총액이 종교의 원천이 되고 있다." 하고, "각 민족들이 추구하는 종교적 원동력과 주된 일들이란 이들 민족이 갖는 환상과 일체화되고 있다.'"[58] 그리고 이러한 모든 종교는 각 민족이 갖고 있는 환상이란 요소로 표현되는 것이어서 그러한 환상을 바탕으로 한 '모든 종교의 신들은 인간들의 모사상이나 민족들의 거울'이 되고 있다.[59] 바로 그렇기 때문에 상이한 환상을 바탕으로 한 상이한 모든 종교는 민족에 따라 상이한 환상 속의 거울에 상이하게 나타나므로 한 민족의 종교가 타민족의 종교는 되기 어렵다는 것이다. 따라서 유대교는 만인을 위한 종교가 될 수 없으므로 기독교가 주축이 되고 있는 유럽에서는 부정될 수밖에 없다. 듀링의 무신론적 입장은 이러한 맥락에서 종교를 부정하고 있다. 그뿐만 아니라 수천 년 전 기독교가 유럽에 전수되는 과정에서는 유대인들이 기독교에 유대교를 포장하여 유럽으로 옮겨와야 유대인들이 그들의 정신세계를 유지할 수 있다고 믿었기 때문에 그들은 "기독교를 유대교와 함께 감싸 전수했다"는 것이다.[60] 그 결과 기독교는 유대교정신으로 각인된 것처럼 보이는 모순된 모습이 되었다. 그리고 이러한 모순된 모습으로 기독교를 취급하려 유대인작가들은 열을 올렸던 것이다.[61]

유대인들은 믿기를 자신들은 선택된 민족으로서 선택된 종교를 가져야 된다고 믿어왔기 때문에 유대교를 민족종교로서 포기하려 들지 않았다. 그렇지

---

58) 참고: Due. S. 21
59) 참고: Due. S. 21
60) 참고: Due. S. 27f
61) 참고: Due. S.25

만 그 후 점차 그들이 기독교사회에서 적응하여 생존하기 위해서는 유대교를 감추고 변신하지 않을 수 없었다. 그 결과 개화된 유대교인들 가운데는 종교가 없는 사람처럼 행동을 하기도 했으며, 자유사상가로도 처신했고, 사회주의사상가로도 행동했던 것이다.

그러면서도 내면적으로는 기독교에 대한 반감을 감추지 못했다. 그렇기 때문에 드뤼몽 같은 가톨릭신자는 유대인에 대한 태도가 단호했다. 유대인 하면 그들이 유대정교회신자이든지 자유사상가이든지 세례 받은 보수적인 유대인이든지간에 불문하고 모두가 다 한지붕 밑에 살고 있는 같은 패거리라 하고, 프랑스에 살고 있는 '유대인들은 프랑스의 문명사회를 공격하기 위해 온갖 간교를 꾸미고 거짓말을 다하며 자유사상가인 양 변장도 하고' 살아왔다고 말했다. "그러나 유대인들의 실제생활에 있어서는 사람들이 생각하고 있는 것보다도 훨씬 더 자신들의 유대교적 종교생활에 충실했다."[62] 이처럼 유대인은 겉으로는 기독교인이나 자유사상가인 양 변신을 하고 있지만 내부적으로는 자신들의 유대교에 충실한 이중적 위선자로 행동하고 있었다는 것이다.

이는 프랑스혁명에 대한 유대인들의 태도에 있어서도 같았다. 겉으로는 자유와 평등, 인간해방과 인권에 대해 지지하는 태도를 보였지만, 모두가 자신들의 이해관계에서 위선적이었다는 것이다. 구체제Ancien Regime를 전복시키려 한 프랑스혁명은 일반적으로 왕정의 압제에 대한 혁명으로 모두가 지지했다. 그러나 유대인이 혁명에 적극적이었던 태도의 이면에는 다른 이유가 있었다. 프랑스에 있어서 중세시대의 십자군원정이나 하인리히 4세와 루이 14세 때의 왕정이 모두 반유대주의적 성향으로 일관된 기독교적 왕권들이었기 때문에 이에 반하는 프랑스혁명에 그들은 적극적이었으며, 또한 혁명으로 세워지는 '새로운 프랑스'가 '새로운 시나이Sinai국가'를[63] 탄생시킬 수 있는 가능성을 내포하고 있다고 믿었기 때문이다. 그리고 나아가서 그들은 자유와

---

62) 참고: Dr. S. 125f
63) 참고: Dr. S. 61f

평등이란 구호 아래 유대인의 해방과 프랑스국민들과의 대등한 생존권을 확보할 수 있다는 신념을 가졌기 때문이었다. 말하자면 프랑스혁명이란 진보주의사상을 그들은 자신들의 이기주의적 입장에서 이용하려 했던 것이다. 바로 이러한 드뤼몽의 비판에 듀링의 주장도 맥을 같이 했다. 듀링도 믿기를 자유와 평등, 인권이란 혁명적 이념들이 유대인에 있어서는 그들의 이익을 위해 남용되고 있다고 본 것이다. 특히 소유계층의 정치권과 사업권을 차지하려는 유대인들의 이해관계에 있어서 그러하다고 본 것이다. "유대인들은 자유와 평등보다 나은 인권 등의 모든 문제에 있어서 사업적인 의미로 이용하려는 데 너무나도 뻔뻔스러웠다. 자유라는 기준도 자신들의 사업적 지배를 더욱 확장시키려 하는 데 이용하려 하고 있었으며, 소유시민을 실현시키려는 평등이란 기준도 선택된 자기 민족들의 이익을 도모할 수 있는 적법성으로 활용하려 했다. 그리고 사업적인 압제(壓制)를 극단적으로 추구하려는 데 활용하고 있었다."64)

이처럼 듀링과 드뤼몽의 유대인에 대한 비판은 가혹할 정도였다. 한 사람은 독일사회에서 다른 한 사람은 프랑스사회에서 보는 시각으로 비판을 가하고 있었다. 하지만 두 사람 모두의 비판은 반유대주의입장에서 유대인들의 사회적 진출을 막아야 한다는 주장이었다. 듀링은 사업을 통해 돈만을 벌려는 유대인의 자본형성을 막기 위해 유대인들에 대해서는 직업상의 제한도 가하여야 하며(의사, 법관 직업박탈 등), 대학의 정원제를 실시하여 유대인들의 교육기회도 차단시켜야 된다고 말했다.65) 그리고 다른 민족들의 사업자유를 신장시키기 위해서는 유대인들의 사업만은 감시하거나 타민족의 운영 하에 동참시켜야 한다고도 했다.66) 심지어는 후일에 제3제국에서 실행에 옮기게 되었던 유대인들의 감금과 추방문제까지도 예감이나 한 듯 언급하고 있었다.67) 나아가 유대인이 독일사회를 해치는 병균보유자라는 사실을 독일사람

---

64) 참고: Due. 8f
65) 참고: Due. S. 128
66) 참고: Due: S. 131
67) 참고: Due S. 110

이 알고 있는 이상은 이에 주저함이 없이 살균수단을 써야 한다고까지 극렬한 주장을 펼쳤다.[68]

이에 드뤼몽 역시 듀링과 같이 잔인한 표현으로 유대인에게 비난을 가했다. 그는 말하기를 "마치 수도원을 등지고 행진하는 사람처럼 굶주린 유대인들이 돈벌이나 하기 위해 은행으로 행진하는 날이 오게 되거나 사회전체가 유대인화 하는 날이 오게 되면, 이에 진절머리가 난 가톨릭신자들은 이를 사전에 막기 위해서라도 어제의 거지들이 오늘의 폭군이 된 이들 유대인들을 피 한 방울 남김없이 그들 몸체의 살덩어리를 갈아 없애야 된다." 했다.[69]

과연 이렇게 잔인한 반유대주의적 비난들이 오늘날에 와서는 어떻게 받아들여야 되는지 모를 일이다. 물론 종족간의 입장에 따라 반응은 제각기 다르겠지만 말이다. 이에 본인이 이 글에서 소개하려 했던 것은 단지 19세기 말에서 20세기 초반에 유럽에서 나타났던 반유대주의사상이 어떠했는가를 알기 위해 두 사람의 의견을 요약했을 뿐이다. 그리고 이 의견이 에곤 쉬바르츠의 『나는 모든 민족들에 대한 일반적인 판단에 친구가 못 된다』(2000)[70]라는 저서에 소개된 일부 내용을 요약한 것임을 밝혀둔다. 이런 의미에서 내 자신도 이러한 판단에 친구가 될 수 없다고 생각된다.

발터 라테나우Walther Rathenau의 피살사건

1차 세계대전이 시작된 1914년까지만 해도 반유대주의는 독일에서 뿐만 아니라 프랑스와 여타 유럽국에서도 동일했다. 따라서 유대인문제는 독일인의 내면세계에서도 좋고 나쁜 점이 여전히 양립된 상태로 병존해왔다. 그리고 이러한 병존의 모습은 정치적인 양상으로도 돌출하여 사회정치적 논쟁으

68) 참고: Due. S. 61
69) 참고: Dr. S. 124f
70) 참고: Egon Schwarz: Ich bin kein Freund allgemeiner Urteile ueber ganze voelker. Berlin 2000. S. 74-91

로 비화된 일이 많아졌다. 그 가운데서도 철학자 어위겐 듀링이나 신학자 파울 드 라가르드 같은 사람들의 반유대주의선전은 유대인들이 기독교로 개종하지 않는다는 이유에서가 아니라 인류학적으로나 신학적으로도 낯선 요소들을 지닌 인종으로 독일사회를 침식하는 병균을 옮기는 사람들이라 매도하고 있었다. 역사가이자 언론인이었던 하인리히 트라이체케Heinrich Treischke (1834-1896)와 궁중목사였던 아돌프 스토커Adolf Stocker(1835-1909) 같은 신학자도 반유대주의운동에 주도적 역할을 하고 있었다. 특히 스토커 같은 궁중설교자는 기독교사회당을 조직하여(1878) 반유대주의를 당선전에 활용했고, 독일보수정당의 창립자 중 한 사람으로 베를린에 있는 티보리Tivoli맥주공장에서 파멸적으로 침투하는 유대인에 대한 저항운동을 주도하여 소위 말하는 '티보리프로그램'(1892)을 발표하기도 했다. 이 프로그램은 주로 기도교적 영주국가의 농업정책과 중산층을 위한 반유대주의운동이었다.

그러나 이러한 반유대주의의 선전만이 지속적으로 계속되었던 것은 아니다. 다행히도 이러한 반유대주의적 흐름에 최소한의 저항을 호소한 학자도 있었다. 그가 바로 테오도르 몸젠Theodor Mommsen(1817-1903)이다. 그는 로마법학자로서 뿐만 아니라 진보적인 정당의 자유주의좌파로서 정치행위(프러시아국회의원 1873-1879)도 했으며, 반유대주의와 비스마르크에도 저항했다. 1870년대부터는 같은 역사가 동료인 하인리히 트라이체케의 반유대주의논설에 반론을 제기함으로써 반유대주의에 대항해 투쟁한 첫 번째 논객이 되었다. 그 후 몸젠은 1400여 편이나 되는 자신의 논문을 모아 위대한 『로마역사』를 발간했다. 그리고 이에 대한 보상으로 1902년 독일의 첫 번째 노벨문학상 수상자가 되었던 것이다. 그는 트라이체케와의 논쟁을 심도 있게 벌였다. 하지만 후일에는 시대흐름의 대세에 밀려 용기도 잃고 실망하기도 했다. "나는 이전에도 그러했지만 계속해서 반유대주의라고 불리는 거대한 모욕적인 일에 저항해왔다. 그러나 모두가 쓸모없는 일이 되었다. … 반유대주의는 콜레라 같은 유행병처럼 번지고 있으니-이 병은 설명할 수도 없고, 치유할 수도 없다. 그러니 병의 독소가 스스로 해소되고 힘 빠지기를 인내하며 기다릴 수

밖에는 없다"고 했던 것이다.71)

몸젠의 뜻과는 반대로 그 후에도 반유대주의는 계속 확산되어갔다. 그러나 이에 대한 최소한의 경각심을 일깨운 역사적 사건이 있었으니, 그것이 바로 발터 라테나우(1867-1922)의 피살사건(1922년 6월 24일)이었다. 그는 유대인이었지만 독일을 위해 최선의 직무를 다한 비르스Wirth내각의 외무장관이었다(1922년 2월 1일-6월 24일). 단지 유대인이란 이유에서 어쩔 수 없는 오해를 받고 피격되었던 것이다. 그의 자전적 발자취를 돌이켜보면 하이네와 같은 격동의 시절을 체험한다. 독일계 유대인으로서 국가를 위해 맡은 바 임무를 성실히 수행한 사람이었다. 그러나 제2계층이란 유대인신분을 뒤늦게 자각하게 되었던 사람이다. 그는 하이네와는 달리 갈색머리에 푸른 눈을 가진 프러시아사람들을 증오의 눈으로 풍자하려 하지 않고 오히려 이상화하려 했으며, 프러시아사람의 의식 속에서 살아온 독일인이었다. 비록 그가 신앙생활에 있어서는 유대인정교회에 충실하였다 할지라도 어딘지 모르게 자신의 신앙에 거리감을 갖고 꺼려하는 독일적인 사람이었다. 그는 빌헬름제국시대의 정상급 산업인 '일반 전기회사Allgemeine Elektrizitat-Gesellschaft'(AEG)설립자 에밀 라테나우의 아들로 태어났다. 베를린과 슈트라스부르크에서 수학, 물리, 화학을 전공했으며, 1889년에 『금속을 통한 광선흡수』라는 논문으로 박사학위를 받았다. 그 후 기업관리 능력을 익히고, 1915년에는 이 회사의 사장이 된다. 그의 탁월한 관리능력 때문에 1차 세계대전이 발발한 1914년에는 프러시아 국방성의 전쟁전략물자관리 책임자가 되고, 100여개 이상의 기업인 연합관리 위원이 된다. 1차 대전이 끝나자 진보적인 국민당출신 정치인들로 구성된 좌파자유당과 국가주의자유당좌파들이 모여 새롭게 창당한 '독일민주당'(DDP)에 가입함으로써(1918) 당시 패전국으로서 '베르사유평화조약'(1919년 6월 18일) 이행을 위한 준비작업에 임하게 된다. 주로 전쟁보상과 재건을 위한 경제전문가로 활동하게 되었다. 특히 휴전문제와 무장해제, 보상문제 등을 내용으

---

71) 참고: Gorden A. Craig; Ueber die Deutschen, Muenchen. 1985. S.158f

로 체결된 '베르사유평화조약'을 이행하기 위한 준비작업 일환으로 '스파회의 Spa-Konfrtrenz'(1920년 7월 5일-16일)에 참석하여 무장해제 기간과 군축문제, 점령지역민의 방위군해체 및 연합군에 대한 배상문제 등을 논의했다(전쟁보상은 프랑스에 52.5%, 영국에 22%, 이태리에 10%, 벨기에8%, 그리고 여타 연합국에 나머지를 배상하는 것으로 되었었다).

이러한 문제들을 해결하기 위해서는 경제문제가 관건이었기 때문에 그는 1921년 비르스내각의 경제재건상에 오른다(1921년 5월-11월). 하지만 연합군이 요구하는 오버쉴레지엔지방의 분할문제와 점령지역의 정비문제 때문에 국민들의 저항에 부딪혀 재건상을 사임하고, 그는 전쟁보상문제에 관한 독일의 이해관계만을 대변하기 위해 '깐느회의'에 참석한다(1922년 1월). 그리고 그해 (1922년 2월)에 외무상에 오르며, 4월에는 이태리 제누아에서 열린 세계경제회의에 참석하게 된다. 그러나 1921년경부터는 베르사유평화조약의 '이행정치 Erfullungspolitik'가 실시되기 시작했기 때문에 평화조약에 대한 국민들의 불신과 저항이 더욱 강해졌다. 왜냐하면 독일경제는 좋지 않은데 보상문제에 대한 연합국들의 주장은 확고했기 때문이다. 드디어 협상은 잘 조정되었으나 '전쟁보상문제에 관한 런던회의'(1921)에서 '런던최후통첩'(1921년 5월 5일)이 나왔다. 만일 조정된 보상문제가 최후통첩일(1921년 5월 12일)까지 해결되지 못할 경우는 탄광지역인 루루지방과 오버쉴레지엔지방을 내놓게 될 처지에 왔으므로 비르스내각은 독일제국의 통일과 보존을 위해서도 최후통첩을 수용해야만 했다(1921년 5월 11일). 그러나 베르사유평화협정에 따른 이행과정에서 전쟁보상금과 무장해제 조건들에 대한 저항은 만만치 않았다. 바이마르 공화국의 우파야당과 국가사회주의자들이 '이행정치'에 대해 반대투쟁을 계속 전개했던 것이다. 하지만 비르스내각정부는 국제관계의 신뢰를 쌓기 위해 베르사유평화협정을 성실히 이행하려 노력을 다했다. 그 결과 성과 역시 좋았다. 이들 내각은 현실정치를 꾀함으로써 어려운 경제를 헤쳐 나갔던 것이다. 그러나 당시 외무상에 있던 라테나우가 그의 '이행정치'를 과도한 의무의식으로 실현했다 하고, 그의 출신이 유대인이라 하여 독일국가주의 우파정당으로부터 비난을 받아 결국은 극우파 비밀당원들의 테러에 의해 피살되었던 것이다(1922년 6월 24일). 그는 독일경제의 어려움을 연합국에 설득시키고 과도한 전쟁보상금 요구조건들을 독일의 경제능력에 맞도록 신축적으로 완화시킨 성실한 외무상이었다. 그뿐만 아니라 연합국들에게도 독일의 신뢰를 쌓기 위해 서로 협력할 수 있는 길을 찾으려 노력한 사람이다. 그런데도 극우파 사람들은 그가 '이행정치'를 무리하게 이행함으로써 조국을 배반한 유대인이라 매도했던 것이다. 그는 1922년 6월 24일 아침 열려 있는 리무진 차에 타고 이동하던 중 추월해온 차의 세 청년 중 한 청년이 던진 수류탄과 다른 한 청년이 겨냥한 권총에 의해 피살되었다(범인은 운전수 첵헙Techow과, 에르빈 케른Erwin Kern, 피셔Fischer였다).

그의 죽음은 전국에 끔찍한 파장을 불러일으켰다. 하지만 당시의 많은 사람들은 그의 죽음을 당연한 것으로 바라보았다. 그의 죽음은 2차 세계대전 이전 시기의 반유대주의적 광기를 구체적으로 표현한 첫 번째의 경우가 되었다. 그의 죽음은 정말 슬프고도 한탄스러웠다. 그러나 이성에 맞게 해명되고 있었다. 그리고 생각할 수 없는 일들을 생각하게 만든 일이 되었다.

그 후 이러한 사건이 발생한 지 겨우 16년이 되던 해인 1938년 11월 10일 이른 아침에 나치친위대와 돌격대원들이 유대인들의 상점과 각종 시설, 시나고게를 습격하고 파괴하는 일이 발생하였다. 값진 물건들은 탈취되고 파괴되었다. 100명의 유대인이 사망했으며, 3만 명이 체포되어 수용지역으로 감금되는 초유의 일이 시작된 것이다. 이는 독일아리안사회의 시작을 알리는 대량살상의 불행한 날들이 예고되고 있음을 알리고 있었던 것이다.[72]

이에 우리는 유대인에 대한 이러한 적대행위를 과연 어떻게 받아들여야 할 것인가? 그리고 라테나우의 죽음은 또한 당연한 죽음이었을까? 하는 등의 의구심을 갖게 한다.

문학사학자이자 비평가인 한스 마이어Hans Mayer(1907-)는 그의 저서 『독

---

72) 참고: 같은 책 S. 162

일인과 유대인에 관한 선언취소『Der Widerruf-uber Deutsche u. Juden』(1994)에서
라테나우가 피살되기 바로 몇 주 전(1922년 4월 초) 물리학자 알베르트 아인슈
타인과 지온주의자 쿠르트 부르멘횔트가 라테나우를 방문하여 대화를 나눈
내용을 소개하고 있다. 이들이 그를 방문한 이유는 라테나우가 유대인이었기
에 그가 외무상직에서 제대로 임무를 수행할 수 있을까 탐색하기 위해서였
고, 라테나우가 이들과는 달리 지온주의에 회의적인 생각을 갖고 있었기에
그의 뇌리에서 반지온주의적 생각을 지워버리게 하고 싶은 심정이 있었기
때문이다. 물론 이러한 의도를 표명할 수는 없었지만 말이다.

대화는 늦은 밤 자정 1시까지 5시간 반이나 진행되었다. 아인슈타인이 참
석함으로써 그들의 대화는 진지했고 무르익어 '발효적'인 분위기였다. 그들의
대화는 '팔fp스타인과 유대인문제'였으며 유대인출신인 '라테나우가 외무상으
로서 독일정치를 대변할 수 있는 권한을 갖고 있는지 없는지'를 읽어보기 위
해서였다. 라테나우는 변증법적 논리로 설명해가는 달변가였다. 그는 팔레스
타인으로 유대인들이 복귀하여 통일국가를 만들자는 지온주의에 대해서 다
음과 같은 말로 말문을 열고 있었다. "지온주의자는 바로 유대인 자신이다.
그런데 그는 온갖 능변을 다 동원하여 제2의 유대인을 설득하고 있다. 그리
고 제3의 유대인은 돈으로 팔레스타인에 갈 것을 권유하고 있다." 다시 말해
지온주의는 개개 유대인 자신의 자조적(自助的) 의사결정으로 실천되어야 하
는 것인데, 타인의 설득과 타인의 금전적 도움으로 행해지고 있다는 점에 문
제가 있음을 유념하고 이점에 회의적 반응을 보였던 것이다. 그러나 그는 지
온주의에 대한 해답을 자기 아버지가 늘 말씀하셨던 간접적 인용으로 화답
하고 있었다. 마치 가톨릭교회의 세례의식에서 이마나 입, 손과 발에 성유를
바르고 기도를 드려야만 성직자에 오르듯이 "지온주의도 성유를 바르고 기
도를 드려야만 하는 의식을 통해 사제에 오르게 되는 것과 같은 것으로 설
명할 수 있겠지요" 했다. 이는 현재 행해지고 있는 지온주의운동이 타인의
설득과 돈을 통해 성사되고 있다는 사실을 성유와 기도란 은유를 통해 성직
자가 된다는 신앙적 의식으로 격을 높여 비유해본 것이다. 그리고 이러한 맥

락으로 팔레스타인 국가형성문제도 이야기하고 있었다. 하지만 그는 이러한 비유에 반신반의였다.

"지온주의자들은 흔히들 자조(自助)라는 말과 해방이란 말을 즐겨 쓰고 있지요. 하지만 지온주의적인 팔레스타인국가는 언제나 지온주의가 못되는 다른 유대인들의 동의에 의존해서만이 가능합니다. 그렇기에 자발적인 자조에 의해 행해질 수 없는 일이란 역시 이념으로서 관심 밖의 일이 되고 있답니다. 팔레스타인의 이상주의자들은 그들의 지온주의를 위해 죽을 각오로 최선을 다하고 있다지만 결국은 다른 유대인을 위한 선행그룹으로서만이 존속하게 되는 것입니다." 따라서 지온주의자들은 그들 나름대로 유대인을 위해 노력하는 좋은 단체로 남아 존속하게 되는 것이고, 지온주의에 무관심한 유대인들은 그들이 자발적이지 않은 한 자신들 나름대로의 실존적 형식을 누리고 살면 그만이라는 말이었다. 이점에서 라테나우는 지온주의에 대해서 찬반도 아닌 애매모호한 표현으로 거부하는 회의적 태도를 보였다. 이처럼 라테나우가 애매모호한 답변으로 이어가자 아인슈타인은 그에게 묻기를 당신의 말은 무엇을 겨냥한 말이냐고 했다. 이에 라테나우는 말하기를 '나의 관심은 그저 지온주의에 관해 상이한 여러 시각에서 보자는 것뿐'이라 했다. 그리고 그의 대화법은 모든 일 자체를 일단 좋게 보고 무엇인가 단점이 있으면 이를 논점으로 증명해나가려는 태도였다. 그렇기에 라테나우는 말하기를 '나는 이러한 대화에 있어서는 악마의 변호사advocatus diaboli일뿐'이라고 가볍게 넘기고 말았던 것이다.

그들의 대화는 주제를 바꿔 계속 이어졌다. 아인슈타인은 말하기를 우리가 당신에게 온 것은 이 어려운 시기에 당신의 거취문제를 알기 위해서라 하고 묻기를, "내 생각에는 당신이 유대계 장관으로서 독일국민들의 일을 이끌어갈 아무런 권한도 없다고 생각하는데 당신은 어떻게 생각하는가?" 하였다. 그랬더니 라테나우는 이에 방어적으로 답하기를 "왜요, 못할 이유라도 있습니까?" 하면서 "나는 장관직에 적합한 사람이랍니다. 나는 독일국민들에게 그들을 위해 할 수 있는 나의 모든 능력과 힘을 다해 나의 의무를 충족시키고 있답니다. 그리고 이외에도 무엇을 당신이 원하는지는 몰라도 나도 영국의(유대계) 재상이자 소설가인 디스레리Benjamin Disraeli(1804-81)처럼 그가 남긴 업적을 나도 한번 해보지 말란 법이 있겠습니까?"라고 말하는 것이었다. 그랬더니 아인슈타인은 대답하기를 "디스레리는 영국에 스위스운하를 가져다주었고 영국여왕을 인도의 황제로도 만들어놓았지요. 하지만 나는 한 유대인이 어떠한 상황에 있어서도 다른 국민의 일을 대표할 수 있는 권한은 갖고 있지 못하다고 생각하는데요. 그런데 당신은 당신 자신만을 생각하는 것 같아요. 모든 유대인들은 독일에서 뿐만 아니라, 전 세계에서 자신들이 한 일에 대해서는 책임져야한다는 사실을 알고 있지 못한 것 같아요. 당신도 당신 스스로가 유대민족이라는 정체성을 내놓고 일하는 것은 싫어하겠지요. 그러나 당신이 어떠한 이유로도 피할 수 없는 객관적인 유대인문제는 있답니다. 당신은 기능만을 충족시키고 있는 것입니다. 당신은 당신이 대표를 맡고자 하는 독일국민과는 정말로 (정체성이) 일치할 수가 없다는 것입니다.'

그랬더니 이에 수긍이나 하는 듯이 라테나우는 화답하기를 "나 같은 사람들이란 업적만을 완성하려고 하는 사람이겠지요. 나도 우리를 고립시키고 있는 반유대주의 같은 장애물을 때려 부수고 싶답니다." 하며, 한참동안 말없이 있다가 눈가에 미소를 지으며 하는 말이, "물론 나도 베를린의 빌헬름가에서 일하는 것보다는 런던의 다우닝가에서 일하는 것이 좋았을지 모르지요" 하며 인간적인 고백을 했다. 이에 순간적으로 동감이나 하는 듯이 아인슈타인은 "이제야 당신이 환멸 속에 빠져있었음을 아시는군요." 했다. 그러나 라테나우는 그들의 눈치를 보지도 않고 서슴없이 하는 말이 자기 자신도 정말로 기능만을 충족시켜 가며 살아왔다고 하면서도 사실은 제한적인 환경조건에서도 수천 가지의 생각들과 최선의 이유들을 가지고 그가 당시 정치적으로 대표하여야 할 일들에 있어서는 독일세계를 위해서 최선을 다했다고 말하고 있었다.

결국 라테나우도 중부유럽에 흩어져 살아온 일반 유대인처럼 자연발생적인 우연 속에서 최선의 의무와 기능을 다한 한 사람의 정치인이었으며, '그의 적들과 살인자들에 에워싸인 상황 속에서도 항시 느끼고 사색하는 자로 군림해온 직업정치인이었음'이 분명했다.[73] 그는 비록 제약된 조건 속에서 일하다가 54세의 나이로 생을 마쳤지만 그의 경제적 힘과 정치적 힘, 그리고 예술가로서의 역량은 영국의 디스레리 총리에 버금가는 독일계 유대인이었다. 그는 유대인으로서의 존재를 부정하고 독일인으로 느끼고 생각하며 살아온 사람이다. 그의 가문 역시도 당시의 로트쉴드Rotschild은행가 가문처럼 독일사회에 동화되어 살아온 유명한 부호였다. 베르사유조약 이후 그의 탁월한 외교적 능력에 대해서 이태리 무솔리니도 감탄할 정도였다. 그는 말하기를 라테나우야말로 독일뿐만 아니라 전 유럽을 위해서 중요한 인물이라면서 그의 외무상 취임을 극찬한 바 있으며, 라테나우의 저서에 비춰진 그의 모습을 보아도 경제문제를 현실적으로 해결하고 형이상학적인 정신적 비전을 제시할 줄 아는 '경제작가이자 철학작가'였다고 격찬하고 있었다.[74]

그뿐만이 아니다. 그의 주변에는 항시 문화인들과의 교류가 빈번했으며, 당시의 사상적 흐름을 대변했던 자연주의와 신낭만주의, 그리고 표현주의문학에 관한 독서왕이기도 했다. 그가 살고 있던 베를린 그루네발트 숲 근처에는 유대인 사무엘 휫셔Samuel Fischer가 세운 출판사가 있었기에 그곳이 그의 정신세계의 구심점이 되고 있었다. 그곳에서 게르하르트 하우프트만과 토마스 만, 헤르만 헷세 작품들이 출판된 바도 있다. 특히 유대계 에세이작가 모릿즈 하이만Moritz Heiman(1868-1925)이 1895년부터 1923년까지 그곳 출판사의 원고 감수인으로 활동하고 있었기에 문학작품에 관한 출판은 왕성했다. 라테나우는 일찍부터 자연주의작가 게르하르트 하우프트만 작품을 좋아했고, 경제적으로도 그에게 도움을 주었다고 한다. 무엇보다도 그는 휫셔출판사그룹에 속한 당대의 유명했던 연극비평가인 알프레드 케어Alfred Kerr(1867-1948)와의 교류를 통해 많은 유대계 희곡작가들을 접하고 있었다. 모릿즈 하이만이 죽은 후에는 서정시인 오스카 뢰르케Oskar Loerke(1883-1941)가 그의 원고

73) 참고: Hans Mayer: Der Widerruf. Ueber Deutschen und Juden. Frankfurt. 1984. S.372-377
74) 참고: 같은 책. S. 171

감수인 자문직을 이어받아 일하였고, 동시에 평론지 『새로운 전망Die neue Rundschau(1894) Die neue deutsche Rundschau(1904-1944)』을 발간하기도 했다. 그런데 오스카 뢰르케는 라테나우와의 친분이 두터웠기에 라테나우가 살해되던 바로 그해의 망년회(1921/22)밤에 라테나우와 가졌던 대화내용을 살해된 후 발간된 그해의 『새로운 전망』(1922) 특집호에 신고 있었다. '1921년 망년회 밤 자정 직전에 라테나우는 그의 집 근처에 있는 사무엘 횟셔 집에 도착했다. 마침 게르하르트 하우프트만이 자신의 시 『위대한 꿈』 가운데 두 노래를 읊고 있었다. 그날따라 비가 오고 있었기에 모임은 나중에 두 패로 나누어져 한 패는 귀가하게 되었다. 나(뢰르케)는 라테나우와 함께 나란히 걸으면서 나는 도시 쪽으로, 라테나우는 숲 쪽으로 헤어져야만 하는 곳까지 걸었다. 후일에 바로 그곳 쾨니히스알래거리에서 라테나우가 살해되었지만 우리는 그곳까지 오면서 한참동안 길가에 서서 그날 밤 읽힌 정중한 시며 음악, 시대의 어려움들에 관해 이야기를 나누었다. 대화는 비가 오는데도 한 시간 반 동안 지속되었고, 대화내용은 희망 없는 현세대의 정신세계에 관한 문제와 인간이 완벽하게 이룩해놓은 예술 같은 작품들을 어떻게 피해 없이 오래 보존유지할 수 있을까 하는 등등에 관한 가치문제와 진실에 관한 것들이었다. 그리고 문학과 회화예술에 있어서의 근본적인 원동력과 예술적 효과 및 성립 능성은 창조적 영혼의 힘에 의존되고 있다는 사실에 동의하고 있었던 것이다.'75) 그런데 이러한 대화를 주고받은 그곳에서 라테나우가 우연히도 운명적인 죽음을 당했으니 말이다. 살해자들은 라테나우가 빌헬름 거리에 있는 외무성으로 출근하는 시간과 길을 잘 알고 있었기 때문에 그루네발트 숲속에서 숨어 있다가 살해하였다고 한다. 때마침 초여름 아침이라 더워서 지붕이 열려있는 차로 운행하였기에 살해는 더욱 용이한 것으로 추측된다. 그렇기에 그가 사망한 장소는 문학과 예술의 아름다운 대화와 죽음이란 고통이 함께 얽힌 운명의 장소가 되고 만 것이다.

---

75) 참고: 같은 책 S.175f

당시의 시대적 사상의 흐름은 문명주의적 정신과 문화주의적 영혼의 상반적 요소가 혼재하고 있었던 때이다. 이러한 와중에서 라테나우는 우선 신낭만주의 철학으로 회귀하는 영적 문화주의에 속했던 것이다. 왜냐하면 현대과학 기술세계의 도움으로 야기된 정신적 문명위기에서 이를 청산하려는 영혼적 문화주의가 대두했기 때문이다. 그럼으로써 이 시대는 사상의 실존형식으로 문화와 정신, 영혼과 정신, 자유와 필연성, 시문학과 산문문학, 독일인과 비독일인, 기독교인과 비기독교인 등의 상반적 요소가 서로 반목하는 시대가 되었고, 이러한 반목의 갈등 속에서 균형감각을 상실하고 있었던 것이다. 그렇기에 1차 세계대전이 끝난 후, 라테나우는 이러한 상반적 요소를 새롭게 종합하여 민주적 제국을 실현하려는 유토피아적 생각을 갖기도 했다. 바로 그 결과 그는 소위 말하는 바이마르제국 헌법제정에 적극 참여하기도 했다. 당시의 다수의석을 가진 '사민당'(SPD)과 '가톨릭 중앙당'(Zentrum), 그리고 '독일민주당'(DDP)이 제국의회의 다수당이 됨으로써(1919년 1월 19일) 가장 민주적인 '바이마르제국헌법'(1919년 8월 11일)을 탄생케 하였던 것이다. '독일민주당'은 이미 라테나우가 가입한 바도 있었으며(1918) 유대인들로부터의 재정적 도움과 베를린과 프랑크푸르트의 언론으로부터 지지를 받은 자유주의적 색채가 가장 강한 정당이었다. 바로 이러한 세 정당이 독일국기를 상징하는 빨강-노랑-흑색의 3색 연정정당으로써 바이마르헌법을 제정케 된 것이다(1919). 그러나 다음 해인 1920년에는 베르사유협약에 따른 군축의 영향으로 불만에 쌓인 의용군들의 소동과 국가주의 군부와 함께 시도된 보수주의정치가 볼프강 카프의 쿠데타Wolfgang Kapp Putsch(1920년 3월 13일)가 발생하였고, 그해 6월 6일에는 3색 정당이 제국의회 진출에서 패퇴함으로써 '바이마르제국헌법'은 실질상의 효력을 상실해갔다. 물론 쿠데타도 얼마 후 실패했지만 말이다. 그리고 1933년 히틀러정부가 형성되자 국가민족보위를 위한 '정권이양법Ermachtigungsgesetz'(1933년 3월 23일)에 따라 민주적 '바이마르제국헌법'은 완전히 정지되고 만다.

라테나우는 이러한 역사의 소용돌이 속에서도 민주주의의 발전에 관한 관

심을 항시 갖고 있었다. 다만 1차 대전에 패전한 독일국민의 마음 한가운데
는 역시 국가재건이란 정신적 이념이 자리 잡고 있었기 때문에 그는 민주적
국가발전의 전망 속에서도 독일국민의 전통적 영혼 속에 자리 잡고 있는 독
일국민들의 단합과 애국심에 힘을 기울여 국가에 봉사하는 책임의식을 다하
고 있었던 것이다. 그럼으로써 그의 상념 속에는 민주적 이념에서 오는 모든
국민의 평등성과 국가재건의 이념에서 오는 단합된 책임공동체의식을 두루
생각하고 있었다.

그는 동시대의 문학친구였던 프랑스의 세기말 대표작가였던 아나톨 프랑
스Anatole France(1844-1924, 1921년 노벨문학상 수상)와 로망 롤랑Romain Rolland
(1866-1944, 1915년 노벨문학상 수상)이 주장한 인본주의적 계몽정신과 프랑스혁
명의 자유, 평등, 박애사상을 염두에 두고 개체적 인간의 평등과 계층간의
평등, 민족간, 문화간의 평등조화를 생각하고 있었다. 그러나 아나톨 프랑스
같은 사람이 생각하는(빵이나 훔치는 가난한 사람과 부자들 사이에서 제기되는) 평
등권의 당위성문제에는 보다 심층적으로 해명하고 이해하여야 할 일들이 있
다고 보았다. 19세기 부르주아들에게서 발견되는 경제적 구득주의나 자본주
의적, 기계주의적, 금권정치적인 자유주의사상과 개인주의사상에는 만족할
수 없는 점이 많다는 사실을 알아야 한다 하고, 그렇기에 우선 당장 독일이
처한 정치적 상황에서는 프랑스혁명의 이상인 '자유, 평등, 박애' 같은 3색
구호를 실현한다는 것은 어렵다고 보고 오히려 독일적인 3색 구호를 찾는
것이 좋다고 보았다. 다시 말해 "그 유명한 '자유, 평등, 박애'의 3색 구호는
이상으로서 휘황찬란하게 영원히 빛나게 되겠지만, 그러한 3색 구호가 우리
들의 민주적 발전으로 인도되기는 어렵고 절대로 실현될 수 없다. 오히려 우
리들의 민주발전에는 '자유와 책임, 공동체Freiheit, Verantwortung, Gemeinschaft'
의 3색 음향이 화합으로 인도됨이 좋겠다"76)고 주장했다.

이처럼 라테나우는 이상과 현실을 제대로 파악하고 정치를 상황적 진실에

---

76) 참고: 같은 책 S.185

맞게 조화롭게 긍정적으로 이끈 정치인이었다. 그는 독일의 전후재건과 보상 문제해결, 그리고 세계 속의 평화와 국가발전 등을 고려하여 '자유와 책임, 공동체'란 3음색을 정치철학으로 내놓았던 것이다. 그는 외교적 수완을 다하여 전쟁보상에 관한 보상조건들을 완화, 축소시키면서 채무자로서의 책임도 이행하고 연합국과의 화해도 꾀했으며, '채무자로서의 품위'를 끝까지 지킨 정치인이었다.[77] 그렇기에 그는 외무장관으로서 전쟁보상이행정책에 있어 개체 인간이나 국가간에 지켜야할 책임의식을 제국의회에서 설파하고 있었다. 그는 그곳에서 연설하기를(1921년 6월 2일), 나는 자의건 타의건 외무상직에 오른 이상 내가 위임받은 책임의무를 다하겠다면서 기업인가문출신다운 정치연설을 했다.

"산업이란 기술의 상업적 활용이며, 산업은 수공업자와 상인계층에서 일어나고 있는 것이다. 그러나 상인계층이란 전 세계에 있어 수백 년 동안 언제나 신뢰를 바탕으로 하고 있다. 그리고 이러한 신뢰가 상징적으로 쓰인 어휘가 서명인 것이다. 만일 한 장의 종이 위에 나의 가문이나 나의 이름으로 또는 나의 국민이름으로 서명이 되어있다면 나는 이 서명을 나의 명예나 나의 국가명예로 바라보아야 한다. 그리고 어떠한 위기에 있어서도 우리가 결정을 내린 것이라면 우리는 이 명예를 위해서 최선을 다해 이행하여야 하는 것이다. 이행을 하느냐 못하느냐의 사이에 바로 어려운 위기의 요소가 자리 잡고 있는 것이다. 국민이 어려운 위기 속에 깊이 빠져있다고 해서 절대로 이행할 수 없는 일은 아니다. 20억의 보상금을 보상 못할 것도 없다. 내가 말하는 문제는 20억이란 숫자에 있는 것이 아니라 목록지수의 강도에 있다. 나는 이 강도를 완화시킬 수 있다고 믿고 있으며, 이러한 믿음이 나의 입장이다. 나는 생각하기를 어떻게 되겠지 하고 좀 두고보자하는 의견에는 찬성할 수 없으며, 어려움이 있어도 어떠한 상황에서도 해내야 한다는 말을 하고 싶다. 여러분들에게는 베토벤의 4중주악곡이 있다. 이 곡은 대단히 어렵게 마지막

---

[77] 참고: 같은 책 S.187

결말이 맺어지는 것으로 유명하며, 천천히 시작되는 음정들로 시작되는 곡이
다: 이 곡은 '꼭 그렇게 해야만 하는 걸까'로 시작해서 '꼭 그렇게 해야만 하
는 것'으로 힘차게 매듭지어진다. 매사에 사람이 '꼭 그렇게 해야만 되는 것'
이란 사명을 갖고 임하지 않는다면 그는 항시 문제해결을 위한 의지가 반밖
에 없는 사람이다. 그리고 그가 나머지 반을 성취하지 못할 경우에는 용서받
을 권리도 없다. 우리의 업적이 어려워지면 어려워질수록 우리가 이 세계에
서 얻어내야 되는 신뢰도 이에 상응하게 측정되는 것이다. 이 세계는 100%
가 편협된 애국주의자들로 구성되어 있는 것도 아니며, 1억 5천만의 적들로
구성되어 있는 것도 아니다. 이 세계는 객관적으로 볼 때 거의가 생각하는
사람들로 구성되어 있다. 지금 수백만 명의 시선이 독일로 집중되고 있다.
그리고 독일이 어떻게 할 것인가를 묻고 있다. 화합과 전쟁보상의 이행길로
나갈 것인가 아니면 나가지 않으려 하는 것일까를 묻고 있다. 그러나 절대로
이를 위한 노예가 될 수도 없는 것이다! 이는 우리가 원하는 바도 아니다.
다만 우리는 전쟁보상을 지불하는 채무자로서의 품위를 지키고 싶을 뿐이다.
나는 국가적인 사명에서 뿐만 아니라 세계적인 사명에서도 우리의 사명을
이행하는 일이 꼭 필요하다고 생각한다. 이는 유럽이란 육체의 상처를(바그너
의 파르찌발에 나오는 암포르타스 왕의 상처를) 치유하기 위해서도 필요하다. 이
상처는 상처를 입힌 칼에 의해서 매듭지어 질 수는 없다. 이 상처가 아물기
전까지는 이 세계에 평화는 절대로 오지 않을 것이다. … 여기서의 문제는
전쟁보상을 이행하는 사명이 우리 스스로에 의해 결정된다는 사실이다. 그렇
기에 이러한 사명을 이행하는 데는 절대로 정당간이나 직업, 그리고 계층간
분열된 모습을 보여서는 안 되는 특성을 지니고 있다. 이러한 사명을 다하기
위해서는 모든 독일인이 소명의식을 갖고 임해야 한다. 우리들 가운데 '노동
자'도 함께 협력해야 하고, '산업인과 상인'들도 협력해야 하며, '농민'도 함께
협력해야 하고, 옛 독일의 '수공업자'들도 함께 협력해야 한다. (사중주의 화음
처럼 말입니다.) 이 일(작품)을 위해서는 모든 사람이 소명을 다해 일해야 한다.
나는 이 일을 위해 여러 사람들의 도움만을 요청하는 것이 아니라 '꼭 그렇

게 하여야만 되는 것'이란 결의도 함께 요청하고 있는 것이다.'78)

여기서 라테나우가 강조한 것은 전쟁보상을 이행하는 데는 모든 독일인들이 사명의식을 갖고 상호협력 해야 한다는 것이었다. 이를 위해서는 모든 사람들이 '책임'과 '공동체' 의식을 갖고 독일의 재건과 세계평화를 위해 정진하여야 하며, '자유'를 구가하여야 한다는 말이었다. 그러나 라테나우가 생각했던 의미로서의 '공동체'란 어휘도 그가 살해된 이후 독일에서는 사라지고 말았다. 그 대신 5월 1일 노동절의 행렬 속에서 경제구호로 외쳐진 '제3제국의 민족공동체'란 말로 바뀌었다. 2차 세계대전 이후로는 그 말이 '사회적'이라는 '어휘껍질'로 포장되었으나 그 말의 사회적 공동체는 철저하게 '비사회적으로 이해되는 껍데기 말'이 되고 말았다.79)

이처럼 라테나우는 유대인 출신이었다 할지라도 독일국민으로 동화되어 살아오면서 독일과 세계를 위하여 최선을 다한 정치인이었다. 독일국적을 지니고 독일어를 모국어로 사용하는 독일계 유대인의 사상가와 지성인들이 이 사람 말고도 얼마나 많았던가? 칼 마르크스나 프로이트, 아인슈타인 등은 독일사상가들이 아니고 누구였겠는가? 구스타프 말러Gustav Mahler나 쇤베르그 A. Schönberg 등의 현대작곡가들이 독일음악가가 아니고 누구겠는가? 막스 리버만Max Liebermann이나 에밀 올리크Emil Orlik 등의 현대미술가들이 독일미술가가 아니고 누구인가? 그 외 문인작가들이나 지성적 비평가들이 얼마나 많았던가? 그들이 기독교적 세례를 받았건 안 받았건 독일어권에서 태어나 동화되어 공생하고 있는 한은 그들 모두는 독일국민인 것이다. 그러나 다른 면에서 보면 비극적이기도 하다. 왜냐하면 그들은 독일계 유대인으로서 그리고 독일국민으로서 이중적 신분을 지니고 있기 때문이다. 하지만 실존적 인간이란 자연과 문화적 영향을 받고 적응하며 살아가야 하기 때문에 비록 그들이 독일계 유대인이라 할지라도 오랜 세월 살아오는 동안 자연히 독일적이 되지 않을 수 없는 것이다. 그렇기에 토마스 만의 아들 골로 만 같은

---

78) 참고: 같은 책 S.186ff
79) 참고: 같은 책 S.185

역사가는 일반적인 독일계 유대인을 '독일적인 사람'이라 언급하기도 했다. "독일계 유대인들은 세례를 받았건 안 받았건 그들의 덕성에 있어서도 독일 적이며 악덕에 있어서도 독일적이다. 의상이나 언어, 태도에 있어서도 독일 적이다. 그들은 애국적이며 보수적이다. 1914년 이후 자진입대하여 군복무에 임했던 유대계 사업가들이나 의사들, 변호사들, 학자들도 독일적이다."[80] 그 런데 그들이 독일적인 사람이 되기 위해서 헌신적으로 업적을 쌓았고 노력 해왔는데도 그들이 이에 상응하는 시민적 대우를 받지 못한 것은 비극이다.

독일계 유대인들이 독일국민이 될 수 있었던 계몽적 열쇠는 '부와 교양'이 었다. 그들은 잘 살기 위해 '부유함'을 추구했고, 독일문화를 익히고 이해하 고 이에 적응하며 살려고 계몽적 '교양'을 쌓아왔다. 그런데도 그들은 차별대 우에서 벗어날 수가 없었다. 라테나우는 어렸을 때 이미 자신이 제2계층의 시민으로 이 세상에 태어난 사실을 감지하였고, 아무리 성실하게 일하고 열 심히 봉사한다 할지라도 이러한 계층에서 해방될 수 없었음을 알았다고 한 다.[81] 그렇지만 그들은 그들의 생존을 보장받기 위해 '부와 교양'을 소유하 는 일에 게을리 하지 않았던 것이다. 그러한 노력의 결과 '부와 교양'을 얻게 되자 그들은 자연히 독일인의 경쟁자로 부상하게 되었고, 급기야는 상대적 적대자로 변해간 것이다.

---

80) 참고: In: Golden A. Craig: Ueber die Deutschen. S 159f
81) 참고: 같은 책 S.160

5장_ 19세기 문학작품에 나타난 유대인의 골렘전설

골렘전설

괴테는 『프로메테우스Prometheus』(1789) 찬가 마지막 구절에서 다음과 같이 노래하고 있다. "이곳에 나와 똑같은 모습으로 형성된 신심어린 한 인간이 앉아 있는데, 그는 나와 같은 종류의 인종으로 아픔도 알고, 눈물도 알며, 즐거움도 알고, 기쁨도 아는 것 같다네, 영락없이 나와 똑같은 사람이라네." 이는 마치 창조주 하나님께서 첫 번째의 인간을 창조하시고 자신이 창조한 신비적 피조물 앞에서 경탄했듯이, 한 예술가가 자신이 창조한 신비적 작품 앞에서 자신의 경이로운 창조력에 경탄하고 있는 모습이었다. 이 노래는 구약 성서 창세기(구약 성서 1. 모세 1,27) 가운데서 하나님께서 자신과 똑같은 모습을 지닌 인간을 흙으로 빚은 다음 영혼을 불어넣어 하나의 인간생명을 창조하셨다는 성서적 내용을 암시한 것이며, 이렇게 탄생한 인간 아담에 관한 기독교의 성서사적 이야기를 비유한 것이다.

그러나 흙으로 인간을 창조하였다는 신화적 전설은 이미 '탈무드'에도 그 뿌리를 공유하고 있다. 이는 '골렘Golem'이란 전설적 인간 피조물을 말하고 있는 것이다. 골렘이란 본래 히브리어로 현상되지 않은 사진이란 의미에서 비롯된 어휘이며, 승려 랍비가 흙으로 빚어낸 인간모습에 기도문을 통하여 영혼을 불어넣음으로써 생명체인간으로 탄생케 하였다는 전설적 인간을 의미한다. 그러나 이는 12세기부터 전래된 유대인들의 '신비주의사상'에서 출발하고 있다. 그리고 이러한 신비주의는 독일낭만주의문학에 적지 않은 영향을 주었다.

브렌쯔Brenz의 단편소설『유대인처럼 벗겨진 뱀 허물Juedischer abgestreifter Schlangenbalg』(1614)에서 흙으로 빚어진 인간모습이 속삭이고, 중얼거리고, 움직이게 되었다는 마술적인 이야기는 이미 언급된 바 있으며, 비테 로젠펠트 Beate Rosenfeld의 작품『골렘전설과 독일문학에서의 활용Golemsage und ihre Verwendung in der deutschen Literatur』(Breslau.1934)에서도 이 전설은 소개되고 있다. 특히 독일낭만주의작가들이 이러한 유대주의적 신비주의 모티브를 가끔 소개했다는 사실은 아르님Achim von Arnim(1781-1831)의 잡지 <은둔자를 위한 신문Zeitung fuer Einsiedler>(1808년 4월 23일자)에 소개된 야곱 그림의 작은 글 가운데에서도 감지되고 있다. 야곱 그림(1785-1863)은 이곳에서 폴란드 출신인 어느 유대계 학자가 골렘을 만드는 예술을 요지경 파노라마로 소개하여주었다는 이야기를 언급했던 것이다.[1]

낭만주의동화작가 아르님은『이집트여인 이사벨라와 황제 칼5세의 첫 청춘사랑Isabella von Aegypten, Kaiser des Fuenften erste Judgendliebe』(1812)이라는 단편소설에서 골렘전설을 소설 내용의 일부로 활용하기도 했으며, 드로스테 휼스호프Droste Huelshoff(1797-1848)는 『골렘Der Golem』(1844)과 『견지하라 Haltfest』(1844)의 시 속에서 전설적 골렘을 가공할 만한 악마적 모습으로 상징화시키고 있었다. '흙으로 빚어진 골렘이 걸음을 걷는 모습으로 변해가고 있었다. 말도 하게 되었으며, 속삭이는 미소를 짓기도 하였다. 그러나 눈에는 빛남이 없었으며, 가슴 속의 심장에는 맥박이 뛰지 않았다'[2]고 말하면서 골렘을 살아있는 망자의 모습으로 상징화했던 것이다.

여기서 골렘의 모습은 비록 흙으로 빚어진 피조물이지만 하나님의 가공할 만한 신비적 힘으로 생명을 얻어가고 있는 과정을 간접적으로 계시하고 있었던 것이다. 하기에 하나님의 마술적 언어로 혼을 불어넣게 되어 생명을 얻게 되었다는 인간의 생성과정은 이곳 골렘전설에서도 하나님의 착한 마음과

---

[1] 참고: Jakob Grimm: Deutsches Worter buch. Leipzig 1958. Bd. 8. S. 870
[2] 참고: A.v. Droste Huelshoff: Werke. hg.v. Schuecking. 1878 Bd.1. S. 357. 343

사랑 때문에 가능했다고 보는 것이다. 그리고 이러한 신화적 인간생성과정은 유대계의 신비주의사상에서 배태되어 골렘의 모습으로 나타났던 것이며, 독일낭만주의작품에 많은 흔적들을 남겼던 것이다.

"골렘전설을 담은 19세기 낭만주의작품을 열거하여 보면 : 아르님의 『이집트여인 이사벨라와 황제 칼5세의 첫 청춘사랑』을 필두로 호프만Hoffmann의 단편 『비밀들Die Geheimnisse』(1822)과 아우에르 바하Berthold Auerbach의 소설 『스피노자 시적 인생화폭Spinoza, ein poetischen Lebensgemaelde』 (1837)을 들 수 있으며, 필립손Gustav Philippson의 시 『골렘Der Golem』과 텐드라우Abraham Tendlau의 시 『최고 랍비 뢰브의 골렘Der golem des Hoch Rabbi Loeb』(1842), 호른Uffo Danil Horn의 단편 『프라하의 랍비Der Rabbi von Prag』(1842), 스켑스 가르트Otto von Skepsgarth의 소설 『세 가지의 서언과 장미, 그리고 골렘-티크 Drei Vorreden, Rosen und Golem-Tieck』(1844), 드로스테 휠스호프의 시 『골렘의 것들Die Golems』(1844)과 『견지하라』(1844), 바이슬Weisl의 단편 『골렘Der Golem』(1846), 스트롬Theodor Strom의 시 『골렘Ein Golem』(1851), 헤벨Friedrich Hebbel의 음악희곡 『돌을 던진 자 또는 희생을 위한 희생Ein Steinwurf oder Opfer um Opfer』(1858), 칼리쉬Ludwig Kalisch의 로만첸 『골렘이야기Die Geschichte von dem Golem』(1872), 컴페르트Leopold Kompert의 시 『골렘Der Golem』(1882), 모릿츠 베르만Moritz Bermann의 단편 『골렘전설Die Legends vom Golem』(1883), 릴리엔코른Detlev von Liliencron의 담시 『골렘Der Golem』(1899), 로타르Ludolf Lothar의 단편 『골렘Der Golem』(1899) 등을 열거할 수 있다."[3)]

이들 작품 가운데서 19세기 말 가장 마지막 해에 소개된 루돌프 로타르 (1865-1943)의 단편소설 『골렘』을 소개해보면, 이 역시 다른 작품들과 마찬가지로 경건한 랍비가 진흙으로 빚어낸 예술적 인간에 하나님의 마술적 주문을 통해 영혼을 불어넣어 골렘을 탄생시켰다는 이야기와 아담의 성서사적 전설을 인간적 차원에서 소개하고 있다. 이 소설에서 주인공 랍비는 장차 사

---

3) 참고: Eveline Goodman-Thau: Golem, Adam oder Antichrist. In: hg.v. Eveline Goodman- thau: Kabbala und die Literatur der Romantik. Tuebingen 1999. S. 134

위가 될 사람인 엘라사아르Elasar가 학식은 풍부하지만 용모가 증오스럽다 하여 딸 에스테르Esther가 결혼을 거부하고 있는 사실을 알고 하나님이 사랑을 통하여 골렘을 영적 생명체로 탈바꿈시켜 놓았듯이 엘라사아르도 에스테르와 결합할 수 있도록 아이들에게 영혼의 생명력을 불어넣어달라는 사랑의 힘을 호소한 것이었다. 그렇기에 여기서 생성된 영적 생명력이란 오로지 하나님의 은혜와 사랑의 힘에 의해 가능하다는 것을 강조하고 있었다.

소설 말미에 가서 하나님에 대한 랍비의 호소를 소개하면 다음과 같았다. "오, 주여! 그대의 은혜는 너무나 크답니다. 그대는 당신 하인들의 불손을 착한 마음의 계시로 용서하시고 있답니다. 나의 작품은 죽음의 폐허 속에 놓여 있으나 나의 아이들에게 그대는 행복을 가져다주었답니다. 그대가 불어넣은 엘라사아르의 영혼은 소명을 불러일으킬 수 있는 강력한 목소리로 말했답니다! 그의 목소리는 마치 천사의 목소리와 같았답니다. 오, 주여, 그대의 호흡은 골렘에게도 말을 할 수 있도록 했지요. 그러니 그대의 호흡은 곧 힘이요, 기쁨이며, 그대의 말은 사랑이랍니다. 처음에서 마지막까지 사랑이랍니다! 당신의 이름으로 영원토록 아멘."4) 이렇게 하나님의 사랑이 물질로 형성된 골렘을 영적 생명체로 탈바꿈시킨 것처럼 증오스러운 외모를 가진 엘라사아르에게 사랑의 결실을 맺도록 할 수 있게 해달라는 호소와 함께 이를 가능케 한 하나님의 사랑을 강하게 복음한 것이라 보겠다. 그리고 여기서 언급된 골렘의 모티브는 탈무드에서 언급된 유대교의 영적 모티브로서 중세시대의 카발라Kabbala적인 신비주의와 18세기경의 유대인들의 신비주의운동 카시딤 Chassidismus에서 계승된 19세기 신비주의사상에서 온 것이라 본다. 하기에 하나님이 인간을 창조하였다는 아담에 관한 성서사적 이야기와 골렘 모티브 사상이란 모두가 물질과 자연세계의 일부로 형성된 피조물에게 의식과 영혼이란 정신세계를 불어넣음으로써 창조되었다는 신의 창조력을 계시한 신비주의사상인 것이다. 그리고 이러한 신비적 계시로 창조된 피조물 인간도 역

---

4) 참고: Rudolf Lothar: Der Golem. In: Phantasien und Historien. Muenchen/Leipzig. 1904. S. 24

시 하나님의 작은 분신으로서 독자적인 부분적 창조력을 지닌 범신론적 피조물임을 알려 주고 있다.

그렇기에 골렘이란 피조물도 마치 하나님이 인간을 흙으로 빚어낸 다음 영혼을 불어넣어 창조했다는 성서적 이야기와 같이 인간 피조물이 하나님의 신비적 힘을 빌려 창조한 신비적 피조물임을 알아야 한다. 바로 이러한 하나님의 신비적 계시사상은 그간 구두로 전래되어 왔던 유대인율법 토라와 카발라 신비주의사상을 통해 오늘날까지도 전파되고 있다. 나아가 이러한 신비주의에 관한 전설적 전통은 독일낭만주의적 신비주의사상에서도 하나의 진리를 밝히는 해석학적 방법이나 상징적 인식으로 수용되기도 하였으며, 하나님의 창조력을 밝히는 메시아적 개념으로 받아지기도 했다.

그런데 이러한 골렘전설이 독일낭만주의에 처음 소개된 출구는 야콥 그림에 의해 <은둔자를 *위한* 신문>에 기록된 폴란드 유대인들의 골렘전설에서부터였다. 우리는 이곳 폴란드의 골렘전설에서 하나님과 인간관계의 신비적 창조력을 인식할 수 있었으며, 동시에 피조물로 창조된 인간존재가 모방적 분신으로서의 창조적 한계를 지니고 있음을 알게 된다. 여기서 야콥 그림이 소개한 폴란드 골렘전설을 소개하면 다음과 같다.

"폴란드유대인들은 사순절이 오면 기도문을 읽어가며 진흙과 소리로 한 인간 모습을 빚어내고 있었다. 이들이 환상적인 힘으로 기도문을 중얼거리면 빚어진 인간 모습은 생기를 띠어갔다. 그는 비록 말은 못했지만 사람이 말하고 명령하는 것을 이해하고 있었다. 사람들은 그를 골렘이라 불렀고, 그를 심부름꾼으로 사용하면서 모든 집안일을 돌보도록 하였다. 그리고 혼자서는 집 밖으로 나가지 못하도록 했다. 그의 이마에는 aemaeth(진리와 하나님)이란 말이 쓰여 있었으며, 그의 체구는 날로 성장해갔다. 처음에는 조그마한 모습이었지만 더욱 커지고 힘이 세어갔다. 그래서 폴란드유대인들은 차츰 그를 두려워했으며, 두려운 나머지 그의 이마에 쓰인 글자 가운데서 첫 글자를 지워버렸다. 그 결과 aemaeth에서 maeth만이 남게 되었는데 maeth는 그는 죽었다의 뜻이었기에 그는 점차 쇠약해져갔으며 소리로 다시 사라져 없어졌다.

그런데 어느 한 사람은 자신이 빚어놓은 골렘을 걱정 없이 성장토록 내버려 두었다. 그랬더니 그만 키가 너무 커져서 그는 골렘의 이마에 손을 댈 수가 없었다. 그는 너무나 불안했던 나머지 하인을 시켜 골렘의 허리를 굽혀 낮추면 손을 이마에 닿을 수 있게 할 수 있겠다는 생각으로 골렘에게서 장화를 벗기게 했다. 그랬더니 일이 잘되어 다행히도 그는 그의 이마에 손을 댈 수가 있게 되었으며 첫 글자를 지워버릴 수 있었다. 그러나 그 순간 흙으로 빚어진 몸체가 그만 그 유대인에게 넘어져 그는 압사하고 말았다"[5] 한다.

이러한 전설은 마치 오늘날의 인간들이 인간 스스로가 만들어놓은 현대적 컴퓨터나 로봇인간에서 체험될 수 있는 일과 마찬가지다. 인간 스스로가 말하고 사고하는 기계를 만들어놓고, 그 기계로 인해 인간이 기계문명에 종속되고 자멸할 수 있다는 가정을 상상케 할 수도 있는 것이다.[6] 나아가 컴퓨터를 창조한 인간과 기계간의 힘의 투쟁으로 비화될 수도 있다는 비극을 연상할 수 있다. 이는 하나님이 창조한 골렘이 하나님과 골렘, 인간과 기계간의 창조적 경쟁관계에 서게 되는 창조자로서의 비극적 한계를 뜻한다.

하나님의 랍비가 창조한 골렘이나 인간이 창조한 컴퓨터는 창조자와 피조물이란 관계에서는 유사성을 지니게 되겠지만, 생물학적 생명의 정체성 관계에서는 일치할 수 없는 한계에 직면하는 것이다. 그리고 하나님이 창조한 인간과 인간이 창조한 기계간의 발전과정에서도 결국 창조자로서의 원점은 하나님의 섭리로 귀의한다는 순환상의 한계를 갖게 되는 것이다. 즉, 하나님이 인간을 창조하시고 인간이 로봇인간을 창조해간다는 창조적 작업과정에서 여전히 창조적 신비주의는 인식되지만, 생명력의 창조적 관점에서는 단연 모방적 창조에 한계가 있음을 인식하게 된다. 이는 역으로 더 이상 골렘이란 인간적 이념이 하나님의 메시아적 기능을 다할 수 있는 구세주로서의 역할

5) 참고: Jakob Grimm: Kleine Schriften. Bd. IV, Berlin: Duemmler. 1869. S. 22. Beate Rosenfeld: Die Golemsage und ihre Verwertung in der Deutschen Literatur. Breslau: Briebatsch. 1934.(Anm.5) S. 35-41.
6) 참고: Bernd Graefrath: Lem und Golem. Erkenntnis durch Science Ficktion. In. hg.v. Christiane Schildknecht. Philosophie in Literatur. Suhrkamp Frankfurt .1996. S. 342ff

을 할 수 없다는 한계성을 의미하기도 한다. 만일 그렇지 않고 인간이 하나님과 창조적 경쟁자관계에 서려 한다면 이는 인간의 불행을 자초할 뿐이다.

그런데 유대인들은 구약성서의 시편(139.16)에 한 번밖에 사용되지 않은 골렘이란 어휘를 아담 대신에 하나님의 창조물로 여러 번 거명하고 있다. 이는 기독교에서 아담을 시조로 보고 있는 것에 대한 반기독교적인 의미에서 유대인들이 골렘을 인간시조로 대체하려한 의도가 있다고 보는 것이다. 그렇기에 탈무드해설에서는 골렘의 생성과정론을 아담의 생성과정과 동일한 정보 데이터로 소개하고 있는 것이다. "랍비 아하바르 카니나Ach bar Chanina는 말하기를 하루 한낮은 12시간을 갖고 있는데; 첫 번째 시간에는 흙이 모아지고, 두 번째 시간에는 대체적인 형질만이 있는 골렘이 만들어졌으며, 세 번째 시간에는 사지를 달아놓았다; 네 번째 시간에는 그에게 영혼을 불어넣었으며, 다섯 번째 시간에는 그의 발로 일어서게 하였다; 여섯 번째 시간에는 동물들에 이름을 지어주었고, 일곱 번째 시간에는 그에게 에바Eva를 주었다; 여덟 번째 시간에는 그들이 침실로 들어가 누워 두 다리로 합치게 되더니, 나올 때는 네 다리로 걸어 나왔다 한다."7)(바빌론 탈무드Jebamot 62a) "아홉 번째 시간에는 나무열매를 먹지 못하도록 하는 금지령이 내려졌으나, 열 번째 시간에는 이를 어겨 죄를 짓게 되었다.; 열한 번째 시간에는 이에 처벌의 판정이 내려지게 되었으며, 열두 번째 시간에는 이로 인해 낙원으로부터 쫓기어 나오게 되었다 한다."(바빌론 탈무드Sanhedrin 38b) 여기서 우리는 골렘도 아담이 탄생하게 되기까지의 생성과정을 함께 하고 있었음을 알게 하고 있다. 대지의 흙으로 빚어진 형질요소에 하나님이 영적 요소를 주입시켜 범우주적 천지의 조화 속에서 인간을 창조하셨음을 알 수 있게 한 것이다.

그리고 이렇게 탄생한 인간의 특성에 관해서 탈무드에서는 계속 다음과 같이 해설하고 있었다. "랍비는 가르쳐주시기를; 인간은 6개의 특성을 지니고 있는데, 그 중 3가지는 천사(봉사하는 천사)의 특성을 지닌 것이며, 나머지

---

7) 참고: Der babylonische Talmud.: hg. v. Reinhold Meyer. Muenchen. 1963.

3가지는 동물의 특성을 지닌 것이라 했다. 천사의 특성이라 할 수 있는 것은 인간이 천사처럼 이성(Vernunft)을 지니고 있다는 점이며, 천사처럼 올바르게 (aufrecht) 행하고 있다는 점과 천사처럼 성스러운 언어(heiligen sprache)를 구사하고 있다는 점이다. 그리고 인간이 동물적 특성을 지니고 있는 3가지 점은 사람이 동물처럼 먹고 마시고(iss und trinkt) 있다는 점과 동물처럼 번식하고(fortplanzen), 동물처럼 배설물(kot)이나 쏟아내고 있다는 점이다."(바빌론 탈무드Chagiga 46a)

　나아가 "인간이 가지고 있는 요소로는 3가지가 있는데; 이는 하나님과 아버지, 어머니를 들 수 있다. 아버지로부터는 사람이 색깔 없는 요소들을 얻고 있는데, 이는 뼈라든지 혈관이나 손톱, 두뇌, 눈동자를 에워싼 하얀 부분 등을 말한다. 어머니로부터 얻고 있는 것은 모두가 색깔 있는 요소들이다. 피부라든지 근육, 피와 머리카락, 어두운 눈동자 등을 말하고 있는 것이며, 하나님으로부터 부여받은 요소로는 정신이나 영혼, 얼굴표정과 시력, 청각과 언어, 행동과 인식, 오성과 이성 등을 말하고 있다."(바빌론 탈무드Nidda 3/a, Kidduschin 30b) 이는 마치 하나님이 아담을 창조하셨을 때와 똑같은 범신론적 모방이념을 골렘의 인간적 원형으로 사용한 것이고, 이에 따른 특성과 요소를 거명한 것이다.

　그러나 하나님이 흙의 형질에 영혼세계를 불어넣어 한 인간을 일시에 창조하였다는 사실은 역시 신비함이 틀림없다. 그래서 "하나님이 인간을 창조하고자 할 때에 인간을 창조하여야 하느냐 마느냐 하는 문제에 관해 천사들의 논쟁과 의견교환이 있었다 한다. 그런데 이때 시포리스Sipporis출신인 대사제 랍비 후나Huna는 천사들에게 말하기를 무슨 논쟁을 아직도 하고 있느냐? 하고 물으면서 하나님이 인간을 창조하고자 하는 순간 하나님은 이미 인간을 창조하셨고, 인간은 창조되어 있었다"고 설파함으로써(바비론 탈무드 Sanhidrin 65b, Rabba(서기 280-352)의 창세기 8,1,26), 하나님이 흙의 형질에 혼을 불어넣었을 때는 인간은 이미 신비스럽게도 육체와 영혼이 동시에 결합되어 창조되어 있었음을 알게 했다.

그리고 이렇게 탄생한 인간창조의 신비주의에 관해서는 구약성서 창세기 2장에서 아담의 신화로도 설명되어 있었지만 후일 만물창조의 신비론을 주장한 바 있고 최초의 인공인간을 창조했다는 랍비Rabba(서기 280-352)에 의해서도 다시금 해설된 바 있다.(바빌론 탈무드Sanhedrim 65b)

폴란드와 체코의 골렘전설

그런데 이러한 골렘전설에 대한 카발라적 신비주의 전통은 야곱 그림에 의해 소개된 폴란드의 골렘전설 이외에도 13세기경의 삶과 죽음의 모티브전설과 19세기경 프라하의 골렘전설이 전래되면서 독일낭만주의에 더 큰 영향을 미쳤다.

13세기경에 생긴 삶과 죽음의 진리문제에 관한 신비주의는 프랑스북부와 독일 및 동유럽지역 유대인들의 신비주의운동Chassidei aschkenaz(11-13세기)에서 시작되었다. 작가미상의 『창조의 책Sefer Jezira=Das buch der Schoepfung』이 이미 3~6세기경에 나와 카발라신비주의사상에 커다란 영향을 미쳤기 때문이며, 이 책에서 언급되는 신비적 우주론이 유대계신비주의사상의 근간이 되었기 때문이다. 『창조의 책』에는 피타고라스기하학의 기본 숫자를 바탕으로 '창조력sefirot'을 발휘하는 히브리어문자로 언급되고 있다.

이 음호문자(22개의 문자)중 첫 번째 4글자는 하나님의 정신세계를 말하는 천공과 지상의 세계, 물과 불을 뜻하는 창조의 힘이 내재되어 있었고, 다른 6개의 글자는 선과 악, 넓이와 길이, 높이와 깊이를 의미하는 공간적 확대개념이 표현되고 있었다. 나머지 글자는 위의 글자들과 서로 조합되어 창조력이 발휘되는 활자로 되어 있었다 한다. 하기에 이 책의 핵심은 활자의 결합으로 생성되는 신비적 창조력을 뜻했다. 구약성서의 아버지 아브라함이란 이름도 이 책에서 창조된 것이며, 골렘전설도 문자의 신비적 결합으로 창조된 것이라 한다. 골렘이란 피조물도 히브리어의 알파벳 활자로 생성되고 소멸되고 있었다. 골렘의 이마에 '하나님의 진리(Emet)'란 말을 써놓았으나 그 글자 가운데서 첫 글자를 지웠더니 '죽음(Met)'이란 말만 남게 되어 골렘의 생사가 시작되었다는 내용이 『창조의 책』에 해설되어 있다. 이처럼 활자의 결합을 통한 언어의 마력에 의해 인간의 생사문제가 제기된 언어의 신비주의는 『창조의 책』 이후 11~13세기경 카시딤신비주의운동에서도 지속되었던 것이고, 골렘이 죽어서 땅으로 넘어 떨어졌다는 전설도 골렘이 흙으로 태어나 흙으로 죽어갔다는 순환적 신비주의를 의미했다. 그리고 골렘의 부활도 『창조의 책』에서 열거하고 있는 우주론적 요소인 물의 세례를 통해 하나의 생명이 탄생되고 있다는 신비주의로 해명되고 있다. 그렇기에 이러한 골렘전설에 관한 랍비들의 『성서해설집Midrasch』에서 제기되는 신비주의사상들은 모두가 신약성서의 내용과 병행된 이야기들로 구성되고 있다. 그렇기에 어떤 의미에서는 골렘전설이 반기독교적 대치태도에서 출발한 유대인들의 독자적 문자해설이 아닌가도 한다. 하나님이 골렘에게 하나님의 진리를 간직하고 실천하라는 뜻으로 이마에 날인하여 놓은 Emet와 그로부터 첫 활자를 떼어 죽음이란 말이 된 Met는 마치 하나님이 인간 아담을 창조하실 때 아담에게 새겨놓았던 진리란 말과 지상의 현세에서 발생되는 인간의 오만과 죄악에 대한 경고의 뜻으로 알려놓았던 죽음을 골렘에 있어서나 아담에 있어서 공히 문자의 신비적 결합으로 보여준 언어의 신화가 아닌가 생각된다.[8] 이러한 활자의 결합으로 죽음과 삶에 관한 창조적 신비를 나타낸 골렘전설은 중세로부터 19세기에 이르기까지 계속되었다.

그러나 16세기 경 이러한 문자적 신비에 관한 유대인의 첫 보고문은 셸름 Chelm출신 랍비 엘리야후Elijahu von Chelm(1514-1583)에 의해서였다. 그리고 그의 손자 야곱엠덴Jacob Emden이란 신비주의자에 의해 기록으로 전해지고 있었다. '하나님 쉠(Baal Schem)이란 이름을 가진 우리들의 조상인 셸름출신

---

8) 참고: Gershom Scholem: Die Vorstellung vom Golem in ihren tellurgischen und magischen Beziehungen. In: G. Scholem:Zur Kabbala und ihrer Symbolik. Frankfurt a.M. Suhrkamp 1973. S. 231ff.

랍비 엘리야후가 골렘을 창조하였다는 이야기를 나는 나의 아버지로부터 듣고 있었다. 골렘은 언어능력은 없었지만 하인으로서 할아버지의 시중을 들고 있었다. 할아버지 랍비는 언젠가 한 번 자기 손에 의해 창조된 작품인 골렘의 이마에 하나님의 쉠(Schem=하나님이 생명력을 갖도록 해주는 가면의 옷과 진리를 뜻하는 말)이라는 말을 종이 띠에 써서 붙여놓았더니 골렘은 점점 힘이 세어지고 몸체가 커져갔다는 것이다. 그래서 그때에 엘리야후 할아버지는 마음 먹기에 따라서 골렘도 죽여 파멸시킬 수도 있겠다는 생각에 깜짝 놀랐었다. 그리하여 그는 재빨리 골렘을 붙들고 하나님 쉠이라는 이름이 쓰여진 종이 띠를 그의 이마로부터 떼어냈다. 그랬더니 금방 골렘의 모습이 흙덩어리로 변했다는 것이다. 그러나 그가 골렘으로부터 하나님의 진리 쉠이라 쓰인 종이 띠를 찢어내는 순간에는 아직도 골렘에게는 힘이 남아 있어서 자신을 창조한 대가의 얼굴을 내려치고 넘어져 손상을 입었다는 것이다.'9)

이는 하나님의 진리라는 쉠 문자를 써넣었다가 떼어냄으로써 야기된 삶과 죽음의 문제를 제기한 생명의 신비를 뜻했으며, 흙과 물에 의해 생성된 인간이 문자신화에 의해 생성했다가 사라지는 골렘전설의 첫 번째 유대인보고문이 되고 있었던 것이다. 그 후 이러한 골렘전설은 변형된 내용으로 그의 후손들과 여타의 사람들에 의해 오늘날까지 전래되고 있는 것이다.

그런데 랍비 엘리야후에 의해 보고문으로 전래된 셸름지역의 골렘전설과는 반대로 체코프라하출신 랍비 뢰브Jehuda Loew Ben Bezalel(1521-1609)에 의해 전래된 프라하의 골렘전설은 문학적 형색을 갖춘 것이었다. 이는 문학적으로 서술된 첫 번째 문헌으로서 1837년 이후에 알려졌다.10) 랍비 뢰브에 의해 전래된 골렘전설은 그가 출생한 보름Worm지방에서 셸름을 거쳐 프라하로 전래된 것이었으며 이는 1846년에 발간된 『프라하 전설집(Sippurim)』에 담겨있는 것이다.11)

---

9) 참고: Jacob Emden: Megillat Sefer. Warschau 1896. S.4
10) 참고: Berthold Auerbach: Spinoza. Ein historische Roman. Stuttgart: Scheible. 1837. Erster Teil. S. 18-20.
11) 참고: hg.v. W. Pascheles: Sippurim. Eine Sammlung Juedischer Volkssagen, Erzaehlungen, Mythen,

내용은 유사한 것이지만 랍비 엘리야후에 의해 전해진 골렘전설에서는 골렘이 하인으로서 사람에게 봉사하는 피조물로 존재해왔는데, 랍비 뤼브에 의한 프라하의 골렘전설에서는 골렘이 신앙적 의미에서 인간을 구제하는 역할을 담당하게 된 것이 차이점이다. 프라하의 골렘전설은 표면적으로 랍비 뤼브의 사위 이삭 코헨Isaack Cohen에 의해 쓰인 『골렘과 함께한 마하랄의 경이로움Das Wunder des Maharal mit dem Golem(Niflaot Maharal)(1909) Warschau』에 소개되었으나 본래의 골렘전설을 담고 있는 랍비 뤼브의 필본은 300년간 메트Met 도서관에 보존되었다. 그런데 차임 샤르프쉬타인Chajim Scharfstein이란 사람이 필본을 사들여 그의 아들 차임 브로호Chajim Bloch로 하여금 히브리어에서 독일어로 번역출판함으로써 동유럽지역에 널리 알려지게 되었다.[12) 랍비 뤼브가 생존했던 당시 황제 루돌프 II세는 르네상스전통 속에서 범우주적 자연주의사상에 많은 관심을 가졌던 분으로 유대계의 카발라신비주의와 마술의 연관학문에 각별한 관심을 갖고 있었다. 하기에 루돌프 II세는 반기독교적 정서 속에서 유대인들의 전설을 간직하고 있던 유대인도시 프라하사람들의 신비주의사상에 귀를 기울이고 있었던 것이다. 이에 루돌프 황제는 프라하출신 랍비 뤼브를 접견하고 프라하의 골렘전설에 관해 많은 것을 청취했다 한다.[13)] 특히 그는 안식일에 관한 것을 알고 싶어 했다. 하기에 랍비 뤼브는 안식일에 관해 얽힌 전설을 그에게 전해주었던 것이다.

프라하의 골렘전설에 의하면 랍비 뤼브는 안식일이 다가오기 이전 주중에 할 일이 너무 많아서 집안일을 돌보게 하기 위해 우선 골렘을 만들었다 한다. 그리고 안식일이 오면 모든 사람들이 휴식을 취하도록 하고, 그가 만들어놓은 피조물(골렘)도 쉬도록 하기 위해 이마에 붙여놓은 쪽지, 하나님의 진리라는 쉠을 떼어놓았다는 것이다. 그런데 하루는 안식일이 시작되는 금요일

Chroniken, Denkwuerdigkeiten und Biographien beruehmter Juden aller Jahrhunderte, insbesondere des Mittelalters. Prag 1846. Reprint: Wien, Leipzig 1926 Bd.II. S. 18

12) 참고: hg.v. Chajim Bloch: Der Prager Golem von seiner Geburt bis zu seinem Tode. Wien 1919. Verlag. Dr. Blochs Wochenschrift

13) 참고: Meir Perls: Megillat Juchassin. Deutsch in: Jahrbuch der Juedisch Literarischen Gesellschaft. 20. 1929. S. 322.

저녁에 랍비가 골렘으로부터 하나님의 진리 쉠이란 쪽지를 떼어놓는 일을 잊어버렸다. 그리고 모든 마을 사람들과 함께 시나고게에 모여 안식일 시편 92를 노래하려 했었던 것이다. 그런데 이 순간 교회 바깥에서 골렘이 힘세게 거리를 누비며 광란을 일으키고, 집들과 교회를 흔들어놓으면서 모든 것을 파괴하고 있었다. 이 광경을 목격한 한 사람이 랍비에게 재빨리 달려오더니 빨리 안식일 시편노래를 중지하고 성난 골렘의 광란을 중지시켜달라고 했다. 그래서 랍비 뢰브는 급히 골렘에 달려가 그에게서 하나님의 진리 쉠이란 쪽지를 떼어놓았다는 것이다. 그랬더니 골렘은 즉시 진흙덩어리로 변해 땅에 떨어지고 광란은 조용해졌다. 그렇게 해서 랍비는 광란상태를 수습하고 다시 두 번째로 안식일 시편을 합창하기 시작했다는 것이다. 그리고 그 후부터는 랍비가 골렘을 다시 소생시키려 하지 않고 그가 저지른 광란의 잔해들을 교회지붕 밑에 보존시켜 왔다는 것이다. 그리고 이러한 일이 있은 이후부터는 프라하의 시나고게에서는 안식일 시편을 두 번씩 합창하는 습관이 생겼다 한다.[14]

물론 프라하의 전설에서도 골렘은 집안일을 돌보는 역할로 만들어졌었다. 그러나 이는 유대인들이 안식일을 맞아 편안히 쉴 수 있도록 여타 주중일에 열심히 일을 하여야 했기 때문이다. 6일은 일하고 하루는 보다 많은 일을 창조할 수 있도록 쉴 수 있는 삶의 질서를 유지하려 했기 때문이며, 이를 보존하기 위해 골렘이 일을 돌보도록 만들어졌다는 것이다. 그렇기에 골렘은 유대인공동체의 질서를 지켜주기 위한 봉사자였으며, 동시에 질서유지자였다. 그리고 골렘을 힘센 사람으로 만들어놓은 이면에는 유대인들이 유랑하고 있을 때 현지인들의 박해로부터 자신들을 보호하려는 의도 하에 골렘을 힘센 신변보호자로 창조했다는 것이다. 그렇기에 프라하 전설에서 오는 골렘의 역할은 유대인을 보호하고 구제하며 성스러운 안식일을 보호하기 위해 주중에 봉사하는 안식일의 협조자로 해석되었다. 그뿐만 아니라 안식일 전야에 시편

---

[14] 참고:Chajim Bloch: Der prager golem. Berlin: Harz 1920. Anhang. S. 221

92를 두 번씩 노래해야 하는 전통이 생긴 것은 안식일의 성스러운 창조적 정신을 배로 확산시키기 위한 상징적 회상을 골렘전설을 통해 확대시키려고 한 의미였다. 그런 의미에서 골렘의 역할은 안식일의 창조적 정신을 확대재생산할 수 있는 구제자의 의식을 지니고 있는 것이다. 그리고 안식일을 성스러운 창조일로 만들어놓으려 한 창조자 랍비 뤼브와 피조물 골렘간에는 안식일을 위한 역할에서 같은 사명을 지닌 존재가 된 것이다.

그런데 이와 같이 골렘이 유대계 의식을 구제할 수 있는 역할로 확대재해석된 것은 랍비 뤼브의 탄생이야기로부터 시작된다. "랍비 뤼브는 랍비 카이 가온ChaiGaon의 후손 베잘랠 벤 차짐Bezalel Ben Chaijim의 아들로 보름에서 태어났다. 랍비 뤼브가 태어날 때 그의 순산을 돕기 위해 한 산파를 찾고 있었다 한다. 그런데 그 집 근처에서 한 낯선 의심스러운 사람을 발견하게 되었다. 그래서 그 낯선 사람을 경찰서에 보내 조사해보니 그는 유대인가정에서 인신제물의식을 하고 있다는 의혹을 갖도록 하기 위해 한 죽은 어린아이 시체를 보자기에 싸서 랍비 베자렐 벤 차짐 집으로 몰래 들여보내놓으려 했다는 것이다. 그러나 아이 랍비 뤼브가 태어나 이러한 커다란 재앙이 일어날 수 있는 의혹은 제거될 수 있었다. 그리하여 뤼브의 탄생은 인신제물의 의혹에서 벗어날 수 있는 구제자가 된 것이다. 그 후 랍비 뤼브는 학덕이 풍부한 성스러운 사람으로 성장하였기에 그에 대한 평판이 유대사회 바깥까지 널리 퍼져 천문학자 티처 브라헤Tycho Brahe나 요한네스 케플러Johannes Kepler까지 그의 친구가 되었다는 것이다. 그런데 당시 프라하의 유대인들은 가톨릭 승려들과 적대관계에 놓여있었다. 특히 예수회승려 타테우스Thaddaeus와는 더욱 그러했다. 그래서 랍비 뤼브는 주교 요한 신베스터Johann Silvester에 공한을 보내 유대인에 대한 의심을 바로잡아 줄 것을 요구하고, 예수의 순교시 유대인이 기독교인의 피를 흘리게 했다는 누명으로 유대인을 추방하거나 죄인으로 만드는 일에 부당함을 호소했다고 한다. 그러나 이러한 호소는 성과를 거두지 못했으며, 랍비 뤼브와 예수회승려 타데우스와의 관계는 더욱 악화되어 마치 다윗과 골리앗의 영적 적대관계로 비유되었다."15) 그러자 랍비 뤼브는 자신들의 보호를 위해 하나님으로부터의 계시를 받아 골렘을 창조하기에 이르렀다 한다. 그리고 계시로부터 10개의 히브리어로 된 해답을 얻었다. 그 10개의 알파벳 활자는 '너는 진흙으로 골렘을 창조하여 유대인을 잡아먹으려는 무뢰한 놈들을 없애라Ata Bra Golem Dewuk Hachomer Wetigsar Sedim Chevel Torfe Jisrael-Du schaffe einen Golem aus Lehm und vernichte das gemeine Judenfressergesindel'였다. 그래서 랍비 뤼브는 이 10개의 어휘를 가지고 『창조의 책』에 쓰여 있는 기본정신으로 용해된 하늘의 문자마법을 통해 진흙으로부터 생명력 있는 육체 골렘을 창조하기에 이르렀다.16) 이렇게 창조된 프라하의 골렘은 더 이상 옛날의 전설처럼 봉사하는 피조물이 아니라 유대인을 보호하고 구제하는 힘센 사람으로 창조되어 유대인을 괴롭히는 사람을 없애고, 그들로부터 유대인을 구제하는 역할로 변화되었다.

그렇기에 프라하의 골렘전설은 종교적으로 유대인을 보호하고 구제하는 봉사자로 해석된다. 본래 랍비 뤼브가 골렘을 창조했을 때는 그의 사위 지차크 벤 지몬과 그의 어린아들 야콥 벤 차짐이 함께 협력해서 창조했다고 한다. "사위 지차크는 불의 요소로 야콥은 물의 요소로 랍비 뤼브는 하나님의 호흡을 뜻하는 공기의 요소로 역할분담 협력하여 네 번째 요소인 땅(흙)을 가지고 골렘을 창조했다"는 것이다. "그들은 금식일과 주문기도, 물의 세례의식을 마친 다음 오밤중에 몰다우Moldau강 언덕으로 가서 정선된 진흙으로 골렘을 빚은 다음 『창조의 책』에 쓰인 옛 처방에 따라 골렘에 생명력을 불어넣어 요셉Jeseph이라 불리는 골렘을 창조했다" 한다.17) 그러나 여기서 창조된 골렘은 세속적인 일을 돕는 하인이 아니라 어려운 일이 발생했을 때 그들을 구제할 수 있는 도움이었다. 예를 들어 긴급상황에 물이 필요하였을 때 온 집안에 물이 범람할 정도로 물을 나르는 운반자로 도왔다는 것이다. 여기서 물 나르는 사람과 같은 골렘의 모습은 후일에 괴테의 담시 『마법사의 제자Zauberlehring』(1797 착상)에도 투영되었다.18)

---

15) 참고: Chajim Bloch: ebd. (anmerkung 100) S. 33ff, S. 47,
16) 참고: Chajim Bloch: ebd. S. 48.
17) 참고: Chajim Bloch: ebd. S. 49

『마법사의 제자』는 쉴러의 『문학연대기』(1798)에 발표된 고전주의의 담시이지만 소재는 희곡작가 루키아노스Lukianos(120-185)의 풍자 에피소드인 『거짓말쟁이 친구(또는 회의적인 사람)Der Luegenfreund und der Unglaeubige』에서 연유된다. 소재의 주인공 어위크라테스Eukrates는 마법사의 영혼을 통해 절구통의 절구방망이나 빗자루를 봉사자로 변신시킨다. 그리고 절구방망이로 하여금 물을 운반토록 했다. 그는 더 많은 물을 운반하기 위해 방망이를 두 개로 부러뜨려 사용하려 했다. 그러나 방망이는 본래 물을 운반하는 한 개의 사람으로 변신된 것이어서 두 동강이가 난 방망이는 영영 쓸모없는 사람이 되고 말았다. 이에 이를 회복시킬 수 있는 사람은 마법사만이 할 수 있는 일이었다. 그러나 마법사의 도움으로 절구방망이를 다시 봉사자로 만들어보려 했던 어위크라테스는 이미 마법사의 도움 없이 자신의 창조적 능력만을 가지고는 불가능하다는 자신의 한계를 인식하고 스스로 사라져 버렸다.

괴테는 이러한 소재를 변형하여 마법사의 제자인 한 유령으로 하여금 마법사처럼 빗자루 하나를 하인으로 봉사토록 변신시켜 보았다. 유령이 창조한 빗자루는 두 발로 일어서게 되더니 머리도 갖게 되고 물통을 지고 걷게도 되었다. 빗자루는 유령에 사로잡혀 욕실에 물이 넘치도록 물을 흘러들어오게 운반할 수도 있었다. 그런데 물을 운반하는 빗자루 하인은 물이 모든 그릇에 넘치듯 온 욕탕을 넘치게 하였고, 물이 백여 개의 강물이 되어 온 집안을 물속에 잠기게 하였다. 이에 황당한 빗자루 귀신은 물살에 넘어지고 날카로운 물건에 부딪혀 두 동강이가 났다. 그리고 자신의 힘으로는 물길도 막을 수 없게 되었음을 알게 되었다. 이에 생명의 위협 속에 빠졌던 빗자루는 성스러운 마법사 대가에게 구원을 외치게 된다. "오 하나님이여 마법사여! 나의 외침을 들어주세요! 아 저기 마법사께서 오시는군요! 마법사여! 제가 커다란 곤경에 빠져 있답니다. 내가 외쳐댄 유령들에 의해서는 내 자신이 이 어려움에서 벗어날 수가 없답니다(Der Zanberlehrlinge. 89-92구절)"[19] 하며 자신의 구

---

18) 참고: hg. v. E. Goodman-Thau/G. Mattenklott/Chr. Schulte: Kabbala und die Literatur der Romantik. Tubingen/Niemeyer. 1999.Anm.111 S. 112.

원을 유령보다는 마법사에게 요청했다는 것이다. 여기서 전하는 의미는 마법사 대가와 아마추어적인 창조자 유령간에 존재하는 구원의 능력한계와 창조자와 피조물간의 차이다.[20] 하기에 괴테 담시에서도 마법사와 유령 빗자루 관계를 하나님의 계시에 따라 골렘을 창조한 랍비 뢰브와 골렘간의 관계로 비유한 것이라 추측된다. 물의 운반자로 창조된 절구방망이나 빗자루 피조물도 유대인의 보호목적으로 창조된 피조물 골렘과 같은 존재임을 알게 한다.

그러나 차이가 있다면 프라하의 골렘은 어디까지나 유대인을 보호하고 구제하는 보조자로 창조된 피조물이며, 괴테의 『마법사의 제자』애서의 빗자루는 하인으로 창조된 피조물이다. 그런데 유대인의 경호원 격으로 창조된 프라하의 골렘은 기독교인의 박해로부터 유대인을 보호하고 구제하려 창조된 피조물이었기에 프라하에서는 골렘이 반기독교적 역할을 위임받은 인간모습으로 전해지고 있다. 그리고 이러한 프라하의 골렘전설 전통은 근세까지 전래되어 프라하출신 카프카F. Kafka문학에도 요셉의 모습으로 문학적 부활을 가져오기도 했다. 카프카문학에서 익명으로 불리는 불확실성의 주인공 요셉 K나 K는 마치 골렘처럼 유대교의 신비주의적 화신으로 정체를 파악할 수 없는 추상적이고 회의적인 주인공으로 상징되고 있다.[21] 그의 문학은 위기의식에서 오는 탈출구를 실존적으로 추구하고 있다. 그렇기에 항시 회의와 절망에서 출발하고 있다. 인간이 자신의 주위 생활에서 회의와 절망을 갖게 되면 자신을 에워싼 모든 것들에 대해 적대시하게 된다. 그리고 적대시하게 된 상황적 인식으로부터 탈출하여 자신을 보호하려는 심리적 의식이 싹트고 자기방어적 힘을 요하게 된다. 바로 이러한 상황적 인식 속에서 카프카는 프라하의 체험적 삶을 투쟁적 영상모습으로 표출시키고 있는 것이다. 그의 소설들은 단순히 체험된 이야기를 싣고 있는 것이 아니고, 체험된 의식 속에서 오는 고통스런 삶을 투쟁적 영상모습으로 서술하고 있었다.

19) 참고: Goethes gesamte Werke. Hamburger Ausgabe Bd. I. S. 279
20) 참고: Goethe Handbuch: hg.v. Theo Buck u.a. Stuttgart/Weimar. 1996. Bd.I. S. 293 Goethe lexikon: Gero v. Wilpert. Stuttgart. 1998. S. 1213f.
21) 참고: Kafka Handlbuch: hg.v. Hartmut Binder. Stuttgart. 1979. Bd. 2. S.. 124

초기단편인 『투쟁의 서술법Beschreibung eines Kampfes』(1904-1910)이나 『도시문장(휘장)Stadtwappen』(1920)에서 이러한 영상들이 단편적으로 언급되고 있다. 순수한 자기 자신과 자신의 전면에 다가오는 상대적 인간들간에 제기되는 갈등과 투쟁의 위기로부터 자신을 방어하고 구제하여야 하겠다는 작가의 체험적 의식이 프라하의 골렘전설과 연상되어 표출되었던 것이다. 하기에 카프카는 『투쟁의 서술법』에서 마치 프라하의 골렘전설이 외부세계의 위협으로부터 유대인을 보호하겠다는 힘센 구제자로 등장하듯이 '힘없는 인간에겐 어떠한 삶도 존재할 수 없으며, 힘없이는 인간의 어떠한 실존도 죽음으로 넘어가야 할 정도로 비참하게 위축되어간다'는 교훈을 남기고 이를 극복하기 위해서는 실존적 투쟁과 힘으로의 극복이 필요하다는 보호의식을 깨우쳐주고 있다. 그리고 언어서술법이라는 시각에서 이러한 의식세계를 표현하고 있는 단편 『투쟁의 서술법』에서는 기법상 삶과 죽음도 아니고, 나와 세계, 대화와 침묵도 아닌 이들 양자의 변증법적 종합성과 다원의 진화론적 총체성 속에서 '영원한 현재의 알프스 꿈'을 풀어내야한다는 서술법을 택하고 있다.22) 그렇기에 『투쟁의 서술법』은 보편적 총체성을 추구하는 힘의 다원적 기능을 강조하고 있다.

단편 『도시문장』에서도 프라하를 상징하는 도시문장에 주먹과 프라하를 함께 표현하고 주먹으로 몰다우강의 교량을 내려치려는 파괴적 동경을 작은 우화적 모습으로 소개하고 있다. 이는 과거 오스트리아제국의 프라하 지배관계에서 벗어나려는 탈신화적 역사성을 경각시키고 있는 것이다. 마치 유대인이 예루살렘에 건설했던 바빌론탑과 이를 파괴하려 했던 기독교적 지배세력과의 관계에서 온 바벨탑 모티브를 프라하와 오스트리아제국과의 관계로 연상시켰던 것이다. 하기에 이는 프라하시민의 주류를 이루고 있던 유대인들이 타지배세력에 억압당했던 보복심리에서 자신들을 보호하고 자신들의 자괴심에 도전하여 보려는 투쟁적 내면세계를 주먹표시로 표출시키고 있었던 것이

22) 참고: Hartmut Binder: Kafka Handlbuch. Stuttgart 1979. Bd.2. S. 248

다. 그런 점에서 카프카작품에 나타난 주인공들의 모습은 위기에서 구제되려는 요셉의 모습이나, 『도시문장』에 나타난 주먹처럼 힘센 골렘의 모습으로 비유되기도 한다. 그렇기에 카프카는 반기독교적 상징인물로 창조된 거대한 골렘처럼 반유대세력으로 에워싸인 프라하를 거대한 주먹의 위력으로 파괴해보려는 반기독교적 정서를 『도시문장』에 나타냈던 것이다. 그래서 그는 작품에서 언급하기를 "프라하도시의 전설과 노래에서 성립되고 있는 모든 것들이란 거대한 주먹으로 다섯 번 정도 계속 내리치면 이 도시가 파괴될 것이라는 예언적인 그날을 동경하고 기다리는 것으로 가득하다. 그렇기에 이 도시의 문장에 주먹이 들어가 있다"고 했다.[23] 이런 점에서 카프카의 문학에는 은연중 유대인들을 보호하고 구제할 수 있는 힘센 주먹을 골렘전설과 연관하여 반기독교적 정서로 표현하고 있는 것으로 추측된다.[24]

독일낭만주의의 골렘문학

여기서 우리는 골렘의 신비적 전설 모티브가 독일작품의 내면세계에 간간히 잠재되어 있음을 발견할 수가 있다. 특히 자연과 인간, 정신과 물질의 결합이 신비적이고, 경이적이며, 내세적인 신화세계로 표출되고 있는 독일낭만주의에서는 더욱 그러하다.

우선 제일 먼저 골렘전설을 담은 독일낭만주의 작품은 아르님의 『이집트여인 이사벨라와 황제 칼5세간의 첫 청춘사랑』(1811)이다. 이는 폴란드의 골렘전설로 폴란드유대인이 창조한 골렘의 이마에 Emet라는 마술적 언어를 새겨놓음으로써 하나의 생명체가 탄생되었다가 첫 번째 알파벳을 지움으로써 met이란 어휘만이 남게 되어 생명체가 사라져간 문자를 통한 골렘의 신

23) 참고: F. Kafka: Das Stadtwappen. Hg. v. Max Brod. Fisher-Taschenbuch 2066. Frankfurt. a.. M. 1990. S. 71
24) 참고: hg.v. Eveline Goodman-Thau;Kabbala und die Literatur der Romantik. Tuebingen 1999. S. 114

비적 수수께끼를 여성적 골렘 모습으로 원용했던 것이다. 이야기는 다음과 같이 시작된다.

"도둑혐의로 죄 없이 사형당한 마지막 집시영주 미하엘Michael의 딸 이사벨라Isabella가 허물어진 외딴집에서 가난한 집시공주로 쉘데Schelde강가에 살고 있었다. 그녀는 꼬부랑 노인 브라카Braka의 돌봄으로 성장하면서 항시 집시민족의 슬픈 운명을 걱정하고 있었다. 그런데 어느 날 허름한 그녀의 집에 황태자 칼Karl이 말을 타고 지나가다 그녀를 만나게 된다. 그녀는 그를 보는 순간 사랑이 싹트게 된다. 그러나 처음에는 이사벨라가 유령처럼 보여 그는 도망을 쳤다. 그러나 그녀가 다시 다가오면서 접근하게 된다. 그녀는 아버지의 요술책에서 읽어보았던 나무뿌리 모습을 지닌 작은 요마Alraun를 창조하기 위해 재산이 필요했다. 요마는 교수대 밑에서 자라난 인체모습의 나무뿌리를 뽑아서 조각한 작은 요마였다. 이사벨라는 이 요마를 코르넬리우스 네포스Cornelius Nepos라 불렀고, 요마는 성격이 거칠지만 자아의식이 강한 작은 거인으로 성장했다. 그리고 이사벨라의 욕망을 충족시켜 줄 수 있는 능력 있는 희망적 거인이 되었다. 그래서 그녀의 욕망을 충족시켜 줄 수 있었던 첫 번째 일로 요마는 곰 가죽을 입은 사람이 지키는 보물을 발견해주는 일로 그녀에게 봉사를 시작한다. 그러는 동안 노인 브라카는 이사벨라와 황태자 칼이 함께할 수 있도록 멋진 사교장으로 그들을 이끈다. 그리고 그곳에서 그들을 가깝게 만든다.

이때에 이사벨라는 그곳에서 자신의 집시민족을 구원할 수 있는 가능성을 예감한다. 즉 그녀가 황태자와 가까이하여 아이를 낳고, 강력한 황태자의 사랑을 통해 그 아이로 하여금 유럽에 흩어져 있는 모든 집시민족들을 귀합케 하고, 그들을 이집트로 돌아가게 할 수 있다는 구원의 가능성을 감지했던 것이다. 그리하여 그녀는 황태자의 아이를 낳게 된다. 그 후 황태자는 자신의 궁중관리인 우트레히트Adria von Utrecht의 감시에도 불구하고 이사벨라를 자주 만나게 된다. 그러면서 그녀에 대한 애정이 날로 불타올라 그녀를 아내로 맞이하려 하게 된다. 이때에 자만심이 강하고 질투심이 강했던 작은 요마는 황태자와 이사벨라의 사랑을 질투해 방해하려 한다. 그러자 황태자는 한 유대인의 지혜스런 마법을 통해 요마에게 진짜 이사벨라를 대신할 수 있는 제2의 이사벨라인 벨라Bella를 창조하여 놓는다. 벨라는 영혼은 없지만 이사벨라와 똑같은 모습을 지닌 여성적인 골렘이었다. 바로 이 밸라 골렘이 요마에 대한 이사벨라의 이중역이 된 것이다.

이러는 동안 이사벨라는 황태자에게 자신이 집시의 영주가문출신이며, 자신이 처해 있는 희망사항들을 고백하게 된다. 이에 황태자는 흔쾌히 그녀의 집시민족구원을 위한 도움을 약속한다. 그러나 황태자 칼은 우연히도 진짜 이사벨라와 가짜 이사벨라인 벨라 골렘 사이에서 두 사람을 구분키 어려운 현혹의 오류에 빠진다. 그는 현란한 감각 속에서 아름다운 벨라 골렘에 현혹되었던 것이다. 그러나 그녀가 진짜 이사벨라의 실체가 아님을 깨달은 그는 자신이 골렘의 희생물이 되었음을 감지한다. 이에 화가 난 황태자는 골렘 이마에 써놓았던 마술어를 파괴하게 된다. 그러자 진리Emet라는 마술어 가운데서 첫 글자가 떨어져나가 죽음met이란 어휘만이 이마에 남게 되자 아름다운 벨라 골렘은 사라지고 만다. 그 후 그는 이사벨라에게 되돌아가게 된다. 그러나 실망했던 이사벨라는 자신의 민족을 구원해주겠다고 약속했던 황태자의 청혼을 거부하고 자신 스스로가 집시민족의 지도자가 되어 머나먼 미지의 땅으로 사라지고 만다. 그러나 황태자는 늦게나마 알게 된다. 그녀가 머나먼 보헤미안 숲속에서 한 아들을 분만했다는 소식을 말이다. 그리고 그 아이의 이름이 칼Karl이란 이름을 거꾸로 부른 락Lrak이란 이름으로 세례 받았다는 사실도 알게 되었다."

이렇듯 우리는 이 작품에서 요마와 벨라 골렘이 유대교의 신비주의사상에서 창조된 신비스러운 존재임을 알게 된다. 황태자가 요마의 질투에 대비하기 위해 마술적인 방법으로 아름다운 여성적 골렘을 흙으로 창조하여 제2의 이사벨라 역을 담당하게 하였다는 점과 마술어의 파괴로 벨라 골렘의 실체를 없애버린 신비적 과정을 말이다. 그리고 집시민족의 구원을 추구하기 위한 자신의 욕망을 충족시키기 위해 인체모양의 나무뿌리를 조각하여 남성적인 요마를 창조하였던 이사벨라의 신비적 지혜도 말이다. 이들 지혜는 모두가 중세시대부터 낭만주의시대를 지배했던 마술적 신비주의에서 온 것이다. 여기서 요마와 여성 골렘은 공주 이사벨라와 황태자 칼의 피조물로, 전자는 남성적이고 후자는 여성적인 모습으로 창조된 마술적 허상들이다. 남성적 요마는 태공 칼에 대한 대칭적 인물이었고, 여성적 골렘은 이사벨라에 대한 대칭적 관계로 창조된 이중인물이다. 그러나 이들 모두는 인간이 창조한 불완전한 피조물들로서 신이 창조한 인간에 대칭되는 가상의 피조물들인 것이다. 요마는 나무뿌리로 조각된 피조물이며, 골렘은 흙으로 빚어진 피조물로서 모두가 다 신비적 화신들이었다. 그리고 이러한 화신들은 유대교의 신비주의에서 온 것이기에 독일낭만주의의 신비주의에 쉽게 용해되었다. 그리고 이러한 신비주의는 아르님의 작품 중 칼5세가 지혜로운 마법사 유대인노인을 통해 여성적인 골렘을 창조하기에 이르렀다는 대목에서 유대인노인의 해답으로 잘 설명되고 있다. 사람이 어떻게 흙으로 빚어진 골렘을 인간과 유사한 생명체로 전이시킬 수 있겠느냐 하는 문제에 지혜로운 유대인노인은 대답하기를 인간이 하나님의 올바른 말씀을 잘 지켜간다면 인간도 허구적 인간의 생명체를 창조할 수 있겠노라 했다는 점이다. 즉, "하나님과 똑같은 모습을 지닌 인간이 하나님의 올바른 말씀을 잘 이해하고 하나님의 말씀을 잘 지켜나간다면 인간도 유사인간을 불러일으킬 수 있다. 또한 이 세상에 낙원이 존재한다면 낙원의 흙덩어리로 사람은 얼마든지 많은 인간들을 만들어낼 수도 있다. 그러나 사람이 낙원으로부터 추방당하고 그곳에서 속세의 흙덩어리를 낙원의 흙덩어리로 착각한 나머지 인간을 빚어낸다면 사람이 빚어낸 우리들의 인간들은 더욱 나빠질 것이다" 했다.[25] 이는 유대교의 신비주의교리에 따라 하나님 말씀에 충실한 경우만이 골렘 같은 유사인간을 창조할 수 있다는 신비적인 인간의 창조적 가능성을 열어놓은 것이다. 그리고 독일낭만주의에서는 이러한 신비주의에서 태어난 골렘 같은 피조물들이 주인공의 이중적 대

---

25) 참고: Achim von Arnim: Isabella von Aegypten, Kaiser Karl des Fuenften erste Jugendliebe In: Saemtlichen Romane und Erzaehlungen. Muenchen / Hanser Verlbeg. 1963. Bd. 2. S. 104

역으로 가끔 등장되었던 것이다. 그뿐만 아니라 그러한 여파로 신비주의에서 온 골렘문학은 독일낭만주의에서 점차 확장되어갔다.

이에 클레멘스 브렌타노Clemens Brentano도 1814년에 출간한 그의 교훈작품『랍비적 신비주의에서 말하는 골렘의 해명Erklaerung der sogenannten Golem in der Rabbinischen Kabbala』이란 글에서 참된 예술과 그릇된 표현예술을 구분 짓는 주제로 참된 하나님 모습으로 창조된 인간모습과 거짓된 인간모습으로 창조된 허상을 구별하면서 골렘을 해명하고 있었다. 참된 인간모습으로서의 골렘을 창조하려면 이에는 하나님의 참된 말씀에 따른 신비적 힘을 담은 경이로움이나 하나님의 진리가 피조물에 담겨져야 한다면서 그렇지 못한 경우에는 피조물에 있어서 그의 생명력은 한계에 직면하게 된다고 암시했다. 다시 말해 "골렘이란 존재는 사람과 똑같은 모양으로 진흙으로 빚어진 모습인데 이들 모습에는 비밀이 그득하고 경이적이며 신비주의적 창조형식이 표현되고 있는 것이다. 그들 이마에는 진리Anmanth라는 말이 쓰여 있는데 바로 이 말 때문에 생명력이 존재하게 되고 외형적으로도 본질과 똑같은 모습으로 표현되고 있는 것이다." 만일 참된 진리가 담기지 못한다면 생명력은 자연 소멸되고 만다. 바로 이 점을 예술작품과 비교하여 해명하고 있다. 우리 인간을 창조하신 창조주의 섭리대로 본질적 진리가 피조물에 잘 부각되는 경우에는 피조물이 참된 예술품이 되겠지만 그렇지 못할 경우는 거짓 예술작품이 되고 만다는 것이다. 그리고 이러한 맥락에서 참된 골렘 모습도 함께 해명된다는 것이다.

그렇기에 참된 예술작품이 하나님의 진리가 담긴 참된 골렘 모습으로 비교될 수 있다는 '마술적 우화'에서는 언제나 하나님의 참된 진실이 담겨질 때만이 피조물이 하나의 참된 생명체로서의 모습을 지닐 수 있다는 것이며, 그렇지 못할 경우는 피조물 자체가 스스로 파멸됨을 알리고 있는 것이다. 그리고 이러한 신비적 골렘우화를 브렌타노는 순수예술과 허위예술관계로 구분 짓고 있었다. 따라서 참된 진리가 표현되는 예술은 언제나 영원한 것이지만 그렇지 못한 경우는 비록 그 작품이 예술대가에 의해 창조되었다 할지라도 그 작품은 예술대가를 참살시키고 마는 경우가 되고 말 것이라는 의미였다. "그렇기에 골렘전설이 던지는 마술적 우화는 대단히 의미가 심오한 신비적 신화Mythe인 것이다. 극단적으로 거짓 예술품이 창조된다면 이는 예술의 대가(창조주)를 참살시키는 경우가 된다. 이러한 일들은 어느 시대에서나 엿볼 수 있다. 하기에 참된 예술로서 창조된 것만이 영원한 것이며, 그러한 작품을 남긴 예술대가만이 작품보다 위대한 사람으로 존재할 수 있게 되는 것이다. 그리고 예술대가에 의해서 인간의 이마에 써넣어진 진리Anmanth란 언어만이 자신이 창조한 참된 모습들을 언제나 진리에 도달할 수 있도록 인도 할 수 있다는 것이다" 했다.[26] 그렇지 않고 진리가 담기지 못한 거짓 예술이 창조되었다면 작품의 영원성이나 진실성은 스스로 상실하게 된다는 것이다. 그렇기에 여기에서 말하는 참된 예술이란 창조주의 참뜻을 진실로 표현할 수 있는 경우에만 가능한 것이고, 그렇지 못한 거짓 예술에 대해서는 철저히 금기시되어야 한다는 말이다.

바로 이러한 예술관 때문에 골렘 모습에 하나님의 참된 진리가 담겨 있느냐 담겨 있지 못하느냐 하는 문제가 골렘의 생명이 생성되느냐 소멸되느냐 하는 문제로 연결되는 것이다. 그리고 참된 예술도 하나님의 진리를 담게 되느냐 못하느냐에 따라 거짓예술과 구분 짓게 되는 것이다. 또한 그렇기에 참된 예술이란 하나님으로부터 참된 진리를 전수받고 천부적 소질을 부여받은 천재들만이 참된 예술을 창조해낼 수 있다는 예술론이 성립될 수 있었던 것이다. 바로 이러한 예술론이 지배했던 시대가 독일의 '질풍노도'시대와 '낭만주의'시대이기도 하다.

낭만주의작가 호프만도 베를린사람들의 <포켓용 달력Taschenkalender>에 발표한 『비밀Geheimnise』(1822)이란 단편소설에서 골렘 모습을 지닌 드라빔Teraphim을 등장시키고 있다. 드라빔은 성서에서 나오는 유대인의 '집안과 가족, 화덕을 지켜주는 신Lares Penates'을 뜻했고, 후일에는 예언자(Goetterspruch

---

26) 참고: Clemens Brentano: Werke Bd.2. Godwi, Erzaehlungen, Abhandlungen. Muenchen. Hanser
    Verlag. 1963. S. 1122f.

=Orakel)라 불리었다. 랍비문학에서는 이들 예언자들이 일정한 별모양을 지닌 인간모습으로 묘사되기도 하고, 사람의 혀에 마술어가 새겨진 철판을 깔아놓음으로써 그들의 혀를 통해 예언을 말할 수 있게 되는 인간머리들로 묘사되기도 했다.

호프만의 단편에 나타난 드라빔은 예술적인 환상으로 나타나는 가상적 생명체로 정신세계의 비밀스러운 힘을 보여줄 수 있는 골렘 모습이었다. 소설에서는 카발라적인 신비스러운 마술을 통해 소리로부터 어여쁜 소년을 창조하여 현실적인 인간 대신 어여쁜 소년을 공주에게 소개시키고 있다. 공주 역시도 마술적 힘을 갖고 있어 그들 사이에 애정이 깨질 경우는 그녀가 자신의 연인에게 손만 갖다 대더라도 그만 연인은 먼지로 사라져 없어질 수 있다는 환상적 이야기를 담고 있다. 바로 이러한 마술적 힘을 지니게 된 드라빔-골렘Teraphim-Golem은 코르크나무로 조각된 인형처럼 보이는 당시 베를린시의 멋쟁이였던 댄디Dandy모습으로 나타나 베를린사회에 대한 풍자적 비평을 가하기도 했다. 그의 비평에는 인간이 영혼 없는 인형과도 같은 피조물로 기계처럼 살고 있다면서 이러한 기계적 인간이 적어도 인간적 영혼을 인식하게 되려면 역시 사람이 해를 거듭해 늙어서야 깨닫게 된다는 지혜를 남기고 있다. 그렇기에 이 작품에서도 마술적 힘을 지니고 예언자적 역할을 하고 있는 드라빔-골렘은 인간사회를 풍자하면서도 인간다운 영적 삶을 지켜주는 집안의 수호신 역할을 하고 있는 골렘 모티브로 활용되고 있는 것이다. 호프만이 이 작품에서 환상적인 드라빔-골렘을 등장시킬 수 있었던 것은 작품의 생성시기가 환상적 세계를 생산할 수 있었던 낭만주의의 절정기였기 때문이다.

그런데 이러한 골렘전설은 아우어바흐Berthold Auerbach의 소설 『스피노자Spinoza』(1837)에서도 언급된 바 있다. 여기서의 골렘전설은 프라하의 전설을 원용한 것이며, 이 전설이 작품상의 기록으로 서술되기는 처음이다. 이 작품에 프라하의 골렘전설이 소개된 것은 아우어바흐 가족이 프라하출신이었기 때문이며, 그가 랍비의 손자로서 헤힝겐Hechingen에 있는 탈무드학교를 방문한 바 있고, 후일 튀빙겐 대학에서 유대교신학을 전공했던 유일한 신학생이었기 때문이다. 그러나 그는 1833년 독일애국청년조합에 가담한 바도 있고 해서 자유주의작가로도 알려져 있다. 그는 주장하기를 자신은 독일에서 살았기에 독일인이며, 쉬바벤지방에서 살았기에 쉬바벤인이고, 유대계 출신이기에 유대인이므로 자신은 정말로 혼합된 사상세계를 종합할 수 있는 자유주의자라고 했다. 그렇기에 그는 유대인으로서 유대인들의 전통과 습관을 재발견하려 노력도 했고, 동시에 독일인으로서 19세기의 계몽된 독일정신을 함께하려 노력하기도 했다. 그는 소설 『스피노자』에서 유대교의 윤리적 습관에 대해 다시 한번 음미하고 재확인하기도 했으며, 육체와 영혼, 자연과 정신세계를 엄격히 구분하면서도 이를 일체화시키고자 했던 스피노자의 데카르트 철학을 신비적 골렘 모티브에 연결시키려 노력했던 것이다.

그가 골렘전설을 스피노자 철학에 접목시키고자 했던 또 다른 이유는 스피노자가 유대인이며, 그의 철학이 사물과 신과의 관계를 절대시하는 범신론적 신학에서 출발하고 있었기 때문이다. 그리고 창조주와 피조물간의 관계에서 스피노자의 철학적 신학이 골렘전설을 이해하는 데 도움이 되었기 때문이다. 즉, 스피노자 철학이 암시하는 범신론적 신학입장에서 보는 창조적 진리가 피조물에 어떻게 담기느냐에 따라 피조물의 생성과 소멸이 좌우된다는 범신론적 논리로 피조물인 골렘의 생명체를 이해했기 때문이다. 하나님의 섭리에 따른 창조적 진리가 피조물 골렘에 진실로 투영되었다면 생명체는 유지되지만, 그렇지 못한 경우에는 자연히 소멸되고 만다는 하나님의 진리를 강조하게 위해서였다. 하기에 그가 강조한 것은 범신론적 입장에서 본 하나님의 진리를 생명체의 본질로 보는 것이다. 이야기는 골렘전설로 대신 된다.

"나의 아버지 집에는 차제chaje라고 불리는 한 늙은 시녀가 있었다. 그녀는 언젠가 나에게 이야기해주었다. 왜 프라하 사람들은 이스라엘 사람들이 신비적 부부관계를 맺게 되는 안식일 금요일에 두 번씩이나 기도를 드리게 되었는지 말이다. 언젠가 한 번은 랍비 뢰브라고 부르는 훌륭한 유대인신비주의자가 살고 있었다. 그는 진흙으로 사람의 모습을 빚어낸 뒤 빚어진 사람의 머리 뒤에 열려있는 구멍을 만들어 그곳에 말로 표현할 수 없는 하나님 이름을 적어놓은 양피지를 넣어놓고 있었다는 것이다. 그랬더니 그 흙덩어리는 스스로 일어서면서 사람이 되었다 한다. 그 사람은 하인으로서 자신을 만들어 놓은 창조주에게 온갖 봉사를 다하고 있었다. 물도 길어주고 나무장작도 쪼개어주는 등등의 일을 말이다. 그래서 유대인들이 살고 있는 유대인골목에서는 랍비 뢰브가 만들어 놓은 골렘을 모르는 사람이 없었다. 매번 금요일 저녁이 되면 그의 주인은 그의 머리로부터 양피지를 꺼내놓고 그를 일요일 아침까지 다시금 진흙 인간으로 조용히 머물도록 조치하곤 했다. 그런데 어느 날인가 한 번은 랍비가 그의 머리에서 양피지를 꺼내놓는 일을 잊어버린 것이다. 그런 후 모든 사람들이 시나고게에 모여 예배를 보며 안식일의 사랑노래를 부르기 시작했다. 그런데 그곳에 모였던 부인들과 아이들이 갑자기 질겁하면서 소리를 지르게 되었다는 것이다. 저기, 저, 골렘이, 골렘이 모든 것을 때려 부수고 있답니다. 모든 것을. 그랬더니 곧장 랍비는 노래를 선창하는 사람에게 합창을 중지토록 명령하고 곧바로 그들을 구출해 내었다. 그러나 이미 골렘이 온 마을을 파괴한 것은 더 이상 막아낼 수가 없었다. 그래서 랍비는 파괴되지 않은 다른 집이라도 구하려고 급히 자기 집으로 달려갔다. 가서 보니 골렘은 이미 집 전체를 부수기 위해 기둥을 붙들고 파괴하고 있는 것이 아니겠는가. 이에 그는 껑충 골렘에 달려들어 머리로부터 양피지를 꺼냈다는 것이다. 그랬더니 골렘은 다시 죽은 흙덩어리로 쓰러져 발 앞에 놓이게 되었다는 것이다. 바로 그때부터 사람들은 프라하에서 안식일이 되면 사랑의 결혼축가를 언제나 두 번씩 부르고 기도하는 풍습이 생겼다는 것이다."[27] 그렇기에 여기서 전하는 골렘전설의 메시지는 결국 골렘의 생명이 하나님의 진리를 담고 있느냐 못하고 있느냐 하는 문제에 따라 생사가 결정된다는 범신론적 신학사상과 연결되어 있다는 것이다.

그리고 이 작품에서 언급되고 있는 내용대로 안식일축제에 결혼축가인 사

---

27) 참고: B. Auerbach: Roman Spinoza. Stuttgart.Scheible Verlag. 1837.(Anm. 89 S. 18-20

랑의 노래를 두 번씩이나 노래하게 된 배경에는 골렘의 광란적 행위로 인해 중단되었던 예배의식을 다시 시작한다는 의미도 있겠고, 그들의 신앙생활을 춤과 노래를 통해 시적 형식으로 승화시키고 안식일에 새로운 창조력을 재충전시키기 위한 성서의식으로 노래를 두 번씩 불렀다는 의미가 있겠다. 그리고 이보다도 더 깊은 의미에서는 아내가 남편에게 바치는 결혼축가를 통해 온 인류의 평화와 선택된 유대민족의 가호를 기원하는 의미에서 두 번씩 노래를 합창하기에 이르렀다고 보겠다. 특히 프라하의 게토생활을 하고 있던 유대인에 있어서는 자신들을 보호할 수 있는 하나님에 대한 기원이 절대적이었기 때문에 노래도 재창하게 되었던 것으로 본다.

그리고 작가가 골렘전설을 스피노자의 데카르트철학과 결부시켰던 이유도 육체와 영혼, 자연과 정신을 하나님의 신비스러운 창조력으로 통합할 수 있는 스피노자의 범신론적 신학사상이 창조주께서 피조물 골렘을 창조하였던 유대교의 신비주의와 일맥상통하는 창조적 신비주의를 지니고 있었기 때문이다. "기독교에서는 세계를 창조하시고 구원하시고 완성하셨다는 창조주 하나님이란 개념이 세상 모든 생명체를 은혜로 계시하셨다는 성부Vater와 복음을 전파하신 성자Sohnes 예수그리스도, 그리고 그리스도의 정신세계를 온전하게 계승하게 했다는 성심Heilige Geist의 삼위일체자로 풀이되고 있는데,"[28] 유대교에서는 창조주이신 하나님의 개념이 범신론적 신학입장에서 모든 생명체에 신비적인 생명력을 불어넣어주는 유일신으로 이해되고 있었기 때문이다. 하기에 피조물을 창조하셨다는 하나님이란 유대교에서는 이 세계를 창조하고 구원하고 완성하셨다는 우주적 유일신사상으로 풀이되는 것이다. 그렇기에 골렘전설에서 나오는 하나님의 존재와 진리도 유일신사상에서 오는 창조자와 피조물간의 범신론적 신비주의로 이해될 수밖에 없는 것이다. 그리고 이러한 신비주의사상에서 골렘이 창조되었기 때문에 골렘문학도 독일낭만주의의 신비주의에서 거론되어 왔던 것이다.

---

28) 참고: hg.v. Walter Gross: Das Judentum. Mainz. Gruenwald Verlag. 2001. S. 129

반기독교적 골렘, 유대인의 보호자로서 골렘, 모순된 피조물로서 골렘

시문학형식으로 프라하의 골렘전설이 제일 먼저 언급된 작품은 구스타브 필립슨Gustev Philippson의 『골렘Der Golem』(1841) 시였다.29) 이 시에 있어서는 골렘의 창조자 랍비 뢰브가 특별한 의도 없이 유대교의 신비주의를 연구하다가 우연히도 골렘을 창조할 수 있었다는 것이다.

"한 골렘의 창조자(랍비 뢰브)는 카발라적 신비주의에 호기심을 갖고 열심히 연구를 해보았단다,/ 공허한 사치심이 아니라 정말로 하나님이 마음에 와 닿아서였다,/ 하나님의 이름으로 깊고 깊게 파고 들어가 보니,/ 하나님이 바로 그에게는 노력의 스승이었단다.' 그래서 그는 스승인 하나님의 가르침에 따라 '언젠가는 흙으로 적당한 사람 모습을 빚어서,/ 조심스레 삼베보자기에 싸놓고,/ 다시 그 죽은 몸체 위에 종이를 놓았단다,/종이 위에는 물론 하나님의 이름을 적어놓은 것이었다./ 그런데 경이롭게도! 몸체에서는 힘이 생기게 되더니, 무엇인가가 일어나고 있는 것이 아니겠는가?/ 한 유령 같은 본체가 갑자기 랍비 앞에 서게 되었던 것이다./ 이에 랍비 뢰브는 놀라 몸이 떨린 채 말하기를 나에게서 사라져라!" 하고 외쳤다.

이때 유령 같은 피조물 골렘은 창조자에게 구두로 전달하기를 안식일이 되면 자신으로부터 하나님의 말씀이 담긴 가면의 옷 '�솀Schem(여기서는 최후의 심판의 날Jom ha-Dim에 앞서 행하는 가을축제일인 용서와 화해의 날Jom Kippur에 입는 윗저고리 가운Kittel을 말하며 셈족(유대인)의 옷을 의미하기도 함)'을 벗겨주어 자신을 쉴 수 있도록 해달라고 간청하는 것이었다. 그렇지 않으면 자신의 생활형식이 변할 수도 있다는 것이다. 만일 자신에게서 정신적인 불안증후가 나타나거나 그간 조용히 하인으로 잘 복종하며 지내던 자신의 행동이 갑자기 거칠어진다면 이는 안식일의 기도가 가져다주는 또 다른 의미를 지니는 일이 될 것이라는 것이다. 여기서의 또 다른 의미란 안식일에 기도를 드리면 하나님의 뜻에 따라 골렘 자신이 더욱 힘센 존재로 성장하게 되기 때문에

---

29) 참고: G. Philippson: Der Golem. In: Allgemeine Zeitung des Judentum 5.(1841) S. 629-631.

자신이 억제할 수 없는 난폭한 존재로 변할 것이라는 것이다. 그런데 사실은 골렘이 안식일에 쉬지도 못하고 하나님의 말씀이 담긴 가면의 옷 '쉠'을 입고 있는 상태에서 안식일 기도를 올렸기 때문에 이 기도에 감흥되고 자극받은 골렘은 점점 거칠어져 난폭하게 될 수밖에 없었다는 것이다.

 "골렘은 점점 생명력이 넘치게 되더니 걸음걸이도 힘차게 되었다./ 행동도 빨라졌으며 정말로 거칠어져갔다./ 그리고는 온몸이 움직이면서 눈에는 온화함이란 찾아보기 어려워졌다./ 마치 영혼이 몸에서 떨어져나간 사람처럼 보여서,/ 가까이 보니 무섭고 두렵기만 했단다!" 그뿐만 아니라 안식일 전야에 골렘이 말하는 목소리가 마치 혼 나간 사람의 신비적인 유령목소리로 들렸고, 행동 역시도 용서의 날Jom Kippur에 시나고게에 나타나는 죽은 자의 영혼처럼 망자의 부활모습으로 나타났기에 골렘의 행위는 정말로 위협적이었다. 이에 "시나고게의 분위기는 이미 질식으로 가득해졌으며,/ 두려움으로 떠들썩했고, 정신이 없어보였다./ 공중에는 죽은 자의 머리들만이 떠도는 것으로 보였고,/ 그들은 지하의 조용한 묘혈들만 찾고 있었단다./ 드디어 랍비가 오더니 그들이 유령의 무리들임을 알아차리고;/ 죽음의 가면 옷 쉠을 벗어던져라. 그 누구도 더 이상 기도를 드리지 않을 테니;/ 그랬더니 사원 안에는 모두가 죽은 자들로만 가득해졌단다./ 결국 내가 나의 골렘에게서 종이(하나님의 진리를 적어 놓은 것)를 꺼내놓는다는 일을 잊었기 때문에 그만 이런 일이 벌어진 것이 아니겠는가." 하고 비탄했다.

 랍비는 여기서 골렘도 쉴 수 있도록 하나님의 진리가 쓰여 있는 종이를 안식일에 골렘으로부터 빼놓았어야 했는데 그만 이를 잊었고, 가면의 옷 쉠도 벗겨놓지 못한 상태에서 구원과 화해의 기도를 드리고 있었기에 골렘은 점점 위협적인 유령의 무리들로 변해 모든 사람들을 놀라게 했던 것이다. 그러나 죽은 자의 유령들이 가면의 옷 쉠을 벗어던지게 되자 그들은 죽은 자로 다시금 묘지로 되돌아가 사라지고 말았던 것이다. 여기에 그들이 사라지고 말았다는 것은 그들 유령들이 어디까지나 하나님이 창조하신 한시적 생명체들이기 때문에 하나님의 구원을 받아 흙으로 귀의했음을 의미하며, 하나님에 의해 다시 부활할 수도 있다는 생명의 의존성을 암시한 것이다. 때마침 "죽은 자의 무리가 이미 무덤으로 돌아가 있게 되자/ 랍비는 조용히 기도를 드리며 마침내 커다란 소리로 외치는 것이었다:/ 성스러운 하나님만이 믿을 수 있지 유령(골렘)은 믿지 못할 존재란다./ 이제부터는 최고의 하나님만을 의존해서 살고 싶구나. 유령도 다시는 나의 충실한 하인이 되어서는 안 되며, 하나님의 충실한 하인이 될지어라! 하고/ 랍비는 진정한 마음으로 평화의 축제를 올린 후,/ 다시 진흙과 대지로 골렘 모습을 빚어내어 자신 앞에 뉘어놓는 것이었다./ 그리고는 십자가의 성호를 그으며 기도를 드린 후 골렘 모습을 벽에다 못질하여 놓는 것이었다./ 바로 그것이 프라하에서 못박혀있는 유명한 유령 골렘 모습이란다."

여기서 랍비가 진흙으로 빚어낸 골렘 모습을 벽에다 못박아놓았다는 사실은 예수 대신 골렘 모습을 십자가에 못박아놓음으로써 반기독교적인 상징적 모습을 보여주려는 일이 된 것이며, 랍비가 기도를 통해 골렘을 거인으로 성장토록 만든 것도 자신들을 보호할 수 있는 보호자로 골렘을 창조한 것이기에 이것 역시 반기독교적 정서에서 창조되었던 상징물이 되었던 것이다. 그런 의미에서 필립손의 시가 남긴 골렘의 모습은 '반기독교적인' 입장에서 유대인을 보호하기 위해 창조된 피조물임을 반증했던 것이다.[30]

그리고 이러한 프라하의 골렘전설은 유대작가 아브라함 텐드라우Abrtaham M. Tendlau의 골렘시집 『유대인의 구비전설과 성담전설집Das buch der Sagen und Legenden Juedischen Vorzeit』(1842)에서도 「최고 랍비 뤼브의 골렘」이란 시로 다시 소개된 바 있으며, 폴란드의 포슨Posen도시 지역전설에서도 전파되고 있었다.[31]

그리고 오스트리아희곡작가 프리드리히 헤벨Friedrich Hebbel의 오페라희곡 작품 『돌을 던진 자 또는 희생자를 위한 희생자Der Steinwurf oder Opfer um

---

30) 참고:Hans Ludwig Held: Das Gespenst des Golem. Eine Studie aus der hebrarischen Mystik mit einem Exkurs ueber das Wesen des Doppelgaengers. Muenchen: Allgemeine Verlags-Anstalt. 1927(Anm.5) S. 58.

31) 참고: Philipp Bloch: in: Zeitschrift der historischen Gesellschaft in Posen. VI 1891. S. 463. u.s.w.

Opfer』(1858)에서도 프라하의 골렘전설은 소개된 바 있다. 이곳에서는 작가 자신이 프라하에서 체험했던 일들을 가극 각본으로 남겼던 것이다.[32]

"이야기는 중세시대 프라하에서 유대인들의 박해가 심했을 때의 일이다. 한 유대인으로 위장한 거인 기독교청년이 마티아스Matthias 왕의 제관식에 돌멩이를 던짐으로써 유대인들이 죄를 뒤집어쓰게 되었던 것이다. 왕은 유대인들에게 죄를 묻고 자수하기를 위협하고 있었다. 만일 죄인이 나타나지 않으면 유대인 모두에게 중죄를 내리겠다는 것이다. 이때 유대인들의 공동체를 구하고 유대인들의 생명을 구하고자 한 랍비가 마치 자신이 죄를 지은 것처럼 범행을 자신에게 돌리고 자신들의 혈족을 구하게 된다. 이러한 그의 희생 행위는 유대인들의 구원을 위하고 범죄자의 구원까지를 위한 희생자의 희생자가 된 것이다. 그러나 랍비 자신이 이러한 속죄양이 되었던 이면에는 또 다른 이유가 있었다. 과거에 그가 왕의 연인을 사랑하다가 실연을 당했던 불행한 애정관계가 있었으며, 실제 범인의 누이동생이었던 안나를 사랑하다가 자신이 랍비의 길을 걷게 된 애정의 과거사가 있었기에 그는 스스로 속죄양이 되기 위한 희생자가 된 것이다. 하지만 다행히도 왕에게 돌을 던진 진범이 발견됨으로써 그의 행위는 풀리게 되었다."

여기서 이 작품이 남긴 메시지는 랍비가 믿음과 신앙을 달리하고 돌을 던진 타인을 죄로부터 구명하고 스스로가 희생하는 수난자의 역사를 대변했다는 것이다. 그리고 작품의 제목을 『돌을 던진 자』라고 부른 것은 골렘을 성서사에서 나오는 다윗과 골리앗의 관계로 연상하고 부친 것이며, 골렘이 골리앗과 같이 영혼 없는 물질적 거인이었다는 점에서 거인을 골리앗으로 생각하고 『돌을 던진 자』로 명명한 것이다. 그런데 여기서 영혼 없는 물질적 거인이란 점은 어디까지나 창조자와 피조물관계에서 이해되어야 한다. 창조자 랍비가 하나님의 영적 계시를 진리의 '종이'나 가면의 옷 '쉠'을 통해 골렘에 담겨놓음으로써 골렘이 생명을 얻게 되고 골렘에게서 하나님의 진리말

---

32) 참고: Friedrich Hebbel: Saemtliche Werke. hg.v. Richard Maria Werner. Abt.1. Bd.3. DramenIII(1851-1858) Berlin. 1901

씀을 떼어놓을 때는 흙으로 된 죽은 존재로 되돌아간다는 이유 때문에, 이는 창조주 하나님의 뜻에 따라 생사가 좌우된다는 피조물의 관계로 수용되는 것이었다. 그렇기에 이 작품도 골렘전설을 담은 내용으로 보는 것이다.

바로 이러한 관계내용을 시문학에 변용하여 옮겨놓았던 19세기 후반기 작가들이 더 있다면 이들이 테오도르 스티롬Theodor Strom과 데트레브 휜 릴리엔크론Detlev von Liliencron 등등이다. 테오도르 스트롬은 『골렘Der Golem』 (1851)[33] 시에서 당시의 국가관료를 영혼 없는 인간들로 풍자했다. 그리고 루드비히 티크Ludwig Tieck의 시 제목에서 말하는『새를 쫓기 위해 가죽으로 만들어 세운 허수아비Vogelscheuche』(1835)로 비교했다. 내용은 국가관료들이 아무런 의식 없이 관청직원명부에 적혀 있는 명부번호나 모자에 써달고 다니면서 자신들이 관료라는 존재이유를 과시해보려는 지각없는 행위를 함으로써 그들의 모습이 마치 복종만을 일삼는 영혼 없는 작은 골렘 모습처럼 투영되었다는 내용이다. 그렇기에 그들의 모자에서 명부번호가 떼어져버린다면 그들에게서는 관료로서의 정신적 힘이 사라져 죽은 존재가 되었던 것이다. 이는 바로 골렘전설에서의 핵심내용을 이루고 있는 '진리'의 모티브와 같은 것이다. 진리란 어휘의 첫 알파벳 E가 떨어져 나가므로 '죽은 자'가 되었던 격이다. 그렇기에 스트롬이 전하고자 했던 뜻은 당시의 관료들이 직원명부에나 적혀있는 번호를 모자에 써서 의식 없이 다니는 허수아비 같은 하인들로 폄하되었을 뿐만 아니라, 관료들이 영혼 없는 망자의 물질적 피조물로 간주되었다는 것이다. 그러기에 스트롬의 시는 바로 그러한 유형적인 인간들로 구성되어 있던 당시의 관료사회체제를 비판하기 위한 의도에서 작시되었다고 보는 것이다.

그리고 그러한 관료체제가 지니고 있는 또 다른 비판적 내용에는 막강한 폭력의 힘이 잠재되어 있다는 것이다. 그들의 관료체제가 비록 영혼 없는 관료들의 세계라 할지라도 그들의 물리적인 조직력이란 기계적인 힘을 갖고

---

33) 참조: Theodor Strom: Werke. Bde.8. hg. v. Albert Koester. Leipzig. Insel verlag. 1923. Bd. 1. S. 190

있기 때문에 그들은 그들의 힘을 사용하기에 따라서는 권력을 비호하는 보호세력이 될 수도 있겠고, 파괴세력이 될 수도 있는 양면성을 지니고 있었다는 것이다. 그렇기에 당시의 관료체제와 비유되는 골렘의 존재이유는 우선 유대인을 보호하고 비호할 수 있는 구제세력이 될 수도 있었고, 유대인의 율법을 지키지 못하게 되는 경우와 위협받게 되는 경우에 이에 대처하기 위한 파괴자로서의 세력도 될 수 있다는 것이다. 그렇기에 골렘의 행위모습은 이러한 구제자와 파괴자로서의 양면적 역할을 하는 상징이 되었다. 당시 반유대주의와 유대인 증오가 팽배했던 프라하의 환경에서는 유대인들이 생존하기 위해서 랍비가 창조했던 피조물 골렘이 수행하여야 할 과제는 분명했다. 구제자와 파괴자로서의 기능이었다.

그리고 그 외에도 이러한 의미로 소개되었던 또 다른 시가 있다면 레오폴드 컴페르트Leopold Kompert의 작은 시『골렘Der Golem』(1882)이었다.[34] 여기서 컴페르트 시의 소제를 설명하면 다음과 같다. 헝가리의 티자 에쯔라르 Tisza Erzlar란 작은 마을에서 유대인들이 인신제물의식을 가졌다는 허위사실이 유포됨으로써 유대인들에 대한 학살이 감행되었다. 급기야는 법정심판으로까지 이르게 되었다는 이야기다. 그리고 이 소재는 당시의 독일과 동구 전역에 널리 유포되어 있었기에 유대인에 대한 증오는 더욱 커져갔다. 따라서 골렘의 이념적 역할 역시도 이러한 상황에서 유대인을 보호하기 위한 구제자와 파괴자로서의 상징적 역할이 되고 있었다. 여기서 골렘의 상징적 역할이란 우선 골렘이 하나님의 진리를 담고 있는 가면의 '쉠'을 입게 되면 신비적인 생명력을 얻게 되어 유대인 보호를 위한 충실한 하인으로서 최선을 다할 수 있게 된다는 점이고, 골렘에게서 하나님의 진리와 가면의 옷 '쉠'을 떼어놓으면 생명력을 잃고 물질로 되돌아간다는 것이다. 또한 골렘이 안식일때 휴식을 취하지 못하게 된 상태에서 랍비의 축원이 진행되는 경우에는 골렘이 갑자기 폭동을 일으킬 정도로 거칠어진 난폭자가 되어 경우에 따라서

34) 참조: Leopold Kompert: Saemtliche Werke in 10 Bde. Hg. v. Stefan Hock. Leipzig. Max Hesse Verlag. 1906. Bd.10. S. 28.

는 골렘의 위협 앞에서 랍비 자신이 무기력하게 되는 비극을 맞이하게 된다는 점이다. 그렇기 때문에 이러한 경우에는 랍비가 골렘으로부터 하나님의 진리가 담긴 가면의 옷 '쉠'을 떼어내어 그의 행위를 정지시켜야 했다. 이는 마치 오늘날 인간이 창조한 로봇과의 관계와 같은 것이다. 문명의 이기에 따라 로봇은 보통 인간의 보조인으로 사용될 수도 있지만, 로봇이란 피조물이 인간의 힘을 압도할 정도로 거대한 초인적 존재가 되어 인간을 위협할 수도 있게 되었다는 점이다.

그렇기에 현대적 의미에서 랍비가 창조한 골렘은 초인적 힘을 발휘할 수 있는 신비스런 피조물이 되고 있는 것이다. 때마침 골렘에 관한 시들이 작시되었던 19세기 후반기는 니체의 초인사상이 지배했던 시대였기에 골렘의 초인상도 증폭되었다. 그리하여 골렘의 상징성은 유대인을 보호할 수 있는 충복으로서의 보호자가 되기도 했고, 그의 초인적인 파괴적 힘 때문에 반기독교적인 방어세력으로도 이용되었던 상징이었던 것이다. 그러나 이러한 역할을 할 수 있었던 이면에는 역시 골렘이 하나님의 계시에 따라 힘센 거인적 피조물로 창조되어 있다는 점이다. 만일 골렘을 힘센 거인으로 성장시킬 수 있는 하나님의 신비적 계시가 없었더라면 유대인들을 보호할 수 있는 골렘은 탄생될 수도 없었을 것이다. 그렇기에 골렘이란 피조물에는 하나님의 비밀스런 창조적 지혜와 이를 수행한 랍비의 성스러운 지혜가 함께 하고 있는 것이다. 다만 안타까운 일은 순간적인 랍비의 실수로 안식일에 골렘으로부터 하나님의 진리가 담긴 종이와 가면의 옷 '쉠'을 떼어놓지 못한 대가로 골렘이 파괴자로 돌변하여 인간을 놀라게 하고 랍비까지 위협받게 한 우를 범하게 되었다는 사실이다. 바로 이러한 점이 골렘이 지니게 된 창조자의 어리석음이었다. 그리고 이러한 어리석음은 오늘날 인간이 창조한 문명의 이기가 인간에 대한 문명의 위협으로 다가온 현대적 문명의 어리석음과도 같다고 본다. 그렇기에 하나님이 인간에게 부여한 비밀스런 창조적 행위에는 비밀스런 신비적 지혜와 어리석음이 함께 하고 있는 것이다. 그리고 이러한 창조행위의 모순성을 함께 지니고 있는 것이 프라하의 골렘전설이기도 하다.

이에 데트레브 휜 릴리에크론은 그의 담시『골렘Der Golem』(1898)에서 이러한 모순적 양면성을 다음과 같이 실토하고 있었다. "프라하의 옛 전설제국에는/ 인간의 많은 지혜들이 숨겨있는데/ 인간의 많은 어리석음도 숨겨있답니다/ 이는 성 랍비에 있어서도 마찬가지랍니다."35) 하며 역시 창조주가 인간 피조물에게 지혜와 어리석음이란 모순적 양면성을 은밀히 투입해놓았음을 알게 한다.

피조물은 언제나 창조주의 뜻에 따라 지혜로운 존재가 될 수도 있고 어리석은 존재가 될 수도 있는 의존관계에 서게 되는 것이다. 창조자 랍비가 난폭해진 골렘에게서 가면의 옷 '솀'을 벗겨놓으면 골렘은 죽은 자가 되는 것이고, 진리의 가면 옷을 다시 입혀놓으면 부활케 되는 의존관계에 서게 되는 것이다. 그리고 이러한 의존관계가 계속 반복되는 경우에는 창조주와 피조물 간에는 생사가 좌우되는 도전관계에 서게 되기도 한다. 골렘이 난폭한 파괴자로 돌변할 때는 마치 육체가 영혼에 도전하고 감성이 정신에 도전하며, 물질주의가 자연주의에 도전하는 격이 됨으로, 이런 경우는 골렘으로부터 가면의 옷 '솀'을 떼어놓음으로써 그의 난폭한 도전행위를 소멸시켜야 하는 것이다. 그리고 그의 행위를 용서하고 구제하여 하나님의 진리에 순응토록 창조자는 피조물을 진리의 길로 인도하여 부활시켜야 한다.

바로 이러한 운명을 결정해주는 역할이 하나님의 거대한 창조력이 아닌가 생각된다. 그리고 하나님의 신비적 창조력에 의해 태어난 피조물이 기독교의 아담이 되었던 유대교의 골렘이 되었건 인간이 추구해야 할 참된 모습은 창조주의 진리로 계시된 피조물이 하나님의 뜻에 따라 올바른 길로 인도될 수 있도록 하는 창조주의 참모습이어야 하겠다. 이는 비록 유대인만을 위한 민족종교로서의 유대교를 떠나서도 같은 맥락으로 이해될 수 있다.

---

35) 참조: Detlev von Lilien cron: Der Golem. In: Bunte Beute. 2. Aufl. Berlin. Schuster Loeffler verlag. 1903. S. 35

6장_ 지온주의자와 공생주의자의 운명적 행로

1938년 11월 10일 아침에 발생한 유대인들의 집단이주살상사건으로부터 유대인에 대한 독일인의 적대감은 극에 달했다. 그리고 점차 확대되어갔다. 이에 유대계 지성인들 사이에는 독일의 군국주의에서 벗어나 해외로 도피하여야 하느냐 아니면 남아서 공생하여야 하느냐의 기로에 섰던 것이다.

한스 마이어는 그의 저서 『독일인과 유대인에 관한 선언춰서』(1994)에서 유대계 지성인들 가운데 상호친지관계에 놓여있는 몇 쌍의 사람들이 그들의 거취문제 때문에 고민했던 흔적을 언급한 바 있다. 우선 프란츠 카프카와 막스 브로드와의 친구관계와 라테나우와 아인슈타인, 지그문트 프로이트와 아르놀드 쯔바이그, 그리고 발터 벤야민과 게르하르트 숄렘과의 친지관계를 이야기하고 있었다. 이들 친지간의 공통점은 막스 브로드나 아인슈타인, 아르놀드 쯔바이그 그리고 게르하르트 숄렘 같은 사람은 지온주의를 택했다는 점이며, 카프카와 라테나우, 프로이트, 벤야민 등의 경우는 독일계 유대인으로 이민족과의 공생을 택했다는 점이다. 그러나 지온주의자나 공생을 추구한 이들 모두가 추방과 박해라는 심적 고통을 함께 했다.

이러한 갈등의 표현을 카프카와 막스 브로드는 대화가 아닌 독백형식으로 그들의 문헌에 남겼고, 여타의 친지들은 서신에 의한 대화에서 지온주의를 택한 사람과 공생을 추구한 사람들간에 체험된 인생여정을 토로하고 있는 것이다.[1]

---

[1] 참고: Hans Mayer: 같은 책. S 349-356.

프란츠 카프카와 막스 브로드

우선 카프카(1883-1924)와 막스 브로드(1884-1968)간의 우정관계는 프라하의 유대인공동묘지로부터 읽을 수 있다. 카프카의 가족묘 묘비 앞에는 친구 막스 브로드를 상기시키는 동판으로 되어있는 기념패가 놓여있다. 막스 브로드는 이스라엘에서 사망했지만 그들의 우정은 기념패로 카프카묘지 앞에 상징되고 있다. 막스 브로드는 카프카 사후에 남긴 유고들을 모아 출간한 작가였기에 카프카문학을 부활시킨 장본인이기도 하다. 카프카문학에는 항시 알 수 없는 위협적 권력존재에 쫓겨 전율하는 인간의 불안과 고독이 내재한다. 그의 주저 『심판』이나 『성』 모두가 절대권력에 대한 미지의 어두운 세계에서 인간의 실존적 구원을 구하는 종교적 심리적 충동을 표출하고 있다. 막스 브로드는 이러한 카프카의 문학세계를 지온주의적 시각에서 해석하려 했다. 왜냐하면 막스 브로드 자신이 카프카와 함께 20세기 초(1908-)부터 지온주의에 대한 자각의식을 체험하고 있었기 때문이다. 그리고 막스 브로드는 카프카와 함께 체험한 지온주의에 대한 자각의식을 소설 『체코의 하녀』(1909)에서 대변한 바도 있다.

그들은 러시아에서 피난 온 가련한 동유럽유대인들의 연극단이 프라하에 있는 자그마한 '사보이카페극장'에서 민속극을 상연하는 것을 보고(1910) 처음으로 유대민족전통에 대한 인식을 갖게 되었다 한다. 그리고 유대인종교철학자 마르틴 부버Martin Buber(1878-1965)의 『유대인에 관한 3개의 연설문』(1911)과 유대인의 본질적 문제를 해명하고 있는 지온주의와 신비주의사상에 매료되어 자신들의 정체성에 깊은 관심을 갖게 되었다. 그리고 이러한 과정에서 막스 브로드는 지온주의를 선택하게 되었다. 그는 소설 『유대인여성들 Die Judinnen』(1911)에서 한 대도시 유대인여성 이레네 포퍼Irene Popper가 아리안계의 귀족이나 이름 있는 남성과 결혼하고자 교태를 부리는 모습을 풍자함으로써 당시 독일에 동화하여 살아가려는 유대계 시민사회를 비판했는가 하면 『티코 브라하의 하나님으로 향한 길Tycho Brahes Weg zu Gott』(1915)에서는 올바른 사람은 구원을 기다리지 않고 직접 하나님의 일에 봉사하고 도움을 줌으로써 구원된다는 신앙적 실천행위를 강조하고, 이에 지온주의적 귀국길을 설교하고 있었던 것이다.

또한 그는 민족을 구제하는 영웅적 여인을 이상적 여인상으로 묘사한 희곡 『여왕 에스테르Ein Konigin Esther』(1918)와 유대인공동체를 건설하려는 유토피아소설 『위대한 용기Das Grosses Wagnis』(1919) 등을 발표함으로써 문화적 지온주의를 고취시켰으며, 유대국가 건설에 그의 이념적 초점을 두고 모든 민족들의 문화적 주권을 평등주의차원에서 추구하고 있었다. 그러나 그는 지온주의를 추구하면서도 자신이 성장해온 독일어권 문화에는 역시 연민의 정을 금할 수 없었다. 그는 오히려 체코문화는 자신에게 낯설었지만 독일어권 문화는 자신이 받아온 교육과 자신이 구사하는 독일어 때문에 오히려 독일어권 문화에 익숙해 있었다고 체코의회위원회에 보낸 그의 비망록 『유대인과 독일인, 그리고 체코인에 관한 인간적, 정치적 고백Juden, Deutschen und Tschechen. Ein Menschliches Politisches Bekenntnis』(1918)에서 독일에 대한 애정을 실토하고 있었다. 그리고 소설 『실망하지 않는 부인Die Frau, die nicht enttauscht』(1932)에서는 유스투스 스피라Justus Spira라는 한 유대인작가가 지온주의를 지향하면서도 독일여인을 사랑하게 되고, 독일문화와 환경, 자연까지 사랑하게 되었다는 내용으로 독일인의 본질에 대해 거리감을 두고 인식하고 이해하며 사랑하게 된 '멀리서 하는 연민의 사랑(거리를 둔 사랑)'을 고백했던 것이다. 이러한 사랑은 바로 그가 동경했던 독일인에 대한 사랑의 가치를 불가분의 것으로 직접 표현한 것이다. 물론 이 소설의 내용은 히틀러가 국가사회주의권력을 장악한(1933년 1월) 직후까지의(1932년 7월부터 1933년 2월까지) 시대상을 배경으로 하고 있었기에 그때까지의 그의 독일인에 대한 사랑은 행복한 동경이었음이 분명했다.[2]

이에 카프카도 막스 브로드와 같이 유대인에 관한 상념에 사로잡혀 초기

---

[2] 참고: hg. v. Andreas B. Kilcher: Metzler Lexikon der deutsch- judischen Literatur. Stuttgart/ Weimar. 2000. S. 90ff.

에는 지온주의에 대한 운동에 적극 동조했다. 그러나 결국은 자기 자신이 독일문화권에 동화된 유대인으로서 절반은 독일문화에 젖은 유대인임을 자각하고 지온주의에는 거리를 두었다. 특히 그가 서유럽유대인들이 유대문화의 특성을 지니면서도 실존적 삶을 적극적으로 이끌어가는 모습을 보고는 오히려 그는 주어진 환경 속에서 당당하게 살아가는 유럽유대인의 분산된 삶이 보람 있게 생각되었던 것이다. 그 많은 디아스포라유대인들이 이스라엘로 집결하여 작은 국가를 건설하는 것보다는 넓은 대륙에 흩어져 주어진 운명을 현실적으로 극복하며 적극적으로 현실에 동화되어 살아가는 모습이 세계적인 안목으로 보아 유익하다고 본 것이다. 그리하여 카프카는 막스 브로드가 주장하는 지온주의는 '모퉁이에서 외쳐대는 편협한 생각들Krahwinkelei'이라며 이에 회의적이었고 지온주의의 목적을 멀리하는 태도를 보이고 있었다.[3]

그러나 이러한 태도는 역시 서유럽에 동화되어 살아온 자신의 가정환경과 유대인의 신비주의사상에 이끌리는 지온주의사상 사이에서 고민하는 이중적 처지 때문에 지온주의에 적극적이지 못하고 소원했던 것으로 생각된다. 그렇기에 그의 문학은 결국 독일문화와 유대문화라는 두 개의 정체성 사이에서 오는 이중성 때문에 이를 결합하기 어려운 불가사의한 회의를 가져올 뿐이었다. 그 결과 그의 문학은 모든 면에서 불가사의함을 표출시킨 난해한 문학이 되고 말았으며, 어느 면에서는 두 개의 정체성을 오가는 '불가사의한 문학, 또는 집시문학'이 되기도 했다.[4] 그리고 독일문화로의 동화와 유대문화로의 지온주의 사이에서 이를 극복할 수 있는 실존적 정체성을 찾기 위해 다양한 우화나 비유, 형이상학적 신비적 표현수단을 통해 초월적 세계를 추구하는 문학이 되고 있었던 것이다. 따라서 그의 문학은 초월적 환상세계를 표현한 독일표현주의의 영원한 기념비가 되고 있다.

---

[3] 참고: hg. Hartmut Binder; Kafka Handbuch. Bd, I. Stuttgart. 1979. S. 435ff. S. 508.
[4] 참고: hg. v. Andreas B. Kilcher: Metzler Lexikon der deutsch- juedischen Literatur. S. 282

지그문트 프로이트와 아르놀드 쯔바이그

이들 이외에 또 하나의 친지관계를 든다면 지그문트 프로이트(1856-1939)와 아르놀드 쯔바이그(1887-1968)간의 관계이다. 이들의 관계는 서신교환에 의한 것이었다. 프로이트는 쯔바이그보다 31세나 나이가 많은 사람이었다. 쯔바이그가 25세의 나이로 소설 『크라우디아를 중심으로 한 단편들Novellen um Claudia』(1912)을 발표하자 그는 일약 유명한 작가가 되었으며, 많은 독자들로부터 존경을 받게 되었다. 프로이트도 독자의 한 사람으로 젊은 쯔바이그를 높이 평가하고 있었다. 쯔바이그는 소설가로서 희곡작가로서, 그리고 심리분석에 관한 에세이작가로서 활동한 독일계 유대인이었기에 프로이트의 정신적 제자이기도 하다. 그는 학업을 마친 후 1차 세계대전시 공병대군인으로 방어진지구축을 위해 베르덩Verdun과 세르비엔Serbien에서 복무한 적이 있으며(1915-1918), 그 후 코브노Kowno에 있는 동부사령부 기자실에서도 근무했다(1919-23). 이처럼 그는 일선군인생활을 많이 체험한 작가였기에 인도주의적 정신이 깊이 담긴 전쟁문학가이기도 했다. 그는 1933년 나치에 의해 추방되어 체코, 스위스, 프랑스를 거쳐 팔레스타인으로 귀의한 확고한 지온주의자였다. 그렇기에 2차 세계대전이 끝날 때까지 그곳에 머물며 전쟁체험에 관한 문학적 결산에 온 힘을 기울여왔다. 종전 후에는 자신이 지온주의자이자 사회주의자였기에 이스라엘과 동독을 왕복하며 작가활동을 계속했고, 끝내는 동독으로 귀국하여 1968년 동베를린에서 영민했다. 그는 세계 1, 2차 대전을 체험한 수난의 인생여정을 밟아왔기에 그의 문학은 반군국주의적이며 인도주의적이었다. 그리고 유럽적인 지성주의에 젖은 유럽적사상가였다.

이러한 쯔바이그가 프로이트와 깊은 관계를 맺게 되었던 것은 그가 『그리샤 상병의 논쟁Der Streit um den Sergeanten Grischa』(1927)이란 소설을 발표하면서부터다. 이 소설은 『1914년의 젊은 부인Junge Frau von 1914』(1931)과 『베르덩의 교육Erziehung von Verdun』(1935) 등을 포함한 『백인남성들의 큰 전쟁』이란 연속소설의 일부로 발표한 작품이다. 내용은 1917년 러시아군 상병 그리샤 파프로킨Grischa Paprokin이 동부전선에 있는 한 포로수용소에서 향수에 못 이겨 탈출하는 것으로부터 시작된다. 그는 탈출 도중 바브카Babka라는 여인을 만나 도움을 받고 사랑하게 된다. 그러나 그녀는 그에게 조언하기를 도망 중 체포될 경우 다른 탈출자의 그리샤 뷰스체프Grischa Bjuschew란 이름을 대라고 권한다. 그는 그 이름을 가진 탈출자가 군부에서 살해될 용의자로 지명 받은 첩보원임을 모르고 있었다. 불행히도 그리샤는 체포되어 첩보원 혐의를 받게 된다. 그리고 전범재판소에 서게 된다. 하지만 그는 자신의 본명을 대고 자신이 첩보원이 아님을 확인시킨다. 그러나 불행히도 그의 서류는 이미 심판되기 전에 법적인 문제나 인간적인 문제에는 아무런 관심이 없고, 오로지 러시아혁명에 관여된 자들에게 경고의 본보기를 보여주려는 루덴도르프Ludendorff장군의 손에 들어가 혐의 없는 무죄한 그리샤가 사형언도를 받게 된다. 그리고 처형된다. 물론 이 과정에서 그의 무죄를 알고 있는 장교들과 유대계 법조인이 그의 생명을 구하러 법정권한논쟁을 버렸으나 기계적인 국가권력과 영혼 없는 국가이성에 따라 죄 없는 생명은 부당하게 희생되고 말았다. 이는 바로 정당한 판결을 내려야 할 재판이 전쟁으로 법과 윤리가 파괴된 채 인명을 기계적으로 말살한 부당성을 고발한 것이다.

그러나 쯔바이그는 그리샤 연속소설 2부에 해당되는 소설 『1914년의 젊은 부인』에서 이러한 무죄한 생명을 구제하려는 유대인들의 꿈을 접목한 새로운 시도로 독일인과 유대인간의 공생을 꿈꾼다. 이 소설에서는 나이 많은 유대인 은행가 마르쿠스 발Markus Wahl이 아들 후고Hugo에 대해서 애국주의란 전쟁에서 재정적인 이윤을 추구하여 국가에 보답하는 일이며 유대인인 우리는 이러한 대표적인 역할을 하여야 할 도덕적인 위임을 받고 있다 하고, 이 길이 곧 공생의 길이라 역설한다. 따라서 유대인은 산업을 일으키고, 이를 위한 보호관세를 갖추도록 노력하여야 하며, 재정적으로 국가에 보답함으로써 자유라는 생존권 기반을 강화시켜야 한다고 한다. 그러나 이 소설이 주는 메시지는 독일인과 유대인과의 공생을 위해서는 산업인이나 지방귀족들 이외에도 모든 계층의 사람들이 자유를 기반으로 하는 동일한 상황에서 공생할 수 있는 길을 찾도록 하는 것이라 강조한다.

그리고 연속소설 3부 격인 『베르덩에서의 교육』에서는 독일군부내에서 공개적으로 반유대주의를 외쳐대는 장교들의 집단의식을 묘사함으로써 나치시대의 반유대주의적 정치교육을 드러냈다. 이 소설은 그가 이민 와서 집필한 첫 전쟁소설로 미국에서 커다란 성과를 거두어 재정적으로도 그의 삶에 많은 도움이 되었다. 나아가 군부내의 반유대주의를 묘사한 전쟁소설은 『왕의 취임Einsetzung eines Konig』(1937)에서도 계속되었다. 수천 명의 유대인들이 독일군부의 노동부대에 끌려와 왕과 같은 독일장교의 지휘 하에 이루 말할 수 없는 죽음의 고통을 당하고, 독일군 점령 하에 있는 빌나Wilna에서는 죽음을 당한 유대인 수가 러시아군 점령 하에서 희생된 사람 수보다 10배나 넘었다는 생생한 반유대주의행위를 빌나출신 의사 에일라쇼프Eilaschow 박사의 진술로 묘사하고 있다.[5]

이러한 일련의 소설들에서 지그문트 프로이트가 그의 문학에 관심을 갖고 서신교환을 시작하게 된 것은 쯔바이그가 그에게 『그리샤 상병의 논쟁』을 증정하면서부터였다. 쯔바이그는 그의 전쟁소설에서 영적 세계가 없는 국가권력이 집단적 무의식 가운데서 수많은 생명을 기계적으로 희생시킨 비극을 묘사하고, 이를 치유하기 위한 예술수단으로 영적세계의 복원을 인식하고 있었기 때문에 프로이트는 그의 문학에 관심을 갖게 되었다. 그리고 이러한 영혼세계의 치유법을 일깨운 것이 프로이트의 심오한 심리학에서 왔기 때문이다. 쯔바이그는 이에 자신의 소설 『그리샤 상병의 논쟁』을 집필 완료하자 1927년 3월 18일 베를린 아이히캄프에서 비인에 있는 프로이트에게 여러 면에서 감사한다는 서신을 보냈다. 그는 자신이 한 명의 남성으로서, 작가로서 심층적 심리학의 설립자인 그에게 경의를 표하며, 그의 새로운 영적 치료예술이 총체적 인간을 재생시키는 데 도움이 되고 있다는 감사의 표시를 전한 것이다. 또한 1927년에 발표한 그의 에세이 『칼리반(추악한 남자), 또는 정치,

---

5) 참고: 같은책. S. 634f.

그리고 열정Caliban oder Politik und Leidenschaft』에서는 반유대주의운동에 있어서의 집단적 흥분(광기)상황을 거론했는데, 이러한 문제도 프로이트가 요셉 브로이어Josef Breuer 의사와 함께 연구한 『히스테리연구』(1985)에서 취급했던 문제였다.

프로이트 심리학은 사실상 신경영역의 의학문제를 심리학적 관점에서 해결하려는 데서 출발하고 있다. 그는 의식적인 영적상태와 무의식적 영적상태의 구별을 최면술방법을 통해 심리적 분석을 시도하였으며, 나치시대의 광기현상도 인간의 집단무의식상태로의 최면술을 통해 발생하고 있는 히스테리현상임을 알게 했다. 그런데 프로이트가 브로이어 의사보다 더 진보적인 발전을 가져온 것은 인간의 히스테리현상이 의식적인 변화이건 무의식적인 변화이건 성적 문제가 결정적인 역할을 하고 있다는 사실이다. 왜냐하면 인간에 있어 공격적인 흥분현상은 자기보존을 위한 충동이나 성적 충동에 의한 본능적 충동에서 발생하는 히스테리현상이기 때문이다. 그가 이비인후과의사 빌헬름 프리즈Wilhelm Fliess와의 학문적 교류를 통해 발전시킨 『꿈의 암시 Traumdeutung』(1900)도 무의식상태의 영적 생명을 인식한 본질적인 문제였다. 꿈에 나타난 현상이 무의미하건 혼란스럽건 꿈에 나타난 암시는 나름대로의 의미가 있을 수 있으며, 꿈의 법칙은 무의식적 의미로써 추정되는 무의미로 입증되는 것이지만 영적 생명이 암시되는 꿈이 될 수도 있다는 것이다. 이러한 꿈의 원리가 무의식을 전공하는 젊은 학자들과 의사가 아닌 사람들에게까지 공감을 일으키자 『꿈의 암시』가 출간된 1년 후에 『일상생활에서의 심리적 병리학Zur Pyschopathologie des Alltagslebens』이 출간되기도 했다. 그리고 1905년에는 『성적 이론을 위한 3가지 논문Drei Abhandlung zur Sexualtheorie』 과 『위트와 무의식중의 위트관계Der Witz und Beziehung zum Unbewusstsein』란 두 작품을 출간함으로써 프로이트는 성에 대한 중요성과 개별 인간의 심리적 치유를 위한 '즐거움의 원리'를 제시하였다. 위트는 즐거움을 주어 정신장애를 치유할 수 있는 치료법으로 여겨지게 되었다.

이처럼 프로이트가 훌륭한 학문적 공헌을 쌓고 있었기에 1차 세계대전 초까지만 해도 그는 국가를 위한 학문적 애국자가 되었다. 그러나 전쟁이 오래 지속되고 그의 세 아들들이 전선에서 오랜 기간 복무하게 되자, 그는 『전쟁과 죽음에 관한 시대에 즈음하여Zeitgemasses uber Krieg und Tod』(1915)라는 작은 논문에서 인간의 공격적인 행위에 대한 심리적 원천문제를 검토하게 되었다. 이 논문은 그의 염세주의적 후기작품의 서곡으로 알려 있는 글이지만 인간의 문화적인 전통으로 보아서 인간살상을 금기시하고 있는데도 왜 인간이 전쟁에 있어 이처럼 공격적인가 하는 문제를 취급한 것이다. 프로이트는 이에 인간은 본질적으로 성적 충동과 자기보존충동이란 이중적 충동에서 공격적인 충동이 발생한다고 믿고 있었기에, 이러한 충동논리에서 인간의 공격적 행위가 오고 있다는 것을 알리고 있었다. 그리고 『즐거움의 원리 저편에서Jenseits des Lustprinzip』(1920)는 인간의 생명보존과 치유를 위한 욕구적 충동들을 죽음에 대한 충동에 대비시켜 이를 극명하게 부상시키고 있었지만, 역시 이는 사변적인 논문이 되고 있었다 한다. 그리고 그의 후기연구 작품인 『환상의 미래Die Zukunft einer Illusion』(1927)와 『문화 속의 불안Das Unbehagen in der Kultur』(1930)에서는 그의 학문적 여로인 의학으로부터 심리학을 거쳐 철학과 사회심리학, 그리고 문화이론에 이르는 그의 학문적 여정을 기록함으로써 그의 무의식에 관한 심리학적 분석을 읽게 한다.[6]

또한 아인슈타인과의 서신교류를 담고 있는 논문 『전쟁은 왜 하는가? Warum Krieg?』(1932)와 『그 남자 모세와 유일신 종교Der Mann Moses und die monotheistische Religion』(1939)에서는 그간에 가장 큰 문제였던 인간성에 관한 물음을 합리적 이성으로는 해명하기 어렵다고 회의를 느끼고 이를 신의 창조적 이야기로 대변하고 있었다. 즉 자유로운 인간성문제를 종교적 심리학으로 접근하여 이해하려는 비판의식을 담고 있었다. 그리고 1933년부터는 나치정부가 불합리한 절대권력을 우상화시키고 집단적 무의식화로 통치하게 되자 1938년 3월, 그는 가족과 추방되어 다음해 영국 런던에서 영민하고 만다.

---

[6] 참고: hg.v. Bernd Luz: Metzler Philosophen Lexikon. Stuttgart. 989. S.261f

그런데 프로이트가 쯔바이그와 빈도 높은 서신교류를 하기 시작한 것은 쯔마이그가 1933년 독일에서 이스라엘로 피신하여 몬트 카르멜Mount Carmel 에 살게 된 이후부터였다. 이 시기는 이미 쯔바이그가 프로이트 심리학의 영향을 받아 정신적 아들로 호칭되고 있었던 때이며, 프로이트 자신이 유일신 사상에 몰두하고 있었을 때이다. 유대인조상 아브라함의 손자 야곱이 가족과 함께 이집트로 가서 정착하여 살았고, 그곳에서 그의 12아들이 12가문을 형성해 유대민족을 형성했다는 민족사로부터 시작하여 그곳으로 이민해온 유대민족이 처음에는 환대를 받았으나 점차 이집트인들에 의해 도시건설을 위한 노예가 되었다는 사실과 그러한 이집트의 노예생활로부터 유대민족의 자유와 해방을 찾아주러 젊은 이스라엘청년 모세가 나타나 신의 계시에 따라 난민 유대민족을 자유로 이끌었다는 유대민족의 수난사를 연구하고 있었던 때이다. 그리고 모세에 의해 자유를 찾게 된 유대인의 자유축제가 현재 봄의 축제(Pessach =Pessah=Pascha)로 축하되고 있다는 종교사적 사실에 그는 관심을 집중하고 있었던 것이다.

그런데 이제는 쯔바이그가 자유를 찾으려는 모세의 모습으로 이스라엘로 귀의한 격이 되었다. 이에 프로이트도 이러한 역사적 사실에 관심을 가진 나머지『그 남자 모세와 유일신 종교』란 논설을 발표하기에 이른다. 그러나 프로이트에 있어서는 모세가 유대인이 아닌 이집트인이란 가설로 전제되어 유일신 종교의 창시자가 된다. 이는 마치 쯔바이그가 독일계 유대인으로서 지온주의를 주장하고 이스라엘에 귀의하여 자유를 찾은 비유가 된다. 그렇기에 쯔바이그의 이스라엘로의 이주는 종교심리학적으로 모세가 이집트에서 시나이사막으로 귀의한 행위와 비유되는 것이다. 프로이트가 모세를 유대인이 아닌 이집트인으로 가설하여 유일신 종교의 창시자로 간주한 것은 쯔바이그를 존경스런 독일계 유대인으로 부각시키기 위한 수단으로 본의 아니게 무의식적으로 설정한 가설이었음을 프로이트는 밝히고 있다.[7]

---

7) 참고: Hans Mayer: Der widerruf. S.380

이는 프로이트가 이미 1913년 『미켈란젤로의 모세Moses des Michelangelo』란 논문을 발표함으로써도 예고된 바 있었다. 미켈란젤로를 종교창시자인 모세와 연관시킨다는 것은 종교사적으로는 연관이 없는 일이 되겠지만, 미켈란젤로가 로마의 베드로성당 지하석실 한 모퉁이에 모세의 석상을 조각하여 놓음으로써 종교사의 일면을 보여주었기에 미켈란젤로를 예술가로서 존경하기 위한 예술수단으로 모세와 연결시켜본 것이다. 그렇기에 쯔바이그와 모세, 미켈란젤로와 모세와의 관계설정은 결국 이들 예술인들을 모세와 같은 종교창시자의 연관 속에서 예술적으로 높여보려는 의도에서 언급한 것이라 보겠다. 여기서 미켈란젤로의 조각상은 인간이 고통을 자제하고 분노를 억제하는 자아세계의 모습을 육체적 표현수단을 통해 인간에게서 가능한 최고의 심리적 표상으로 조각하여 놓았기에, 이는 곧 미켈란젤로의 예술세계가 하나의 종교를 제공하고 있는 모세처럼 하나의 수난사적 종교적 예술세계를 표현하고 있음을 연상시킨 것이다.

이와 같이 프로이트와 쯔바이그와의 관계는 서로 정신적으로 존경하는 관계에 놓여 있었다. 그런데 이들의 친분관계가 가까우면서도 거리감을 두게 된 시기는 1933년 가을 쯔바이그가 추방되어 파리로 이민을 가기 전이었다. 쯔바이그는 이민 도중 파리에서 누군가가 자신을 도와줄만한 사람이 없겠는가 하며 아는 사람의 주소를 프로이트에게 부탁했다. 이에 프로이트는 답신하기를 '내가 파리에는 친구가 없고 제자만이 있다' 하니까 31세나 어린 쯔바이그가 갑자기 그에게 부자관계의 거리감을 느끼고 프로이트에게 편지할 때 호칭을 '사랑하는 아버지 프로이트'로 시작하게 되었다는 것이다. 그럼으로써 프로이트는 갑자기 쯔바이그로부터 '정신적인 양부'가 된 것이다. 그러자 서로 존경하는 평등한 관계에서 서신교류를 하던 프로이트도 그에게 어색함을 느끼고 그에게 '사랑하는 대가 아르놀드'(1932년 5월 8일)라고 호칭하게 되었다 한다. 그 결과 이들 관계에는 '아버지 프로이트와 대가 아르놀드' 관계가 성립된 것이다.

그 후 어느 날인가 프로이트는 학위가 없는 쯔바이그를 그의 형 스테판 쯔바이그 박사(1881-1942)와 혼돈하고 자신도 모르게 편지에 '사랑하는 박사님'이라 호칭하여 서로 웃지 못 할 에피소드를 자아내기도 했다.[8] 하지만 이러한 불법적인 학위호칭을 불편하게 생각하고 있던 쯔바이그는 1952년 11월, 65세의 생일에 라이프찌히대학에서 명예철학박사를 수여받게 된다. 그리고는 이들간에 벌어졌던 에피소드는 우연발생적인 의미로 해소되었다. 쯔바이그는 그의 명예박사 학위수여식 답사에서 "생각하건데, 이 박사학위 칭호는 나에게 잘 어울린다"고 말함으로써 그간 있었던 에피소드를 더욱 진한 농담으로 상쇄시켰던 것이다.

그러나 이러한 에피소드를 떠나서 실제로 프로이트와 쯔바이그는 연구자와 작가와의 관계에 있었기에 이들의 관계는 남달랐다. 연구자의 심리학적 이론세계가 작가의 전쟁소설에서 집단적인 무의식적 최면술이나 생존적 충동에서 발현되는 공격적 충동세계로 표현되어갔고 영혼세계의 생명인식으로 수용되었기에, 이들의 관계는 연구자와 작가의 관계에서 서로 영향을 주고받은 정신적 스승과 제자와의 관계에 서게 되었으며 의사와 환자와의 관계에 놓이게 되었다. 그리고 이들 두 사람 모두는 모세라는 사람의 군대 무리 속에 편입되어 있는 독일계 유대인으로[9] 독일문학에 커다란 발자취를 점하고 있는 것이다. 비록 이들 중 프로이트는 독일문화권에서 공생하려 했고, 쯔바이그는 지온주의자로 이민을 갔지만 이들 모두가 독일어를 모국어로 하는 독일의 지성인들이었기에 이들의 사상은 독일문화를 벗어나지 못하는 두 얼굴의 남성들이 되고 만 것이다. 그리고 이들처럼 유대문화와 독일문화의 두 얼굴을 가진 작가들이 이들뿐이겠는가. 이들 이외에도 수많은 사상가들이 있다. 그들이 공생을 원했건 지온주의자로 이민을 원했건 이들 모두는 제3제국의 비극으로 인해 내면적 갈등을 지녔던 것이 사실이다. 하지만 그들은 모두가 독일어권 문화에서 태어나 성장하고 성숙한 지성인들이기에 그들의 삶과 지성세계도 역시 독일적인 요소를 함께 하고 있는 것이다.

---

8) 참고: 같은책. S. 381f.
9) 참고: 같은책. S.385f.

발터 벤야민과 게르하르트 숄램

　이처럼 사상적 두 얼굴을 지니면서 우정관계에 있던 또 한 쌍의 독일계 유대인을 든다면 발터 벤야민과 게르하르트 숄램을 들 수 있다. 이 두 사람도 독일문화권으로의 동화과정에서 유대계 본명을 생략하고 독일이름으로 불려온 사람들이다. 발터 벤야민의 본명은 할아버지의 이름 벤딕스Bendix와 어머니의 가족 쇤후리스Schoenflies의 성명을 함께 한 발터 벤딕스 쇤후리스 벤야민이다. 그러나 유대계 이름이 생략된 발터 벤야민으로 불렸다. 게르하르드 숄램 역시 본명은 게르숌 숄램Gershom Scholem이다. 그러나 지온주의를 따라 그가 이스라엘로 귀의한 이후부터는 본명을 다시 찾아 게르숌 숄램으로 불렸다. 이들처럼 독일에서 동화되어 살아온 독일계 유대인들 가운데는 많은 사람들이 기독교로 개종하여 이름이 기독교적 독일이름으로 호칭된 사람이 대부분이다. 18세기 중반 독일계 유대인으로 최초의 계몽주의를 주장한 모세 멘델스존도 본래의 가문명을 찾아보면 시나이반도에 서 최초의 예언가였고, 유럽중세시대에 철학사상가였던 마이모니데스Maimonides가계에서 유래된 모세 벤 멘델Mosche Ben Mendel이란 이름으로 불렸다. 이 이름에서 멘델스존Mendelssohn이란 독일성명이 나온 것이다. 그의 손자이자 유명한 음악가인 펠릭스 멘델스존 바르톨디Felix Mendelssohn Bartholdy(1809~1847)도 '유대교에서 기독교로 개종된Saulus zum Paulus' 가족사의 동화과정에서 파생된 이름이다. 이처럼 독일계 유대인들은 독일인과 공생하는 과정에서 독일문화에 동화되어 살아왔기에 이중적 이름과 성격을 지닌 독일국민이 된 것이다.
　그러나 이러한 동화과정에서 독일계 유대인 사이에서는 독일에서의 공생을 지속하여야 할지 아니면 지온주의에 따라 이스라엘로 귀의하여야 할지에 대한 내면적 갈등을 지닌 비운의 시대가 다가선 것이다. 특히 1933년 이후 나치정권하에서는 이러한 갈등이 더욱 증폭되어 해외로 추방되거나 망명하지 않으면 안 되었으며, 불행히도 그들의 사랑스런 조국이 되어버린 독일문화권을 떠나야만 했다. 바로 이러한 시기에 독일에서의 공생을 염두에 두었던 발터 벤야민과 지온주의에 따라 예루살렘으로 귀의한 게르숌 숄램의 우정관계가 특이한 사례로 남아있는 것이다.

발터 벤야민은 유대주의철학에 관한 전문가는 아니지만 23세의 나이로 자신이 하나의 철학을 갖는다면 게르숌 숄램의 신비적 유대주의철학에 관심을 갖게 될지 모르겠다고 말할 정도로 그들간에는 사상적 호감을 통한 강한 우정관계를 맺고 있었다. 그들의 우정관계는 1915년 베를린에서 시작된다. 하지만 게르숌 숄램은 『발터 벤야민, 그들의 우정사W. Benjamin. Geschichte einer Freundschaft』(Frankfurt. 1975)라는 자신의 책 첫머리에서 이미 1913년에 서로 만난 적이 있음을 알리고 있었다. 숄램은 벤야민보다 5살이나 어린 사람이다. 그러나 숄램의 유대교 신비주의철학은 벤야민의 신비적 형이상학에 많은 영향을 미친 것으로 알려졌다. 숄램은 자신의 책 서두에서 그들이 알게 된 기회를 다음과 같이 적고 있다. "내가 벤야민을 개인적으로 알기 전에 나는 이미 1913년 가을 베를린 티어가르텐 카페의 한 홀에서 그를 본 적이 있다. 그날, 그곳 홀에는 내가 속해 있는 지온주의청년그룹 '젊은 유다'라는 이름 아래 고등학교 상급반 학생들의 선전그룹이 있었으며, 또한 베를린 유사단체의 선전 하에서 운영되고 있는 그룹이 있었다. 이 그룹은 구스타브 바이네켄 Gustav Wyneken의 영향 하에 있는 '청년문화운동'그룹이었다. 그런데 이들 모두가 '청년의 대화홀'에 함께 모여 발표회를 갖고 있었다. 그곳에는 약 80여 명이 모였으며, 독일적인 것과 유대적인 (문화)유산관계에 관한 주제를 발표하고 있었다. 독일적인 유산과 유대적인 유산 발표자 양측에서 각각 두세 명씩 주제를 발표했다. 바이네켄측의 중심발표자는 발터 벤야민이었다. 그는 당시 머리가 아주 좋은 사람으로 소문이 나 있었다. 나는 그의 연설 가운데서 강조된 내용이나 상세한 내용은 잊었지만, 그는 처음부터 지온주의를 거부하지 않으면서도 살짝 비켜가는 잘 엮어진 연설을 하고 있었다. 나에게 잊어지지 않았던 것은 그가 연단에서 연출한 태도였다. 그는 참석자들을 쳐다보지도 않고 강도 높은 어조와 또박또박한 말솜씨로 홀의 높은 한 모퉁이만 바라보면서 끝까지 부동자세로 연설했다. 하지만 그가 지온주의에 관해 언급했다고는 기억되지 않는다. 대화홀에서 있었던 논쟁은 과격한 학교개혁이념에 관한 것과 구스타브 바이네켄에 의해 쓰인 고전적 텍스트 『청년문화』에 관한 청년의 자율적 문화였다. 그러나 이 모임에서 벤야민과 같은 학생들에 의해 발표된 중요논문들은 익명의 저자들에게서 언급된 것들로 잘 알려진 사실들이었다. 생동감 넘치는 역사의식을 지닌 지온주의자들은 역사의식이 없는 과격한 사람들과 함께 많은 일을 시작할 수가 없다는 것이었고, 창조적인 새로운 시작이 보장될 수 있다고 보이는 젊은 그룹에게서는 새로운 일을 시작함에 있어 혁명적인 젊은이들에 의해 시도된 지배적인 사회정치적 목록지수가 결여되어 있다고 보는 것이었다." 그래서 숄램이 벤야민 연설에서 받은 이날의 대체적인 인상은 그가 독일인과 유대인간의 '공생'을 생각하고 있다는 것이었다.10) 벤야민은 바이네켄이 주도하는 과격한 학교개혁문제와 자율적인 청년문화운동을 지지하면서 지온주의에는 언급을 자제하는 태도였다. 바로 이점에서 지온주의를 주장하고 있던 숄램과는 달리 벤야민은 독일에서의 공생의 길을 찾고 있는 것으로 보였다.

그런데 이들간에는 묘하게도 공통된 인연을 지니고 있었다. 이들의 형들이 모두 '공산당당원으로 활동했으며, 1933년에 체포되어 부혼발트Buchenwald 수용소에서 사망하였다'는 사실이다.11) 게르숌 숄램의 형 베르너 숄램Werner Scholem은 공산당당원으로 제국국회의원이었고, 발터 벤야민의 형 게오르그 벤야민Georg Benjamin은 공산당당원으로 의사였다. 이들 두 사람이 모두 브혼발트수용소에서 살해된 인연으로 발터 벤야민과 게르숌 숄램간에는 특이한 인연의 우정관계를 갖게 된 것이다. 그들의 형이 공산주의자들이었기에 이들에게도 사회주의적사상의 영향은 열려 있었다. 물론 이러한 영향은 시대적 흐름에서 연유된 것이지만 말이다. 벤야민은 그의 형이상학적 정신현상학의 지평에 마르크스이론의 비전적 입장을 영입하기도 했고, 브레히트의 영향과 아도르노를 중심으로 한 프랑크푸르트학파와의 교류가 많았기에 그의 형이

---

10) 참고: 같은 책. S. 389f
11) 참고: 같은 책. S. 389f

상학적 자연현상학에는 물질적, 정신적 변증법의 영상세계가 종합되고 있었다. 숄램 역시도 그가 주장하는 지온주의와 사회주의와의 관계에서 오는 국제적 지온주의와 국제적 사회주의를 함께 추구함으로써 사회주의적 지온주의 운동을 전개하게 되었으며, 이스라엘로 귀의한 후에는 초기 이민자들과 함께 키브츠와 같은 사회주의적 집단농업공동체생활을 가능하게 했다.

숄램은 인쇄소를 경영하는 부유한 아버지를 갖고 있었고, 대학에서는 수학과 철학을 공부하였다. 그렇기에 수학선생도 될 수 있었고 유대교의 랍비도 될 수 있었다. 그러나 그는 이러한 직업에는 관심이 없었다. 그는 젊은 시절에 누구도 생각하기 힘들고 랍비조차도 심사숙고해야 했던 유대교신비주의에 관심을 갖고 이를 학문적 의식세계로 정립하고자 하는 서지학과 히브리어연구에 관심을 쏟았다. 그런데 바로 이 시점에 숄램은 벤야민과 첫 만남을 갖게 된 것이다.

때는 1915년 6월 말, 이들 두 사람이 쿠르트 힐러Kurt Hiller(1885-1972)의 강연에 청중으로 참석한 뒤였다. 쿠르트 힐러는 1926년에서 1933년에 이르기까지 쿠르트 투콜스키Kurt Tucholsky(1890-1935)와 토마스 만의 아들 크라우스 만Klaus Mann(1906-1949), 그리고 에른스트 톨러Ernst toller(1893-1939) 등 100여 명이 가입한 '혁명적 평화주의자그룹Gruppe Revolutionärer Pazifisten'을 창설하고 이끈 사람이다. 그는 나치시대에 저항한 대표적인 논객 중의 한 사람으로서 그리고 사회주의적 전위사상가로서 세계주의적 시각에서 공동체의 집단주의나 국가주의, 인종주의 등을 거부하는 사상가였다. 그렇기에 그는 나치시대에 추방된 사람들과 유대인들이 런던에서 모인 '젊은 독일작가들의 독립그룹'에서(1942년 3월) 자기 자신에 관해 다음과 같은 연설을 하기도 했다.

"내가 내 자신을 자세히 검증해보면, 첫째로 국가주의와는 관계없는 사회주의적 사상가이며, 둘째로는 독일인이고, 셋째로는 유럽인이며, 넷째로는 유대인이다. 하지만 그 중 어느 한 요소만을 중요시하는 것은 거부한다"고 함으로써 모든 요소를 대변할 수 있는 범유럽적 세계주의적 인도주의사상가임을 자칭하고 있었다.

힐러는 넥타이공장을 운영하는 부유한 가정에서 태어나 법철학으로 학위를 마쳤다(1908). 그의 부모는 지극히 자유주의적이었기에 그의 가정에는 유대주의 같은 문제는 전혀 중요시하지도 않았고, 종교문제에 관한 한 불가지론(不可知論)주의자였다. 그렇기에 쿠르트 힐러는 젊어서부터 자유로운 사상가로서 활동할 수 있었으며, 게오르그 하임Georg Heym(1887-1912)이나 에른스트 블라스Ernst Blass(1890-1939) 같은 서정시인들과도 어울려 문학적 표현주의의 토론모임인 '신 클럽Neue Club'(1909)을 조직하게도 된다. 그리고 니체의 영향 하에서 프러시아 빌헬름시대의 경직된 인습사회에 '새로운 문화감정'을 매개하기도 했다. 그는 작가로서 활동했다기보다는 여러 개의 사상적 토론모임을 주도하는 조직가로서의 재능을 발휘하고 있었다. 그렇기에 그는 1916년 연감 1호인 <목표, 실천정신을 위한 외침Das Ziel, Aufrufe zu tatigen Geist>을 발간하기도 했고, 연감에서 그의 사상적 신조인 '정신의 지배'를 요구했고, '정신적 인간들이 지상관리를 하여야 된다'고 주장했다. 그런 후, 『국가에 있어 정신의 실현, 논리주의적 활성제도를 위한 기여Verwirklichung des Geistes im Staat-Beitrage zu einem System des logokratischen Aktivismus』(1925)란 책자를 저술하기에 이른다. 그는 이 책에서 '정신'을 지성으로 이해하려 하지 않고 인도주의적 이상으로 이해했으며, 인도주의적 정신을 개체 인간의 자유로운 인간형태론으로 파악하고 있었다.[12] 그렇기에 그에게는 개성 있는 개체 인간의 형태론이 중요했다. 국가주의나 인종주의, 종교적 집단주의사상은 그에게는 거부되고 있었던 것이다. 그리고 후일에는 이러한 정신주의운동을 위한 '독일사회주의자들의 자유연맹'과 '독일작가들의 독립그룹'을 창설하기도 했고, 추방된 이방인 생활에서 반나치주의적 사회주의운동을 하다가 1955년 독일로 귀국하여 함부르크에서 생을 마감했다. 힐러는 이러한 인도주의적 사회주의자였기에 유대인에 대한 문제도 인도주의적 보편성에서 찾으려 했다. 편협한 인종주의나 국가주의보다는 인간의 실존적, 생존적 차원에서 모든 개체

---

12) 참고: hg. v. Andreas B. Kilcher: Der deutsch- juedischen Literatur. S. 247f

인간의 생명과 자유, 평등을 위한 사회국가를 염두에 두고 있었던 것이다. 그리고 그의 이러한 인도적 개체주의사상은 과거 프러시아제국의 경직된 사회에 대한 일체의 사상적 저항이며 전환이었다.

그런데 이러한 그의 사상전환이 때마침 그에게 영향을 미치고 있었던 니체의 '일체의 가치전도Umwertung aller Werthe'사상과도 맥을 같이했다. 이는 운명적인 한 인간의 허무주의로의 극복사상과 연관된다. 과거의 오늘에서 입증되지 못한 내일을 예견하게 하고 허무주의적 그늘에 덮인 역사적 제약으로부터 미래의 영원성을 생각하게 하는 허무주의로의 극복사상이었다. 하지만 이러한 니체의 극복사상은 후일에 힘을 위한 의지로의 극복사상으로 나치정권에 오용되어 꿈의 제국을 건설하겠다는 나치망령에 이용되기도 했다. 바로 이러한 역사적 과오를 불러일으킬 수 있는 공허한 가능성 때문에 쿠르트 힐러는 강연회(1915년 6월 말)에서 역사의 강력한 고발로 니체사상의 오용가능성을 비판한 것이다. 그런데 그의 강연내용이 충분치 못해 이 모임에 참석했던 벤야민은 강연회에 잇따른 다른 토론장에서 힐러의 역사관에 비판적 논쟁도 했다. 그리고 이러한 강연회에 참석한 인연으로 벤야민은 숄렘을 알게 되었고, 그를 자택으로 초대하여 서로의 만남이 이루어졌던 것이다.

그리고 이러한 만남이 있었을 때까지만 해도 벤야민은 독일에서 공생할 수 있는 동화된 상태에서 활동하고 있었기에 그는 현실에 충실했다. 그의 몇 년간의 오랜 친구였던 에른스트 블로흐Ernst Bloch(1885-1977)도 마찬가지였다. 그들이 현실에 충실하였기에 그들 젊은이는 많은 학문적 업적과 명예도 쌓을 수 있었다. 그 결과 프러시아 왕국으로부터 프리드리히대제가 제정한 예술가와 학자에 수여하는 평화급훈장Pour le merite을 벤야민이 받기도 하고, 부로호도 검은 독수리 기사훈장Ritter des schwarzen Adler orden을 받았던 것이다. 그렇다고 타인들이 그들의 훈장을 조소하는 일도 없었다. 모두가 자연스럽게 수용했다.

그런데 벤야민이 숄렘을 알게 된 후부터는 그를 통해 유대교 종교철학자인 마르틴 부버Martin Buber(1878-1965)와도 친숙해졌다. 부버로부터 그가 발간

하는 잡지 <유대인>에 동참하여 함께 일하자는 제의도 받게 되었으며, 유대
교 종교사와 18세기에 있었던 카발라적 신비주의운동Cassidismus에서 출발한
종교철학사상과 지온주의에 관한 정신문화에 관해서도 그로부터 많은 영향
을 받게 되었다. 부버는 지온주의 창시자인 테오도르 해르쩰Theodor Herzel의
지도하에 있었으나 정치적으로 세속화된 지온주의적 국가건설혁신운동에는
실망한 나머지, 이를 보다 한 차원 높은 정신적, 문화적 혁신운동으로 독일
계 유대인들을 이끌려 했다. 그는 18세기 동유럽유대계에서 시작된 신비주의
운동세계를 서유럽의 현대세계에 대한 상대적 모습으로 부각시키고, 이러한
신비주의세계에서 유대교의 종교적 계시를 완성하고자 했다. 그는 태초의 유
대인이 태초의 인간적 모습이며, 인간적 종교성의 내용이 된다 하고, 이러한
인간적 모습을 지닌 개체 인간들이 결합된 실존적 공동체가 인간 삶의 전체
세계가 되어야 한다고 보았다. 그렇기에 그는 "삶의 현실이란 인간의 영혼이
전체로써 통합되고 존재의 전체성과 의사소통하며 살 수 있는 곳이어야 하
며, … 공동체로 결합된 영혼들의 다양성이 함께 하는 곳이어야 한다." 했다.
즉, 영적 공동체 차원으로 삶의 현실을 상정하고 있었던 것이다.

그렇기에 그는 이미 1906년부터 동유럽의 유대계 신비주의신앙운동에서
전래된 영혼의 이야기들을 단편소설집에 담아 서술하기 시작했다. 『랍비 나
하만의 이야기Die Geschichte des Rabbi Nachman』1906)와 『발사람들(페니키아사람
=가나안사람)의 전설Legende des Baalschem』(1907) 등을 필두로 하여 『카시딤의
단편들Die Erzahlung der Cassidismus』(1949)에 이르기까지 많은 유대교의 신비
주의사상에서 유래된 이야기와 전설, 우화를 서술하고 있었다. 부버는 이들
단편집에서 언어로 표현할 수 없는 이야기의 신비들을 수정체처럼 맑고 깨
끗한 언어의 마력적 힘으로 구체적이며 소박하게 엮어가고 있었던 것이다.
그 결과 이러한 부버의 종교철학적 신비주의문학표현술을 영향 받은 사람들
이 많았는데, 그들이 바로 발터 벤야민과 에른스트 블로흐 등이었다. 영향을
받은 작품들로는 벤야민의 단편집 『일방통로Einbahnstrasse』(1928)에 수록된 『
확대Vergrösserung』와 『문학에 관하여Uber Literatur』(1936/37-Frankfurt 1969)에

수록된 『카시딤 마을에서In einem Cassidischen Dorf』이었으며 에른스트 블로흐
의 『흔적들Spuren』(1930)이 있다.13)

이처럼 발터 벤야민은 후버로부터 유대교에 있어서의 영적 신비주의의 영
향을 많이 받았다. 그리고 그의 지온주의에 대한 이해의 폭도 넓혔다. 본래
벤야민은 그의 학업시대의 학위논문이 『독일낭만주의에 있어 예술비평개념
Der Begriff der Kunstkritik in der deutschen Romantik』(1920)이었고, 교수자격논
문으로는 거부당했지만 『독일비극의 원천Ursprung des deutschen Trauerspiel』
(1928)이었다. 그는 자유언론인으로도 많은 문학비평들을 <프랑크푸르트신
문>에 쓰기도 했다. 하지만 자신이 사회주의작가였기에 독일사회주의문학운
동에 많은 관심을 갖고 논설을 쓰면서 일관되게 계도해나갔던 것이다. 그의
문학적 언어이론이나 인식론은 형이상학적 신비주의표현예술에 근거하고 있
지만 역사적 상황판단이나 정치적 정세판단에는 사회주의운동이나 공산주의
운동에 연계하고 있었다. 하지만 문학의 대상은 주로 이에 대한 진실추구였
다. 벤야민은 소련공산당원이었던 영화감독 아샤Lacis Anna Ernestovana=Asja
(1891-1979)와의 연정관계로 인해 '마르크스주의로의 전환'(1924)을 가져왔으며,
노동자들의 지배선전을 위한 전위예술에도 관심을 가졌고, 모스크바공산당도
방문하였다(1926/27=1927년 1월 9일). 이처럼 그의 사상적 행보는 혁명적이며
유물론적 사상으로 경도되어갔다.

그 후 바이마르공화국 말기인 1933년 2월 27일 저녁 네덜란드인 공산당원
으로 추정되는 마리누스 루베Marinus van der Lubbe에 의해 독일제국의회가
방화되자 공산당원들에 대한 체포령이 내려지고 많은 좌파지성인들이 추방
되어야만 했다. 이에 독일에서의 공생을 추구했던 벤야민도 1933년 3월 17일
이후 이태리와 파리, 오스트리아, 덴마크 등지로 전전하여야 했으며, 1940년
호르크하이머의 도움에 의해 보증서와 비자를 얻었다고 하나 프랑스로부터
무국적자에 대한 출국허가증을 발급받지 못해 스페인 피레네산맥 국경통로

---

13) 참고: hg. v. Andreas B. Kilcher: Der deutsch- juedischen Literatur. S. 96. S.99

를 넘으려다 스페인당국의 제지를 받아 미국으로의 망명계획이 좌절되었다. 그러자 그는 그곳 국경마을 뽀부Portbou에서 자살하고 말았다.

하지만 벤야민이 피난 나와 이방인생활을 하는 동안부터는 숄램과의 서신 교류가 빈번해졌다. 숄램은 이미 1920년 이후 지온주의에 따라 성지예루살렘에서 살고 있었기에 그들의 의사소통은 주로 서신에 의해 이루어졌다. 그러나 벤야민은 이민지역에서 초기에는 감시가 없었으나 차츰 비밀경찰들의 감시를 받고 있었기에 숄램이 1933년에서 1940년까지 그에게 보낸 서신들은 대부분 독일베를린으로 압류되어 소멸된 것으로 보였다. 그러나 다행히도 익명을 요하는 용기 있는 사람에 의해 구제된 것으로 안다. 그리고 파리에 남겨진 벤야민의 서신유품은 현재 동베를린 예술아카데미에 보존되어 있어 숄램은 그의 서신유품들을 1977년 12월 자신의 80회 생일에 동독문교장관 요한네스 호프만Johannes Hoffmann을 통해 복사품으로 증정 받은 것에 감사하고 있다.

이처럼 서신들이 나치시대에 압류되어 소실된 경우는 흔했다. 하인리히만이 동생 토마스 만에 보낸 편지도 뮌헨의 국가경찰에 의해 소실된 바 있었다. 이처럼 지식인들에 대한 의사소통 감시는 에른스트, 톨러, 알프레드 케어, 리온 휘이트방거 등 여러 작가들에게도 가해지고 있었으며, 언론에서도 통제되었던 것이다. 당시 <프랑크푸르트 신문>에 자주 기고했던 벤야민이나 아도르노 에른스트 브로호 등도 필요할 경우는 익명을 요하는 이름으로 기고하여야할 필요성도 있었다. 특히 벤야민은 1933년에서 1935년까지 데트레프 홀즈Detlef Holz와 스템프링거K. A. Stempflinger라는 익명으로 기고를 했다.14) 하지만 <프랑크푸르트 신문>은 이러한 언론통제에 대한 최소한의 저항을 한 것으로 안다. 그러나 이러한 통제상황은 더욱 심해갔다.

벤야민이 독일을 떠날 때까지만 해도(1933년 3월 17일) 그가 추방된 것은 아니었지만 정치적 환경이 숨 막힐 정도로 어려워져 살아남기 위해서도 피신

---

14) 참고: hg.v. Ingrid und Konrad Scheurermann; Fuer Walter Benjamin. Frankfurt.1992. S. 81

하여야만 했다. 왜냐하면 그의 실존적 생활이 이미 1933년 1월 30일 이후 완전히 파괴되어 있었기 때문이다. 그래서 그는 베를린에 있는 그의 책들을 덴마크에 체재하고 있던 브레히트에게 일부 대피시켜 놓았다. 그리고 그는 그와 이혼한 후 산 레모San Remo도시에서 살고 있던 부인 도라Dora 여사에게 오랜 동안 피신하여 지냈으며, 7번이나 그녀에게서 체류하였다.

그가 파리로 온 후로는 독일문학에 있어 중요한 세 사람의 작가, 카프카의 새로운 소설 가능성 문제와 에른스트 블로흐의 새로운 에세이형식, 그리고 브레히트 서사극의 새로운 연극론에 관한 불어강연회를 계획하고 있었다. 하지만 성사되지는 못하였다. 우선 그에게 당면한 문제는 파리의 체재문제였기 때문이다. 후일 프랑스작가 앙드레 지드A. Gide(1869-1951)와 루이 아라곤Louis Aragon(1897-1982)이 벤야민의 파리시민증을 주선하여 체재할 수 있도록 하여 주었으나 공개적으로는 알려진 바 없었다(1938/39). 우선 파리생활 초기였던 1933년 가을과 겨울을 넘기는 것이 그에게는 결정적인 시기였다. 당시 파리에서는 프랑스 극우파 내에 제3공화국을 무너트리고 군주국을 주장하고 있던 '래온 도뎃과 찰스 모라의 프랑스행동주의Die Action Francaise von Leon Daudet und Charles Maurras'가 고조되어 팽창하고 있었기에 유대인과 독일인에 대한 증오는 대단했다. 특히 독일에서 이민해온 유대인들에 대한 증오는 파리의 독일인에 대한 증오보다 더욱 심한 상황에 있었다. 그런데 이러한 와중에서도 다행히 골드 쉬밋트 로드쉴드 남작부인Baronin Goldschmidt Rotschild의 도움으로 아파트를 무료로 제공받아 파리에서 잠시 지낼 수가 있었다.[15] 그러나 파리의 생활은 대단히 어려워서 거주지를 18차례나 옮겨야 했다. 그는 프루스트Proust와 보들레르Baudelaire문학에 대한 독어번역도 하고 도서관에서 일하기도 했다. 이민조직에서 도와주기는 했지만 작가노동조합에서도 유대인들은 제외되어 프랑스에서의 작가활동은 매우 회의적이었다. 다행히 1934년부터 프랑크푸르트학파의 '사회연구연구소Institut fur Sozial forschung'로

---

15) 참고: Hans mayer: der Widerruf. S. 406

부터 다소의 보조금을 받게 되고 1937년부터는 연구소파리지국 회원이 됨으로서 <사회연구잡지Zeitschrift fur Sozialforschung>에 많은 기고문을 발표하면서 생계를 꾸려나갈 수 있었다.(이 잡지에 발표한 중요한 글로는 '프랑스작가들의 현재 사회적 입장Zum gegenwartigen gesellschaftlichen Standort des Franzosischen Schriftstellers'(1934)과 '언어사회학의 문제Probleme der Sprachsoziologie'(1935), '기술적 재생산성시대에 있어서의 예술작품Das kunstwerk im Zeitalter seiner technischen Reproduzierbarkeit'(1936), '수집가와 역사가인 에두아르트 푹수Eduard Fuchs, der Sammler und Historiker'(1937), '보들레르에 있어서의 몇 가지 모티브Uber einige Motive bei Baudelaire'(1939/40), '역사의 개념에 관하여Uber den Begriff des Geschichtes'(1942) 등이었으며, 그의 대표적 작품으로는 미완된 『19세기의 수도 파리 Paris, Hauptstadt 19C』(1935)가 있었다. 이는 1982년 발췌형식으로 초록된 『통로Das Passagen』라는 작품으로 출간되었다.)

특히 이민시기에 벤야민이 숄램과의 관계에서 관심을 끌게 한 것은 벤야민의 『카프카에 관한 에세이』(1934)였다. 이 에세이는 브레히트와 숄램간의 마르크스주의와 반마르크스주의적 입장차이에서 벤야민에 관한 오해를 불러 일으키고 있었기 때문이다. 숄램은 벤야민이 카프카 에세이에서 유대교의 신학적 전통에서 오는 사상적 요소들을 충분히 반영하고 있지 못하고, 유물론적 인식에서 서술하였다고 보면서 그를 '유대교의 신학적 주장에 대한 배신자'라 비난했는가 하면, 브레히트는 지온주의에 대한 카프카 암시가 '유대주의적 파시즘을 조성하는 것'이라 하고, '지온주의는 마르크스주의적 은어로 유대주의적 파시즘과 같은 것이라 하며 저평가하고' 있었기 때문이다. 그러나 벤야민은 이러한 두 사람의 '이중적 시각'을 부정하려 들지도 않았다.16) 이는 마치 벤야민이 독일국민성과 유대국민성을 모두 수용하면서 공생을 추구하려 했던 그의 태도와도 유사한 것이다. 그렇기에 벤야민은 두 친구에 대한 인식에 긍정도 부정도 하지 않고 동일한 시각으로 바라보면서 그들의 문학적 견해를 이중적 인생관 중의 하나이거나 국제주의적 관념상의 하나로 보는 미래지향적 시각에서 보고 있었다.

---

16) 참고: hg. v. Andreas B. Kilcher: Der deutsch- juedischen Literatur. S. 56.

문제의 발단은 벤야민이 그간 준비한 카프카 에세이를 발간하기 위해 숄램의 추천서를 필요로 한 것에서부터였다. 그는 에리히 라이즈Erich Reiss가 발행하는 지온주의잡지에 카프카 에세이에서 언급되고 있는 자신의 지온주의 생각에 관해 숄램의 추천의견을 싣고 싶었다. 그러나 숄램은 벤야민의 카프카 해설에 만족하지 못하고 벤야민에게 처음으로 불편한 심기를 드러낸 것이다. 즉, 그는 벤야민의 책에서 유대주의적 측면이나 지온주의에 관해 언급한 질적 내용에 관해 추천할 만한 곳을 발견하기에는 벤야민의 글이 '불분명하고', '어둡기' 때문에 출판인에게 이를 분명히 이해시켜줄 수 있는 데는 자신의 지혜로는 어려움이 있다고 불편한 한계를 드러낸 것이었다.17) 사실 벤야민은 자신의 생각이 사회주의이념에 젖어 있었기에 지온주의에 대한 철학도 형이상학적 이념으로 수용하기에는 다소 부자연스러웠다. 그렇기에 그의 카프카 에세이는 독자적 신앙의 실존적 상황에서 표출된 자기주장을 표현한 것이다. 그는 브레히트나 숄램, 아도르노의 사상으로부터 독립적인 자신의 생각을 갖고자 했던 것이다. 왜냐하면 그는 친구들로부터 상이한 사상적 요구를 받고 있었기 때문이었다. 구체적으로 말해 "사유에 있어서의 물질적 요소를 요구하고 있는 브레히트로부터는 신학적인 기초에 대해서 공격적인 비판을 받게 되고, 철학에 있어서의 유대교적 형이상학적 요소를 감흥의 원천으로 평가하고 있는 숄램으로부터는 물질주의로의 전향이 본질의 손실로 관찰되고 있었기에, 그리고 비평적인 친구로서 미국에 가 있는 아도르노로부터는 그가 대화의 상대자로 항시 필요한 사람으로 지목하고 있었으나 가끔 거리감을 두어야 했기에 벤야민은 이들의 생각으로부터 벗어나 독립적인 자신의 생각을 갖고자 한 것이다."18) 바로 이러한 이유 때문에 벤야민은 이민 직후 덴마크에 망명생활을 하고 있는 브레히트의 초청을 받고 그와 그의 부인 헬레네 바이겔Helene Weigel이 머물던 세벤보르그Sevenborg에 방문해

---

17) 참고: Werner Kraft: Tagebuecher. Jerusalem. 1934. 9.26. In: hg.v. Konrad Scheurermann: Fuer Walter Benjamin. Frankfurt.1992. S.49. Hans Mayer: Der Widerruf. S. 408f

18) 참고: hg.v. Ingrid u. Konrad Scheuermann : Fuer W. Benjamin.S.82

장단기간 체류하고 있었으나(1934년 7월, 1936년 8월, 1938년 7월) 자신의 독립적인 생각 때문에 그곳 덴마크에도 오래 머물고 싶지 않았던 것이다. 특히 이민생활 초기(1933)부터 독일과 프랑스전쟁이 개시되던 1939년 9월 1일 이전까지만 해도(1938) 벤야민은 숄램이 가 있는 팔레스타인이나 아도르노, 호르크하이머 등 프랑크푸르트학파들이 가 있는 미국에도 전혀 가고 싶은 생각이 없었다. 그가 불가피하게 미국으로 가고자 했던 시기는 나치폭력이 전 유럽을 휩쓸어갈 때부터였다(1938/40).

그 이전까지만 해도 파리는 모든 망명지성인들의 모임장소였기에 그는 파리에서만이 여러 지성인들과 접촉하면서 자신의 생각을 정리할 수 있었다. 하인리히만이나 리온 훠히트방거, 헤르만 케스텐Hermann Kesten, 안나 세거스 등이 모두 이곳에 망명해 있었기에 그의 활동은 더욱 유리했다. 이미 1933년에는 '외국에 있는 독일작가보호연맹Schutzverband deutscher Schriftsteller in Ausland=SDS'이 결성되어 정치적 계몽활동이 진행되었으며, 1934년 4월에는 파리에 '독일 PEN-Club지국'이 설치되어 국제적 활동을 위한 보폭이 넓어져 갔다. 같은 해인 1934년에는 '독일자유도서관Deutsche Freiheitsbibliothek'이 '불타버린 책들의 도서관Bibliothek der Verbrannte Bucher'으로서 '국제반파시즘 문서실Internationalen Antifaschistische Atrchiv'에 설치되어 있었으며, 1935년에는 망명객들의 교육을 위한 '자유독일대학Freie Deutsche Hochschule'이 설립되어 있었다. 그리고 같은 해(1935)에 파리에서 처음으로 '문화방어를 위한 국제작가회의Internationale Schriftstellerkongress zur Verteidigung der Kultur'가 개최되었고, 1937년에는 '1837년에서 1937까지의 파리 독일서적전시회Das deutsche Buch in Paris 1837 bis 1937'가 문화선전운동으로 개최되었다. 그런데 이러한 전시회는 나치독일의 문화선전과도 무관하지 않았다. 새로운 독일을 국제적으로 알리려는 시도에서 정치성을 띤 문화운동이 진행되었던 것이다. 그러나 망명객들은 프랑스의 친구들과 연계하여 망명객신문 등에 자신들의 사상과 정보교류를 통해 보다 나은 다른 독일을 홍보하려 했다. 1935년에 있었던 '작가회의'나 시인낭독회, 토론회 등에는 브레히트와 안나 세거스, 리온 훠이트방거, 보도 우세Bodo Uhse 등이 참여했고, 이러한 모임에 자주 등장한 사람이 철학자 한나 아랜트Hannah Arendt(1906- 1975)였다. 그녀는 아동심리학자 윌리암 스태른William Stern의 아들이며 정치철학자였던 군터 스테른Gunther Stern과 결혼한 한나 스테른Hannah Stern이다. 군터 스테른은 나치시대에 익명을 요하는 군터 안델스Gunther Anders(1902- 1992)란 필명으로 활동한 철학자로서 전후에 있어서는 아우슈비츠 수용소의 참극과 히로시마 원폭피해를 증오한 나머지 초국가주의적 인도주의와 반핵평화주의적 도덕주의를 펼친 유대주의사상가이기도 하다. 그는 핵위협에 대해서는 단호히 긴급방어권을 가져야 한다고 주장함으로써 1982년 아도르노 상을 받기도 했다. 또한 군터 안델스는 한나 아렌트와 함께 훗살과 하이데거의 제자이기도 했다. 이들은 1933년 이후 파리로 망명했으나 지온주의의 이념적 영향 때문에 서로 헤어진 것으로 추측되고 있다. 그 후 군터 안델스는 뉴욕으로 가 독일계 유대인 이민잡지였던 <건설Aufbau> 주간지에서 활동하다가 1950년 다시 비인으로 귀국해 자유작가로 활동하였다.

그러나 한나 아렌트는 옛 공산주의자였던 두 번째 남편 하인리히 부류헤르Heinrich Blucher와 재혼하고 1941년 뉴욕으로 가서 <건설>잡지에 정치적 칼럼니스트로 활동하기도 했다. 그녀는 지온주의에 따른 이스라엘 국가건립에는 원칙적으로 찬성하였으나 이스라엘의 과도한 정치적(군사적) 이슈 때문에 후일에는 이에 비판적인 생각을 갖게 된 인도주의 철학자였다. 그녀는 10개의 명예박사학위와 함부르크시의 레싱 상(1959), 어문학아카데미에서 수여하는 프로이트 상(1967)을 받은 바 있고, 프린스턴대학과 하버드대학에서도 초빙교수로 일한 후 1963년부터는 시카고대학교수로 활동했다. 그녀는 다른 사상을 지닌 사람들과도 공생할 수 있는 생각을 가져야 한다는 사상을 강조하고 있었다. 사람이 정치적 판단행위를 할 때는 칸트의 '판단력비판'과 연관지어 '사유와 의욕, 그리고 판단'이란 자율적 순서로 연계시켜야 하며, 이해하려는 행위의 연관 속에서 모든 판단을 내려야 한다고 믿고 있었다. '왜냐하면 판단행위란 한편으로는 하고자 하는 의욕으로 표식되는 가상세계와의 접촉을 올바르게 설정하여야 하고, 다른 한편으로는 사유라는 날개로 의미 있는 욕구를 충족시켜야 하기 때문'이라고 했다. 비록 그녀가 1933년 이후 망명생활을 하였다 해도 그녀는 언제나 존재하는 현실을 역사적 연관관계 속에서 이해하고, 공정하고 깊이 있는 사유 속에서 판단해야 한다는 사상을 지니고 있었다. 그리고 이러한 그녀의 사상은 자신의 저서『정신의 생명The Life of Mind=Vom Leben des Geistes』(1977/78) 3권『판단Das Urteilen』(1982)에서 강조되고 있었다.[19]

그렇기에 한나 아렌트는 미국으로 망명한 후에도 극단적인 반공정책을 펼쳤던 공화당의원 '매카시시절Mccarthy Ara'이나 월남전과 워터게이트스캔들에 대해서 비판적인 논객으로 활동하게 되었으며, 모든 정치적 이슈에 관해 객관적인 논조로 비판하려 했다. 그녀의 이러한 비정치적 객관적 태도는 그녀가 벤야민과 함께 파리망명생활을 할 때도 마찬가지였다. 그녀는 벤야민이 카프카 에세이에서 숄렘이나 브레히트의 사상적 영향과는 무관하게 자신의 독자적인 판단에 따라 카프카 해설을 갖으려 했던 그의 태도에 같은 입장에서 동정하고 있었던 것이다. "벤야민은 카프카 에세이에서 막스 브로드의 과도한 신학적 카프카 암시를 거부하고 있었다."[20] 그는 정말로 독단적 생각을 지녔던 것이다. 벤야민은 카프카가 젊었을 때(1917년경) 연탄도 없이 가난한 추운 골방에 움츠리며 살던 사실주의적 현실세계에서 희망적인 탈출구를 찾으려 한 그의 표현주의적 환상세계를 유물론적 시각에서 보려 했기 때문에 그의 독단적인 카프카 인식이 그녀에게는 동정적이 되었을지 모른다. 이러한 카프카의 어려웠던 삶의 세계는 카프카의 단편소설『연탄장사der Kübelreiter』(1921년 12월 25일자 프라하 프레스에 발표됨)에서 사회적 현상에 대한 풍자적 호소로 표출되고 있었다. 그뿐만이 아니다. 한나 아렌트가 벤야민에 동정적이었던 것은 벤야민이 걸어온 전이과정이 같은 시절에 그녀가 걸어온 변천과정과 유사하기도 했기 때문이다. 벤야민이 젊어서 형이상학에서 사회학 또는

---

19) 참고: hg.v. Bernd Lutz: Metzler Philosophen Lexikon. Stuttgart. 1989. S.37.
20) 참고: Hans Mayer; Der Widerruf.. S. 421.

마르크스주의적 사상으로 옮겨갔고, 문학적 관심에서도 예언적이며 신비적인 신낭만주의작가 스테판 게오르게Stefan George(1868-1933)로부터 시작하여 호프만스탈Hugo von Hoffmannstahl(1874-1929)의 인상주의적 신낭만주의와 칼 크라우스Karl Kraus(1874-1936)의 문화비평적 풍자문학을 거쳐 브레히트Bertolt Brecht(1898-1956)의 사회비평을 위한 좌파적 풍자문학으로 옮겨간 변화과정이 한나 아렌트가 형이상학적 철학수업에서 신비주의적 낭만주의를 거쳐 좌파적 사회비평가로 옮겨간 인생편력과 유사했기 때문에 이들의 관심사는 파리 망명시절에도 일정부분 공유되고 있었던 것이다. 그리고 그녀 역시 벤야민과 같은 처지에서 유대계 출신임을 의식하지 못하고 완전히 독일문화에 동화된 상태에서 공생하려 했었기 때문이다.

그녀가 태어난 곳은 칸트의 출생지 쾨니히스베르크였다. 이미 16세 나이로 칸트의 『순수이성비판』과 야스퍼스의 『세계관철학』을 읽었다. 베를린대학에서는 고전문학과 기독교신학을 로마노 과르디니Romano Guardini에게서 수강했으며, 키에르케고르의 영향을 받아 마부르크대학에서 하이데거와 불트만의 강의를 듣고, 프라이브르그에서는 훗살 강의를, 하이델베르크에서는 야스퍼스의 지도 아래 1928년 『아우구스틴의 사랑개념Liebesbegriff bei Augustin』으로 박사학위를 취득했다. 그녀는 독일낭만주의에 관심이 많았기에 그녀의 친구였던 벤노 휜 비제교수의 자극을 받아 『낭만주의에 있어서 한 독일유대계 여성의 인생사The Life of Jewish Women=Lebensgeschichte einer deutschen judin aus der Romantik』(1957)를 집필하기도 한 독일정신문화에 동화된 전형적인 독일철학자이다.

그런데 이러한 뛰어난 지성인들이 공산당의 제국국회방화사건 이후 반나치주의적 사회주의지성인으로 추방되어 망명의 길을 떠나야 했으니 이들에게 있어서는 상상할 수 없는 충격이었다. 여기서 중요한 것은 이들이 비록 파리에서 망명생활을 하였다할지라도 이들은 이곳에서 독일문화를 보살피기 위해 적극적인 참여를 게을리 하지 않았으며, 파리를 떠날 때까지도 끊임없는 애정을 갖고 독일문화 속에 공생하려 했다는 점이다. 이들이 지온주의에 의해 이민의 길을 떠났건 나치주의에 의해 추방되었건 이들의 마음 한 구석에는 타고난 고향독일에 대한 애정이 함께 하고 있었기에 비록 이방인 지역에 가 있었다 해도 마음은 항상 독일에 다가서고 있었던 것이다.

그런데 이러한 유대계 지성인들이 파리망명(1933)을 전후로 해서 대부분 사회주의적 인도주의정신에 젖어있었던 이유는, 시대의 사조가 볼셰비즘적인 국제주의혁명에서 온 영향도 있었겠지만, 이보다는 유대인들의 끊임없는 인본주의적 해방운동과 평등주의사상이 정치적인 면에서나 신앙적인 면에서 지속되고 있었기 때문에 더욱 그러했다. 그렇기에 이들이 표방하고 있었던 것은 역시 생존권의 자유와 인도주의적 평등사상이었다. 그러나 불행히도 나치정권의 탄압에 의해 생존권이 말살되어갔으니 그들의 독일에 대한 원한은 표현할 수 없을 정도로 커져간 것이다. 특히 1939년 9월 1일 프랑스가 전쟁 상황에 돌입하게 된 이후부터는 프랑스에 와있는 망명객들의 처지도 암담해졌다. 이들은 독일에서도 추방대상이 되었지만 프랑스에서도 불신의 대상이 되었다. 프랑스정부는 독일과의 전쟁이 시작되자 망명객들을 적성국의 시민으로 간주하고 이들을 불신하게 되었으며, 자국민의 보호를 위해서 이들을 합법적으로 체포하고 구금하는 일을 전개하여야 했다. 전쟁이 발발한 지 불과 3일 만인 1939년 9월 4일에는 50세 미만의 독일망명객들을 이틀간 조사한다는 명목으로 일정 장소에 수용하기에 이르렀다. 이미 10일 내에 수만 명의 독일망명객들이 파리 근교에 있는 자전거경기장에 수용되어 고초를 겪게 되었다. 지붕도 없고 의자도 침대도 없는 곳에서 굶주림과 함께 고통을 당해야만 했다. 발터 벤야민도 그곳에 수용되었던 것이다. 그리고 2주 후에는 연령을 55세로까지 상향조정하여 체포함으로써 그곳에서 고초를 당한 사람은 더욱 많아졌으며, 그곳에서의 고초는 독일수용소에서의 고통과 똑같았다.[21] 벤야민도 이 시기에 심장병의 중환자가 되었다. 그뿐만 아니라 이곳에서 절망적인 상황에 놓인 사람들은 자살을 최후의 선택으로 생각하게 되었으며

---

[21] 참고: hg.v.Konrad Scheuermann: Fuer Benjamin. S. 92

미국으로의 망명을 희망으로 생각하게 된 것이다. 작가 칼 아인슈타인Carl Einstein(1885-1940)이나 에른스트 바이스Ernst Weiss(1882-1940), 발터 하젠클레 버Walter Hasenclever(1890-1940)의 자살은 바로 이러한 역경에서 선택된 행위였다. 여타의 사람들은 역시 미국을 새로운 꿈을 실현시킬 수 있는 유일한 희망지로 선택하게 되었다. 그러나 이러한 미국으로의 이민도 쉬운 일은 아니었다. 이미 1933년 이후 '그 누구도 미국으로 올 수 있는 권리를 가진 것은 아니다'라는 미국정부의 선언이 있은 후 미국입국사증을 발급받는다는 것은 대단히 힘든 일이 되었으며, 그나마 1940년에 와서는 제도적으로 입국비자발급이 지연되고 있었기에 더욱 어려워졌다. 이에 벤야민은 1936년에 망명객들이 모스크바에서 발행하고 있는 <말Das Wort>잡지에 문학적 정치운동의 일환으로 '파리인의 편지Pariser Brief'와 '앙드레 지드와 그의 새로운 적 Andre Gide und sein neuer Gegner'이란 글을 기고한 일이 있어 1939년 7월 4일자로 독일비밀경찰에 의해 국적을 상실한 상태에 있었다(국적상실. 독일외무성 정치자료실 R99800). 그렇기에 그는 여러 사람의 도움으로 프랑스국적을 얻어 미국비자를 얻는 데까지는 여러 우여곡절이 있었다. 하지만 프랑스를 떠기 위해 필요한 출국비자가 결여되어 그의 미국행은 좌절되고 자살하고 만다 (1940년 9월 27일).[22]

참으로 불행한 일이었다. 이러한 벤야민의 죽음에 대해서는 한나 아렌트도 예측하지 못한 일이었기에 충격은 더욱 컸으며, 게르숌 숄램도 벤야민의 사후에 에루살렘에 있는 자신의 저택에서 항시 그와의 과거사를 돌이켜 생각하며 지냈다 한다. 왜냐하면 숄램은 벤야민을 알게 된 초기부터 그를 특이한 창조적 시인으로 바라보고 있었기 때문이다. 그의 서정적, 신학적 산문에세이(소네트)와 학위논문, 교수자격논문에 표현된 언어들, 그의 잠언집『일방통로』와 방송텍스트 <통로> 작품에 사용된 언어들, 그리고 파리에 관한 텍스트와 거대한 모자이크로 짜인 인용구들의 언어들이 특이한 문학적 성격

---

22) 참고: 같은 책. S. 97-109

을 지니고 있었기 때문이다. 그의 문체양식이나 언어구사는 벤야민의 말대로 "내가 같은 세대의 다른 작가들보다 더 나은 독일어로 글을 쓰고 있다면, 이 는 내가 20여 년 동안 자그마한 나의 규칙으로 지켜왔던 유일한 좋은 습관 에 감사하여야 한다. 즉 이 자그마한 습관규칙이란 내가 편지를 제외하고는 전혀 사용하지 않는 말을 만들어 쓰고 있었다"는 점이다.23)

여기서 '사용하지 않는 말'을 창조해서 사용하고 있는 그의 서술기법은 암시적인 은어를 통해 인간이 사유하고 느끼게 하며 다양한 문체의 가능성을 열어놓으려는 특이한 서술방법을 의미한 것이다. 벤야민은(프루스트에 관한 언급에서) 모든 위대한 작품은 나름대로의 특이한 장르적 특성을 지니고 있으며, 말로서 특이한 경우들을 해소시킬 수 있는 창조적 힘을 갖고 있다고 믿었다.24) 그렇기에 한나 아렌트는 벤야민의 서술기법은 신비적인 은유를 많이 사용한 기법으로 보고 다음과 같은 그의 문학적 특성을 지적하고 있었다. "벤야민이 어렵게 이해될 수 있는 것은 그가 시인이 아닌데도 시적으로 생각하게 하고 있다는 점이며, 그렇기에 그에 있어서의 메타퍼(은유)는 언어의 신비스러움이 가득한 선물이 되고 있다. 왜냐하면 그가 사용한 언어의 메타퍼는 불투명하게 보이지 않는 것을 의미 있게 하고 체험할 수 있게 옮겨놓을 수 있다는 점에 있다."25)

이처럼 벤야민의 기법은 '보이지 않는 것을 상징적 의미로 체험할 수 있도록 하는' 창조적 힘을 지니고 있었기에 숄램도 그의 메타퍼문학을 새로운 상념의 세계를 창조하여 신비롭게 전해주는 상징적 존재세계로 인식하고 있었던 것이다. 즉, 작가가 모든 작품세계를 하나하나의 신학적 상징세계로 새롭게 태어나게 하고 있다는 뜻에서 작품을 창작하는 창조행위에 있어서 천사론을 숄램은 거론하고 있었던 것이다. 우리들의 세계를 창조하는 천사의 모습이 기독교적인 의미를 암시하건 유대교적인 의미를 예시하건 이와는 관

---

23) 참고: W. Benjamin: Gesammelte Schriften. unter Mitwirkung v. W., Adorno und G. Scholem. Hg. v. R. Tiedemann und H. Schweppenhaeusen. 7Bde. Frankfurt/M. 1974-1991. Bd. VI. S. 475
24) 참고: W. Benjamin: 같은 전집. II/I. S.310
25) 참고: H. Arendt: Benjamin, Brecht. Muenchen.1971. S.22

계없이 천사론의 주제는 중세시대에 있어서의 스콜라적 신학에서 주장되는 개체 인간을 위한 창조행위뿐만 아니라 천사가 온갖 힘을 다하여 새로운 씨앗을 태어나게 하는 새로운 창조적 상징모습으로 거론되고 있었던 것이다. 그렇기에 숄램의 천사론은 공리공담의 사유에서 생성되는 창조적 상징이 되고는 있지만, 성서나 탈무드에서 아름답게 불리는 새로운 노래들이 새로운 천사에 의해 창조되어 노래되고 있듯이, 벤야민의 메타퍼를 통한 문학세계도 새로운 천사에 의해 새로운 상징세계가 새롭게 창조되고 있다고 본 것이다. 따라서 숄램은 벤야민의 문학세계를 창조적 천사론으로 흠모하고 있었던 것이다. 사실상 숄램은 그의 천사론이 벤야민의 사상세계를 상징이나 하듯 천사모습을 벤야민이 좋아했던 현대화가 파울 클레(Paul Klee(1879~1940)의 작품 <새로운 천사Angelus Novus>에서 찾고 있었다. 이 그림은 벤야민이 1920년 파울 클레로부터 직접 사들인 세계적인 작품이었다. 그는 이 그림이 암시하는 상징적 의미를 자신의 작품에 담으려고 오랜 기간 관찰하기도 하고 소중하게도 생각했다. 이에 숄램도 이 그림이 암시하는 역사철학적 의미가 너무나 깊었기에 <새로운 천사>에 『역사의 천사Engel der Geschichte』라는 시를 지어 증정하기도 했다. 이 그림이 예시하는 의미는 과거와 현재의 역사 속에서 미래를 고민하는 유대인들의 처절한 번뇌를 담고 있었다. 숄램의 증정시는 다음과 같다.

"나의 날개는 날 준비를 다하고 있지만/ 되돌아가기를 좋아한다네/ 생동하는 시대에 살고는 있다지만/ 행운이 없다네." 하며 당시 절망적이었던 자신들의 고뇌를 전하고 있다. 이는 독일계 유대인들이 동화되어 살아왔던 정든 독일 땅을 떠나야만 하던 시기에 독일에 대한 애정과 불확실한 미래에 관한 착잡한 심경을 역사철학적 입장에서 토로한 시였다. 그렇기에 벤야민 사후 숄램은 그가 죽을 때까지 예루살렘에 있는 자신의 집 식탁 건너편에 클레의 그림을 걸어놓고 부인과 함께 항시 <새로운 천사>를 바라보며 지냈다 한다. "그림은 크지 않고 자그마한 것이었다. 그림에 담긴 역사의 천사는 앞을 바라보는 것이 아니라 뒤를 바라보며 눈구석으로 슬쩍 뒤쪽을 훔쳐보는 모습이었다. 그림의 기본색은 불그스레한 갈색이었다. 천사가 훔쳐 흘겨보는 것은 바로 미래였다. 미래는 폭풍 속에서 걱정스럽게 원망에 찬 듯 그의 날개깃을 잡아당기는 형세였다. 그러나 천사의 얼굴과 몸체는 지금까지의 초월적 시간으로 돌리는 것이 아니라 떨어져나가는 과거로 돌리는 것이었다. 왜냐하면 과거는 떨어져나가는 것이 아니고 참혹한 오점과 위대한 업적으로 점철된 채 현재의 연장선에 머물고 있기 때문이다."[26]

그렇기에 이 그림이 주는 의미는 현재의 과거 속에서 미래를 점쳐보는 역사철학적 의미를 지니고 있었다. 숄램은 지온주의에 따라 이스라엘로 귀의하여 살고 있었지만 독일에 대한 애정은 먼 곳에서나마 끊을 수 없어 역사의 업적과 오염으로 점철된 과거를 회상하고 있었던 것이다. 벤야민 역시도 독일을 사랑하고 독일에서의 공생을 염원했지만 끝내는 목숨을 끊어야만 했던 슬픈 운명을 맞이하였다. 이에 숄램은 벤야민이 좋아했던 클레의 그림을 바라보며 독일에 있어서의 과거를 회상하면서 벤야민을 흠모하고 있었던 것이다. 왜냐하면 클레의 <새로운 천사>는 유대인의 미래가 보이는 과거의 뿌리를 찾으면서도 독일에 대한 애정 어린 사랑을 돌이켜보게 하는 상징적 의미가 되고 있었기 때문이다.

멀리서 하는 사랑, 연심

유대인은 독일인과 함께 동화되어 살아왔으면서도 참혹한 비극으로 헤어져야 했던 애정과 슬픔의 역사를 지니고 있다. 그렇기에 오랜 기간 독일에서 공생하며 독일문화에 동화되었던 유대인으로서는 독일에 대한 애정이 남다르게 깊다. 문화적 의식 속에서도 거의 독일인과 같으며, 사실상 독일시민으로서 독일의 문화제도 속에서 교육받고 대대손손 살아왔다. 그러한 이들이

---

26) 참고: Hans Mayer: Der Widerruf. S. 425.

독일로부터 추방되고 참살 당했으니 독일에 대한 이들의 애증은 이루 말할 수 없는 것이다.

　이러한 비극의 원인에는 정치적 이유가 있었겠지만, 종국적으로는 인간이 해서는 안 될 역사적 오류를 범한 것 때문이다. 그렇기에 인간이 새로운 역사적 인식 속에서 화해와 용서를 구한다면 불가능할 것도 없다. 그간 독일에서는 전후 꾸준히 화해와 용서를 구해왔다. 그 결과 서로의 불신도 많이 해소되었다. 왜냐하면 유대인과 독일인사이에는 서로의 문화적 혈연관계로 동화되어 살아왔기에 이들간에 발생한 증오도 인간이 진심으로 화해하고 용서를 구한다면 어렵지 않게 불식시킬 수 있으며 새로운 애정관계를 복원시킬 수도 있기 때문이다. 그렇기에 유대인들도 독일에 대한 애정을 쉽게 단절하지 못하고 거리를 두고서라도 그들이 살아왔던 독일을 그리워하며 사랑하고 있는 것이다.

　이에 1966년 8월 4일 브뤼셀에서 세계 제5차 유대인회의가 있었다. 이 자리에서 유대인과 독일인관계의 주제연설을 했던 게르숌 숄램은 화해와 용서의 일환으로 막스 브로드가 언급한 '멀리서 하는 사랑, 연심(거리를 둔 사랑)'을 소개하고 나섰다. "막스 브로드는 독일인과 유대인간의 이상적 관계로 '멀리서 하는 사랑, 연심'을 언급하고 있다. 거리를 두려는 의식은 서로간의 친밀성을 방해하는 것이지만 서로를 멀리하려는 감정에서는 서로를 가까이 했으면 하는 소망이 솟아오르므로 거리를 둔 사랑은 변증법적 개념에서 쌍방을 잇는 가교를 완성시키고 있다. 확실히 이러한 거리를 둔 사랑은 오늘날의 문제가 있는 이 시대에 양측이 서로 이해할 수 있는 해결이 될 수 있다. 하지만 막스 브로드는 이러한 문제를 이미 인식하고 있었던 것이다. 사랑이 있는 곳에는 거리를 두려는 감정이 사라지는 것인데 이는 유대인에게 해당된 일이었고, 거리를 두려는 곳에서는 사랑이 싹트지 못하는 것인데 이는 독일인 대부분에 해당된 일이었다. 이에 독일에 대한 유대인의 사랑은 유대인에 거리를 두려는 독일인의 강조된 거리와 상응했다. 확실한 것은 서로 '거리를 둔 사랑'으로부터는 보다 나은 서로간의 이해와 선한 착한 마음, 그리고 개방된 생각들을 가져올 수 있다고 보는 것이다. 헌데 역사의 가정법은 항시 그러하지를 못했다. 그리고 만일 우리가 지금 옳다고 생각하는 거리를 둔 사랑이 유대인과 독일인간에 억누를 수 없게 제기되어왔던 위기에 지온주의적 대답으로 응수한 것이었다면 지온주의적 전위대의 해결은 이미 늦은 것이었다."[27]

차라리 일찍부터 독일계 유대인들이 지온주의정신에 따라 지난 세대들의 참상을 예방할 수 있는 별도의 대책과 스스로의 비판을 게을리 하지 않았더라면 비극의 폭은 줄일 수도 있었을 것이다. '거리를 둔 사랑'은 서로 인간적, 문화적 존엄성을 전제로 한 동경과 향수, 연민의 정을 통해 좁힐 수 있는 개념이다. 독일인들은 전후 꾸준히 과거의 참상을 잊지 않고 속죄와 화해, 용서를 구해왔다가 드디어 2005년 5월 10일에는 베를린시 한복판에 홀로코스트추모비가 전후 60년 만에 건립되었다. 600만 명의 희생을 추모하는 비석이 19,000㎡ 면적에 2,711개나 되는 네모난 비석들로 파도처럼 물결치게 설치된 것이다. 반면에 유대인들도 이미 독일대통령의 이스라엘예방을 환영으로 맞이한 바 있었다. 물론 화해의 손길은 아직도 멀지만 말이다. 하지만 그간 독일과 이스라엘간의 관계는 여러 면에서 선린관계로 돌입하고 있는 것이 사실이다. 현재 2000년도만 해도 청소년들이 매년 양국에서 8천 내지 1만 명이 교류하고 있다. 그중 60%는 독일청년들이 차지하고 있다. 그뿐만 아니라 매년 150명씩의 독일청년들이 현재도 군복무 대신 민간인봉사원으로 이스라엘의 병원과 양로원 등에서 일하며 존경을 받고 있다. 2000년에 라우 독일대통령이 이스라엘을 방문했었을 때부터는 그의 제안에 따라 매년 100명의 이스라엘학생들이 '요한네스 라우 대통령장학금'으로 독일유학을 하고 있다. 지금까지는 전혀 불가능했던 독일어교육도 이제는 몇몇 고등학교에서 제3외국어로 선택되고 있다. 텔아비브의 괴테문화원에서는 매년 700명의 학생들이 독일어과정을 마치고 있다. 독일의 바이에른 뮌헨축구팀이 텔아비브

---

[27] 참고: 같은 책. S.426.

에서 친선경기(2004)를 함으로써 스포츠교류도 시작되고 있다.[28] 이민 갔던 독일계 유대인들도 다시 독일로 돌아와 현재(2003년) 약 10만 명 이상이 살고 있다.[29]

독일계 유대인작가들은 현재로는 생존자가 줄어들고 있지만 제2세들이 등장하고 있다. 파리에서 활동하다 세느강에서 자살하고만 파울 셀란Paul Celan (1920-1970), 스톡홀름에서 활동하다 그곳에서 사망한 넬리 삭스Nelly Sachs (1891-1970), 런던과 프라하 등지로 망명했다가 스톡홀름에서 생을 마친 페터 바이스Peter Weiss(1916-1982) 등 전쟁세대를 거쳐 이제는 전후태생의 젊은 2세들이 등장하고 있는 것이다. 이들 대부분은 전후 외국에서 성장했던 사람들이지만 부모들이 독일어를 모국어로 구사할 수 있는 작가들이다. 그들 가운데는 동베를린에서 태어나 프랑스 스트라스부룩에서 활동하는 바바라 호니그만Babara Honigmann(1949-)이 있고, 프라하출신으로 현재 독일에서 활동하고 있는 막심 빌러Maxim Biller(1960-)가 있다. 뉴욕태생으로 1980년 이래 베를린에서 활동하고 있는 이레네 딧쉐Irene Dische가 있고 모스크바출신으로 동독에서 성장한 울라디미르 카미너Wladimir Kaminer(1967-)가 있다. 그리고 이스라엘에서 출생하여 1957년 이후 독일에서 활동하는 라파엘 셀리그만 Rafael Seligmann(1947-)이 있고 텔아비브에서 태어나 1964년부터 비인에서 활동하는 도론 라비노비치Doron Rabinovici(1961-)가 있으며 독일에서 태어나 이스라엘에서 학업을 마치고 현재 파리에서 활동하고 있는 길라 루스티거 Gila Lustiger(1963-)가 있다. 특히 나치수용소에서 살아남은 5,000명 가운데 한 사람의 어머니를 둔 독일태생 작가 에스테르 디세라이트Esther Dischereit (1952-)는 대량학살 추모일에 고등학교학생들과의 대화에서 다음과 같은 말을 남긴 적이 있다. 아마도 이 말이 이들 세대들의 일반적인 생각을 대변하고 있는지도 모른다.

"한 여학생이 질문하기를 당신은 아직도 여전히 유대인처럼 존재하고 있

---

28) 참고: Aus Poltik und Zeitgeschichte. 15/2005. S.7
29) 참고: Das Parlamant.2003. August. 4. S.1

다고 생각하십니까? 했더니 일언지하에 그녀는 '아침식사 때부터 유대적인 존재를 생각하지는 않는다'고 대답했다." 이는 새로이 태어난 젊은 세대에서는 유대적인 존재를 처음부터 생각해서는 안 된다는 의미였다. 이들은 유대적인 존재의미를 추구한다기보다는 오히려 나치시대의 과거 속에서 그들의 부모들이 체험했던 처절한 생활 속에서 인간적인 삶의 존재의미를 차분하게 찾아보는 것이 더 큰 의미가 있다고 보는 것이었다. 그리고 이러한 그들의 태도가 또한 오늘날 제2세대 작가들의 보편적인 생각이 아닌가 한다.[30]

　　그렇기에 전후세대의 독일계 유대작가들도 더 적극적으로 과거사에 대한 불행을 순화시키려는 듯하다. 그들은 아직도 독일사회에 잔재하고 있는 그들에 대한 혐오와 냉대에 자유로운 언어구사와 육체적 행위를 통해 과거사에 대한 속죄와 화해를 요구하고 있다. 디세라이트는 시집『골렘이 나의 마음을 열어주었을 때Als mir mein Golem offnete』(1996)에서 "나는 나의 피부에서 색깔을 벗기고 알몸을 내밀고 있다." 함으로써 더욱 대담한 매춘적 자세로 그들의 부모형제들이 입었던 희생자로서의 정신적 피해와 사회적 불안을 현재의 독일사회에 시금석으로 적나라하게 드러내 보이면서 독일인에 대한 속죄와 화해의식을 묻고 있다. 즉, 그녀는 유대인의 과거운명을 만신창이가 된 창녀들의 여성적 모습으로 드러내 보임으로써 독일인에 대한 마음의 카타르시스를 요구하고 있는 것이다. 그러나 이러한 디세라이트의 도전적 물음은 결국 모든 사회적 냉대형식에 대한 비판적 관찰자로서의 태도인 것이다. 그리고 이러한 관찰자로서의 태도를 통해 독일인과 유대인간의 갈등을 한 차원 높은 인간적 이해 속에서 해소하려 하고 있다.[31] 그렇기에 전후 2세대들이 요구하는 비평적 태도란 과거 그들의 부모세대들이 겪은 참상을 전하면서 속죄와 화해의식을 새롭게 깨우치려는 태도라 보겠다.

---

30) 참고: Joerg Magenau: Gibt es eine deutsch-juedische Literatur?. In: Das Parlament.2003. Aus.,4. S.2.
31) 참고: hg.v. Andreas B. Kilcher: Der deutsch-juedishe Literatur. S. 110-112.

유럽문화 속의 독일인

7장_ 독일인의 특성에 관한 문화적 산책

마담 스탈이 본 독일인의 성격과 관습

프랑스작가 마담 스탈Anne Louise Germaine Stal-Holstein(1766-1817)은 『독일에 관하여De L' Allemagne』(1810)라는 그녀의 주저 2장에서 '독일인의 성격과 습관'에 관해 언급한 적이 있다. 본인은 우선 그녀의 인상기 일부를 그대로 옮겨 소개해보려 한다. 왜냐하면 그녀의 인상기가 우리에게 적지 않은 공감을 느끼게 하고 있기 때문이다.

독일은 상이한 종교와 정부형태, 기후와 민족계보들을 갖고 있어 하나의 관점으로 들여다볼 수 없을 정도로 다양하다. … 남부독일은 여러 관계에 있어 북부독일과 다르다. 북부독일의 상업도시들은 남부독일의 대학도시들과 같지 않다. 자그마한 영주국가들도 프러시아와 오스트리아 두 군주국과는 판이하게 다르다. 독일은 여러 군소영주국가들이 모인 국가연방이다. 제국 내에는 정신적인 중심지가 없으며, 공개적 여론의 중심도 없다. 그리고 종합적인 국가(Nation)가 형성되지 못해 연방간에는 이렇다 할 구속력이 없다.
그러나 이처럼 정치적 파워가 파멸될 수도 있는 독일의 분열상태는 많은 천재들이나 상상력이 가질 수 있는 모든 시도들을 가능케 하는 데 지극히 유리하다. 특히 문학적인 영역이나 형이상학적 영역에서는 모든 사람에게 허용되고 있는 개개인의 세계관을 완전히 자유롭게 개발할 수 있는 일종의 온건 평화적인 무정부주의가 지배한다.

독일에는 사상가들이 사교적 모임을 가질 수 있는 수도가 없다. 그래서 사교적 모임정신은 비교적 약하다. … 작가들이나 철학자들 대부분도 적막한 은거지 아니면 고작해야 자신들이 지배하고 있는 자그마한 모임 가운데서나 작업을 한다. 각자는 모두가 나름대로 제약 없는 상상력을 동원하여 일하며, 정신적 유행의 영향이 문제가 될 때도 각자 나름대로의 상이한 생각을 갖고 수용하려는 개별적인 노력을 기울인다. 그러나 프랑스에서는 이와 반대다. 프랑스사상가들은 몽테스키외의 사상이 볼테르를 거쳐 계속 좋은 사상으로 유지되도록 노력한다. 즉 그 사람은 모든 세계를 소유하고 있는 정신을 다른 누구보다도 더 많이 소유하고 있다고 말이다. 그런데 독일의 작가들에게는 자기 모국의 사상가들보다는 오히려 외국사상가들의 사상을 모방하려는 경향이 있다. 문학과 정치에 있어서도 독일인은 외국에 대해 너무나 많은 경의를 표하고 있으며 자국에 대한 국민적 우월감이 적다.

한편 영국인의 자랑은 정치적인 유용성에 있다. 프랑스인이 갖고 있는 자신들에 관한 자랑스러운 생각은, 항상 자신들의 사상이 유럽의 사상적 영향에 대단한 공헌을 하고 있다는 점이며, 고귀한 스페인 사람들이 갖고 있는 자랑은 무적함대 당시 세계의 일부를 지배했던 주인이 자신들이었다는 점이다. 그런데 독일은 나라가 무수한 영주들에 의해 지배되고 있고, 여러 개로 분할되어 있어서 그리 강한 나라가 아니었다. 독일인들은 대략 작센사람과 프러시아사람, 바이에른사람과 오스트리아사람으로 나뉘어져 대변되고 있었다. 이렇게 독일이 분할되어 있는데도 독일인들의 공통적인 특징은 다음과 같이 설명될 수 있겠다.

독일인들은 일반적으로 정직하고 성실한 국민이다. 그들은 약속을 어기는 법이 없고 사기성과 기만과는 거리가 멀다. 만일 독일에서 이러한 사기와 기만의 잘못된 일들이 발생된다면, 그들은 속임을 당하지 않기 위해서라도 이에 대처할 것이며, 남을 속이려는 외국인에 대해서도 철저하게 대처하려는 노력을 기울일 것이다. 또한 독일인들은 오성과 마음의 정서를 통하여 자신들의 성품 내에서 갖고 있는 강점들을 통찰하고, 성실하고 솔직한 자신들의 습관을 통하여 남을 속이려고 간계를 꾸미려는 사람들을 무력하게 만든다.

나에게 있어서는 도덕성이 결여된 행위란 빛을 두려워하는 행위이며 위험한 일로 증명되는 것 같다. 그럼에도 불구하고 로만스계의 국민들은 정치적 기교(예술)에 있어 모든 의무는 이행치 않고 목적만을 무한히 통달하려는 정치를 가끔 추구한다. 그러나 독일국민은 이와 반대다. 독일인은 자신의 명예를 위해서라도 모든 윤리적 진리를 장점 순위로 종속시키려고 한다든가 계산속에서 모든 의무를 희생시키려 하는 무모한 활동은 모두 무력하게 만든다. 그들은 그들의 명예를 충족시킬 필연성을 위해서라도 그들의 도덕성과 잘못된 일을 정당하고 공평하게 처리하려 노력하고 있는 것이다. 또한 일을 잘하고 심사숙고도 잘하는 중요한 능력이 독일국민의 성격적 특징이다. 이러한 능력은 문학적 본성이나 철학적 본성에서도 잘 나타난다.

독일인의 성격을 각인시키는 것은 상상력이다. 당시 우수한 작가 중의 한 사람인 장 파울 리히터(J. P. Richter)의 잠언에 따르면, 바다의 지배자는 영국인이며 육지의 지배자는 프랑스인이지만, 공중의 제국은 독일인에게 속한다고 했다. 실제로 독일에서는 거대한 상상력을 창출한다는 것이 중요하지만 또한 한계였다. 이들의 상상력은 생각을 일으키면서도 어딘가로 사라지고, 영감처럼 스며들면서도 깊은 곳으로 사라지며, 공정성을 통해 지양(止揚)하면서도 분석을 통해 모호해지는 경지다. 즉 상상력의 장점들을 최대한 사용함으로써 어떤 부족함을 없애는 경지다.

만일 프랑스인이 독일로 오게 되면, 독일생활에 적응하기 위해 처음에는 독일인들의 느릿함이나 느슨한 게으름에 익숙해지려 노력해야 한다. 그들은 급하지도 않은 성격 탓에 사방에서 일어나는 장애되는 일들에 대해 '그것은 불가능해!' 하며 한숨소리만 자주 자아낸다. 이러한 소리는 프랑스에서보다 수백 번이나 더 많이 듣게 된다. 독일인은 매사를 행동으로 옮길 때 어려움에 대해 싸우려 하지 않는다. 그리고 힘에 대한 그들의 존경심도 이기적인 충동에서보다는 숙명적인 신앙심에서 튀어나온다. 낮은 계층의 사람들은 누군가가 자신들을 일상적인 방법으로 괴롭히려 할 때면 약간 거칠게 나온다.

본성적으로도 이들은 귀족들보다 모든 나라에서 국민적 속박으로 형성된 낯선 예절이나 습관언어 등에 대해 거부적 반감을 갖고 있다. 뇌물로 제공되는 돈도 그들의 행동양식에는 아무런 영향을 미치지 못한다. 그들에게 가해지는 두려움도 원칙을 배반하도록 하지는 못한다. 간단히 말해서 그들은 모든 일에 있어서 도덕적인 관계에 있어 우수한 천품이라 할 수 있는 고차원적 곧은 성격을 지니고 있는 것이다. 왜냐하면 사람이란 장점을 요구받게 될 경우, 자신에게 다가서는 두려움보다는 오히려 희망에서 마음이 움직여 자신의 의견을 쉽게 교정하게 마련이기 때문이다.

낮은 국민계층에게 눈을 돌리더라도, 쉽게 독일인의 성격이라 볼 수 있는 마음의 정서생활이나 영혼들의 시(詩)를 발견하게 된다. 도시사람들이나 시골사람들, 군인들이나 노동자들 모두가 음악을 잘 이해한다. 담배연기에 시커멓게 찌든 가난한 집을 방문하게 되면, 갑작스럽게 가정주부나 집주인들이 마치 이태리사람들이 즉흥시를 읊어내듯 작은 악기들을 가지고 작품들을 즉흥적으로 연주하는 모습을 자주 보게 된다. 또한 장날이 오면 사방에서 모여든 사람들이, 인근 주변에서 온 시골사람들이 가장 최근에 노래된 예술에서 달콤한 향연을 맛볼 수 있도록 하기 위해 광장이 내려다보이는 시청발코니에 음악가들과 함께 취주악들을 준비하느라 정신없이 일하는 모습을 보게 된다. 공휴일이면 학생들이 길거리에 줄지어가며 찬송가를 부르는데, 이는 마치 마틴 루터가 젊은 시절에 가끔 합창단에 참여하여 노래를 불렀다는 사실을 알리는 듯하다.

도시의 길거리에 눈이 쌓인 어느 추운 겨울날 나는 작센지방에 있는 도시 아이제나흐에서 젊은 사람들이 하나님의 찬미가를 부르며 걸어가는 긴 행렬을 본 적이 있다. 모든 사람들이 강추위 때문에 집으로 들어가 있었기에 그들 젊은이의 합창대가 이 거리의 유일한 생명체들이었다. 그러나 그들의 목소리들은 마치 남녀사람들의 노래 소리처럼 조화롭게 화음을 내면서 이곳 거친 추운 하늘에 들려왔기에 더욱 더 깊은 감동을 주었다. 하지만 도시의 주민들은 너무나 심한 추위 때문에 창문을 열 생각을 감히 하지 못하고, 창문유리 뒤에서 이 부드러운 멜로디가 가져다주는 종교적 위로를 기쁨으로 맞이하며, 남녀노소의 얼굴들과 정중하고 명랑한 얼굴들을 창가에 대고 창문 밖으로 내다보고만 있었다.

가난한 보헤미안사람들은 자기 부인과 아이들을 데리고 시골길을 유랑할 때마다 조화로운 음률을 자아낼 수 있는 나무로 된 둔중한 악기 하프를 등에 매고 다닌다. 국도변의 나무 아래서 휴식을 취하거나 우편마차 정거장에서 가족유랑연주회를 통해 여행자들의 참여를 유발시키려고 할 때는, 그들은 자신들의 하프를 연주하곤 했다. 오스트리아에서는 가축무리들이 목동의 지휘를 따른다. 목동들은 소박하고 밝은 소리를 내는 악기로 자신들이 가장 좋아하는 멜로디를 연주한다. 그리고 그들의 멜로디는 완전히 자연풍경에서 오는 경쾌하고 꿈속 같은 인상을 자아냈다.

독일에서는 악기음악이 이태리에서의 성악만큼이나 일반적으로 잘 보존되고 있다. 이점에 있어서는 자연이란 환경이 독일음악보다 이태리음악을 위해 유리한 조건이 되고 있다. 남녁의 기후는 성악의 목소리를 아름답게 만드는 데 충분한데 반하여 독일의 악기음악은 이와는 관계없이 연주와 작업을 요한다. 그런데다 사실상 노동계층의 남성들은 음악을 배우는 데 특별한 재능도 갖고 있지 못하지만 음악을 배우는 데 필요한 시간도 없다. 그러나 천성이 음악적인 민족이기 때문에 비록 사회적 위치가 낮고 저급한 생업 때문에 다른 방법으로 음악을 배울 기회가 없다 할지라도 조화를 통해 사상과 감정을 잘 전달할 줄을 알았다.

몸을 치장할 장신구를 장만할 돈이 없는 농사꾼 여인네나 하녀들은 자기들의 옷에 최소한의 환상을 불러일으킬 수 있도록 하기 위해 머리와 팔을 꽃으로 장식한다. 그러나 돈 많은 여인들은 축제일에, 여타의 소박한 의상들과 대조를 이루기 위해, 약간 장식 없는 황금소재의 모자를 쓰고 다닌다. 그러나 이러한 모자는 자기들 어머니들이 쓰고 다녔던 것으로, 이는 여인들이 공휴일에 명예롭게 쓰기도 하고 시선을 집중시키기 위해 장중함을 나타내려 쓰는 뻣뻣한 장식과도 같은 모자로써, 옛 예절과 습관을 잘 회상시켰다.

외국인에게는 가끔 우습게도 여겨지는 모습일지 모르지만, 독일인들은 허리를 굽히며 존경심에 가득 찬 인사를 나눈다거나 경직된 예의형식으로 인사를 나누는 것이 보통이다. 그리고 독일인들은 외국인들에게서 이러한 태도 때문에 비웃는 조롱을 받으면서도 침묵으로 일관한다. 왜냐하면 그들은 이러한 조롱에 대해 쉽게 자신을 방어할 수 있는 거만한 자제력의 태도보다는 착한 마음씨를 통해 조롱을 잘 소화시키고 있었기 때문이다.

독일인에게는 항상 감각과 습관, 재능과 기호 사이에 상반성이 나타나고 있다. 즉 자연과 문명이 아직도 충분히 서로 용해되어 있지 않은 것 같이 보인다. 특히 남성들에게 있어 그러한데, 독일남성들은 한편으로는 가끔 무엇인가 감추려 하는 것처럼 보이는 위선적인 얼굴표정과 인위적인 표현법을 갖고 있다. 그러면서도 다른 한편으로는 가끔 내면적인 온화함이나 부드러움이 거친 행위로도 나타나고 있다. 이러한 상반성은 가끔 심화되어 성격의 약점들이 무뚝뚝한 언어나 딱딱한 형식 속에 숨겨져 나타나곤 한다. 사교적인 생활에서 대학교육을 받은 젊은이들이 예술과 문학, 그리고 고대언어와 고고학에 관해 이처럼 많은 식견을 갖고 있는 나라도 없다. … 고대 희랍에 대한 회상이나 아름다운 예술에 대한 취향은 정신적인 합의를 통해 독일로 전해온 것처럼 보인다.

그러나 봉건주의시대에서 온 제도들이나 옛 게르만민족의 관습들은 이 나라의 군사력을 위해 불행한 영향을 미치지는 않은 것으로 보여 높은 평판을 받고 있다. 그런데 전체적으로 보면 이러한 묘한 점들이 이 나라 전체를 전투적 모습으로 보이게 한다. 도처에서 만나게 되는 군인들이나 방안에서 깊은 사색에만 몰두해 있는 샌님 외에는 아무도 없는 것처럼 보이기 때문이다. 온 나라가 상인들이나 학자들로만 구성되어 있는 것에 두려워하는 것처럼, 모든 긴장된 무거운 분위기나 일기불순에 대해서도 사람들은 두려워한다. 그리고 모든 제도란 목적을 갖고 있는 것이고 또한 가져야만 한다. 그런데 이들 국민에게는 전투적인 본질이 그들의 목적으로 잘 접종되어 있다. 북방민족들은 거친 날씨에도 불구하고 모든 좋지 않은 일들에 잘 견디어낼 수 있도록 특별한 방법으로 연마되어 있다.

독일국민들 가운데 대다수 사람들 주변에는 난롯가에 모여앉아 맥주를 마시고 담배를 피우면서 연기가 자욱한 가운데서도 모임을 즐기는 무겁고도 무더운 분위기가 많이 형성되어 있다. 이러한 분위기는 적어도 이들의 활발한 기민성을 저해하고 있다. 약간 슬프기도 하고 행복감에 특별한 신뢰도 주지 못하는 이러한 분위기의 현존세계 때문에 모임장소에는 의기소침한 분위기가 쉽게 찾아들어오게 되어 사람들이 어떤 결정을 내리는 데 판단을 느리게 한다. 또한 평화스럽고도 한결같은 이러한 생활양식에서 오는 습관은 생사를 다투는 재난사고가 있을 시에 목숨을 던져서라도 위기를 극복해야하며 죽음을 견디어낼 수 있도록 해야 하는데, 이러한 전쟁의 행운을 가늠케 하는 다양한 교체적 운명들 앞에서는 기민한 대책을 준비하는 데 그들의 습관이 좋지 않은 영향을 미치고 있다.

독일에 있어 계층간 구별은 프랑스에서보다 더욱 명백하고 숙명적인 것으로 받아들여진다. 현실적으로도 계층간의 도전이 전혀 없기 때문에 시민층의 전투적 정신은 완전히 질식되어있다. 계층간 차별은 단지 몇 개의 궁중특권층 내에서나 있고, 사람들이 선망하는 만큼의 관심을 끌지 못하는 몇몇 모임 단체 안에서만 국한되어 있다. 그러나 이러한 모임 단체들도 -결과적으로 우스운 일이지만- 상호간의 영향력은 없다. 그렇기 때문에 이들은 어떠한 관계에 있어서도 서로 모욕을 줄 수 있거나 상처를 입힐 수 있는 단체가 못된다. 실제로 계층간에 영적인 고통을 줄 수 있는 것은 거짓된 허위와 조롱을 가할 때뿐이다. 정중함과 진실이 지배하는 이러한 나라에서는 언제나 정당성과 행복만이 존재하기 마련이다. 그 결과 독일에서 귀족과 시민계층을 구별하는 경계적 틀은 필연적으로 전국민을 전투적으로 만들지는 않고 있다.

예술적인 독일, 문학적인 독일의 우수한 특징은 상상력이다. 만일 사람들이 상상력의 자연스런 충동을 공개적인 여론의 힘을 통해서나 명예로운 감정의 승화를 통해서 극복하지 못한다면 이러한 위험 앞에서 상상력은 두려움만을 주게 된다. 일찍이 프랑스에서는 전쟁에 대한 취향이 일반화되어 있었다. 국민 대다수는 사람의 목숨을 전쟁수단으로 관찰했고 또한 그렇게 선동했으며, 양심의 가책을 별로 느끼지 못하게 하고 있었기 때문에 전쟁에 목숨을 흔쾌히 바치고 있었다. 이러한 일들은 정말로 문제다. 과연 가정을 위한 사랑이나, 심사숙고하는 습관, 착한 마음씨를 가진 사람들도 죽음 때문에 오는 두려움이 없을지 의문이다. 만일 국가의 총체적 국력이 전투적 정신에 기반을 두고 있다면 이러한 전투적 정신이 독일에서 왜 약화되었는지에 대한 원인을 검증해보는 노력 또한 가치가 있을 것이다.

일반적으로 사람들은 투쟁을 가져오는 주된 동력 원인으로 3가지 근거를 든다. 하나는 조국애에 의해서요, 두 번째는 자유를 위해서고, 세 번째는 명예욕과 종교적 광신주의에 의해 움직인다는 것이다. 수백 년 동안 -거의 외세의 영향 하에 움직여- 분열되어왔던 제국에서나, 독일인이 독일인과 서로 투쟁했던 곳에서는 위대한 조국애가 생길 수 없다. 그리고 또한 중심지가 없고, 수도가 없고, 모임단체도 없었던 이러한 나라에서는 명성을 위한 애정도 생동할 수 없다. 독일인의 성격이라고 규정지을 수 있는 공평성이라든지 과잉적인 정의감은 현실생활에 대한 관심에 열광하기보다는 추상적 이념에 열광하는 것에 훨씬 더 적합한 성격으로 만들고 있다. 전장에서 패한 장군이 전장에서 승리하여 열렬한 갈채를 받게 되는 장군보다 훨씬 더 관용적인 평가를 받게 된다. 이러한 민족에 있어서는 명예심을 강하게 자극토록 하는 성과와 실패 사이의 차이가 별로 크지 않다.

독일에 있어서 종교는 마음속에 있다. 그런데 오늘날에 와서 배타적인 생각들 간에는 서로간의 필요한 힘을 허용치도 않고 서로 간에 몽상적이며 개체적인 성격만을 갖게 되었다. 독일제국의 힘을 끝없이 훼손시켜왔던 영주국가간의 고립이나 개체간의 고립, 의견들의 고립화가 종교에도 같은 양상으로 존재케 되었다. 독일은 상당수의 상이한 종파로 분열되었고, 종교의 자연스런 성격에 따라 늘 엄격한 교육을 받아왔던 가톨릭 종교조차도 각자의 독특한 방법으로 종교를 해석하게 되었다.

민족을 정치적으로나 사회적으로 하나로 묶는 것은 동일한 정부와 동일한 문화, 같은 법규들과 같은 관심들, 하나의 고전문학과 하나의 유력한 공개적 여론인데, 독일인에게는 그것 중 어느 하나도 하나로 묶는 요소가 없다. 독일에는 모든 국가Staaten들이 서로 독립되어 있고, 각국의 학문도 각국 나름대로 서로 잘 가꾸어지고 있다. 그 결과 이곳의 전체국가는 제국 가운데의 어느 부분이 자기 국가의 고유한 이름인지를 알 수 없을 정도로 분열되어 있다.

독일인에게 있어서 자유에 대한 사랑은 개발되어 있지 못했다. 그들은 자유를 소유함으로써 얻게 되는 가치를 자유의 향유나 부족함을 통하여 배우지 못했다. 자유의 가치는 통치지배에서 의견을 하나로 통합하려 공개적인 여론을 근거로 삼는 연방정부들의 많은 예들에서 찾아볼 수 있다. 그러나 이러한 것은 비슷한 국가들과 자유시민의 연합에서 오는 것이다. 그런데 독일국가연합은 이와는 반대로 강자와 약자, 시민과 복종만을 하는 사람, 경쟁자와 적들로 구성되어 있다. 그렇기에 이러한 구성이란 상황에 따라서 결합되고 존중되는 태고적 구성요소들이라 하겠다.

독일국민은 성실할 정도로 고집이 강하며 정의를 사랑한다. 정당성에 대한 그들의 감정은 자신이 하는 일이 정당하다고 믿는다면 하나의 제도에 결함이 생겨 화를 자초할 수 있겠다고 예감되어도 이러한 의구심을 고집스런 우직함으로 막으려 한다. 그 예로 루트비히 바이에른 황제(1283-1347)는 전쟁에 나갔을 때, 국가의 관리를 자기의 경쟁자에게 맡기거나 당시 포로로 와있던 오스트리아의 왕 프리드리히 쇠네F. Schne(1289-1330)에게 맡기고 그들을 신뢰했다. 그가 이러한 신뢰를 갖고 국가를 이끌어가고 있다는 사실에 대해 당시 그 누구도 놀라워하지 않았다. 어떤 취약점이나 법적 혼란을 통해 좋지 않은 결과를 가져올 수도 있다 해도, 바로 그러한 도덕성 때문에 이에 두려워하는 사람은 없었다. 결국 모든 일은 개체 인간들의 올바른 행위에는 이에 상응하는 올바름만을 가져오게 된다는 사필귀정의 믿음이 있었기 때문이다. 독일인이 모든(영주국가들간의) 관계에서 향유했던 독립은 그들로 하여금 자유에 대한 특별한 관심을 갖지 않도록 만들었다. 독립이 소유라면 자유는 이에 대한 보증이다. 그런데 독일에서는 그 누구도 자기들의 권리와 소유에 있어서 상처를 입은 사람이 없었기 때문에 자신의 행복을 보장하는 재판질서에 대한 필요성을 느끼지 못했다. 제국의 법정들은 재판이 모든 자의적 판결 행위에 대해 어려운 정의를 내리게 된다 할지라도 확실한 정의를 약속하고 있다고 믿었으며, 영주들의 적절한 절제도 국민들의 이해와 잘 결합되어 있어 충동적인 이의를 제기하는 사람이 없었다. 이와 같이 독일인들은 평화를 방해하는 일들을 보지 못하고 있었기 때문에 이에 대한 헌법적 보증이 필요하다고 느끼는 사람이 없었다.

봉건시대의 법전이 거의 변경됨이 없이 계몽된 사람들에게 전수되어 그대로 사용되고 있다는 사실은 정말로 놀라운 일이다. 그러나 충분한 법규를 담고 있지 못한 이러한 법전을 집행함에 있어 아무런 불합리성이 나타나고 있지 않았다는 이유에는 불평등성에 평등성이 원리로 적용되고 있었다는 점에서이다. 독일인들은 옛날 특허증이나 각 도시가 누렸던 오랜 특권, 그리고 작은 국가들의 명성이나 매력을 자아내던 오랜 가족사 같은 것들에 대해서 대단히 높은 가치를 두고 있다. 그러나 거대한 유럽적 국가를 건설한다든가 그 가운데서도 중요성을 차지하고 있는 거대한 국가권력 같은 것에는 등한시하고 있었다.

독일인들은 어떤 문제에 성과를 거두기 위해 유연성이나 민첩성을 필요로 할 경우 몇 가지만 제외하고는 이에 대한 능력이 없다. 모든 것이 그들을 불안하게 하거나 당황하게 하고 있을 뿐이다. 그들은 사유에 있어 독립을 필요로 하고 있는 만큼이나 행동에 있어서도 그 같은 방법을 필요로 하고 있다. 그러나 프랑스사람들은 이와는 반대로 행동을 예술가적 자유로 관찰하고 사상을 사회적 인간의 편견으로 관찰한다. 독일인들은 문학에 있어서 규칙의 속박을 참을 수가 없다고 하면서도 자신들의 태도에 있어서는 모든 점에서 정해진 규칙을 지키고 싶어 한다. 독일인들은 사교를 할 줄 모르는 사람들이다. 그리고 혼자서 결정을 내려야 할 기회가 적으면 적을수록 더욱 만족하는 사람들이다.

정치적 제도만이 국민의 성격을 발전시킬 수 있다. 그런데 독일정부의 본성은 독일인의 철학적 계몽주의와는 상반되고 있다. 그렇기 때문에 독일인의 성격은 자신이 지니고 있는 가장 위대한 사상적 대담성이 가장 충복적인 성격으로 일치되고 있다. 군인계층에 우세한 비중을 두는 것과 계층간의 차별은 사회적 관계에 있어 가장 커다란 신하적 관계에서 오는 충복성을 습관화시켜왔다. 그러나 독일인에 있어 복종이란 살랑거리는 아첨이 아니고 바른 예의규칙을 정확히 지키려 하는 것이다. 따라서 그들은 내려진 모든 명령을 수행함에 있어서 하나의 의무를 이행하는 것처럼 성실히 실천하고 있다.[1]

이처럼 마담 스탈은 독일인의 성격과 습관에 관한 일반적인 인상을 단편적으로나마 소개하고 있다. 그 가운데서도 낭만주의시대에 그녀가 받은 독일인에 대한 인상은 오늘날과 시대적 배경이 맞지 않는다 해도 대체적으로 유효한 점이 많다. 유효한 점이란 정신력에 있어서 상상력과 이상주의, 올바른 자신의 행위에 대한 신뢰성과 고집, 사유의 편협성과 신중성, 국가에 대한 충복성 등이며, 상상력에서 오는 음악과 환상 등을 말한다. 그러나 이러한 인상들 가운데서도 마담 스탈이 가장 깊은 인상을 받았던 것은 역시 상상력이다. 그간 프랑스 합리주의사상에 젖어왔던 마담 스탈이 독일낭만주의를 체험하면서 처음으로 낯설게 느꼈던 것이 독일인의 낭만적인 무한한 상상력과 철학적 이상주의였기 때문이다. 독일인의 상상력에 관해서 언급한 사람은 마담 스탈뿐만이 아니다. 그녀가 소개한 장 파울 리히터의 잠언도 있으며, 하이네가 자신의 작품 『겨울동화』(1844) 7장에서 언급한 것도 같은 맥락의 상상력에 관한 내용이다. 13년 만에 프랑스의 망명생활(1831-1843)로부터 귀국하게 된 하이네는 마담 스탈과 똑같은 느낌을 받았다. "육지는 프랑스인과 러시아인에게 속해 있고/ 바다는 영국인에게 속해 있다./ 그런데 우리 독일

---

1) 참고: M. Luther: Von den Juden end yhren Luegen.1543. In: Weimarer Kritische gesamte Ausgabe, hg, v, Knaeke und G. Kawerau. U.a. CXII. S. 1883ff. In : Gorden A. Craig: Ueber die Deutschen. dtv.1982. Muenchen S.145,146

인들에게는 꿈의 공중제국 속에서/ 지배권을 갖고 있음이 확실하다." 즉 꿈의 제국 속에서 지배력을 행사한다는 이상주의적 세계관은 곧 독일인이 시공을 초월한 무한한 상상력 속에서 형이상학적 이상주의를 소유하고자 한다는 말이며 이상주의적 국가관을 갖고 싶다는 말이다. 그런데 이러한 이상주의는 이미 고전주의의 미학 철학에서도 그 원류를 찾아볼 수 있다.

상상력과 낭만적 환상

일찍이 쉴러는 그의 『미적 인간교육론』(1795)에서 미적 국가론을 통해 전체 인간의 자유가 전제된 이상주의적 국가관을 추구한 바 있다. 그리고 괴테도 자신의 자연사상에서 자유로운 개체 인간의 완성을 위한 인본주의적 국가관을 펼친 바 있다. 이들의 이상적 국가관은 모두가 무한한 '꿈의 공중제국'에서 추구된 이상주의 철학을 기반으로 하고 있다. 다만 낭만주의철학과 차별되는 것은 고전주의적 이상론이 계몽주의에서 오는 이성적 합리주의에 바탕을 두고 있다는 점이며, 그 가운데서 진선미를 추구하고 자유로운 개체 인간의 자아완성을 이루려는 것인 반면에, 낭만주의적 이상주의에서는 합리와 불합리의 종합적 융합을 통해 무한한 환상세계에서 개체 인간의 자유로운 상상력을 펼쳐보려 하는 것이다. 독일낭만주의에서 추구된 무한세계로의 이상주의는 감성과 이성, 과거와 미래, 존재와 성장이 초월적 세계에서 용해되고 융합되는 무한시점에서 신비적 환상세계를 동경하는 것이다.

마담 스탈이 강한 인상을 받은 것도 독일에서 무엇인가 합리주의와 상반되는 이국적인 환상적 상상력을 접하게 되었기 때문이다. '꿈의 공중제국'에서 스탈은 이상주의를 새로운 독일민족성으로 접하게 되었던 것이다. 유감스럽게도 이러한 독일인의 이상주의사상은 후일에 와서 너무나 과열되어 민족주의적 광신주의로 변모되어 히틀러의 전체주의 정권과 같은 무서운 결과를 초래하기도 했다. 하지만 낭만주의시대에 있어서는 역시 순수한 상상력을 통한 정신세계의 창조적 활동영역을 넓히고, 자유롭고 정의로운 애국주의를 신장시키면서 신비적 영원성을 향한 동화적 환상세계를 추구하는 것이 중요한 쟁점이었다.

이러한 낭만주의시대의 가장 순수한 '상상력세계'를 표현했던 대표적 작품으로는 브렌타노Clements Brentano의 담시 『라인강 위에서Auf dem Rhein』(1852)를 예로 들 수 있고, 소설문학으로는 티크Ludwig Tieck의 초기작품 『프란츠 스테른발트의 방랑기Tranz Sternbalds Wanderungen』(1798)를 거명할 수 있다. 물론 당시 낭만주의문학이란 환상적 신비세계를 추구하는 것이 대부분이었지만, 그 가운데서도 상상력세계를 확대시킨 것은 위의 작품이 대표적이다.

브렌타노

브렌타노의 담시 『라인강 위에서』는 한 어부소년이 죽은 연인을 회상하면서 애정의 영원한 세계를 영적 환상과 시간적 찰나의 지평 위에서 동경하고, 내면적 자아세계를 동화적 환상세계로 폭넓게 독백하는 내용이다. 담시를 소개하면 다음과 같다.

한 어부가 조각배에 앉아/ 무거운 마음 신음하며/ 연인의 죽음을/ 믿으려하지 않더라네.// 별이 반짝이고/ 달빛이 비칠 때까지/ 연인 생각 몰두하여/ 그는 깊은 라인강으로 조각배 타고 가더라네.// 이 때 연인은 창백한 얼굴로 다가와/ 뱃전에 올라/ 떨면서 무릎에 안기더니/ 걸친 것이란 속옷뿐이라네.// 연인은 파도의 섬광에 번쩍이며/ 깊은 휴식에 들어갔으나/ 이 때 연인은 떨면서 비틀거리니/ 사랑하는 그대 추운 것이 아닌가 했다네.// 속옷은 바람에 나부끼며/ 조각배는 빠르게 흘러가고/ 밤은 춥고 밝으니/ 나의 외투로 그대의 몸 감싸야 했다네.// 그녀가 침묵 속에/ 하얀 팔을 펼쳐내니/ 만월은 구름너머 굽어보고/ 미소를 짓더라네.// 오랜 교회 탑은 고개를 끄덕이며/ 그대의 가냘픈 손은/ 별빛을/ 라인강 위에서 붙잡으려 하더라네.// 오 조용히 멈추거라/ 가장 사랑하는 착한 바람아/ 속옷이 바람에 나부끼고/ 큰 물살에 끌려가

고 있으니 말이네.// 이때 커다란 도시들이/ 조각배에 스쳐지나가고/ 도시들
에서는/ 다양한 종소리들이 울려 퍼져 왔었다네.// 이때 소녀는 무릎을 꿇고/
손의 주름살 가다듬으며/ 밝은 눈동자에는/ 깊은 열정이 타오르고 있었다
네.// 곱고 아름다운 연인은 예쁘고 조용하게 기도를 드리고/ 흔들림 없이
고정하고 있는데/ 조각배는 우리를 가라앉히려/ 소용돌이 속으로 빠져들고
있더라네.// 이때 수녀수도원에서는/ 고운 목소리로 찬송가 부르고/ 교회창문
으로는/ 촛불 빛이 새어나오고 있었다네.// 이때 아름답고 어여쁜 연인은/ 뱃
전에서 밝은 기도의 노래 부르니/ 어부소년은 눈물을 흘리며/ 그녀를 바라보
고 있더라네.// 깊은 물살은/ 더욱 붉어지고 더욱 붉어지고/ 아름다운 연인은
창백해지고 더욱 창백해지더라네.// 달도 사라지고/ 별도 볼 수 없게 되니/
사랑하는 소녀의/ 눈도 사르르 감겨 사라지더라네.// 사랑하는 소녀여 아침
안녕!/ 사랑하는 소녀여 저녁 안녕!/ 그대는 이제 왜 잠자리에 들려 하는가,/
날이 이미 깨어있는데?// 탑들은 햇볕에 번쩍이며/ 푸른 숲은 속삭이고/ 다
양한 소리로/ 새들의 노래 소리 울려 퍼지고 있었다네.// 이때 어부소년은
새들의 기쁜 소리 들을 수 있도록/ 연인을 깨우려/ 연인을 넌지시 바라보니/
그녀는 이미 온데 간데 없더라네.// 제비 한 마리가 스쳐 날아와/ 그의 가슴
에 둥지를 틀었는데/ 어디서 날아와 어디로 날아갔는지/ 아는 사람 아무도
없더라네.// 소년은 조각배에 누워/ 노 젓는 일 놓아두니/ 배는 계속 흘러흘
러/ 바다로 흘러가더라네.// 내가 낯선 세계의 커다란 바다 배에 떠있게 되
니/ 사랑과 인생 생각하게 되고/ 동경하게 되더라네.// 제비 한 마리가 날아
지나가고/ 조각배가 조용히 떠가는 가운데/ 어부소년이 이런 노래 부르니/
그 노래는 마치 내 자신을 노래하는 듯하더라네.// [2]

　　여기서 시의 세계는 시공을 초월해 공중에 떠있는 상상력의 세계처럼 과
거에서 미래를 연상하는 현존의 황홀한 마술적 세계에 함몰되어 있다. 이러

---

[2] 참고: C.Brentano: Werke. Hrsg. V. W. Frhwald/B. Gajek/F. Kemp. Mnchen 1986. Bd. I. S. 98ff.

한 황홀한 마술적 세계는 무한한 상상력의 공간 속에서 환상을 낳고 있으며 그러한 환상세계는 정처 없이 흘러가는 무한세계로의 진입이다. "어부소년이 조각배에 누워/ 노 젓는 일 놓아두니/ 배는 흘러흘러/ 바다로 흘러가더라네." 하면서 무한한 상상력의 세계인 바다로 정처 없이 흘러들어가고 있음을 예시했으며 "제비 한 마리가 둥지를 텄는데/ 어디서 날아와 어디로 날아갔는지/ 아는 사람 아무도 없더라네." 함으로써 초월적 시공 속으로 흘러들어가 사라져가는 무한한 세월의 무상함을 표현하고 있다. 이러한 세월의 무상함은 과거에서 미래로 흘러가는 지평선상에서 연상되는 초월적 찰나의 확대이며 회상의 세계에서 동경의 세계로 합일되는 현존의 환상세계를 말하고 있다. 이 때문에 처음부터 주인공은 연인의 사별을 애통하면서도 "연인의 죽음을/ 믿으려 하지 않더라네." 하며 사랑에 대한 동경과 희망을 접어두지 않고 연인의 부활을 희망하는 환상적 세계를 동경하고 있다.

그렇기에 이들 연인을 실은 조각배가 깊은 소용돌이 속으로 빠져들려 하지만 수도원에서는 이들의 영적 구원을 희구하는 찬송가와 촛불이 비추어지는 미래의 희망이 엿보인다. 그리고 이에 감동한 연인들은 서로 눈물을 흘린다. 이는 바로 인간이란 '과거의 회상으로부터 새로움을 암시받는' 삶에 대한 영적 희망을 초월적 시공 속에서 펼쳐보려는 강력한 상상력을 제시하는 존재이기 때문이다. 여기서의 상상력이란 체험된 과거로부터의 회상을 통해 미래를 열어보려는 인간의 잠재적 능력을 관조의 형식을 통해 정신적으로나 영적으로 전망해 본 무한한 동경의 세계를 말한다. 그리고 이러한 세계는 보편적 인간이 상상해볼 수 있는 형이상학적 사고의 기초가 된다.

브렌타노의 담시에서 주목할 부분은, 상상력을 바탕으로 하는 무한한 환상이 시공을 초월해 흐르는 현재적 찰나 시간 속에서 과거와 미래를 이어가고 있는 점이며, 시간적 공간의 지평에서 환상의 세계를 펼치고 있다는 점이다. 그래서 이 시에서는 '이때da'라는 찰나의 초월적 시간개념이 연계되어 소망스런 환상적 지평세계로 흐르는 음악적 담시로 노래되고 있다. 그리고 담시의 음악적 멜로디는 찰나라는 순간 속에서도 간단없이 과거와 미래를 이어가며 환상의 제국 속에서 상상의 날개를 펼쳐가고 있다. 일찍이 장 파울은 음악 속에서 과거와 미래를 잇는 환상적 초월세계를 다음과 같이 언급한 바 있다.

만일 음색들이 말을 한다면 음색들이 우리들의 과거에 대해 말하고 있는 것인지, 미래에 관해 말하고 있는 것인지를 구분할 수가 없다. 지나간 과거 와 다가올 미래는 두 개 모두가 머나멀게 떨어져 있는 것이기 때문에, 우리 는 단지 머나먼 날들을 듣고 있을 뿐이며, 동시에 회상하고 동경할 뿐이다. 어떠한 음색도 현재를 갖고 있지 않으며 정지된 채 서있지도 않다. 음색이 정지되어 서있다는 것은 단지 물결의 물결들이 빙빙 돌고만 있다는 것일 뿐 이다. 음색들이란 마치 커다란 대중들이나 구름떼들, 선박떼들, 인간대열들이 억지로 끌고 가는 것처럼 폭력으로 이끌려가는 것도 아니다. 그저 우리들에 게서 지나가고 사라져갈 뿐이다. 이제 음색들 가운데서 마음의 과거와 미래 가 함께 솟아 흐르고 그 가운데에 과거와 미래를 구분 짓는 현재가 없어진 다면 음색들은 흔히들 말하는 영원성의 메아리가 된다. 그리고 인간은 음색 들에서 인간의 외면세계를 듣는 것이 아니라 내면세계를 듣는 것이고 영원 한 자아를 듣게 되는 것이다.[3]

이처럼 음악의 음색들은 과거와 미래를 함께 하는 영원한 자아의 내면세 계를 들려주는 환상의 세계이다. 그래서 브렌타노의 담시 마지막 부분은 "그 노래는 마치 내 자신을 노래하는 듯하더라네." 하고 끝을 맺고 있다. 그리고 자신의 '사랑과 인생에 대해 생각하게 되고 동경하게 되었다'는 망망대해의 환상제국 속에서 자신의 내면세계를 소망스런 환상세계로 충만케 하고 있다.

여기서 말하는 브렌타노의 환상세계란 과거를 생각하게 하고 회상하게 하 는 소망스런 꿈속에서 자신의 동경세계를 충만케 할 미래의 환상세계를 깨

---

3) 참고: Jean Paul: Nachflor und Sptlinge des Taschenbuchs. Samtliche Werke. Berlin 1842. XXXII. S. 316.

어나게 하고 생성케 하는 세계이며, 꿈과 깨어남, 소망과 충만이란 경계적 구분 없이 자유롭게 흐르는 물줄기의 연장선상에서 그의 환상제국을 형성시키고 있는 세계다. 그의 환상제국에는 과거와 현재, 미래의 경계가 없다. 시간처럼 흐르고 물처럼 흐르는 물줄기 속에서 환상과 상상력이 하나 되어 음악의 율동처럼 동화의 세계처럼 펼쳐질 뿐이다. 세월의 '무상함과 영원함'을 나타내는 무한세계로의 상상일 뿐이다.[4]

"이때 어부소년이 새들의 기쁜 노래 소리 들려주고파/ 연인을 깨우려 그녀를 넌지시 돌아보니/ 연인은 이미 온데 간데 없더라네" 하고 말한 대목도 바로 이러한 꿈과 깨어남, 과거와 미래, 회상과 동경, 생성과 사라짐에 대한 세월의 무상함과 영원함을 순간적으로나마 무한한 상상력의 흐름 속에서 표현해 본 것이다. 이러한 상상력의 세계는 '이때'라는 초월적 시공 속에서 음악의 흐름처럼 시인의 환상처럼 회상되고 전망된다. 그뿐만 아니라 이러한 세계는 낭만적 이상주의에서 환상적 상상력의 초월적 힘에 의해 형성되는 세계이기 때문에 독일인은 이러한 상상력의 세계를 담고 있는 동화와 음악을 가장 좋아하는 것이다.

티크

이러한 환상적 세계는 낭만주의작가 티크의 소설 『프란츠 슈테른발트의 방랑기』(1798)에서도 같은 맥락으로 설명되고 있다. 소설의 이야기는 자신의 예술세계를 넓히고 보다 나은 견문을 쌓으려고 자신의 스승 알프레드 뒤러의 작업장을 떠나 정처 없이 머나먼 유랑길에 오르는 젊은 화가인 프란츠를 다루고 있다. 유랑은 뉘른베르크를 떠나 네덜란드를 거쳐 이태리 로마로 이어진다. 뉘른베르크 근교의 농촌마을에서 첫날밤이 지나고, 근처의 메르겐하임 마을도시를 지나 장엄한 숲으로 에워싸인 주인공의 고향마을에서 낭만주의적 자연세계가 시작된다. 이곳 프랑켄지역은 티크뿐만 아니라 대부분의 낭

---

4) 참고: Emil Staiger: Die Zeit als Einbildungskraft des Dichters. Zrich 1953. S. 77.

만주의작가들에 의해 발견된 독일 최초의 낭만적인 고장이다. 오늘날에도 이곳 마인강지류 타우버강이 흐르는 프랑켄지역에는 '낭만주의도로'가 나있고 많은 관광객들이 방문하고 있다. 타우버강가에 있는 고향마을 숲속에 소설의 주인공이 도착했을 때 그의 머리에는 어렸을 때의 회상과 미래에 대한 동경이 낭만적 환상의 상상력으로 떠오르기 시작한다.

프란츠가 마을 앞에 펼쳐진 숲속에 도착했을 때는 아침이었다. 이곳은 그가 어렸을 때 놀던 장소였다. 해가 넘어가는 붉은 저녁노을이 나뭇가지에 걸리고 어두운 그늘이 짙어져가는 저녁이 되면 고요한 고독 속에서 많은 생각들을 갖게 한 장소였다. 그리고 그에게 예술을 위한 충동을 처음으로 불붙여준 장소이기도 했다. 그런데 그가 이제 이곳 숲속을 걸어 들어오게 되니 그의 느낌은 마치 성스러운 사원으로 걸어 들어오는 듯했다. 무엇보다도 이곳에는 그가 좋아했던 나무 한 그루가 있었는데, 그 나무는 그와 떼어놓을 수 없는 나무였다. 이제 그 나무를 보게 되니 더욱 많은 감동을 느끼게 된다. 나무는 풍성한 나뭇가지에다 항상 서늘한 그늘을 제공했던 아름드리 참나무였다. 이제 그 나무 아래에서 옛날의 아름다움을 발견하게 되고, 옛날과 똑같은 부드럽고 청신한 잔디를 밟게 된 이곳 장소는 그에게 많은 유년시절의 감정들을 회상케 하는 것이 아니겠는가! 이곳은 그가 항상 가보고 싶었던 곳이었다. 잔잔하게 펼쳐진 산줄기의 정상에 올라앉아 그곳으로부터 넓은 대지를 내다보고 가지와 가지 사이로 가볍게 뛰어노는 새들도 엿보며 짙은 나뭇잎들과의 속삭임이 집으로 돌아가기 싫도록 유혹한 곳이기도 했다. 그리고 영원토록 즐거운 인생 속에서 찬란한 시간들을 보내면서 신선한 대기를 호흡하고 노래도 부르며 저녁노을과 아침노을도 바라보고 수업도 없고 엄한 선생님도 없는, 동경으로 가득했던 곳이었다.

그런데 이제 그때로부터 여러 해가 흘러 다시금 어린 시절로 되돌아와 이곳 숲속에 서있어 보니, "이는 모두가 스쳐 날아가는 꿈으로 다가서고 있는 것이었다. 바람은 속삭이는 소리와 함께 불어와 커다란 나뭇가지들 사이로 사라져가고, 멀고 어두운 회상들도 바람처럼 함께 불어와 스쳐지나가고, 지나간 과거의 장면들이 그의 영혼으로부터 계속 되돌아오니, 그는 자신과 사랑스런 과거를 바라보고 있는 듯했다." 그렇다면 "나는 누구일까? 하고 그는 자문자답도 한다. 그리고는 사방을 둘러보는 것이다. 과거란 것이 나의 내면세계에서 이처럼 생기 넘치게 솟아오르고 있으니, 이는 도대체 무엇을 말하는 것일까?" 이 순간 그는 자신을 돌이켜 생각하면서 이곳 숲을 바라보게 되니 그간 숲속의 전경을 화폭에 담으려 화가 친구 세바스티안과 함께 나누던 생각들이 다시금 현실로 나타났다. 즉 "그가 다시금 주위를 살펴보니 자연과 하늘, 속삭이는 숲과 사랑했던 나무들이 자신의 화폭들에 호흡과 생명을 불어넣어줄 것처럼 보였으며, 과거와 미래가 자신의 충동을 더 강화시키고 있는 듯했다. 그리고 그가 생각하고 느꼈던 모든 것들이란 그가 애정을 갖고 실천해오던 것들이었기에 그에게는 대단한 가치가 있는 듯했다. 그는 빠른 걸음걸이로 계속 걸어가고 있었다. 그러나 모든 나무들은 그를 뒤에서 부르고 있는 듯 보였으며 모든 잡목들에서는 가상의 세계들이 나타나 그를 붙잡아놓으려는 듯했다. 그는 하나의 회상으로부터 다른 회상으로 도취되어 황홀해지고 묘한 느낌들로 미로에 빠져들고 있었던 것이다. 그러다가 그가 숲속에서 밝게 트인 자유로운 장소로 나오게 되자 갑자기 그는 조용히 멈춰서게 되었다. 그리고는 자신이 왜 이곳 한가운데 서있게 되었고, 왜 이곳에 머물고 있는지를 모를 정도로 그는 깊은 생각에 잠기고 있었다. 그는 마치 말할 수 없이 값지고 사랑스러운 무엇인가에 몰입되어 있는 듯했다. 잔디 속에 핀 모든 꽃들은 무엇인가 그의 회상에 도움을 주려는 듯 친절하게 고개를 끄덕이고 있었다. '그렇다 바로 여기가 그 장소다!' 하고 중얼거리더니 그는 마치 자신의 내면적 영혼세계에서 어두운 구름들에 의해 간직되었던 찬란한 영상들을 열심히 추적하고 있는 듯했다. 그러더니 갑자기 그의 눈에서는 눈물이 쏟아지기 시작했다. 들판 너머로부터는 목동의 피리소리가 들려오는 것이었다. 그리고는 그제야 그는 모든 것을 알게 된 듯했다. 때는 바로 그가 6살 되었던 어린 시절이었다. 그는 숲속의 바로 이 장소에서 꽃들을 모으고 있었다. 그런데 어느 마차가 다가와 조용히 멈추더니 한 부인이 내리면서 한 아이를 내려놓는 것이었다. 그리고 두 사람은 푸른 초원을 이리저리 거닐더니 자그마한 프란츠 앞으로 다가오는 그 아이는 갈색 머리의 사랑스런 소녀였는데, 프란츠에게 다가와 그의 꽃을 달라고 간청하는 것이었다. 그래서 그는 좋아하는 꽃을 남김없이 모두 그녀에게 선사했다. 그러는 동안 옛 하인이 부는 사냥꾼의 나팔소리가 들려오고 음색들은 어린 프란츠의 귓전에 경이적으로 울려왔던 것이다. 그 후 프란츠는 만월의 달빛처럼 자신을 바라보며 미소를 짓던 그녀의 얼굴을 오랫동안 관찰해보았던 것이다. 그러나 세월은 그간 많이 흘러 그들 낯선 두 사람들은 뇌리에서 떠나가고 말았다."

하지만 일상적인 세월이 흐르는 동안 가끔 성스러운 사냥꾼의 나팔소리가 들려오거나 꽃을 선사했던 어린 소녀의 용모가 떠오르게 되면 "그는 왜 이러한 인생의 순간이 그에게 그렇게도 중요하고 찬란한 것인지를 알 수가 없었다. 그는 그의 모든 사랑과 성스러움을 그 어린아이의 모습에서 찾고 있었으며 그가 본 모든 아름다움도 그 소녀의 모습에서 보고 있었다. 또한 천사에 관한 이야기도 듣게 될 때면, 그녀가 천사로 인식하게 되었고 그렇게 인지되었다. 그리고 그들 사이의 인식 표시로는 들꽃이 사랑의 증표가 되고 있는 것으로 확신했다."

사실상 이 소설의 종장에 가서는 우연히도 이들 서로가 들꽃의 환상 속에서 만나게 되어 결혼까지 하게 된다. 그리고 그녀의 이름이 마리아였음도 알게 된다. 하지만 이제 이러한 과거를 간직한 고향마을의 숲속 이 장소에 프란츠가 다가와 그간에 잊고 있던 과거를 회상하게 되자, "그는 푸른 잔디에 덜컥 주저앉아 눈물을 흘린다. 그리고는 감격스런 얼굴을 땅에 대고 그곳에 핀 들꽃에 부드럽게 입을 맞추는 것이었다. 다시금 황홀한 감정 속에서 사냥꾼의 나팔소리 멜로디를 듣게 되니 (소녀에 대한) 회상의 애수와 고통 때문에 그리고 그녀를 볼 수 있었으면 하는 감미롭고도 불확실한 희망 때문에 그 자신 어쩔 줄을 몰랐다. 그래서 그는 '내가 혹시 미친 것은 아닌지? 또는 어리석은 마음을 갖고 있는 것은 아닌지?' 하고 외쳐댄다. 도대체 보이지 않는 어떠한 손이 그렇게도 부드러우면서도 동시에 무섭게 나의 내면세계에 간직된 모든 음색의 현들을 울려 퍼지게 하고 있단 말인가? 그리고 모든 꿈들과 경이적 모습들, 탄식과 눈물, 울림으로 사라진 마음속의 노래들을 숨겨져 있는 머나먼 곳으로부터 끌어내고 있단 말인가? 오, 내가 느끼고 있는 이러한 정신이야말로 사람이 향유해보지 못한 세속을 초월한 무엇인가를 얻으려는 노력임이 틀림없다. 이는 마치 보이지 않는 하늘이 자석과 같은 힘으로 나의 마음을 끌어당기고 있는 것이었으며, 이러한 하늘의 힘이 이미 오래전에 눈물이 마르도록 울어버린 기쁨과 이루 말할 수 없는 희열, 어떠한 충족도 허용될 수 없는 희망들과 모든 예감들을 서로 움직이게 하는 것이었다. 그리고 이러한 나의 말은 그 누구도 이해할 수 없는 것들이기에 나의 심정에 자리 잡은 이러한 정서는 그 누구에게도 호소할 수가 없었다."

그렇기에 나의 심정에 스며드는 이러한 꿈같은 황홀함은 "마치 성서에 나오는 야곱이 땅에서 하늘에 닿은 사닥다리 위에서 그의 천사들과 함께 오르내리는 장면을(창세기 28장 12절) 보는 듯했다. 그러나 나의 잠이 나의 사지를 움직이지 못하게 하고 있었기 때문에 하늘에 올라가 휘황찬란한 낙원을 보려 일어나려 해도 일어날 수가 없었다. 그리고 내가 보고 듣고 예감하고 희망하며 사랑하고 싶은 것이란 단지 나에게서 자리 잡고 있는 꿈의 모습뿐이었다."[5]

이처럼 작가는 꿈의 환상적 상상력을 회상과 동경의 세계가 함께 용해된 황홀한 경지에서 '보고 듣고 예감하고 희망하며 사랑하는 꿈의 모습 속에서' 추구하고 있다. 그리고 이러한 낭만주의의 문학적 구성요소는 감상적 자연에서 오는 여러 힘들을 내재시키고 있다. "과거에 대한 회상과 미래에 대한 욕구를 일깨워주는 머나먼 곳으로부터의 사냥꾼 나팔소리도 담고 있으며, 과거와 미래 사이에 서있는 젊은이의 감성이 설명될 수 없는 애수와 불확실한 동경의 흥분으로 충만해 있기도 하고, 충족될 수 없는 개개인의 예감들이나

---

5) 참고: Ludwig Tieck: Franz Sternbalds Wanderungen. In: Werke. Hrsg. V. Marianne Thalmann. Mnchen 1828-54. Bd. I. 5. Kapitel. S. 722-725.

잃어버린 정체성으로 충만해 있기도 하다. 그리고 독일인의 독특한 성격이라 할 수 있는 내면성과 현실세계로부터 멀게 떨어진 이상주의도 담고 있으며, 은밀한 신비세계로 가득 찬 자연과 하나님의 힘, 그리고 나의 사이에서 이룩되는 대화들도 담고 있다."6) 바로 이러한 상상력의 요소들이 독일낭만주의 문학이 담고 있었던 환상적 성격요소들이다. 때문에 프랑스합리주의사상에 젖어있던 마담 스탈도 외국작가로서 독일문학에 매력을 느끼게 되었던 것이고, 독일민족이 그녀에게 낯설게 다가왔던 것이다. 독일민족은 마담 스탈이 지적했듯이 그들의 환상세계에 '형이상학적'이며, '평화적인 무정부상태'의 '공간제국'을 형성하고 있는 것이다. 그리고 자기들의 공간제국을 건설하려는 상상력의 이념세계를 여러 면에서 추구했던 것이다.

그러면 이러한 낭만주의시대에 있어서의 상상력 추구는 어디서 왔을까? 이는 바로 1770년대에서 1830년 사이에 시작된 고전주의에 대한 젊은 세대들의 저항에서부터 시작된다. 당시 낭만주의의 젊은 세대들은 합리적 고전주의형식들이 예술세계에 있어서 창조적이며 자발적인 표현들을 질식시키고 있다고 믿었다. 그리하여 그들이 위대한 자유정신의 상상력에 함몰된 나머지 이에 따른 문학운동으로 전개한 것이 낭만주의다. 그리고 이러한 문학운동은 18세기 전반부터 위대한 독일음악운동으로도 나타난다.

음악에 대한 취향

교회음악

마담 스탈은 그녀의 여행기에서 독일인들은 라틴계 사람들이 성악을 좋아하듯이 기악을 즐기고 있었다고 한다. 하지만 독일에는 이미 바흐와 헨델 이후 '교회음악'을 중심으로 기악과 성악, 그리고 음악적 희곡이 종합된 위대한

---

6) 참고: Gorden A. Craig: ber die Deutschen. Mnchen 1982. S. 216.

음악이 일기 시작했다. 종교개혁과 신구교의 논쟁이 진행되는 동안 음악이 새로운 시대를 열어가고 있었던 것이다. 특히 새로운 음악에 대한 기악교육이 음향과 음향의 수학적 기초를 바탕으로 교회음악을 발전시키고 있었다. 음악가를 통한 여러 가지의 음악형식도 개발되었지만 기악을 위한 기술훈련도 발전되고 있었다. 또한 바로크시대에 있어 하인리히 쉿츠Heinrich Schtz (1985-1672)에 의해 이태리오페라가 처음으로 소개된 바도 있었지만, 독일교회음악에서는 기악과 함께 라틴계 성악이 합류되어 새로운 풍의 음악이 독일인의 생활정서에 자리 잡기 시작했다. 그리하여 18세기 초에는 교회음악이 정신적인 교양에 있어서나 세속적인 교양에 있어 정서생활의 감정을 교화시키는 기본적 표현수단이 되었다.

유감스럽게도 당시의 오페라작곡가나 오르간연주자, 가수들의 사회적 신분은 오늘날의 음악가들과는 달리 왕실이나 승려들에 대한 봉사적 관계로 구분되어 있었다. 그러나 사람들의 종교적 의식을 교화시키는 데는 대단한 정신적 역할을 했다. 오르간 페달의 저음을 기본으로 하는 오르간반주의 개발은 정신적 조화를 위한 심오한 감정과 정신적 자유를 불러일으키며, 찬송가의 합창교육은 성스러운 예술가치를 높이고 종교적 공동체의식을 확대시키는 데 종교적 표현의 깊은 의미를 지니게 하였다. 바로 이러한 교회음악이 하인리히 쉿츠의 오라토리오형식의 수난곡 이후 바흐의 교회음악으로 대두되었던 것이다. 특히 17세기에서 18세기 중엽에 성장했던 칸타타(Kantata 교성곡)와 오라토리오(Oratorium 성담곡)는 개신교도들의 공동체의식을 심화시키는 데 좋은 출발점이 되었다. 교회음악의 성악부분에서 아리아Arie와 레치타티보Rezitativ는 성탄절이나 수난절에 종교의식을 승화시키는 기본음악으로서 위대한 성악으로 발전했다. 이태리의 오페라에서 영향을 받은 것이지만 자유로운 예술형식으로 종교의식을 강화시키는 데 커다란 기여를 했다. 바흐의 칸타타선율에서는 하나님과의 영적 교감과 대화가 이루어지는 기독교적 의식이 잘 표현되어 있으며, 기독교의 축제일로 축복될 성서에 담긴 커다란 사건들은 오라토리오로 표현되어 있어, 이는 마치 '옛날 고대희랍인들이 축제에 있어 희곡을 합창과 음악적 강연의 기본적 틀로 결합시켜 극적 효과를 거둔 것처럼' 오라토리오로 교회음악을 구성함으로써 기독교의 내면적 의식을 음과 언어로 표현하는 데 성공하고 있다. 이러한 오라토리오의 총체적 예술형식을 통해 종교의식을 신앙적 환상세계로 펼치는 데 바흐와 헨델음악이 절대적 공헌을 한 것이다.

이처럼 헨델과 바흐에 의해 형성된 오라토리오의 새로운 예술형식은 일반적으로 성서에 기록된 내용을 담고 있으며, 몸짓 연기나 공간예술의 무대장치 없이 독창과 합창, 관현악과 함께 등장했다. 그러나 그 가운데서도 오페라에 비해 합창의 비중이 컸으며 이야기의 줄거리는 17세기의 하인리히 쉿츠 이후부터 독일어로 낭송되기 시작했다. 그리고 헨델에 의해 작곡된 이태리풍의 실내칸타타는 아리아의 선율과 레치타티보를 포함하여 중창이나 합창과 함께 노래되었으며 오르간을 중심으로 한 교회의 기악연주를 동반함으로써 기악의 서곡과 대위곡은 교회음악의 음악적 환상을 극대화시키는 데 극치를 이루었다. 특히 칸타타의 서정적 노래는 종교적 내면의식을 심화시키고 기독교적인 정서생활을 신비적인 깊이로 숙연해지게 하는 데 더할 나위가 없었다.

오라토리오는 아리아와 레치타티보의 위대한 음악형식을 합창과 연결하여 교회음악의 환상적 음악형식을 창출하게 함으로써 서사적이고 희곡적이며 서정적 동기들을 투명한 무대예술이 아닌 보이지 않는 음악예술로 용해시켜 표현했다. 그리고 이러한 예술형식은 성악과 기악에 의해 자유롭게 발전된 오라토리오로써 기독교인들의 종교적 공동체의식을 조화롭게 형성시키고 개개인의 종교적 의식을 영적 감동과 정서적 감동을 통해 표현할 수 있는 특별한 음악형식이 된 것이다.

이러한 개신교교회음악에서 오는 종교적 의식은 하나님의 무한한 신비적 체험에 대한 신적 감정을 고양시키고 예수의 수난과 구원세계를 영적 세계로 충족시킨다. 하지만 이러한 교회음악은 본래 가톨릭 교회음악에서 출발했던 것이다. 특히 지오반니 피에르루이지 다 팔레스트리나Giovanni Pierluigi da

Palestrina(1525-1594)의 <교황 마르켈스의 미사Missa Papae Marcells>(1567)에서 교회음악의 순수성은 절정에 달한다. 이곳에서는 오르간 음악이 가톨릭교회의 영적 세계를 감흥시키는 대위곡 형식으로 되어있어 초감각적 종교세계를 경건하게 관조하는 성베른하르트의 명상세계가 조화롭게 펼쳐져 있다. 그리고 미사곡의 음악세계는 천천히 초월적 세계로 진입하면서 고귀한 아름다움을 표현해가며 개인적인 영적 감흥을 일으키는 멜로디라기보다는 리듬의 힘이 개인적인 생명감정을 강하게 표출시키는 선율이 되고 있었다. 그렇기에 미사곡은 유한한 인간생명의 갈등을 표현하는 불협화음이 점차 신비적 초월적 세계로 해소되는 조화로움으로 통합되고 있는 것이다. 그 예로 미사의 십자가상에서 표현되고 있는 예수의 고통이 미사곡의 은밀한 표현 속에서 고귀하게 해소되어가고 있다.

팔레스트리나의 미사곡은 라파엘의 화폭에 담긴 하나님과 천사, 성모마리아와 아기 예수가 승천하는 모습의 표현과 가장 유사하다. 이러한 그의 음악은 바흐나 헨델음악과 같이 오랜 교회사를 통해 창조된 음악으로 현세적이고 속세적인 인생과는 상반되는 피안의 세계인 초월적 세계에 설정된 성스러운 이상을 표현한 것으로, 인간생명이 구원되는 영원한 인간성을 표현하고 있다. 그리고 이러한 음악에서 노래되는 합창도 개신교도들의 공동체의식을 강화시키려는 데서 왔지만 이것도 가톨릭에서는 이미 널리 보급되어 있다.[7]

여기서 우리가 주목해야할 점은 이러한 음악적 환상을 극대화시켰던 위대한 교회음악이 주로 독일에서 성장했다는 점이다. 이러한 점은 결코 우연한 일은 아니다. 이는 독일인의 정신세계가 지니고 있는 형이상학적 상상력이 뒷받침하고 있었기에 가능하다. 그리고 그러한 결과로 인해 독일에서는 계속 하이든이나 모차르트, 베토벤 같은 위대한 음악가들이 속출하게 된 것이며, 그들의 음악은 온 인류가 감동하는 최고의 음악이 되고 있는 것이다.

---

7) 참고: Wilhelm Dilthey: Von Duetscher Dichtung und Musik. Stuttgart/Gttingen 1957. S. 191-200.

하이든

이들 천재들 가운데 바흐와 헨델을 잇는 다음 음악가는 하이든이다. 하이든은 노래와 아리아를 창작곡의 기본형식으로 택하고 이를 그의 기악에 삽입함으로써 영적 세계를 표현하고 있다. 교향곡의 주제도 노래와 아리아로 펼쳐짐으로써 선율이 풀려나간다. 이러한 기법을 그의 제자 모차르트가 소박한 선율의 충만함과 아름다운 멜로디로 계승, 발전시켰으나 하이든도 이러한 소박한 선율을 통해 자기의 기악을 높은 차원으로 승화시킨다. 그의 음악은 바흐 이후에 발생한 모든 음악을 종합하고 있다. "푸가예술이나 헨델의 합창곡 위력을 포함하여 여러 음이 함께 하는 모차르트의 화음과 극적 멜로디의 모든 달콤함을 함께 한 오라토리오를 창작하고 있다. 그의 오라토리오는 자신이 음악에서 기독교적 종교성을 발견한 것과 마찬가지로 세상을 기쁘게 맞이하는 새로운 종교성을 처음으로 표현한 작품을 남기고 있다. 그의 음악에서는 언어의 후진성이 장애가 되지 않는다. 음악 자체가 국제적인 고유언어가 되고 있다. 외부로부터 얻은 것들도 자신의 음악을 위축시키지 못한다. 오히려 독일에서 얻어진 음악적 언어가 최고의 표현수단이 되고 있으며 독일정신에 맞는 현실적 표현이 되고 있다." 그렇기에 하이든의 음악적 언어는 독일정신을 가장 잘 표현한 음악이다.[8]

하이든음악이 노래와 아리아를 기본으로 하는 소박성을 지녔던 이유는 그 자신이 오스트리아의 한 조용한 시골마을에서 태어나 어려서부터 부모님이 하프를 키며 노래하는 소리를 항상 들을 수 있었고 성스테판에 있는 성악학교를 다녔기 때문이다. 그는 음악적 재주가 뛰어나 피아노나 성악, 바이올린 음색들을 순간적으로 흡수할 수 있는 능력을 지니고 있었다. 또한 자신이 연주자로서 국민들이 좋아하는 멜로디를 음악적 언어로 다양하게 충족시킬 수 있는 재능도 지니고 있었다. 그렇기에 그는 독일기악에 대한 대위곡으로 이태리성악의 형식미도 쉽게 흡수할 수 있었으며, 대위곡의 한계를 본질로

---

8) 참고: Wilhelm Dilthey: 같은 책 S. 259f.

258

삼으면서도 음악적 효과를 극대화시킬 수 있었던 작가였다. 하이든은 개인적으로 당시의 시대상에 불만에 차 있었다. 그러나 생활환경에서 오는 황실에 대한 그의 충복성은 대단했다. 그래서 황실에서 요구하는 모든 음악을 작곡하고 연주도 하는 봉사정신으로 충실하게 이행했다. 그리고 당시 비인 도시의 음악적 정서가 그를 매력적으로 끌어안고 있었기에, 그는 자신의 성격대로 생각나는 모든 것을 음악생활에 실천할 수가 있었다. 이렇게 해서 그의 음악생활은 서서히 위대한 세계를 호흡하며 평화스런 형식으로 풀려나갔다.

하이든의 음악은 성격적으로 하루아침에 이룩된 것이 아니다. "마치 꽃봉오리가 터지듯 서서히 성장했으며 봄이 다가와 푸른 나뭇잎이 싹트고 꽃이 만개하듯 오랜 준비기간을 거쳐 서서히 꽃피워 오른 것이다. 이들 생명은 모두가 태양만을 기다리고 있었던 것이다. 그의 명성이나 복지향상, 독립적인 생활 등 모든 것들도 이러한 과정을 통해서 서서히 형성되어갔다. 바로 그의 음악 속에 내재되어있던 내면성도 이렇게 발현되어갔다. 본래 그의 가요작곡에서는 독일정신의 시적 감흥이 멀리 떨어져 있었다. 그러나 그의 최초의 시적인 봄이나 독일적인 봄이 다가선 것은, 자연감각과 함께 이에 대한 동경과 기쁨, 그의 정숙한 깊은 사려와 제한적인 명랑성으로 시적 세계가 충족되면서부터다. 그는 위대한 독일시인이나 철학자의 언어들도 이해하지 못하고 있는 것으로 보였다. 그러나 그의 음악에 있어서 유일한 강점은 생명이란 것이 규칙적인 성장과정을 통해 성숙되어가고 있는 자연처럼 기본적인 음조(조율)들을 계속 체험해냄으로써 음악이 성립되고 있었다는 점이다. 이는 마치 자연의 성장에서와 마찬가지로 아침의 신선함에서 시작하여 점심의 충만함을 거쳐, 회상의 영혼들로 가득한 저녁의 고달픈 평화로움 속에서 하루가 마감되고, 계절의 흐름에 따라 농사를 지어 농부들이 추수감사절을 맞게 되는 즐거움의 과정과도 같았으며, 또한 연인들의 사랑이 제한적이나마 조용하고 자연스런 애정의 느낌 속에서 싹터 무한한 사랑의 동경으로 이어져가고 있는 연정 속에서 진정한 열애를 찾는 것과도 같은 강점을 하이든의 음악이 지니고 있었던 것이다."

하이든의 음악은 이러한 과정의 기본적 조율 속에서 익숙해지고 학습되며, 유쾌하고 강렬한 음악으로 표현된다. 그리고 이러한 내용에서 생성된 기본적 조율을 하이든은 처음으로 그의 아리아와 메뉴엣 안단테형식 속에서 표현하고 있으며, 독일적인 정서적 감정도 이러한 과정 속에서 음색세계의 고유한 언어로 표현하고 있다. 나아가 이러한 그의 음악은 모든 면에서 모차르트에 와서 속박 없는 자유로운 세계와 따뜻하고 아름다운 세계로 상승된다. 애정 감정의 표현으로 용해된 그의 음악적 성격도 모차르트의 음색언어가 수용될 수 있도록 문호를 열어놓았기 때문이다.[9] 그래서 모차르트에 와서는 자유로운 음악적 환상이 그의 음악적 희곡에서 종합되고 있다.

모차르트

모차르트의 음악적 특성은 그의 음악적 희곡에 있다. 30년전쟁 이후 비인이나 뮌헨, 드레스덴의 궁중에서는 이태리오페라가 대화의 주류를 이루고 있었다. 따라서 멜로디와 성악이 지배하고 있는 이태리의 오페라 영향이 컸다. 이태리 오페라의 위대성은 익살스런 연극적 힘에 있다. 이곳에서 음악은 영적 생활의 자연스런 표현으로 노래되었으며, 희곡의 인물들도 음색으로 사유하고, 음색이 그들의 고유한 언어가 되었다. 그래서 오페라음악은 희곡의 제국을 넘어서 극 내용을 보다 승화된 차원에서 모방하고 있는 것이며, 현실성을 벗어난 음색의 세계에서 전개시키는 것이다. 따라서 모차르트의 희곡적 음악에는 희곡적 생명의 흐름과는 별도로 아리아와 이중창, 삼중창 같은 음악적 형식들이 활용되면서 음악의 법칙 속에서 음악적 양식의 내면적 법칙이 형성되고 극 내용이 음악적 예술로 상승된다.

모차르트가 희곡적 음악을 창작하게 된 배경에는 당시의 궁중분위기가 이태리의 오페라를 향유하는 풍류로 지배되고 있었기 때문이며, 요셉 황제 Kaiser Joseph가 그에게 <후궁으로부터의 유괴>(1782)를 작곡할 것을 위임했

---

9) 참고: W.Dilthey: 같은 책 S. 261f.

을 때부터 시작되었다. 그리하여 그는 이태리오페라에서 발견된 기술적인 모든 것을 소화시켜 독일오페라에 옮겨놓는다. 그리고 독일오페라는 모차르트에 의해 가장 강력한 회곡적 예술형식으로 발전된다. 따라서 "모차르트의 오페라예술은 그가 이태리의 음악적 구조원리를 독일적인 깊이와 독일적 음악으로 숙고된 대위곡으로 조성케 되고 4중주 내지는 심포니교향악에서 개발된 오케스트라 술의 수단들을 통하여 완성하게 된 것이다. 그리고 마지막 단계에 이러한 이태리식 오페라의 원리를 심화시킬 수 있었던 것은 감정생활의 풍부한 재산을 간직한 문학의 정복을 통하여 성취될 수 있었던 것이다. 바로 그러한 작업과정을 통해 창작된 작품이 1786년의 <피가로의 결혼 Figaro>이며 1791년의 <마적Zauberflte>이다. 이때는 바로 독일문학의 시학적 표현형식이 절정기에 있었을 때다. 그리고 쉴러와 괴테의 청년기 작품들과 질풍노도시대의 작품, 빌란트의 오베론 시와 레싱의 회곡들이 여러 음악가들의 가곡이나 음악적 회곡에 가장 잘 활용될 수 있었던 시대였다."10)

이때는 음악적 회곡이 음악의 내면적 법칙을 통해 승화될 수 있었던 것처럼 독일문학의 특징이었던 문학의 내면성이 시학적 형식의 반영으로 음악적 효과를 가장 잘 표출시킬 수 있는 시대였다. 당시 쉴러와 괴테 스스로는 음악가가 아니었다. 그러나 그들의 사상시나 서정시, 회곡작품들이 시학의 운율과 율동에 있어 오페라에 가장 적합한 대사로 활용될 수 있는 음악성을 지니고 있었기에 그들의 작품이 음악가들의 가곡이나 오페라작품에 전용될 수 있었다. 토마스 만은 쉴러 서거 150주년을 맞이하여 <쉴러에 관한 시도>(1955년 5월 14일)란 강연에서 쉴러의 작품 『오를레앙의 처녀』(1802)는 음악적 회곡에 가장 적합한 시학으로 작품화된 '언어-오페라'라 지적한 바 있다.

이 작품의 시적 운율과 율동이 막과 장의 결말부분에 가서는 단장격의 억양운율Jambus로 처리되어 운율음악을 자아낼 수 있게 되어있고, 단장격 5각의 무운율 시구Blankvers에 있어서도 상이한 시구와 절 형식의 율동이 3음격

---

10) 참고: W. Dilthey: 같은 책 S. 276.

시Trimetern와 각음이 있는 8행시Stanzen로 되어있어 희곡적 서창Rezitativ과 서정적 아리아가 교체되는 음악적 가능성을 제공하고 있어 극무대가 오페라의 화려함으로 즐길 수 있게 되어있다. 따라서 『오를레앙의 처녀』는 고전적 시학형식으로 쓰인 낭만적 오페라작품이 될 수 있다. 그리고 이 작품은 "고전으로 간주되는 낭만주의의 현상을 제공하거나 낭만주의화된 고전주의를 제공할 수 있는 작품이 되어, 괴테는 이 작품을 가장 마음에 드는 작품이라 평가했고, 쉴러도 가장 아름다운 작품으로 생각하고 있다"고 토마스 만은 언급하고 있다.[11]

사실 쉴러는 어려서부터 어머니로부터 클롭슈토크Klopstock(1724-1826)나 겔러트Gellert(1715-1769)의 성가곡에 관해 들은 바가 많아 음악적 영향력을 많이 받았다. 그래서 그는 논문 「우미와 품위」(1793)에서도 성가대의 합창이나 오르간음악과 종소리 등의 화려한 교회음악에 관한 회상을 다음과 같이 적고 있으며, 작품에도 음악적 초상화를 표현하고 있다. "음악에 있어 축제분위기의 장엄한 것이란 서서히 화음을 이루어가는 강력한 음색들이 울려 퍼져 오르는 데 있다. 강한 음색은 정서적 감정을 깨우치면서 긴장시키고, 느릿한 음색은 서서히 만족감을 채워주며 박자의 균형 잡힌 조화는 조급한 마음을 끝없이 야기한다. 그래서 축제분위기의 장엄한 음악은 위대하고 고귀한 인상을 준다. 그리고 종교적 의식이나 신비스러움을 위해 커다란 성과를 가져오게 되며, 종소리의 효과나 합창, 오르간은 이러한 성과를 가져오는 데 더할 나위 없이 잘 알려진 음악들이다."[12] 이에 쉴러는 『오를레앙의 처녀』에서 "오르간음색은 나에게 천둥소리처럼 울려 퍼져왔다"[13]고 표현함으로써 오르간음색의 장엄함을 음악의 상징적 초상화로 표출시킨다.

이렇듯 쉴러는 그 자신이 음악가는 아니었지만 음악에 대한 사려는 깊었다. 그래서 쉴러는 음악성에 적합한 시학형식을 통해 희곡작품을 집필하려

---

11) 참고: Thomas Mann: Versuch ber Schiller. Schriften und Reden zur Litertur, Kunst und Philosophie. Bd. 3. Fischer Bcherei. Frankfurt 1968. S 347-348.
12) 참고: F. Schiller: Werke. N. A. Bd. 20. S. 308.
13) 참고: F. Schiller: Werke. N. A. Bd. 9. S. 282.

노력했다. 그리고 그러한 작품을 음악적 문학이나 음악적 시인이 남긴 예술 작품으로 분류하고 있었으며, 이러한 음악적 문학의 중요성을 알고 음악적 시인에 대한 전형적 개념을 그의 『소박문학과 감상문학』(1795/96)에서 밝히고 있다. "내가 여기서 음악적이라고 말하는 것은 음색예술Tonkunst과 조형예술 Bildende Kunst을 함께 갖춘 시문학Poesie의 이중적 연관성을 회고하기 위해서 다. 조형예술이란 시문학이 어떠한 일정한 대상Gegenstand을 취하느냐에 따라서 조형적이라 부를 수 있는 것이며, 음색예술이란 시문학이 일정한 대상을 필요로 함이 없이도 어떠한 일정한 정서적 감정상태Zustand Gemuthe를 불러일으키느냐에 따라 음악적이라 부르게 된다. 그렇기에 시문학은 위의 내용에 따라 조형적이거나 음악적인 것으로 불릴 수 있다. 여기서 음악적이라고 하는 후자의 표현은, 문학에 있어 현실적인 것이건 소제적인 것이건 음악에 관계되는 것이면 되고, 일정한 대상물을 통한 상상력이 지배되지 않고도 음악적 효과를 불러일으키면 음악적이라 표현할 수 있는 것이다. 바로 이러한 의미에서 나는 클롭슈토크를 가장 훌륭한 음악적 시인으로 인정한다."14)

사실상 클롭슈토크는 그의 작품 『구세주Der Messias』(1748/73)에서 20개의 찬가와 함께 6운각Hexameter의 시구로 된 성서적 서사문학을 창작했다. 이는 밀턴의 『실낙원』 정신을 근거로 한 요한계시록의 복음을 전한 서사문학이다. 논리적 표현법을 피해 시어로 집필된 상징적 가치를 지니고 있으며, 6운각의 시학형식으로 표현되어 음송적이며 열정적이고 정열적인 문체를 지니고 있다. 클롭슈토크는 하나님과 영원성, 자연과 덕성, 우정과 자유, 사랑과 연인에 관한 '송가Oden'를 고전적 시구와 자유스런 율동으로 창작했는데, 이 때문에 그의 작품들은 글룩이나 슈베르트, 슈만, 스트라우스의 가곡과 합창곡에 많이 활용되고 있다.

클롭슈토크의 영향을 받아 새롭게 '언어음악가Sprach-Musiker'로 주목받은 사람이 쉴러다.15) 쉴러의 초기희곡작품 『군도』(1781)는 아르놀트나 베르디의

---

14) 참고: F. Schiller: N. A. Bd. 20. S. 455f. In: Schiller Handbuch, hrsg. V. Koopmann. Stuttgart 1998. S. 170.

오페라 <군도I.masanadieri>에서 오페라화 되어, 런던에서는 빅토리아여왕 입석 하에 1847년 성황리에 초연된바 있고, 『발렌슈타인의 진영』(1798/ 99)도 체코음악가 스메타나(1824-84)에 의해 작곡된 바 있다. 그리고 쉴러의 사상시 『환희』(1785)는 베토벤교향곡 9번 <합창>의 마지막 악장에 삽입되어 노래된다. 쉴러가 당시의 오페라음악가에 지대한 영향을 미친 것은 자신의 미학논문에서 시문학의 음악성에 관해 이론적으로 해명해준 이유 때문이다. 쉴러는 『인간의 미학적 교육론』(1793) 22번째 서한문에서 음악론을 펼치고 있다. 인간은 창조적 '자유' 행위와 '유희' 행위를 통해 예술의 조화로운 완성을 기하는데, 인간의 창조적 행위는 인간의 감성적 충동과 이성적 충동 사이에서 역시 도덕적이며 미학적인 중용적 가치를 우위에 두는 문화적 유용성에 목표를 두고 있어, 감성적 감흥을 불러일으키면서도 풍부한 정신세계를 충족시킬 수 있는 고귀한 미적 세계를 창조의 대상으로 취한다는 것이다.

쉴러는 바로 이러한 고귀한 미적 상태를 창출시킬 수 있는 것은 음색예술에서 가능하며, 조형예술에서도 가능하지만 시문학의 완성미에서 더욱 가능하다고 믿었다. 마치 서사적 내용을 서정적 감정으로 표출시켜 이를 노래로도 부를 수 있게 한 담시문학과도 같이, 당시의 시문학은 서사내용을 서정적 시학 형식으로 표현하여 노래로 부를 수 있는 음악성을 지니게 서술하고 있었기 때문에, 쉴러는 시문학이야말로 조형예술이나 음색예술에서 창조할 수 있는 최고의 예술성을 모두 갖춘 예술로서 미학적 유토피아를 실현시킬 수 있는 본보기가 되리라 생각한 것이다. 그리고 이러한 미학적 예술세계를 통해 완전한 인간교육도 가능하며 미적 국가도 건설할 수 있다고 본 것이다. 그렇기에 그의 음악적 문학론은 당시의 음악가들에게 많은 호응을 얻을 수 있었으며, 그 자신도 당시의 시문학을 통해 오페라나 가곡예술을 더욱 풍요롭게 발전시킬 수 있다고 믿었다.

따라서 쉴러는 시문학의 예술이 조형예술과 음색예술에서 상호연관된 완

---

15) 참고: Schiller Handbuch. S. 171.

성미를 두루 갖추고 있다고 보는 다음과 같은 가능성의 해설을 피력한다. "최고로 고귀한 음악이란 형상모습이 되어야 하는데, 이는 마치 고대조형예술의 조용한 힘이 우리에게 작용하는 것과 같아야 하며, 최고로 완성된 조형예술이란 음악이 되어야 하는데 이는 직접적으로 느끼는 감정세계가 우리를 감흥시키는 것과 같아야 하고, 최고로 완성된 시문학Poesie은 조용한 선명성이 감도는 조형과도 같거나 음색예술이 강렬하게 담겨있는 음악과도 같이 우리에게 다가서야 한다."[16] 최고의 예술이란 음악이나 조형이나 시문학에 있어 나름대로의 공통적인 완성미를 지니고 있지만, 그 가운데서도 시문학이 음색예술과 조형예술의 완성미를 두루 갖출 수 있어 시문학이 오페라음악에 가장 적합한 음악적 시문학이 될 수 있다는 가능성을 제시하고 있는 것이다. 이러한 제시는 『소박문학과 감상문학』에서도 계속되어 당시의 시문학형식이 오페라에 가장 적합한 음악성을 지닌 소재임을 알게 한다.

그 후 쉴러는 자기의 운명극 『메시나의 신부』(1803)에서 작품의 부제처럼 '합창을 통한 비극'을 창출한다. 그럼으로써 시인은 언어만을 통해서도 음악과 춤을 생동시킬 수 있다는 가능성을 보여준다. 그리고 「비극에 있어 합창 사용」(1803)이란 논문에서는 운율적 시학의 언어를 통해 문학적 작품이 장족의 발전을 가져올 수 있으며, 여기에 '합창'이란 '예술조직Kunstorgan'을 도입시킴으로써 문학은 시적 음악성과 문학성을 함께 불러일으키는 데 결정적인 역할을 한다고 말한다.[17] 비극에 있어 '합창'이란 문학의 이상적인 요소와 감성적인 요소를 균형 잡게 하며, "합창은 작품의 줄거리로부터 반사되는 성찰을 통해 또 다른 성찰을 낳게 하고 선별된 성찰을 거듭하여 시문학적 힘을 더욱 강화시킴으로써, 이러한 과정이 진행되는 동안에 비극적 시들을 순화시키게 한다." '합창'이 '언어'를 통해 '생명'을 가져온다면, '합창'은 '줄거리'를 통해 '평온함'을 가져온다. "왜냐하면 관객들의 정서는 이러한 강렬한 비극적 수난곡을 관람하는 동안 자유로운 성찰을 갖게 되며, 자유로운 성찰은

16) 참고: F. Schiller: Werke. N. A. Bd. 20. S. 381. In: Schiller Handbuch. S. 173.
17) 참고: Schiller: N. A. Bd. 10. S. 7, S. 11.

비극의 인상을 훔쳐보는 데서 오는 것이 아니라 수난곡의 감동으로부터 점점 자신의 생각이 분명해지고 밝아지는 데서 오기 때문이다."18) 그 때문에 '합창'의 극적 효과는 당시의 오페라음악에서 대단히 컸으며, 또한 그러한 이유로 쉴러의 '비극에 있어 합창'론도 당대의 음악가에 많은 영향을 미쳤다. 또한『메시나의 신부』에서 시도되었던 시와 춤, 음악예술의 종합적인 가능성은 쉴러의 작은 축제극『예술의 충성』(1804)에서 '서정적 유희'로 노래된다. 여기서 시인은 음악을 다음과 같은 노래로 해명하고 있다.

현에서 솟아오르는 음색의 힘,
그대도 잘 알고 연주하겠지만,
가슴 속 깊이 예감으로 가득 찬 것을,
나의 음색이 표현하고 있다네;
성스러운 마술사가 그대의 감정 위해 연주하니,
나는 나의 조화의 흐름 넘치게 쏟아 부어,
달콤한 애수 속에서 마음을 녹이고자 한다네,
그리고 입가로부터 영혼이 달아나려 하니,
나는 음색의 음계를 달아주어
그대를 저 높은 최고의 아름다운 곳으로 운반하고 있다네.19)

이 노래는 당시 바이마르황태자가 러시아출신 마리아 파브로브나Maria Pawlowna공주를 태자비로 맞이하는 자리에서 쉴러가 축제극을 위해 증정했던 노래다. 음악애호가인 쉴러가 이처럼 음악을 조화로운 마술적 유희로 해명하고 있듯이, 음악이란 서사적 내용을 최고의 아름다운 세계로 승화시킬 수 있는 가장 긴요한 매체였기에 시문학의 음악적 요소는 당시의 오페라에 커다란 영향을 미친 것이 사실이다.

---

18) 참고: 같은 책. S. 13f.
19) 참고: 같은 책. S. 290. In: Schiller Handbuch. S. 174.

하지만 이때 쉴러는 모차르트와 직접적인 관계가 없었다. 단지 당시의 작가 크리스티안 고트프리트 쾨르너Christian Gottfried Krner(1756-1831)와 칼 프리드리히 첼터Carl Friedrich Zelter(1758-1832), 그리고 프리드리히 라이히하르트 Friedrich Reichhardt(1752-1814) 등과 서신교류를 갖고 있는 정도였으며, 그들을 통해 쉴러의 서정시와 희곡세계가 알려졌고 또한 쉴러 자신도 모차르트음악에 관한 소식을 접하게 되었다. 특히 쉴러가 괴테와 함께 풍자시『크세니엔 Xenien』(1797)과 『담시Balladen』(1797) 작품을 공동제작발표한 후부터는 괴테의 권유에 따라 모차르트의 <돈 조반니>오페라 각본을 썼던 다 폰테 로렌조Da Ponte Lorenzo(1749-1838)의 대본을 담시로 개작해보는 것이 어떨까 하는 생각을 검토해볼 정도였다. 그러나 쉴러는『메시나의 신부』에서 시도된 시와 음악과 춤에 관한 작품상의 이념에 더 많은 관심을 쏟고 있어 괴테의 권유를 받아들일 수 없었다. 다만 오페라의 합창과 음악의 중요성만을 이해하는 자신의 종국적인 입장을 괴테에게 피력했을 뿐이다. 쉴러는 1797년 12월 29일 괴테에게 보낸 서한에서 다음과 같이 오페라에 대한 입장을 요약하고 있다.

"나는 오페라에서도 옛날의 바커스축제의 합창에서처럼 비극을 고귀한 모습으로 풀어나갈 수 있다는 확신을 갖고 있습니다. … 오페라는 음악의 힘과 자유롭고 조화로운 감성의 자극을 통해 아름답게 받아들일 수 있고 향유할 수 있는 정서적 감정을 결정케 한답니다. 오페라는 음악을 동반하기 때문에 실제로 열정 속에서 자유로운 유희가 존재하게 되고 경이적인 것을 기대할 수 있어야 하기 때문에 필연적으로 내용의 소제와는 관계없이 경이적인 것을 가져오고 있습니다."[20] 하면서 오페라의 미학적 가치를 희망적으로 평가했다.

그 후 쉴러는 '언어음악가'로서 많은 음악인들로부터 호응을 불러일으켜 그의 작품에 대한 무대음악이 작곡되기도 했다. 1799년 바이마르교향악단의 작곡가이자 하이든의 제자인 프란츠 데스토우헤스Franz Seraph Destouches

---

[20] 참고: Schiller: Werke. N. A. Bd. 29. S. 179. In: Schiller Handbuch. S. 182.

(1772-1844)는 쉴러의 『발렌슈타인 진영』을 위한 무대음악을 작곡한 바 있고, 1800년 이후는 『오를레앙의 처녀』와 『투란도트』, 『메시나의 신부』, 『빌헬름 텔』의 무대곡을 창작하기도 했다. 그리고 쉴러가 사망하던 해에는 슬픔을 담은 장송곡을 창작했으며, 바이마르의 야콥교회에서 울려 퍼지기도 했다.(1805년 5월 11일) 그 외에 칼 마리아 폰 베버(arl Maria von Weber(1786-1826)는 『투란도트』의 전주곡을 작곡한 바 있으며, 쉴러는 그에게 또한 바이마르 극장에 적합한 『마리아 슈트아르트』를 위한 예외적인 부수음악(인시덴털 뮤직)을 작곡해줄 것을 요청하기도 했다.

이처럼 쉴러의 작품은 당시 바이마르시대의 음악가들과의 교류를 통해 오페라문화를 높이는 데 기여했다. 이때는 바이마르시대의 괴테도 예외는 아니었다. 그도 쉴러와 함께 고전적 담시를 음악화 하는데 기여하였으며, 희곡들의 오페라화 가능성에 적극적이었다. 그리고 괴테와 쉴러의 음악적 시문학이 끼친 영향은 낭만주의에 와서 아이헨도르프Eichendorf(1788-1857)와 하이네, 뫼리케, 뤼케르트의 음악적 시문학으로 이어져 이들의 문학이 가곡화되는 데 커다란 영향을 미쳤다.

그렇다면 괴테의 모차르트에 관한 음악관은 어떠했을까? 괴테는 일찍이 그의 누이동생 코르넬리아와 함께 일곱 살 난 신동 모차르트가 프랑크푸르트에서 연주하는 모습을 보고(1763년 8월 25일) 이를 엑커만에게 보낸 편지에서(1830년 2월 3일, 1831년 2월 14일) 경탄한 바 있다. 그리고 모차르트의 <돈 조반니>에서는 주인공의 모습이 초인간적이며 악마적인 성격으로 연출되기도 했을 뿐만 아니라 음악적 성격의 표현에 있어서도 악마적으로 승화되는 강렬한 속도의 관현악으로 비극적인 음색을 울리고 있어 "서곡과 첫 장면으로부터 오페라의 비극적 성격이 분명했다"고 했다. 특히 처음 큰 장면부터 '세 사람의 저음으로 노래되는 불안에 가득 찬 수다떨기'와 "현악과 목관악기, 파곳, 호른 취주악기의 관현악이 어두운 음색으로 시작되었으며, 마지막 장에 가서도 연극을 관람한 관객에 있어서처럼 시청자에게 형이상학적 성격의 감정세계를 남겨주고 있어" 일반적인 비극이 관객에게 남기는 카타르시

스효과를 <돈 조반니>도 가져오고 있다고 했다. 따라서 비극이 던지는 이러한 효과는 말로 표현할 수 없는 형이상학적 음악성을 통해 인간의 현존세계를 영적 세계로 순화시키고 승화시키는 데 관현악의 역할이 컸다고 한다. 이때문에 딜타이는 <돈 조반니>에 관한 음악평에서 "영적인 인생 속에 숨어 있는 말로 표현될 수 없는 특징들을 오케스트라는 음악으로 옮겨놓을 수 있기 때문에 관현악음악의 계발만이 인생표현의 경이로움을 완성시킬 수 있다"고 말하며, <돈 조반니>에서의 관현악의 중요성을 크게 평가한다.21)

그리고 주인공 돈 조반니의 악마적 모습이 형이상학적 음악성에 의해 더욱 승화된 위상으로 상승되고 있음을 보고 괴테는 자신의 작품 『파우스트』가 <돈 조반니>의 음악적 양식에 의해 악마적인 모습으로 승화되고 작품의 형이상학적 사상이 대본으로 오페라화 되었으면 하는 아쉬움을 엑커만에게 보낸 서신에서 언급하며, 모차르트야말로 『파우스트』를 위한 오페라를 작곡할만한 가장 적합한 사람이라고 술회한 바 있다.(1829년 2월 12일) 그뿐만 아니라 괴테의 서정시들도 감정적 내용으로 보아 모차르트의 음악에 절대적 감정으로 일치될 수 있는 것이 많았는데, 그러한 서정시가 바로 『베니스의 격언시Venezianische Epigramme』(1790)들과 『로마의 비가Rmische Elegien』(1795) 등이었다고 한다. 하지만 모차르트음악에 가곡 된 괴테작품은 유일하게 『제비꽃Das Veilchen』(1785년 6월 8일 작곡)뿐이다. 이것도 모차르트가 괴테의 서정시라는 사실을 모른 상태에서 가곡 된 것이다.

괴테작품은 모차르트에 있어서보다는 다른 음악가들에 의해 가곡화 된 것이 많다. 괴테의 담시 『마왕』과 서정시 『가니메트』, 『들장미』, 『비밀』 등은 슈베르트에 의해 가곡 되었으며, 희곡 『에그몬트』는 베토벤의 극음악으로 작곡되었고, 『파우스트』는 구노의 오페라에, 『베르테르』는 마스네의 오페라에 작곡되었다. 『미뇽의 노래』는 뒤파르크의 가곡으로 노래되었고, 볼프의 가곡에는 16편의 괴테 시가 노래되고 있다.

---

21) 참고: W. Dilthey: Von Deutscher Dichtung und Musik. Stuttgart 1957. S. 290f.

베토벤

그렇다면 이들의 시문학이 베토벤에게는 어떠한 감흥 속에 있을까? 이런 관점에서는 베토벤의 작품 가운데 <피델리오>와 <교향곡 9번 합창>을 예로 들 수 있다. 베토벤의 오페라 <피델리오>는 18세기 스페인의 세빌리아교외 형무소에서 전개된 노래극으로 초연은 프랑스의 부이이Jean Nicolas Bouilly (1763-1842)의 대본에 의했으나, 손라이트너J. Sonnleitner(1766-1835)와 트라이체케F. Treitschke(1776-1842)의 개작에 의해 노래되기도 했다. 내용은 권력자에 항거하다 투옥된 주인공 플로레스탄과 이를 구출하려 피델리오로 변장하여 분투노력한 열녀부인 레오노래의 등장으로 짜여 있다. 공정한 재판과정에서 풀려나는 이들의 환희는 마지막 장에서 영웅적 행위의 찬가와 사랑으로 합창된다. 서사적 내용의 정서에 따라 아리아와 이중창, 삼중창, 사중창, 합창으로 노래되고 있으나 4개의 서곡이 따로 존재한다. 그런데 이 작품이 모차르트의 음악극과 다소의 차이가 있다면, 모차르트의 오페라에서는 풍부한 인생이 표출되고 있는데 반해 여기에서는 유사한 영혼들의 내면적 화음이 이상적 감정으로 일치되어 합창되고 있는 점이다.(예로 1, 2, 3막 가운데 3중창)

<피델리오>는 독일고전주의작가들 가운데 쉴러의 희곡들과 가장 유사한 음악극 성격을 지니고 있다. 독재와 싸우는 『돈 카를로스』(1787)의 인간적 고뇌와 영적 세계는 인간의 자유와 열정, 인간성의 이상을 향한 보편적 교양을 위해 싸우는 내용으로 표출되고 있는데, 이러한 이념세계의 투쟁은 <피델리오>에 있어서도 흡사한 분위기로 표현되고 있으며, 이를 위한 인간적 동정을 감흥시킬 수 있는 고귀한 영혼들의 화음이 노래되고 있다. 감옥장면 이후 밝은 햇살의 축복 속에서 무죄한 이들이 구원되고 승리하는 환희의 세계는 마치 '인간성을 최고의 이념으로 삼는 당대 최고의 감정을 열정적으로 표출시킨 베토벤의 감정을 표현한 것이며, 마지막 장에서는 이 세상에서 인간의 자유와 권리, 선이 승리한다는 의식세계'를 최고의 음향과 조화로운 선율로 절규하고 있다. 바로 이러한 동음의 선율로써 장식되고 있는 <피델리오>의 마지막 장은 <교향곡 9번 합창>에서의 종장과 유사하게 장엄한 화음으로

장식된다. 이러한 인간의 '자유'와 '권리', 그리고 '선'의 승리를 외치는 마지막 장의 음악적 선율은 쉴러의 『빌헬름 텔』(1804) 마지막 장면(5막 종장)에서의 절규와 부수음악과도 유사하며, 이는 프랑스혁명을 환호하는 환희의 여운처럼 당시대의 철학적 의식 속에 인본주의적 이념의 힘을 구가하는 선율로 울려 퍼지고 있는 것이다.[22]

쉴러의 사상시 『환희』(1785)는 새로운 인본주의적 연대의식으로 베토벤 <교향곡 9번 합창>에 변주곡형식으로 성악과 관현악이 함께 어우러져 노래되는데, 이는 인본주의사상을 목마르게 갈망했던 18세기의 정신적 이상주의를 최고의 영적 조화로 합창한 열광적 음악이 된다. 다시 말해 베토벤 <교향곡 9번 합창>은 괴테나 쉴러가 가능케 한 인본주의적 이상주의를 형이상학적 음색과 대합창이란 음악적 기본형식을 통해 인간의 자유와 존엄성을 찬양하는 환희의 노래인 것이다. 이처럼 <피델리오>나 <교향곡 9번>의 종장에서 노래되는 환상적 음악은 쉴러의 『돈 카를로스』나 『빌헬름 텔』에서 추구되는 인간의 자유에 대한 신앙적 믿음과 맥을 같이 하며, 쉴러의 『환희』에서는 인간의 자유와 존엄성에 대한 종교적 믿음을 신앙적 초월로 승화시키는 '환희의 멜로디'가 된다.

이 작품에는 하나님이 창조하신 우주적 대자연 속에서 하나님의 축복으로 인간의 생명이 태어났으니 이 세상 만민은 서로가 소중한 생명의 자유와 존엄성을 사랑과 기쁨으로 감싸 안고 형제가 되어 축복해야 한다는 인간애의 행복론이 노래되며 신들에 대한 범신론적 예찬이 합창된다. <교향곡 9번 합창>에서는 창조주와 인간생명체의 관계에서 오는 인본주의사상을 낙관주의적인 '환희의 멜로디'로 합창하고 있어 베토벤의 어느 교향곡보다도 인본주의사상을 가장 강렬하게 표현하고 있다. 그리고 '환희의 멜로디'는 『환희』에서의 이념적인 텍스트부분을 선별하여 관현악과 함께 합창으로 반복함으로써 창조주와 우주, 인간생명체에 대한 일체감을 언어와 음색으로 조화된 기

---

22) 참고: W. Dilthey: 같은 책. S. 296.

쁨으로 예찬하고 환희에 넘치는 인본주의적 자유사상으로 상징시킨다.

"기쁨이여 신의 불꽃/ 낙원에서 오신 딸/ 불에 취해 들어가리/ 하늘의 기쁨 성스러운 곳에./ 엄한 법이 가른 것을/ 그대 마력 합하니/ 그대의 (부드러운)날개 아래서/ 모든 사람 형제 되네. … 얼싸 안으세 만민들이여!/ 입 맞추세 온 세상!/ 형제들이여 - 별의 장막 위에서/ 사랑하는 주님 사십니다. … 입 맞추세 온 세상!/ … / 온 세상 모두를!/ 온 세상 기쁨으로!"

또한 여기서는 "밝은 임종의 순간이여!/ 수의 속에 달콤히 잠드소서!/ 형제들 그들은 - 부드러운 판결을/ 염라대왕의 입에서 듣게 될 지어다!" 하며, <환희>의 마지막 합창구절에서 노래된 바와 같이 죽음을 앞두고서도 하나님께서 인간의 모든 죄를 용서하시고 죽은 자를 부활시킬 것이라는 종교적 낙관주의적 내용과 '지옥은 더 이상 존재치 않는다'는 낙관론이 마지막 구절로 노래되고 있다. 정치적 낙관주의입장에서 보면, <교향곡 9번>이 비인에서 초연된 이후 기쁨의 노래와 행복한 형제애의 노래가 인도주의사상으로 적극 수용되면서 '환희의 합창'이 인간의 자유를 위한 교양적 기능으로 강조되고 있고, 1848년 '3월혁명' 이전 시기에는 '환희'가 곧 '자유'를 의미하는 출발점이 되고 있다. 때문에 <교향곡 9번>은 자유를 위한 혁명적 이상에 적합한 음악이라 하여 '3월혁명'이 지난 1849년 이후(빌헬름 리처드 바그너 이후)부터는 '혁명의 교향곡'으로도 불린다. 그리고 <교향곡 9번>이 인도주의사상과 혁명적 환희를 고취시키는 음악으로 계속 이해됨으로써 1905년과 1933년 사이에는 국제노동자들의 음악운동으로 총애를 받아 프롤레타리아와의 형제적 음악으로 수용되기도 한다. 그 결과 1848년 '3월혁명'시기에 희생된 사람들의 넋을 추모하고 노동운동을 강화하기 위해 개최된 '베를린의 추모연극회'(1905년 4월 18일)와 쉴러 서거 100주년을 맞이하여 반복된 베토벤 <교향곡 9번> 연주회부터는(1905년 5월 7일) 노동자들의 교향곡축제로 매년 연주되어 1933년까지 지속된다. 그러나 나치시대에 와서는 국제적 노동자들의 형제적 사상이 제거되고 전체주의사상이 요구됨에 따라 작품의 이해는 상충된다. 하지만 유대인수용소에서는 '환희의 멜로디'가 '자유의 상징'으로 은연중 노래되며 인간의 자유를 환상적으로 구원하려는 기쁨과 낙관주의적 감정으로 2차 대전 이후에도 세계 도처에서 계속 연주되기도 했다.

이처럼 <교향곡 9번>에서 노래되는 '환희의 멜로디'는 사람들로부터 깊은 사랑을 받게 된다. 1920년대 토마스 만의 작품 『파우스트 박사』에서는 <교향곡 9번>이 관현악예술의 모범으로 소개되고, 영국의 사회주의자들에게는 '환희의 멜로디'가 자신들의 찬가로 사용되기도 한다. 그리고 1933년 미국의 국민협의회연맹에서 개최된 국민들을 위한 찬가Hymn for the Nation 경연대회 에서는 '환희의 멜로디'가 연맹가로 채택된다. 그 후 유럽회의 창설 10주년을 맞이하여서는 '환희의 멜로디'가 스트라스부르크시의 합창대에 의해 유럽축가로 노래되고(1959년 4월 20일), 1970년 카라얀의 지휘 아래 베토벤축제가 있은 다음부터는 그 여파로 유럽회의의 장관위원회가 '환희의 멜로디'를 유럽찬가로 받아들이기를 결정하며(1972년 1월 12일), 1976년에 가서는 나토회원국들이 '환희의 멜로디'를 공식적인 유럽찬가로 선언한다. 또한 '환희의 멜로디'는 피에르 쿠베르탱(Pierre Coubertin)에 의해 공식적인 올림픽찬가로 제안된 바도 있으며, 1952년에서 1966년까지는 동서독의 올림픽공동참가로 '환희의 멜로디'가 전체 독일을 상징하는 대체 국가로 노래되기도 한다. 독일장벽이 무너지던 해인 1989년 12월 15일에는 레오나르드 베른슈타인Leonard Bernstein 의 지휘 하에 <교향곡 9번>이 베를린극장에서 축주되며, 다음 해인 1990년 10월 3일에는 독일통일 축제행사로 <교향곡 9번>이 '자유에 바치는 송가'로서 쿠르트 마주르Kurt Masur에 의해 축하연주 되기도 한다. 그 후 쉴러의 텍스트와 함께 '환희의 멜로디'를 새로운 독일국가로 선정하자는 제안도 많았으나 결국에는 기존의 국가를 사용토록 결정된다. 하지만 '환희의 멜로디'를 국가로 지지하는 국민들의 여론도 만만치 않다. 이처럼 '환희의 멜로디'가 울려 퍼지는 형제적 인본주의예찬은 독일민족뿐만 아니라 전 유럽국민들에게서도 동조되어 마침내 2004년 6월 유럽연합국(EU)의 국가로 결정하기에 이른다.23)

'환희의 멜로디'가 상징되는 바대로 독일음악은 독일통일과 유럽통합이란 공상제국을 성립시키는 데까지 환상적인 매체로서 커다란 기여를 하고 있다. 비록 음악매체가 독일인들의 특성이 되고 있는 상상력의 세계에서 출발하고는 있지만, 무한한 낭만적 공상력은 꿈과 같은 자신들의 이상을 현실로 접근시키는 데 마력적인 힘을 발휘하고 있다. 특히 독일인이 선호하고 있는 관현악의 선율은 라틴계가 좋아하는 성악과 조율되어 엄정한 인간적 심성과 애정을 보다 장엄하게 승화시키는 청량제가 되고 있어, 모든 인간에서 서로의 내면적인 세계를 이해시키는 데 커다란 기여를 한다. 음악이란 진실로 모든 인류가 공감하는 세계공통언어임이 틀림없다. 바로 이러한 기본적인 음색언어를 통해 인간의 내면세계를 환상적인 세계로 표출시킬 줄 아는 사람이 독일인인 것이다.

독일인이 얼마나 음악을 좋아하는가를 보여주는 예는 나치시대에서도 발견된다. 게토지역이나 수용소에서 유대인들은 스스로 살아남기 위해 독일인이 즐기는 관현악을 조직하고 음악가로 행세하여 생명을 연장하고 탈출하려 했다. 독일인은 음악인이나 미술인 같은 예술적 지성인들에 대해서는 비교적 관대함을 보여주었기 때문이다. 현재 독일의 대표적 문학비평가이자 언론인인 유태계 출신 마르셀 라이히-라니츠키Marcel Reich-Ranicki(1920-현재) 같은 사람은 자기의 자서전 『나의 인생』에서 나치시대 폴란드에서 겪었던 체험담을 다음과 같이 실토한 바 있다: 바르샤바 게토지역에 갇혀 거주하게 된 사람들 가운데 쓸모없는 유대인들은 당시에 트레블링카Treblinka수용소로 보내졌는데, 그곳으로 실려 간 사람들은 모두가 대량학살로 살아남은 사람이 없었다. 그런데 게토지역에서 다른 수용소로 옮겨갈 때는 모든 유대인들에 대한 선별작업이 진행되었다. 선별작업이 진행될 때에는 그나마 유용한 사람들만이 게토지역에 계속 남아 노동력을 제공하고 생명을 연장할 수 있었다. 이때에 그곳에 살아남게 된 사람에게는 '생명번호'가 부여됐다. 그리고 그 번호를 가슴에 달고 다님으로써 겨우 하루하루를 연명할 수 있게 하였다. 그래서

---

23) 참고: Schiller Handbuch. S. 180f.

모든 유대인들은 '생명번호'를 얻기 위해 온갖 짓을 다해야만 했다.

비평가 라니츠키는 자신이 독일어를 유창하게 잘하는 문인이었기에 부인 토시아Tosia와 함께 번역사로 살아남게 되었다 하며, 자신이 거주했던 게토지역에서도 대대적인 선별작업이 있었다 한다. 당시 게토지역에서는 약 3만 5천 명의 유대인들이 살고 있었다. 그 가운데서도 '생명번호'를 얻게 된 사람은 게토거주인의 10%도 못되는 사람이었었으며, 기만명 이상이 트레블링카 수용소로 실려가 참살되었고, '생명번호'를 얻지 못한 수천 명은 게토지역 어느 곳으론가 잠적하여 도망갔거나 사라져 없어졌다고 한다. 그런데 이러한 와중에서도 눈에 띄게 살아남을 수 있었던 사람은 악기가방을 들고 다니는 사람들이었다 한다. 그들은 바이올린이나 클라리넷, 트럼펫 또는 첼로 같은 악기를 담은 가방을 지니고 다녔는데, 모두가 심포니오케스트라 음악인들이었다. 하지만 이들 모두도 선별작업장에서는 몇 시간씩 기다리며 심사를 받게 되었다.

"당신은 왜 악기를 지니고 다니는가? 라고 물어보면 이들은 한결같이 또박또박 같은 답변을 했다 한다. '독일인들은 정말로 음악을 사랑한다. 독일사람 앞에서 무엇인가 음악을 연주하면 독가스 장소로는 보내지 않게 될 것'이라 생각하기 때문"이라 했다. 하지만 그들 음악인들 가운데서도 트레블링카로 실려 보내진 사람이 있었는데, 그들 가운데는 한 사람도 되돌아온 사람이 없었다. 특히 바르샤바 게토지역에는 모든 사람들로부터 사랑을 받던 마리시아 아이젠슈타트Marysia Ajzensztadt라는 소프라노가수가 있었는데, 유대인뿐만 아니라 그곳을 감시하던 민병대까지 그녀를 보호하고 구명하려 노력했었다. 그런데 그만 그녀의 부모들이 트레블링카로 향하는 열차에 실려 가는 모습을 목격하고 떨어져 살 수 없다고 몸부림치며 울부짖자 나치친위대에 의해 살해되고 말았다. 후문에 의하면 부모와 함께 트레블링카로 함께 실려가 독가스로 살해되었다고도 한다.[24]

---

24) 참고: Marcel Reich-Ranicki: Mein Leben. Stuttgart 1999. S. 259f.

라니츠키가 감격했던 일화는 바르샤바 게토지역의 조그마한 방 안에서 젊은 음악인들과 함께 모차르트의 바이올린곡 G장조를 연주해주었던 유디 메뉴인Yehudi Menuhin(1916-1999. 3. 22일 사망)을 후일에 우연히 중국에서 만나보게 된 일이다. 라니츠키는 독일문학강연을 위해 중국의 북경과 남경, 광동, 상해를 여행 중, 북경에서 머리가 하얗게 된 메뉴인을 만나게 된다. 물론 2차 대전 이후 해빙기에 바르샤바에서 레오나르드 베른슈타인Leonard Bernstein과 아서 루빈슈타인Arthur Rubinstein, 게르하르트 필립페Gerhard Philipe, 로렌츠 올리비에Laurence Olivier를 포함한 서방의 대음악가들과 배우들이 모인 자리에서 그를 본 일이 있지만 말이다. 하지만 메뉴인과 함께 모차르트 바이올린 G장조를 연주하던 젊은 음악인들은 모두가 학살되었는데, 그들 중 살아남은 그를 북경에서 우연히 만나보게 되니 그 기쁨은 이루 말할 수 없었다. 왜냐하면 당시 게토지역에서는 그들 젊은이들이 연주했던 현악연주들이 절망에 빠졌던 유대인들에게는 '사랑의 영양소'가 되고 있었기 때문에 더욱 그를 보는 순간 감격하지 않을 수 없었던 것이다. 때마침 라니츠키는 북경에서 '괴테와 토마스 만에 관한 문학강연'을 하고 있었고, 메뉴인은 '북경오케스트라와 함께 베토벤과 브람스'를 협연하고 있었다. 메뉴인은 라니츠키를 만나는 순간 잠시 침묵하더니 말하기를 "우리는 서로가 유대인인데 이 나라 저 나라를 여행하면서 독일음악과 독일문학을 널리 보급하고 해설하고 다니니 이런 것이 모두가 좋은 일이고 또한 올바른 일이겠지요." 하고 말하면서도 잠시 우울한 표정을 지으며 말을 잇지 못하고 생각에 잠겼던 일이 있었다 한다.[25]

유대인의 입장에서는 아이러니컬한 일이다. 독일인에 그토록 박해를 당하면서도 자신이 익혀온 독일문화는 버리지 못하고 있기 때문이다. 유대인의 운명은 그처럼 비통한 것이었다. 하지만 토마스 만이 말한 대로, 독일어권의 유대인은 독일어를 사랑하는 독일문화권의 국민이기에 독일에 대한 애국적

---

[25] 참고: Marcel Reich-Ranicki: 같은 책. S. 531.

사랑은 언제나 한결같다. 토마스 만은 괴테 탄생 200주년인 '1949년 괴테의 해'를 맞아하여 프랑크푸르트에서 연설하면서, 비록 자기 자신이 이 나라 저 나라로 피신하여 살아왔지만 "독일어와 고국을 잊은 적이 없었다"고 말한다. 독일을 떠났던 그가 얼마나 독일을 사랑하고 있었는지를 보여주는 대목이다.

라니츠키 자신도 아버지가 62세, 어머니가 58세 나이로 게토지역에서 쓸모없는 노인들로 분류되어 넋을 잃은 채 기차에 실려 트레블링카수용소로 실려가 부모와 생이별을 했다.26) 이러한 슬픔을 안은 라니츠키 역시 전후에도 독일문학을 사랑하여 문학평론가로서 또는 학자로서 계속 평론작업을 해오고 있다. 라니츠키는 2001년 80세의 나이가 될 때까지 1988년 3월 25일부터 TV방송에서 13년간이란 세월을 <문학 4중주>란 프로그램을 펼치면서 독문학에 관한 복음을 전파했고, 그 후에도 <문학적 독창>이란 프로그램을 통해 홀로 독일문학의 대중화에 전력투구하고 있다. 이러한 그의 정력과 독일문학에 대한 애정에 대해서는 오늘날도 독일지성인들이 그에게 많은 찬사를 보내고 있다.

유태계 지성인들이 비록 박해를 받았지만 독일문화에 대한 애정은 여전하다. 문인이건 철학자이건, 음악인이던 간에 독일문화권에서 성장한 사람은 독일문화에 대한 애정에 변화가 없다. 앞서 언급했던 음악가들의 경우가 이를 잘 보여준다. 독일음악을 얼마나 사랑했기에 바르샤바 게토지역에서도 교향악단을 조직하여 연주했겠는가? 물론 이에는 여러 가지 목적이 있을 수 있다. 자기들의 처절한 운명을 서로 위로하기 위해서, 독일 권력자의 마음을 사서 생명을 연장시키기 위해서, 또한 자신들 스스로가 음악을 사랑하기 때문에도 연주했을 것이다.

그들 가운데는 바르샤바 출신 지몬 풀만Simon Pullmann(1890-?) 같은 실내악을 연주 지휘하던 사람도 있었고, 테오도르 라이스Theodor Reiss 같은 작곡가로서 연주와 지휘를 겸하던 사람도 있었다.27) 가장 유명한 사람으로는 역

---

26) 참고: Marcel Reich-Ranicki: 같은 책. S. 260.
27) 참고: Marcel Reich-Ranicki: 같은 책. S. 221ff.

시 유디 메뉴인이다. 이들은 대부분 유대인들의 슬픔을 달래기 위한 실내악을 주도하면서, 자기들 악기인 바이올린을 나치들에 의해 비인간적으로 대우받는 부당성에 대한 무기로 연주했던 것이다.

메뉴인이 70세가 되던 1986년 4월 22일 그의 생일을 축하하기 위해 바드 고데스베르그에서 개최된 가장무도회에 세계적인 음악가들과 독일정치인들이 많이 모인 적이 있다. 이 자리에서 라니츠키는 '음악과 도덕'이란 강연을 통해 음악인들의 도덕성을 강조한 바 있다. 왜냐하면 게토지역에서는 유대인들의 슬픔을 달래고 살아남기 위해서 독일인이 좋아하는 음악을 연주도 했지만, 혹자는 음악을 통해 나치정권의 이념을 지원하는 정치적 도구로 활용된 사람도 있었기 때문이다. 라니츠키는 "음악이란 우리가 아는 바대로 성스러운 것이며 여신과도 같은 존재다. 그런데 유감스럽게도 수천 년, 수백 년이 흐르는 동안 음악은 권력자나 정치인, 이념가들, 승려들의 지시에 따라 이용되기도 했다. 이런 경우는 만족하기 어려운 일이다. 이런 경우 비록 음악이 가장 매력적인 것으로 제공되었다 할지라도, 음악은 결국 창녀일 뿐이다. 사람은 음악을 통해 하나님에 대한 경건한 마음을 생산해낼 수도 있고 애국심을 일깨울 수도 있으며, 인간을 전쟁터로 내보낼 수도 있고, 죽음으로 몰아칠 수도 있다. 노래라는 것은 노예들에 의해 불리기도 하며, 그들 감시자들에 의해 노래되기도 한다. 강제수용소에 갇혀있는 유대인에 의해 노래될 수도 있고, 그곳을 감시하는 파수꾼에 의해 노래될 수도 있다. 그런데 바르샤바 게토 좁은 방에서 유디 메뉴인과 함께 모차르트의 바이올린 G장조를 협연하던 젊은이들은 독가스로 살해되었다. 그렇기에 우리들이 원하는 꿈이란 음악과 도덕의 근본적인 조화이다. 그리고 예술과 인생, 음악과 도덕의 통합인 것이다." 라니츠키는 바로 유디 메뉴인이 이러한 목적을 위해 '바이올린을 지상의 처참한 비극과 부당성에 대한 무기로 사용하려 노력한' 대표적인 사람이라 극찬했다.[28]

---

28) 참고: Marcel Reich-Ranicki: 같은 책. S. 531f.

음악이란 이러한 도덕성을 지닌 착하고 어진 사람들의 심성을 기르고 지키기 위한 인본주의사상에 기초를 둔다. 모든 예술이 지향하는 바도 그러하다. 그런데 이러한 최고의 인본주의사상을 지닌 괴테와 쉴러의 고전주의사상이 유감스럽게도 나치시대의 민족주의와 유럽침략주의에 와서는 할퀴고 피투성이가 되고 만다. 그렇기에 이제는 이러한 인본주의의 숭고한 정신을 다시 바로잡아 독일민족성과 지중해연안의 유럽통합사상이 조화롭게 성립될 수 있는 인본주의적 세계주의로 나가야 한다. 바로 이런 의미에서 토마스 만은 '1949년 괴테의 해'를 기념한 연설 말미에서 이제는 파우스트적인 독일정신을 음악적으로, 도덕적으로 승화시키는 최고의 인본주의사상을 확대시켜 나가야 하며, 그래야만 경이적인 좋은 독일이 건설될 것이라 말한다: 독일 국민성과 지중해연안의 유럽적 국민성의 조화로운 결합은 국민성의 본질이 되고 있는 천재적 자질과 그득한 이성, 은밀함과 선명함, 심오한 마음속의 언어들과 연마된 언어들, 시인들과 작가들, 서정시와 심리학 등의 총체적 결합으로, 전체적으로 자연스럽게 풀려가는 분명한 종합 속에서 이룩되는 것이니, 이것이 곧 하나의 경이가 아니고 무엇이겠는가! '좋은 독일'이란 그것이 곧 힘이므로 이는 음악적이고 윤리적인 위대함을 통해서만 축복되는 것이다. 그렇게 되면 하나하나의 독일인이 자기 민족의 모범적인 모범이 되고 완성된 사람이 될 뿐만 아니라 자신의 자아를 보다 나은 인간적 자아로 확대시켜나가는 인간성의 모범이 될 것이다.[29] 이에 덧붙여 토마스 만은 "앞으로의 착하고 좋은 독일이란 다시금 음악과 윤리를 통한 인본주의사상을 표방하는 데서 가능성을 찾게 될 것"이라고 언급한다. 독일인이 착한 사람이란 인상도 사실은 이들이 과거부터 음악을 좋아하는 소박한 민족이었기에 그처럼 알려졌던 것이다.

그런데 불행히도 독일은 나치시대의 초인적이고 공룡적인 군국주의적 망상에서 세계를 제패하려다 병들고 황폐화된 국가로 패망하였기에 너무나 큰

---

29) 참고: Th. Mann: Politische Schriften und Reden. Fischer Bcherei. Frankfurt 1960. Ansprache im Goethejahr 1949 Bd. 3. S. 319.

인도적 피해와 희생이 뒤따랐다. 여기에는 물론 독일적 이상주의에서 온 철학적 뒤안길의 공상도 책임이 있지만, 이를 차단할 수 없었던 것은 아니다. 토마스 만은 전쟁이 끝난 며칠 후 미국에서 방송한 '독일인에 고함'(1945년 5월 10일)이란 연설에서 이러한 아쉬움을 다음과 같이 표명한다. "전쟁이 끝난 이 순간은 승전국뿐만 아니라 패전국 독일에도 위대한 순간이다. … 독일이 히틀러국가라고 불리는 저주로부터 적어도 해방되는 순간이다. 비록 이러한 해방의 순간이 뒤늦게 찾아왔지만 더 일찍이 우리들 스스로가 스스로를 해방시킬 수 있어야 했다. 만일 이 나라가 히틀러정권의 붕괴로 해방되는 것 대신에 종소리의 울림과 베토벤의 음악으로 해방되었더라면 인간성의 회복도 더욱 더 빨리 축하될 수 있었을 것이다."30) 여기서 토마스 만은 음악과 도덕이란 예술적 윤리관을 통해 시민교양이 지속되었더라면 인도주의적 자유로운 정신도 더욱 빨리 창달되었을 것이란 희망을 표명하고 있다. 음악적 윤리관은 평화와 자유, 인간의 자애로운 정신을 낳는 창조력이다. 독일인이 오늘날까지도 음악을 선호하고 있는 까닭이 바로 이러한 데서 오고 있는지도 모른다.

신뢰성, 성실성, 정확성, 철저성, 충복성

다음으로 독일인의 특성을 든다면 마담 스탈이 언급하고 있듯이 신뢰성과 충복성, 그리고 정확성일 것이다. 독일인은 질서를 잘 지키고 나라를 위해 충성을 다하는 민족으로 흔히들 알고 있기 때문이다.

신뢰성이란 영주와 신하간의 군신관계에서 오는 법적 윤리성을 근거로 한다. 신하들이 왕이나 영주들을 위해 희생적으로 전쟁에 참여한다던가, 유쾌한 마음으로 충복을 다하는 성실한 행위를 말한다. 또한 신하는 신뢰를 갖도

---

30) 참고: Th. Mann: 위의 책. Bd. 3. S. 289.

록 하는 행위를 자기의 이상적 모습으로 여긴다. 군신관계란 원래 생명을 바쳐가며 충성을 다하는 신뢰성의 관계에 서있는 것이다. 이러한 신뢰성의 문제는 중세영웅문학의 중요한 내용적 요소가 된다. 그뿐만이 아니라 신뢰성은 전쟁터에 나가 싸우는 기사들의 연인관계에서도 마찬가지다. 기사들이 연인에 바치는 사랑의 열정은 하나님을 섬기는 믿음 이상으로 영원한 사랑과 신뢰성을 전제로 하고 있다. 이러한 문화적 전통에서 신뢰성이나 충복성이 태어나기에, 독일인에게 있어서는 인간관계나 신앙관계, 사물관계에 있어 신뢰성이란 믿음이 중요하다. 국가에 대한 신뢰와 믿음도 충복성으로 이행되고, 종교적 신앙에 있어서도 창조주에 대한 믿음이 절대시된다. 사물관계에 있어서도 원칙주의를 기본으로 하고 있기에 매사에 철저하고 확실하며 정확함을 기하는 데 최선을 다한다. 바로 이러한 독일인들의 성격 때문에 때로는 위트도 없고 무미건조한 사람들로 인식되기도 한다.

하지만 독일인들이 지니고 있는 충복성이나 철저성, 그리고 정확성은 오랜 종교적 교육환경에서 성격화된 특징들이다. 그 예를 18세기 충성을 다하는 프로이센사람들의 원칙주의적 군인교육과 남부지방의 엄격한 인문교육이나 신학교육에서 찾아볼 수 있다. 하지만 이러한 엄격한 교육은 대체적으로 장점이 많지만 단점도 있어 인간교육에 많은 허점을 드러내놓기도 한다. 사람들이 너무 곧아서 이성적인 자아를 확실하게 펼칠 수 있는 인격체를 함양할 수는 있지만, 아집에 사로잡혀 편협할 수도 있다. 너무나 철저하고 정확하여 정밀한 사고를 가질 수는 있지만 사유의 유연성이 부족하기도 하다. 특히 18세기 원칙주의적 군인교육에서 이러한 모순이 제기됨으로써 비극적인 운명을 맞이한 사례도 있다. 그러나 이러한 원칙주의적 믿음을 바탕으로 영위되는 삶은 결국 하나님을 섬기고 신뢰하는 성실성에서 결실을 맺게 된다고 생각하는 것이 독일인들의 마음가짐이다.

군인교육이 낳은 규범

여기서 가까운 한 예로 국가의 권위와 정체성을 유지하고 지키기 위해 원칙주의적 신뢰를 바탕으로 성실하게 국가를 운영해왔던 프로이센제국의 왕실과 군인들의 역사적 실화를 소개해본다. 프로이센제국의 프리드리히 빌헬름Ⅰ세(1688-1740)와 황태자 프리드리히 대제Ⅱ세(1712-1786)의 부자간 갈등 속에서 황태자의 친구 한스 헤르만 폰 카테Hans Hermann von Katte(1704-1730) 근위병이 황태자와의 우정 때문에 희생된 사건이다.

프리드리히 빌헬름Ⅰ세는 본래 '군인 왕'이라는 별명을 가질 정도로 프로이센의 전형적인 원칙주의적 생활철학을 가진 왕이다. 그는 경건주의적 신앙과 절도 있는 군인정신을 바탕으로 근검절약하고 질서 있고 청결하며, 정확하고 강인하고, 남성답게 국가의 권위와 질서를 지키려는 철저한 믿음을 가진 왕이었다. 그는 자신의 왕위를 계승할 황태자교육에 있어서도 이러한 참된 정신들이 계승되도록 온갖 정성을 다했다. 그런데 황태자 프리드리히는 본래부터 음악을 좋아하고 철학적 사색을 즐기며 감수성이 예민한 사람으로 아버지의 철저한 원칙주의적 신뢰성에 둔했다. 부친의 눈에는 다소 취한 모습과 우유부단한 여성적 성격의 소유자로 비쳤으며, 다소 낭비적이어서 아버지 모르게 많은 부채도 지고 있었다. 그리고 신앙생활에 있어서도 숙명론적 영향을 받아 성실하지를 못했다. 그래서 황태자가 정부 일을 맡게 될 때까지(1740) 부자간에는 갈등이 대단히 컸다. 그는 아버지와의 갈등과 엄격한 꾸지람에 견디기가 어려워 18세의 나이에 모든 것을 포기하고 외국으로(프랑스와 영국) 도피할 계획을 세우고 이를 실천에 옮기려 했다.(1730) 그러나 사전에 발각되어 도피계획은 실패로 끝났으며, 이 계획에 도움을 주고 관련되었던 근위병 장교들이 투옥되는 일이 빚어졌다. 이때 황태자와 우정이 돈독했던 근위병 친구인 카테가 도피계획을 도왔다는 이유로 무기징역으로 투옥되었다가 군법회의에서 사형으로 집행된 일이 있었다. 그것도 잔인하게 황태자가 처형장면을 직접 볼 수 있도록 황태자의 입회 아래서 처형을 진행한 것이다. 죄목은 황태자의 망명을 방조했다는 국가내란음모죄로 군법에 의해 집행되었다. 죄의 함량으로 보아서는 그렇게 무거운 것은 못되었다. 심문과정에서 확인된 바로는 카테가 황태자의 도피를 만류한 것으로 알려졌다. 하지만 황태자가 진정 도피하려하자 우정 때문에 방법상의 문제를 조언한 이유로 투옥된 것이다. 투옥된 사실도 왕이 황태자에 대한 교육적 의도로 집행된 것이어서 처음에는 무기징역으로 결정된 것이 피고인이 군인이었기에 군법회의에서 사형으로 강화되어 집행되었다.

이처럼 왕이 황태자의 친구 카테를 잔인하게 처형한 것은 아들이 아버지의 뜻에 굴복하고 자신의 행위를 겸허한 자세로 속죄하며 동시에 하나님께 자신을 성찰할 수 있는 기회를 갖도록 하기 위함이며, 후계자로서 강인한 성군이 되어주기를 바라는 일벌백계로 카테를 희생시킨 것이다. 그래서 카테의 사형이 집행되었을 때 죽은 자와 황태자에게 영적 위로를 담당하였던 종군목사 뮐러는 왕께서 이러한 사형을 집행토록 묵인한 것은 왕이 황태자를 파멸시키려는 의도가 아니라 황태자가 참된 성찰과 개심의 기회를 갖도록 하기 위함이며 … 왕이 황태자의 입회하에 카테를 사형케 한 것도 황태자로 하여금 자신의 행위에 대해 보다 정중하고 철저하게 숙고하도록 하기 위함에서였다고 설교했다.[31] 물론 황태자 자신도 후계자로서 아버지의 교훈에 따라 갖추어야 할 원칙주의적인 철저한 마음가짐을 다하지 못한 것이 잘못이었지만 자신의 불복종으로 인해 친구가 희생되었기에 이에 대한 속죄와 성찰도 당연했다. 처음에는 후계자로서의 왕권도 포기하고 모든 권리와 의무를 거부하면서 카테의 사형집행을 저지하려 했다. 하지만 모든 것이 허사였다. 그는 자기 자신의 과오로 인해 친구가 희생된 것을 후회하고 참회하기 위해 하나님께 봉사해야 할 의무의식을 통감하기에 이르렀다. 왜냐하면 당시에 있어 국가의 권좌란 신성불가침한 하나님의 뜻을 받드는 경건주의적 신앙에서 출발하고 있었기 때문이다. 하나님의 뜻에 충실함은 곧 국가에 대한 충실함이 되며, 하나님에 대한 속죄와 성찰은 국가에 대한 이성과 존엄성을 지키려는 신앙적 실천행위가 되므로, 그는 하나님에 대한 성찰을 국가에 대한 충성을 통해 보답하려는 봉사를 선택한다. 왕이 황태자에 기대했던 것이

---

31) 참고: Stamm-Kuhlmann: Ich sterbe mit tausend Freuden fr Sie. In: Hrsg. V. Thomas Karlauf: . Deutsche Freunde. Berlin 1995. S. 11.

바로 그러한 것이었다. 국가에 대한 충성행위가 하나님의 뜻을 지키려는 신성한 행위라고 보고 있었기 때문에 왕은 국가에 충성하는 신앙적 행위를 황태자로부터 기대하고 있었던 것이다. 그리고 그러한 후계자가 되기를 기원했다. 황태자의 국가에 대한 충성과 복종은 칸트철학에서 지상명령과 같은 이성의 '범주적 명령'을 이행하는 실천행위와 같았다. 국가에 대한 황태자의 복종과 충성 그 자체가 목적이 되었던 것이며, 카테의 죽음은 그러한 목적을 달성시키기 위한 수단으로 희생되었던 것이다.

특히 프리드리히 빌헬름 I 세는 군주의 절대적 지배력을 하나님으로부터 위임받은 절대권력으로 믿고 있었기에 이를 수행하는 행위 자체가 절대적이며 신성불가침한 것이어야 한다고 생각했다. 아들에 대한 교육도 이러한 믿음과 목적을 위해서 철저하게 관리되고 교육되어야 한다고 믿고, 어떠한 희생이 뒤따른다 해도 세심한 관찰 속에서 참되게 이행되어야 한다고 생각했다. 그리고 이러한 목적을 위해 희생된 사람은 그 뜻이 하나님에 있는 것이지 왕에 있는 것은 아니라 생각하고, 근위병 카테의 희생도 황태자를 절대군주로 만들고 구제하기 위한 하나님의 선택이라고 생각한 것이다. 이는 마치 구약성서 창세기 22장(2-13절)에서 언급하고 있는 바와 같다. 아브라함이 하나님의 뜻에 따라 희생제사에 유일독자 이삭을 희생시키려 하자, 하나님께서 그 참뜻을 헤아리시고 이삭의 죽음 대신 양을 속죄의 희생으로 선택하여 이삭을 구원했다는 내용이다. 즉 "하나님께서는 말씀하시기를 네가 사랑하는 유일독자 이삭을 데리고 모리아 지방으로 가서 내가 네게 말한 산 위에서 이삭을 번제(불에 구운 제물)로 바쳐라"(22.2) 하셨다. 그래서 아브라함은 이삭을 데리고 "하나님께서 지시하신대로 그 장소에 도착하자 그곳에 성단을 쌓고 그 위에 나무를 벌려놓고 아들 이삭을 결박하여 성단과 나무 위에 올려놓은 다음, 손을 내밀어 칼을 잡고 아들을 도살하려했다." 이때 하나님의 천사가 하늘로부터 내려오면서 부르는 것이었다. "아브라함아! 아브라함아! 그래서 그는 대답하기를 나 여기 있습니다 했다." 그랬더니 "천사가 말하기를 그 아이에게 너의 손을 데지 말고 아무 일도 하지 말라. 네가 너의 유일한 독자인데도 불구하고 아낌없이 나를 위해 아들을 희생시키려하고 하나님을 경외하고 있음을 이제서 내가 알았으니 말이다." 이 때 이 말을 들은 "아브라함이 눈을 뜨고 주위를 살펴보니 한 숫양이 뒤에 있었는데, 뿔이 잡목수풀에 걸려 있었다. 그래서 그는 그곳으로 가 숫양을 가져다가 아들을 대신하여 희생제물로 번제해드렸다는 것이다." 이러한 맥락처럼 프리드리히 빌헬름 I세도 하나님의 뜻을 받들어 나라를 지키고 대를 이으려 후계자를 하나님에 대한 믿음과 신뢰를 갖고 교육시키려 노력한 것이다. 국정을 다스리기 위해서는 하나님의 뜻을 받드는 충정어린 믿음이 중요하며, 이를 위해서는 신뢰성과 의무의식이 강한 충성이 있어야 한다는 교훈을 프리드리히 빌헬름 I세는 남겨준 것이다. 실제로 프리드리히 빌헬름 I세는 아들을 믿음과 충성어린 후계자로 육성하기 위해 온갖 노력을 다했다. 그러한 교육이 바로 의무의식이 강한 군인교육이었으며, 그에 따른 엄격성과 경건주의적 검약정신이었다.

프리드리히 빌헬름 I세는 아들에게 당부한 정치적 유언에서 일성이 "부박(浮薄)한 사람이나 아첨꾼은 경계하라. 그들은 너의 적인 것이다. 너를 사랑하며 너에게 진실을 말해주는 사람만이 진정한 친구이니 그들과 친교하라." 했다. 당시 황태자의 나이는 18세였고 부왕은 42세로서 마치 아들이 떠오르는 태양처럼 왕위를 계승할 사람이었기에 많은 아부꾼이 그를 에워싸고 결혼문제로 정치적 영향권을 행사하려했기 때문이다. 특히 황태자의 어머니 소피 도로테아Sophie Dorothea는 영국계 황실출신이어서 황태자 프리드리히와 공주 빌헬름미네를 자기 친정오빠 하노바왕가출신인 조지George II세의 아이들과 결혼시키려 했다. 그러나 이를 반대한 프리드리히 빌헬름 I세는 혼사문제로 처남과의 갈등을 빚었다. 이는 북부독일 프로이센의 개신교와 북부독일 하노바왕가의 개신교, 영국의 개신교들이 합세하여 하나의 유럽정치세력을 구축하려 한 데 대해 로마황제가 이를 방해하는 과정에서 파생된 일로 프로이센과 하노바 이웃 왕가간에는 격렬한 투쟁이 있었다. 그뿐만 아니라 본래 프리드리히 빌헬름 I세는 자신의 선친시대부터 영국황실의 외척영향 때문에 힘을 잃고 있었다. 그래서 자신의 부인이 계속 영국황실과 혼사관계를 맺었으면 했어도 프리드리히 빌헬름 I 세는 항시 이를 거부하고 영국의 영향권에서 벗어나 당당한 독일적인 프로이센왕국을 건설하려 했던 것이다. 때문에 그는 국가에 충성하고 애국적 의무의식이 강한 군인교육에 역점을 두었던 것이며, 아들에게도 이러한 철저한 국가의식을 기대했던 것이다. 그런데 황태자는 혼사문제로 영국황실의 영향을 받고 있는 것으로 부왕의 눈에 비쳐졌고, 아들의 성품이 우유부단해 강인한 점이 없어 보이자 아들에 대한 불신과 갈등의 골이 점차 커져갔다.

이에 부왕은 황태자에게 강인한 군인교육을 강요케 되었으며 그는 아들에게 중세시대의 기사들에게서 엿볼 수 있는 남성적인 이상과 의무의식이 강한 사람이 되어주기를 희망하면서 아들교육에 애정을 쏟았다. 따라서 그는 아들이 어릴 때부터 오전 11시부터 오후 2시까지 매일 아버지 곁에서 머물러 훈육을 받도록 했으며 1718년에는 궁중대가들과 교육자들을 소집해놓고 6살 아들의 교육지침을 자신의 유년기의 체험을 참고하여 정리토록 하고 있었다. 묘하게도 그는 유년시절 라틴어교육에 성공치 못한 경험 때문에 아들에게 라틴어교육 대신에 계산법과 경제교육을 시켰다. 종교교육에 있어서도 개신교와 구교간의 갈등문제로 신학교육의 의견들이 혼란을 초래하고 있다 하여 신학교육을 멀리했다. 그러면서도 아들에게 후일 좋지 않은 결과를 가져왔던 종교적 예정설(숙명론)은 예외적으로 교육을 허락했다. 왜냐하면 종교적 예정설은 황태자가 후일에 후계자가 된다는 당연한 계승논리를 포함하고 있기 때문에 이를 멀리하지 않고 교육시켜보았던 것이다. 하지만 이러한 예정설 때문에 황태자가 인간의 자유의지를 펼쳐보려는 노력을 포기하고 숙명론으로 기울어갔기 때문에 좋지 않은 영향을 주기도 했다. 그래서 결국 그가 강조한 교육은 강인한 군인교육이었다. 1721년에 정립한 교육교안에 따르면 하루하루 일상생활에 있어서 지켜야 할 의무교육과 매일 일찍 일어나 무릎을 꿇고 아침기도를 올리는 일이었으며, 빠른 속도로 절도 있게 옷을 입고 벗는 버릇을 들였으며, 항시 청결하게 하는 일이었다.

어린 황태자에 대한 엄격한 교육이 너무나 힘들 정도로 실천되자 황태자에게는 자신이 지녀야 할 성향과는 정반대의 성격적 징후가 나타나기 시작했다. 즉 아버지에 대한 증오와 나쁜 고집이 싹트고 있음을 발견케 된 것이다. 그리고 여성스런 나약한 성격과 이발도 못한 채 엉클어진 바보스런 머리 모습을 지니기도 하고 사랑과 욕망이 사라진 사람처럼 보여 아버지로부터 질책을 받게 되었다. 이때가 아들이 가장 고독하던 시절이었다. 그렇기에 황태자가 의지할 수 있었던 사람은 누이 빌헬름 미네와 프랑스출신 군인교사 뒤앙 드 장던Duhan de Jandun뿐이어서 이들도 왕으로부터 오해를 받았다. 특히 뒤앙 교사는 프랑스어와 역사를 가르치고 있었는데, 그로부터 황태자는 많은 조언을 받아 당시 작가들의 작품을 많이 읽게 되었다. 이는 황태자가 본래 독서를 좋아했기 때문이다. 그는 아버지 몰래 많은 책을 수집하여 궁중 고문관 파인Pein의 집에 서재를 만들어놓고 그곳에서 친구 카테도 만나고, 연정소설도 접하게 된다. 이때 그의 나이는 16세로서 황태자 나이 또래들의 특권층 소년들이 모여 선정적 내용이 담긴 소설을 통해 음담패설도 알게 되고 아버지 몰래 베를린궁 밖에서 방탕한 생활도 체험케 된다. 당시 도움을 주었던 친구가 왕의 시동(심부름꾼)으로 있었던 페터 크리스토프 칼 폰 카이스였다. 그는 후일에 황태자의 모험적 행동을 방조하였다 하여 1730년 베를린으로부터 멀리 떨어진 도소브지역의 보병부대장교로 좌천되기도 했다.

그 후부터 가까워진 친구가 카테였다. 카테는 황태자의 허전한 마음을 채울 수 있는 현명한 친구로서 많은 조언을 주었던 가장 친한 친구가 되었다. 사실상 처음에는 황태자가 도피하려 할 때 카테가 말렸으며 황태자의 방탕한 생활도 좋은 방향으로 조언했다. 그리고 성가를 부르고 기도를 드리는 신앙생활에 거부반응을 가졌던 황태자에게 계몽적인 방향으로 일조했던 친구도 카테였다. 그래서 그러한 친구가 사형언도로 인해 속죄의 양이 된 이후부터는 황태자도 그의 희생을 종교적 충격으로 받아들여 개심하게 된 것이다. 26세의 젊은 친구 카테가 희생양이 된 이후 황태자는 신에 대해 겸허한 자세로 임하게 되었고, 자신의 손상된 영혼을 영적으로 치유할 수 있게 구원해 주신 하나님께 충정어린 마음으로 회개하여 국가와 황실에게도 충성과 복종을 성실하게 이행하는 황태자로 변해갔던 것이다. 이러한 황태자의 변이과정은 결국 종교적 의미에 있어 희생양을 통한 속죄의식이 작용한 것에서부터 시작하여, 아버지의 엄격한 군인교육에서 왔다고 할 수 있다. 그리하여 그는 1740년 왕위에 오르게 된다.

사실상 독일인 하면 연상되는 것이 프로이센의 군인교육에서 오는 원칙주의적 정확성과 철저성이며, 충성어린 복종관계에서 오는 충복성이다. 독일인은 너무나 충복성이 강해 융통성이 없는 순박한 국민으로도 보인다. 그래서 이러한 독일국민들의 특징이 간혹 이성의 지상명령적인 충복성으로 이어져 수직적 성격으로 희화화되기도 한다. 하이네는 산문시문학 『겨울동화』(1844)에서 꼿꼿한 자세로 뾰족한 침이 달린 투구를 쓰고 국경도시를 순찰하고 있는 프로이센군인들의 인상을 다음과 같이 풍자하기도 한다. 그들은 "아직도 여전히 무미건조한 옹졸한 민족,/ 아직도 여전히 모든 움직임을 직각으로 행하고,/ 얼굴에는 얼어붙은 자만만이 엿보이는구나.// 그들은 아직도 여전히 뻣뻣한 자세로/ 촛대처럼 직립하여 보행하니/ 마치 옛날에 그들을 두들겨 팬/ 막대기라도 삼켜먹은 사람들처럼 보이누나./ 그렇다. 그 매초리는 아직도 사라지지 않고/ 이젠 마음속에 지니고 다니니,/ 친밀한 너는 아직도 여전히 옛날의 그를 회상시키고 있구나.// … 그래그래 그 헬멧투구는 마음에 들게,/ 최고의 위트를 증언하고 있다네!/ 그것이야말로 왕의 착상이 아니던가!/ 바로 그 위트의 핵심은 뾰족한 것이라네!/ 다만 그 위로 뇌우가 내려칠까 나는 두렵다네,/ 하늘의 가장 현대적인 번개가/ 투구의 뾰족한 곳을 통해 쉽게/ 너희들의 낭만적 머리 위로 내려칠까봐 말이네!//"(3장)

프로이센 군인들의 뻣뻣한 직립모습은 융통성 없는 사람들처럼 보여 명령만 떨어지면 이를 철저하게 이행하는 충복들로 희화화된다. 이처럼 프로이센 사람들로 대변되는 독일인은 군인처럼 엄격하고 정확하며 명령조직이 철저해 일사불란한 충복들의 모습으로 비유되기도 한다. 하지만 이러한 정확성과 철저성도 오늘날까지 계승되고 있는가 하는 문제는 별개다. 그러나 아직도 독일인에 대한 인식은 여전히 이러한 범주를 벗어나지 못하고 있다.

신학원교육이 낳은 규범

이러한 독일인의 정확성과 철저성, 신뢰성, 충복성 및 우정의 특성은 비단 군인교육에서만 온 것은 아니다. 이는 18세기의 일반적인 인문교육을 위한 제도교육에서도 강조되고 있다. 일반적으로 18세기 당시의 교육은 가정교육과 교회교육, 학교교육에서 이루어지고 있었다. 가정교육과 교회교육은 주로 가부장적 교육과 기독교적 신앙생활을 통한 윤리교육에 중점을 두고 있었으며, 학교교육은 인성과 재능개발을 위한 천재교육으로 언어교육에 기초를 두고 있었다. 특히 학교교육은 주로 목사집 아니면 라틴어학교에서 시작하여 수도원학교를 거쳐 신학원으로 이어졌고, 대부분의 지성인들이 목사집에서 배출되었다.

독일의 지성사를 보면, 16세기 중반 이후 3세기 반 동안 유명한 문인들의 4분의 1 이상이 개신교 목사가문출신으로 되어 있으며 나머지 대부분도 기독교적 가정이나 교육기관에서 성장한 사람들이다.[32] 참고로 고트프리트 벤 G. Benn이 쓴 『독일인에 관한 에세이Essay, Der deutshcer Mensch』(1993년 8월)에 보면, 1900년대 들어와서는 독일전역에 걸쳐 개신교목사가문출신의 지식인들이 지식인의 과반수였다고 한다. 독일사상가들 1600명을 선별적 대상으로 조사한 바 그중 681명이나 되는 50%에 가까운 지식인들이 개신교목사가문출신이었다. 유명한 의사로는 30%, 법률가는 40%, 문인들은 59%, 자연과학자는 44%, 그리고 여타 유명인들로는 52%가 목사가문출신이었다.[33]

하나의 예로 18세기에 있어 남부독일 슈바벤지방출신의 문인들로 가장 우정관계가 깊었던 횔더린과 헤겔, 셸링 세 사람을 소개하면 이들 모두가 개신교목사가문출신이며, 쉴러도 목사가문출신이었다. 이들도 라틴어학교에 진학하여 교육을 받기 시작했다. 교육의 출발은 먼저 문헌학을 중심으로 한 인문교육에서 시작되었기 때문에 언어교육에 치중되었으며, 상급학교인 신학원에

---

[32] 참고: Matthias Kross: Hlderin, Hegel, Schelling. In: Deutsche Freunde. Hrsg. v. Thomas Karlauf. S. 53.

[33] 참고: G. Benn: Gesammelte Werke. Hrsg. v. Dieter Wellershoff. Bd. I. Wiesbaden 1959-1965. S. 224.

서도 역시 문헌연구 때문에 언어교육이 중요했다. 그래서 학교입학은 모두가 언어시험을 거쳐 단계별로 진학하게 되어 있었다. 그 예로 18세기 슈바벤지역 뷔르템베르크영주국에만 산재했던 라틴어학교는 55개 이상이었으며 학생은 2,100명에다 선생은 100명이었다 한다.[34]

독일에서도 교육의 중심은 로마제국시대에 있어서와 같이 언어교육이었다. 라틴어학교를 졸업한 후에는 수도원학교에 진학하게 되며, 이때의 학생 나이는 16세이다. 1556년부터 내려온 수도원학칙에 따르면 어려운 가정환경에서 온 우수한 학생과 앞으로 신학원에 진학할 학생에게는 국가에서 지급하는 장학금이 부여되었다. 신학원에 진학하는 학생은 전원이 영주가 지급하는 장학생이었으며, 진학생의 연령은 18세부터였다. 특히 뷔르템베르크영주국에서는 튀빙겐신학원Tbingen Stift에서 많은 신학자들과 교사들이 양성되었다. 하지만 진학을 위한 언어자격시험은 국가에서 실시하는 시험으로 영주의 거주지 슈투트가르트에서 실시되었다. 시험자격은 15-16세부터였고, 4-5번 정도의 시험을 볼 수 있는 기회를 부여했다. 당시에는 대학이 신학원으로 출발했기에 신학원이 최고의 학부였다. 그리고 당시의 언어교육이란 라틴어 중심의 외국어교육이었다. 초등학교인 라틴어학교에서부터 라틴어를 가르쳤으며, 수도원학교에서는 신약성서의 교육관점에서 희랍어를 가르쳤고, 언어교육을 받은 지 10년째가 되면 히브리어를 배울 수 있게 했다. 학교교육의 내용은 논리학과 수사학에서 나오는 개념정의의 경구들을 가르치는 것이 주된 핵심과목이었으며, 수학과 역사, 지리학은 부전공과목이었다.

영주는 수도원학교를 졸업한 인재들 가운데서 지성적 행정요원들을 선발했다. 행정엘리트들은 모두가 종교적으로 교육된 인재들로 국민에 대한 봉사기능 역시 기독교적인 겸손으로 일관되어 있었다. 즉 '지역행정에 속한 사람은 모두가 종교에 속한 사람Cuius regio-eius religio'들이었기에 당시의 교육은 언어교육을 통한 종교교육을 받은 자가 지도적 역할을 했던 것이다.

---

34) 참고: Matthias Kross: Jugendfreundschaft. In: Deutsche Freunde. Hrsg. v. Thomas Karlauf. S. 54.

필자는 뷔르템베르크영주지역을 하나의 교육모형으로 제시하고자 하는데, 이는 독일의 국민성이 바로 이러한 교육제도를 통해 형성되어왔기 때문이다. 그리고 이러한 교육과정에서 독일국민의 사고력도 형성되었다고 본다.

언어교육에서 가장 중요한 것은 언어의 문장구조나 문법, 어미변화, 정서법, 어원학의 훈련을 통해 사유의 정확성과 철저성, 간결성과 상이한 면밀성을 익히는 일이었으며, 그러한 두뇌훈련을 통해 합리적인 철저성과 활용성을 몸에 배이게 하는 일이었다. 음악인이 악보를 익히지 못하고는 상이한 음률을 자아내지 못하는 것과 마찬가지로 면밀한 언어구조를 익히지 못하고는 다른 생각을 가진 사람들의 사상과 사유구조를 이해할 수 없었기 때문이다. 따라서 외국어를 배운다는 것은 곧 사유의 기초적 훈련뿐만 아니라 사유의 활용을 넓히며 다른 문화의 내용을 이해할 수 있는 폭넓은 두뇌훈련이 되는 것이다. 이는 마치 자연의 모든 생명체가 형태학적으로 상이하듯이 인간의 사유형식도 상이함을 알고 이를 밝히고 익히는 일과 같다. 사유의 표현구조가 다른 외국어교육에는 사람들의 사유유회에 상이한 면밀성과 정확성을 훈련시키는 데 더없는 효과가 있다. 그래서 이처럼 엄격한 언어교육을 위주로 했던 18세기의 수도원학교는 상이한 타문화의 정신세계를 탐구할 수 있는 인문학적 기초를 닦아주는 데 커다란 기여를 했을 뿐만 아니라 엄격한 수도원교육에 따른 인성교육에도 지대한 영향을 미쳤다.

학생들은 정중한 생각을 갖고 학업에 임해야 했고 근면하게 일하지 않으면 학업의 성과를 거둘 수 없었다. 그곳에서 머무는 동안 수도원의 엄숙한 분위기 속에서 숙연한 인격체가 형성되지 않을 수 없었던 것이다. 그래서 최고의 교육은 수도원교육이라는 말도 나오게 되었다. 이러한 종교교육을 위해 뷔르템베르크주에 라틴어학교와 수도원학교, 신학원을 설립한 사람은 영주 울리히Herzog Ulrich(1487-1550)다. 그는 1536년에 튀빙겐신학원에 장학금제도를 설립하여 모든 학생들에게 학업의 기회를 주었으며 경건주의적 신앙생활을 익히게 함으로써 그곳을 명실공히 경건주의적 신앙의 중심지로 만들었다. 이곳 교육기관의 전통적 훈련을 통해 성장했던 사람들은 오늘날까지도 슈바벤지역의 지성인들로 존경받고 있다. 휠더린과 헤겔, 셸링, 쉴러, 뫼리케 등을 필두로 오늘날에 와서는 하이데거와 헤세, 호이스대통령 같은 지성인들이 그 예들이다.

18세기의 언어교육은 대부분이 5-10세의 어린 나이로 라틴어학교로부터 시작하여 수도원학교, 신학원을 거쳐 신약성서 어휘 한마디 한마디를 분석하고 해설하는 심의론적 학습으로 일관되어 있다. 한마디 한마디의 분석을 통해 전해지는 복음이란 처음부터 하나님께서 말씀하신 언어적 표현을 터득하는 일이었으며, 우주창조의 원리를 언어적 유희를 통해 이해하고 인식하는 내용이었다. 언어교육은 신학교육과 연계된 인간의 창조력과 사고력을 동시에 성취할 수 있는 중요한 수단이었으며, 하나님의 우주창조원리를 언어적 유희를 통해 인식케 되는 신과 언어유희Theos와 Logos와의 관계를 가르쳐주었다. 이렇게 해서 언어교육을 통해 정확한 사유의 분석력과 성찰력, 창조력을 익히는 동안, 문학적 재능을 갖추었던 휠더린은 시인이 되었으며, 반추적 성찰력을 지녔던 헤겔은 변증법적 철학자가 되었고, 시적 재능과 철학적 재능을 겸비한 셸링은 자연철학자가 되었던 것이다.

특히 셸링의 경우는 영어, 불어, 스페인어, 이태리어 외에도 중동학자로서 라틴어, 희랍어와 히브리어, 아랍어 등의 고전어를 알고 있던 아버지 덕분에 12살 때부터 외국어를 많이 익혔다. 그리고 라틴어학교를 다니던 어린 시절부터 교재를 통해 시학도 터득해, 문학적 재능이 인정되어, 이미 15세 나이로 예외적으로 신학원강의를 받을 수 있는 신학원의 초심자가 되었다.(1790년 10월 18일 입학) 물론 이때 셸링보다 나이가 많았던 휠더린(1770-1843)과 헤겔(1770-1831)은 이미 신학원에서 마기스터시험에 합격한 상태였다.

필자가 18세기의 언어교육을 특히 강조하는 것은, 언어교육이 독일인에게 가져다준 사유의 정확성과 철저성, 그리고 언어유희를 통한 창조력만을 언급하고자 하기 때문이 아니다. 고전문헌 속에 담겨진 종교적 교훈과 진리, 도덕적 윤리성과 아름다움 전체가 독일인의 인성교육에 얼마나 중요했는가를 밝히기 위함이다.

헤겔은 라틴어학교를 거쳐 수도원학교의 일종으로 설립된 고등학교를 거치는 동안 라틴어로 일기장을 쓸 정도로 모범적인 학생이었으며, 이 시기 고전문학과 유태교-기독교적 전통, 서구적 계몽주의를 모두 받아들인 지성인이었다. 18세의 나이로 신학원에 입학하여 학업을 마치는 동안에는 프랑스혁명의 자유주의사상에 젖어 개신교비판을 위한 무기로서 칸트의 이성적 사고혁명을 환영하는 확고한 길을 선택하고, 사상의 계몽적-철학적-사회화를 꾀하기도 했다. 헤겔은 신학원에서 동갑나이의 휠더린, 조숙했던 셸링을 알게 되었는데, 이들 세 사람은 사상적 우정동맹을 결성할 정도로 친숙한 사이가 되었다. 그래서 이들 세 사람은 상호신뢰성의 상징적 인물이 되었던 것이다.

튀빙겐의 신학원은 아우구스티누스파의 수도원이 설립한 학교로, 수도원교육의 정서적 특징이 강했다. 감독관과 조교사들의 엄한 감독 하에 질서와 규율이 지켜지는 엄숙한 수도원세미나였다. 신학원 정문에는 '이 수도원은 조국과 함께 운명을 같이 한다Claustrum hoc cum patria statque caditque sua.- Dieses Kloster steht und fllt mit seinem Vaterland.'[35]는 경구가 새겨져 있어 뷔르템베르크의 영주 칼 오이겐Karl Eugen(1728-1793)이 얼마나 애국적 교육을 기독교적 신앙으로 무장시켜 실천에 옮기고 있었는가를 엿보게 한다.

일반적으로 독일교육의 원류가 되어왔던 신학원교육의 일상생활을 살펴보면 독일인의 엄정한 정서적 생활태도를 읽어볼 수 있다. 수도원학교의 엄격한 기숙사생활로부터 시작하여 신학원기숙사생활로 이어지는 학업생활은 제도와 질서에 있어 단조로운 엄격성이 잘 나타나 있다. 부활절과 가을방학기간만을 제외하고는 여름에는 5시, 겨울에는 6시 반에 기상하여 아침기도예배를 보는 것으로 하루가 시작된다. 아침예배시간의 소집에 응하지 못한 학생은 점심시간에 제공되는 포도주를 못 마시게 되거나, 아예 점심을 포기토록 벌칙이 가해졌다. 아침예배가 끝나면 모든 학생들은 각자의 방에 돌아가 희랍어로 된 신약성서 한 장을 낭독한 후 식당으로 가 아침식사를 취한다. 그

---

35) 참고: Matthias Kross: Hlderin, Hegel, Schelling. In Deutsche Freunde. Hrsg. v. Thomas Karlauf. S. 68.

리고 오전강의가 끝나면 함께 예배를 올리고 점심식사를 하는데 식단은 단조로웠다. 식사 도중에는 성서를 읽어주며 식사 후 일요일과 목요일에는 음악실에서 음악감상을 하기도 하고, 저녁때까지 외출도 허가했다. 하지만 보통 요일에는 오후강의와 개인학습시간이 진행되었다. 저녁 6시에는 저녁식사가 있고, 식사 후 여름에는 밤 9시까지 외출이 허가되었다. 그리고 10시에는 저녁소집이 있었다. 이때에 참석하지 못한 학생에게는 고백이 강요되며, 이런 일이 반복되는 경우는 사정에 따라 감방에 갇히게 되는 것이 보통이었다. 그러나 졸업반에서 가장 우수한 학생으로 선정된 사람은 매년 학습보조교사로 선출되었으며, 장학생 가운데서도 나이가 많은 학생은 반장격으로 반을 통솔토록 위임되었다. 하지만 나이가 어린 학생들은 반장의 통솔에 불만을 갖는 경우도 있었고 화를 내는 경우도 있었다. 특히 형편이 어려운 수공업자의 가정에서 온 아이들은 식사시간에 식탁준비나 하고 문지기담당으로 수행하여야 할 경우가 많았다. 그러나 대체적으로 반장과의 충돌은 신학원의 규율을 지키지 못하는 데서 왔다.

이는 옷을 단정하게 입지 못했다거나 태도가 좋지 못한 경우, 수업시간과 예배시간, 복습시간을 빼먹는 경우와 학교 밖에서 떠돌아다니는 경우, 담배를 피우거나 음주하는 경우 등을 말했다. 만일 이러한 일이 발견되어 보고되는 경우는 항시 학급반장들과 일반학생간의 갈등이 벌어졌다. 경우에 따라서는 다락방에서 선생 몰래 학생들간의 학대행위가 가해지기도 했다. 이러한 엄격한 규율 속에서 파생되는 좋지 못한 학대행위는 불행히도 기숙사학교에서 자주 일어나는 일로서, 20세기 초반까지 사회적 문제로 제기되기도 했다. 이는 지나친 독재체제와 저항세력간에 빚어지는 사회적 현상이 기숙사학교 내에서도 힘센 학생들과 온순한 학생들간에 일어나는 학대행위의 비리현상으로 나타났음을 의미한다. 이처럼 수도원학교와 신학원대학의 엄격한 교육제도는 사실상 오늘날까지 많은 영향을 미쳐 독일국민교육에 여러 가지 장단점을 낳고 있다. 특히 18세기 당시 뷔르템베르크영주 칼 오이겐은 냉혹한 독재자로서 너무나 강한 원칙주의적 교육을 실시하고 있었기에, 때로는 학생들의 자유의지를 억압할 정도까지 되어 학생들로부터 독재에 대한 저항과 증오의 싹을 키우기도 했다. 그 결과 쉴러와 횔더린, 헤겔, 쉘링 등은 저항적인 불안과 혁명적인 비등 속에서 자유주의적 인간성을 호소하기에 이르렀다. 이는 모두가 지나친 구속의 질서 속에서 파생된 자유주의적 저항으로 나타난 피상적 현상이었다. 그래서 이들 모두는 후일 질서 속에서의 자유를 확립할 수 있는 균형적 조화의 세계와 인간적 세계를 추구했으며, 그 속에서 조화로운 윤리적 규율을 찾는 새로운 이념적 신화와 이성적 세계를 창조했다.

그것이 바로 자유의 열정을 노래한 횔더린의『진리에 대한 찬가Hymnen an die Wahrheit』(1793)이다. 이는 후일에 『조화의 여신을 위한 찬가Hymnen and die Gttin der Harmonie』로 제목이 바뀌었으나, 이 시는 당시의 독재에 억압된 사회적 분위기와 답답한 담으로 에워싸인 신학원의 시무룩한 분위기에서 자유롭게 벗어나 시적 환상과 새로운 신의 제국을 위한 자유와 조화의 세계를 절규한 것이며, 도그마적 집착과 논리적 추궁으로 옥죄어갔던 신학원의 분위기에서 해방되려는 자유의 외침이었다. 또한 횔더린과 헤겔, 쉘링이 함께 사상적 결속을 맹세한 노래였다. "생기 넘치는 사상가여! 형제들이여! 우리들의 동맹은/ 신적 마술의 사랑에 의해 불타오르고 있다네./ 무한하고 순수한 사랑이 우정 넘치게/ 우리를 드높은 조화의 세계로 이끌고 있다네."36) 이 시는 이처럼 당시 검은 제복을 걸친 감독관에 의해 감시되고 밀고자에 의해 고발되는 엄중한 신학원의 분위기 속에서 고귀한 인간성과 조화로움이 지배하는 희랍문화의 자연스런 본성을 소망하는 자유의 열정을 노래하고 있는 것이다.

당시의 신학원교육은 너무나 엄격한 분위기 때문에 이에 대한 반작용으로 자유주의적 투쟁이 파생되기도 했다. 실제로 횔더린과 헤겔, 쉘링은 자유라는 거목 아래에서 자기들 나름대로의 이상적 조화세계를 추구하는 새로운 신화의 창조자가 되었다. 이들은 튀빙겐신학원교육에 회의를 느낀 나머지 정치적 자코뱅이 되었으며, 프랑스혁명의 여파로 신앙적 사상의 자유를 철학에

---

36) 참고: Hlderlin: Werke. Hrsg, v, Paul Stapf. Berlin/Darmstadt 1960. S. 96f.

서 찾으려 했다. 횔더린과 헤겔이 신학원을 졸업하던 1793년에 칸트의 논문 「이성만의 한계 내에서의 종교Die Religion innerhalb der Grenzen der blossen Vernunft」(1793)이 발표되자, 칸트의 3대 비평서(순수이성비판 1781, 실천이성비판 1788, 판단력비판 1790)와 이 논문에 자극된 세 사람은 독단적인 정교회신앙에서 철학적 인식론으로 시각을 돌렸다. 특히 『판단력비판』 제2부에서 제시하고 있는 생동하는 자연론에 영향을 받았던 헤겔과 셸링은 자연을 통한 자아체험을 인식의 유추방법으로 선택하여, 미학적 신학적 판단의 주관적 제한을 자연정신의 객관적 인식에서 극복하려 했다. 그러나 『판단력비판』에서 제기되는 인식이란 자유로운 이성과 감성의 유희적 창조력을 통해 현실과 이상간의 협곡을 메우고, 예술을 통해서 그리고 자연과 역사의 신학적 관찰을 통해 신의 이념을 합리적으로 인식해보려는 것이었다. 그런데 예술과 신학, 종교라는 것도 결국 인간적 표상세계에서 규제된 이념으로 생산된 것에 지나지 않는 것이어서 절대로 객관적인 효력을 가져올 수 있는 힘이 못된다고 보고, 이성을 기반으로 하는 칸트철학에서도 초월적 논리로 인간과 신간의 협곡이나 존재와 당위, 현실적 자연과 자연이 주는 암시, 사실확인과 가치부여적 해석, 물리적 필연성과 인간의 자유간의 협곡을 합리적으로 해결하기에는 어려움이 있다고 생각했던 것이다.

따라서 이들은 이러한 간격을 해결해줄 수 있는 새로운 신을 추구하려 나름대로의 철학적 사고를 분출시켰다. 셸링은 자유주의 열정으로 자코뱅적 혁명을 통해 이상주의나 유물론 사이에서 파생되는 모든 협곡을 극복하려 했다. 독재국가에 대해서는 자유로운 주관적 이념을 통해 저항했고, 종교철학적 합리주의에는 신화적 계시를 가지고, 이성의 사유적 오성구조에는 예술조직을 통해 극복하려 했다. 헤겔은 칸트의 이성적 방법론 철학에서 벗어나 루소의 자연철학으로 돌아섰다. 인간과 국가사회 사이의 신앙적 윤리관계도 루소가 복음처럼 전하는 사회공동체의 '보편적 의지Volont Gnrale'를 위해 인간의 자유의지를 연합시켜 자연스런 인간자유의 사회화를 꾀했던 것이다. 그리고 횔더린은 스피노자의 단자론적 우주관논리 속에서 사회공동체를 지배할 수 있는 새로운 절대자를 추구했다. 그러나 모두가 새로운 윤리적 질서가 지배하는 신의 제국을 찾고 있었다. 신학원에서 체험했던 독단적인 원칙주의적 신앙을 벗어나 새로운 표상의 신의 제국을 찾고 있었던 것이다.

횔더린은 스피노자의 범신론사상에서 '하나이자 모두hen kai pan=Ein und Alles'라는 인간과 우주의 관계 속에서 도덕적으로 지배하는 신의 표상세계를 추구했으며, 헤겔도 이러한 범신론사상을 기반으로 이성적 자유의 이념에 아름다운 미의 이념을 종합한 절대자를 추구했다. 그리고 젊은 쉘링은 기독교적 신의 표상에서 벗어나려 했지만 신을 성부로 모시는 가부장적 신의 표상에서 벗어나지 못하는 무신론자가 되고 말았다. 그렇기에 횔더린이 추구했던 '하나이자 모두'라는 신의 표상세계는 쉘링에 있어서도 신의 개념이 될 수 있는 절대자의 은유가 되었던 것이다.

이들이 추구했던 것은 신학원의 엄격한 신앙생활에서 벗어나 새로운 신적 이념을 찾는 것이었다. 이성과 자유라는 이념을 통해 아름다운 도덕적 질서가 지배하는 인간적 사회와 이를 바탕으로 하는 새로운 윤리적 신의 제국을 추구했던 것이다. 이를 통해 독일국민들의 신앙생활에는 점차 이성과 자유가 지배하는 진보적 신앙질서가 확립되어갔다. 그리고 국민적 신의 이념으로 국가의 신앙적 윤리가 엄격하게 지배했던 교회도 새로운 인간적, 도덕적 법규범으로 종합된 자연스런 신앙적 이념이 지배하는 '보이지 않는 교회'로 바뀌어갔다. 바로 이러한 보이지 않는 교회의 새로운 신앙적 인식은 칸트와 헤겔 철학의 교회론에서 제기된 것이지만, 횔더린은 이미 자신의 서한체 작품 『휘페리온』(1797-1799)에서 이를 반기는 태도를 보였다. 즉 오랜 세월 터키 지배 하에서 영적으로 황폐화된 희랍인이 다시 소생하기 위해서는 '신과 자연, 인간'이 하나가 될 수 있는 새로운 영적 구원을 추구해야 했다. 이를 위해서는 인간에 대한 사랑뿐만 아니라 신적 자연에 대한 사랑도 함께 통합된 자연신앙을 근거로 한 사회공동체를 형성하고, 억압하는 자에 도전할 수 있는 실천 행위를 희랍인에 호소해야 했다. 바로 이러한 작품주인공의 신앙적 호소가 독일인의 자연정신에서도 함께 추구되어야 한다고 말하고 있는 것이다. 왜냐하면 자연이라는 것이 유일한 정신적 교훈이 되는 현실이기 때문이다. 그렇기에 횔더린은 이러한 범신론적 윤리적 신앙세계가 지배하는 보이지 않는 교회의 이념 속에서 자연스런 신앙적 이념을 찾으려 했고, 그러한 이념적 신앙을 새 생명을 싹트게 하는 봄비로 반겼던 것이다.

"오 하늘의 비여! 황홀함이여! 너는 국민의 봄을 우리에게 다시 가져다주는구나. 국가도 너를 이곳으로 초빙할 수는 없는 것이지만 방해할 수도 없는 것이니, 비여 내려오라. 너는 내려오게 될 것이다. 너는 황금의 구름으로 우리를 덮어주고 우리를 영원한 죽음 너머로 승천시킬 것이다. 우리는 이에 놀라 정말로 우리가 아직도 승천될 수 있는 필요한 존재들인지를 묻고 싶다. 그리고 별들에게도 묻게 될 것이다. 과연 우리들 자신이 그곳에서 봄으로 꽃피게 될 수 있을지를? 너는 우리에게도 물어보렴, 언제 그러한 봄을 꽃피게 해주었으면 하는지를? 그렇게 묻게 되면 시대의 사랑스런 딸이며 젊고 아름다운 딸인 새로운 교회가 낡은 형식들로 얼룩진 이곳에서 탄생케 될 것이다. 그리고 신적인 감정으로 깨어난 신이 인간에게 신성을 다시 부여하고 인간의 가슴 속에 아름다운 젊음을 다시 가져다줄 것이다."37)

횔더린은 이처럼 '하나이자 모두'라는 범신론적 신앙을 보이지 않는 교회상으로 열망했다. 이는 당시 지옥으로 추락한 국가를 천상으로 끌어올려 자연스런 윤리적인 국가로 소생시키고자 하는 인간들의 염원을 새로운 신앙 속에서 구원코자 한 일단의 표현이었다. 즉 교회를 국민의 신앙적 윤리를 교도시키는 국가의 대변자로 보았던 종교국가관에서 국가도 보이지 않는 교회처럼 모든 인간이 심성에서 울려나오는 원초적 신앙심에 따라 새로운 신앙적 윤리질서를 가꿀 수 있는 인간의 도덕적 국가관으로 새롭게 하자는 주장이었다. 그래서 횔더린은 『휘페리온』에서 새로운 교회로 대변되는 "국가는 인간적인 열매와 꽃으로 가득 찬 정원을 에워싼 담벼락이 되어야 하며 생명의 씨앗을 덮고 있는 자연 그대로의 껍질이 되어야 한다"38)고 말하면서, 국

---

37) 참고: Hlderlin: 같은 책. S. 446.
38) 참고: Hlderlin: 같은 책. S. 446.

민적 신의 이념을 대변했던 교회도 이제는 국가가 교도하는 권위적 대변기관이 되어서는 안 되며, 참된 신앙질서를 보호하고 소생시키는 교회가 되어야 하고, 자유로운 도덕윤리가 실현되는 교회이어야 한다는 논리였다. 이제 그들은 자유분방한 인간의 자유의지에 따라 보이지 않는 아름다운 도덕률이 지배하는 국가교회인 신의 제국을 하나의 이념으로 추구하고 있었던 것이다. 그렇기에 이들이 추구했던 이념이란 곧 자유로운 인간이며 자유로운 인간들에 의해 수레바퀴가 굴러가는 신의 제국인 국가였다.

결어

신학원교육에 있어서의 본질적인 교육질서는 전통 그대로 변함없이 오랜 기간 답습되었다. 과거의 전통적 교육은 이후 독일교육의 기본질서에 많은 영향을 미치며 독일국민정서에도 그대로 토착화되어 있다. 학교교육이나 교회교육, 가정교육을 통해 체득되는 독일국민의 성실성이나 근면성, 철저성, 정확성, 도덕성, 진실성과 신뢰성, 그리고 솔직한 마음과 착한 마음, 정중함과 겸허함은 모두가 종교적 신앙교육에서 나온 유산이다. 그러면서도 묵직한 둔중함이나 조야하고 거친 태도와 비사교적인 모습은 지방적인 문화와 자연조건에서 온 소산이다. 고독과 정숙함을 사랑하는 철학적 내면성과 감수성, 그리고 고차원적 도덕성은 독일인의 이상주의철학에서 나타난 형이상학적 현상이며 심오한 사고와 감정에서 온 정신적 유산이라 할 수 있다. 물론 독일국민들의 심오한 사유는 자연조건의 어두움이나 안개, 구름 낀 날씨와도 무관치 않다. 하지만 프랑스 라틴계의 표면적인 경쾌함과는 반대로 독일인의 심오함은 기후풍토에서 온 독일인의 기질적 특성이다. 독일인들이 라틴계 사람들처럼 현실적이 못되고 유토피아적인 생각을 갖고 있는 것도 바로 이러한 깊은 사유를 통한 이상주의에서 온 것이다. 독일인들의 용맹스런 용기는 물론 중세시대의 기사도에서 출발한 것이지만 이는 낭만주의를 거치는 동안 나폴레옹전쟁에 저항했던 애국주의적 투쟁에서 온 것이며, 프로이센의 군인교육에서 강화된 기질이다. 자유에 대한 사랑도 르네상스 이후 인본주의사상과 종교적 인간애에서 계속 꽃피웠던 소산임이 분명하다. 자연을 사랑하는 독일인의 소박함과 감상적인 기질도 하나님이 창조한 자연에서 발견되는 자연정신을 숭상하는 겸허한 자세와 독일인의 분권주의적 향토애에서 출발한 것이다. 이는 마르틴 루터 이후 계몽주의를 거쳐 독일의 이상주의를 거치는 동안 사상적 토양이 되어왔던 이성적인 범신론사상과도 무관치도 않다.

독일국민의 기질형성에는 범신론적 자연정신과 종교적 신앙생활에서 온 도덕적 윤리관이 가장 깊게 자리 잡고 있다. 현상학적 자연정신에서 계시되는 신의 질서와 신의 계명에 순종하면서 윤리적 의무를 다하는 인간의 도덕적 책무가 독일국민교육의 핵심내용이 되는 것이다. 오늘날 독일인의 모습이 철저하고 정확하며, 정직하고 순종적이라는 등등의 민족성으로 인식된 것도 이러한 과거의 전통적 교육에서 파생된 결과이다. 여기서 프로이센의 군인교육이나 뷔르템베르크의 신학원교육이 하나의 예로 설명되고 있는 것은 단순한 역사상의 교육적 모형으로 제시된 것에 불과하다. 그 외에도 엄격한 교육에서 오는 독일인의 특징은 다른 사회학적 역사적 시각에서도 얼마든지 찾아볼 수 있다.

마담 스탈이 받은 인상대로라면 북부독일인의 합리적 철저성은 일찍이 영국의 영향을 받아 많은 상업도시가 북부독일에서 발달되었기에 발생한 기질일 수도 있으며, 남부독일인의 합리적 기질은 많은 대학들이 남부독일에서 일찍이 설립되었던 까닭에 교육을 통한 개화로 철저한 기질이 성립되었는지도 모른다. 하지만 남부독일은 본래가 농업을 바탕으로 한 지역이었기 때문에, 북부독일인보다는 느슨한 기질을 지니고 있는 것이 사실이다. 그리고 프로이센 북부독일인들은 군인교육을 통해 이룩된 것이 또한 사실이다. 이처럼 독일인의 철저성과 정확성에 대한 기질은 상이한 역사적 여건에 따라 달리 이해될 수 있다. 하지만 대체적으로 독일인의 기질 하면 정확성과 철저성이 그들의 대명사처럼 이야기되는 것이 사실이다.

그런데 이러한 독일인의 치밀한 정확성과 철저성 등이 오늘날에도 유효한 기질이 되고 있는가에 대한 문제에는 다소 비판적인 시각도 있다. 독일이 통일된 이후로는 독일인의 기질에도 변화가 있는 듯하다. 열차운행에 다소 정확성이 결여되고 있다는 점이라든가, 교통신호를 어기는 사람이 많아졌다는 이야기 등이 그러한 것들이다. 그러나 이러한 현상들은 통일 이후의 일시적인 무질서에서 오는 현상으로 볼 수 있다. 하지만 정치적인 현상에서 정확성과 철저성이 결여된 것으로 드러났던 예가 있다. 1989년 11월 9일 베를린장벽이 무너지던 날 독일수상이 오후에 폴란드바르샤바를 국빈방문 해야만 했던 일이다. 독일수상 스스로도 이날 베를린장벽이 무너지리라는 예측은 하지 못했다는 것이다. 이는 정치를 하는 사람들로서는 정보의 정확성을 기하지 못했다는 증거이다. 그 때문에 6일간의 방문여정으로 예정되었던 사절단이 이틀째 되던 날 귀국해야만 하는 해프닝이 벌어지기도 했다.

1990년 10월 3일 공식적인 통일협약이 성립되는 과정에서도 통일을 위한 기본법인 헌법지시사항을 너무나 소홀하게 취급하고 체결했다는 비판이 있다.39) 그러나 이 역시 통일을 열망한 나머지 너무나 속결로 처리된 과정에 빚어진 결과라고 볼 수 있다. 이처럼 독일인에 있어서도 역사적 환경에 따라 다소 철저하지 못한 점이 드러나고 있다. 그러나 독일인의 정확성과 철저성의 기질은 여전히 존속하고 있다고 본다. 특히 최근에 와서 자연환경파괴로부터 모든 생명체가 위협을 받고 있는 과정에서 독일인은 생명의 존엄성을 일깨우는 제반조치를 어느 나라 국민보다도 솔선수범하고 있다. 오물의 분리수거처리뿐만 아니라 유리병이나 플라스틱도 깨끗이 물에 씻은 다음, 판자와 플라스틱, 유색병과 무색병을 구별하면서까지 수거하며, 자연재해방지를 위한 자연환경보호투쟁과 원자로, 유전기술에 대한 투쟁 등등을 자연생명의 구제라는 전제 하에 철저하게 대비하고 있는 것이다.

최근 크로코프Christian Graf von Krockw(1927-) 같은 정치학자는 독일인의 성격변화를 역사적으로 3단계로 구분한다. 독일이 영주국가들을 통합하기 이전까지의 국민성은 정서적 기질이 강하며 음악과 교양을 즐기고, 어문학을

---

39) 참고: Christian Graf von Krockw: ber die Deutschen. Mnchen 2000. S. 66f.

사랑하는 국민적 성격으로 나타났다는 것이다. 그 후 통일제국이 형성된 이후로는 어두움의 역사가 시작되며 힘과 세계적 힘의 환상에 사로잡혀 사유와 행동에 있어 군국주의화 되었고 조국을 위해 죽음을 생의 영광으로 생각할 정도로 적과 동지와의 관계에 서서 투쟁하는 국민성으로 변했다고 한다. 그러나 다행히도 1945년 패전 이후로는 문명국가로서의 생존권을 확립하고 생명을 유지하고 극복하기 위해 자연과 생명을 구제하려는 환경운동과 인권운동에 철저한 계획을 다하고 있는 국민성으로 변화하고 있다는 것이다.40)

독일국민성의 정확성과 철저성 등이란 자연환경에서 온 요소들도 있겠지만 역사적인 산물로서 학문과 교양, 종교적 신앙을 익히는 과정에서 얻어진 윤리적 요소도 있고, 군인교육에서 얻어진 성격적 요소도 있다. 현재는 자연정신과 생명의 구원 차원에서 철저한 대비를 하는 과정을 통해 얻어진 국민성의 요소가 가장 두드러지게 나타난다. 하지만 그들이 익힌 정확성과 철저성 등의 윤리적 의식은 결국 종교적 신앙의식이나 자연정신의 숭고함, 신성함을 윤리적 차원에서 지키려는 절제된 의식 속에서 시작된다. 독일인의 성실성과 검약정신 등 모든 성격적 특징들의 단초가 바로 여기에 있다.

---

40) 참고: 위의 책. S. 71.

8장_ 숲문화에 담긴 독일인의 특성

두려움에서 성스럽고 황홀한 구원처로서의 숲

19세기 초반까지만 해도 프랑스작가들에 의해 독일인의 정신생활을 소개한 작품은 적었다. 프랑스혁명 이후 나폴레옹의 전제정치 때문에 스위스나 독일 등지로 피신해왔던 마담 스탈이 프랑스정부의 엄격한 검열 하에 내놓은 『독일에 관하여』란 작품이 독일인의 정신생활을 가장 폭넓게 소개한 최초의 서적이 되고 있다.

마담 스탈은 독일어를 배워가면서 독일의 문화적 중심지가 되고 있던 바이마르에서 괴테와 쉴러, 빌란트와 피히테, 슐레겔 형제들을 만나면서 독일인의 기질과 습관, 문학과 예술, 철학과 도덕에 관한 전반적인 문화생활을 프랑스독자들에게 소개하고 있었다. 그녀가 적고 있는 내용은 주로 프랑스인의 입장에서 체험하고 느꼈던 점을 애정 있는 시각으로 소개하고 있었다.

그렇기에 『독일에 관하여』는 처음부터 애수와 애정 어린 낭만적 감각으로 서술되어 있었고, 첫 장에는 독일의 자연에 관해 언급하고 있었다. 비록 문화적으로는 로만스계 민족들보다 뒤늦게 출발하고 있는 독일이지만 젊은 문명이 힘차게 싹트고 있는 풍성한 자연 그대로의 모습이 묘사되고 있었던 것이다. 그녀가 묘사한 첫 장은 다음과 같았다.

문화적으로 예로부터 개화된 남쪽나라들의 땅에는 나무들이 보이지 않았다. 사람들에 의해 지상의 아름다운 장식들을 빼앗긴 대지 위에는 태양의 햇살만이 수직으로 내려쬐고 있었다. 그런데 독일에서는 인간의 손이 미처 닿지 않은 자연 그대로의 흔적들이 엿보였다. 알프스로부터 북녘해안까지, 라인강에서 도나우강변까지의 대지 위에는 참나무와 전나무들이 가득 뒤덮여 있었고 장엄하게 흐르는 아름다운 물줄기와 산악들은 한 폭의 그림을 그려놓고 있었다. 비록 거대한 들판이나 황폐한 길들이 보이는 모래땅과 거친 날씨엔 처음에는 슬픔의 영혼들이 가득한 것처럼 느껴졌지만 시간이 흐르면 흐를수록 그곳을 떠날 수 없게 하고 있었다. 남부독일은 개간이 잘 되어 있었고 아름다운 지역을 형성하고 있었다. 하지만 이를 위해서는 사람들이 즐거움보다는 얼마나 많은 일들을 해야만 했고 자연의 아름다움보다는 얼마나 많은 주민들의 덕성이 공들여졌나 하는 정중한 생각들을 갖게 했다. 산들의 정상에 보이는 성들의 잔해나 광활한 들판에 눈 덮인 겨울 속에 놓여 있는 자그마한 창들이 달린 토담집들은 고통스런 인상을 주고 있었다. 자연의 폐쇄성과 고요함도 사람들의 마음을 처음부터 옥죄는 듯했다. 마치 그곳은 시간이 천천히 흐르는 듯했으며, 대지의 식물들도 인간의 머릿속에서 튀어나오는 이념들보다는 발육의 싹이 천천히 솟아오르고 풍요롭지 못한 듯했다. 고랑을 파는 농부들의 쟁기질도 어려운 땅을 파헤치는 듯했다.

그런데도 이들의 땅과 이 땅의 주민들은 자기도 모르는 느낌 속에서 모든 어려움을 극복하고 관찰자에게 무엇인가 흥미로운 관심과 시(詩)적 광경을 보여주고 있었다. 바로 이러한 시적 모습을 드러낸 들판의 풍경들은 사람의 마음과 환상을 통해 더욱 아름답게 느껴지고 있었다. 시골길에는 과일나무들로 가득해 여행자들에게 그늘과 서늘함을 제공하고 있었으며 라인강지역에는 사방이 성스러워서 마치 라인강이 독일의 보호신으로 간주되는 듯했다. 라인강은 맑고 줄기차서 옛날 영웅들의 생애처럼 장엄하기까지 했다. 도나우강은 여러 물줄기들을 한아름에 안고 흘러가고 있었으며 엘베강과 스프레강의 물줄기는 약간 애수에 잠긴 듯했다. 그러나 라인강은 변함없이 줄기찼다. 강물이 흐르는 지역들은 정중하면서도 동시에 다양했으며 강물이 그 지역을 개간해놓은 것처럼 비옥하고 고요했다. 이러한 강줄기는 옛날 영웅들의 위대했던 행위들을 이야기해주고 있었으며 로마로부터 게르만민족을 해방시킨 국민적 영웅 아르미니우스Arminius의 그림자가 여전히 험준한 강 언덕에 물결치고 있는 듯했다.

독일의 건축물들은 고딕양식으로 볼만한 가치가 있었다. 이러한 기념물들은 모든 도시의 공공박물관에서 잘 보존되어온 것처럼 옛 기사시대를 회상시키고 있었다. 마치 이는 온 세상을 극복하고 살아왔던 북부독일 주민들이 옛날 게르만민족 이동 당시의 주거상태를 다양한 형식으로 남겨놓은 생활상을 생각하게 한다. 독일도시들의 병기창고에서는 나무로 조각된 기사모습에 병기로 무장된 기사상을 볼 수 있었다. 투구며 방패며 갑옷의 정강이받이와 말의 박차(拍車)등으로 이들 모두는 중세시대에 사용되었던 장비로 무장되어 있었다. 이러한 모습은 확실히 창을 들고 공격해오는 적을 물리치기 위해 손을 높이 치켜들고 싸우는 용감한 기사들의 모습을 망자의 모습으로 변경시켜 세워놓은 것 같았다. 이처럼 생동감 넘치게 싸웠던 옛날의 기사들이 갑자기 움직이지 못하는 모습으로 세워진 것을 보니 마음으로는 참 안쓰러운 인상을 주기도 했다. 마치 이들의 모습은 갑작스런 지진으로 인하여 삼켜버려져 없어진 생명들에게서 마지막 순간에 마지막 생각을 남긴 표현들을 간직한 인간들을 다시 보는 듯했다.

최근에 지어진 독일의 현대건축물에 관해서는 별로 설명할만한 가치가 없었다. 하지만 도시의 집들은 잘 건축되어 있었으며 집의 소유자들은 착한 마음으로 열심히 사는 열정을 가진 사람들로 보였다. 대다수의 도시주택들은 색칠을 하고 있었다. 집안에 설치된 성자모습들이나 장식들은 만족스런 취향은 못되었지만 다양했으며 시민들과 외지사람들에게 마음에 들 정도의 유쾌함을 주고 있었다. 호화로운 궁중저택의 화려함이나 현란함은 소유자의 공허한 욕망을 잘 채워주고 있었다. 그러나 자그마한 주택들의 장식이나 조심스런 꾸밈은 소유주의 선량한 의도와 손님들의 후대를 위한 친밀감을 잘 나타내주고 있었다.

독일의 몇몇 지역은 영국에서처럼 정원이 아름다웠다. 이들 정원의 화려함은 언제나 자연에 대한 사랑이 전제되어 있었다. 영국에서는 화려한 정원 한 가운데 언제나 소박한 별장이 놓여있었는데 별장의 소유자는 자신이 살고 있는 주택만은 잘 가꾸지 않지만 정원의 풍경만은 세심하게 가꾸고 있었다. 그런데 독일에서는 정원의 화려함이나 소박성이 영국에 미치지 못하지만 귀족들의 자존심이나 윤택하지 못한 귀족들의 소박함에서는 언제나 아름다운 취향과 우아함을 보여줄 수 있는 미(美)에 대한 확실한 애정이 있는 듯했다. 왜냐하면 미에 대한 애정이 아름다운 취향과 우아함에 대한 참된 원천이 되고 있기 때문이다. 하기에 독일영주들의 성스러운 정원에서는 가까운 곳에 있는 아름다운 꽃나무의 동굴로부터 바람신이 아름다운 소리와 꽃향기를 공중을 통해 옮겨다주는 듯 하프 켜는 바람소리를 보내주는 듯했다. 그리고 이러한 방식으로 살고 있는 북녘사람들의 상상력은 이태리풍의 자연을 창조해내고 있었으며 짧은 여름의 아름다운 나날들을 가끔 그곳 자연에 흠뻑 젖어 살 수 있게 하는데 성공한 듯했다.

이처럼 마담 스탈은 독일인의 성격을 추구하는 데 있어 표면적인 삶의 구성적 요소들을 자연환경 속에서 묘사하고 있었다. 숲과 강줄기로 가득찬 독일과 나무들이 풍성하지 못한 로만스계의 남쪽나라들을 비교하면서 독일인의 내면적 정서생활을 찾아냈던 것이다.

본래 독일인이 숲과 강물들을 명랑하고 생명력이 넘치는 낭만적인 정서로 보기 시작한 것은 19세기 초 낭만주의시대부터였다. 당시까지만 해도 숲에 대한 인식은 달랐다. 옛 전설인 동화 같은 곳에서는 숲과 강물이 요정들이나 마녀들이 사는 곳으로 인식되었으며 용이나 괴물들이 존재하는 무서운 곳으로 인식되어 사람들이 두려워하는 곳이었다. 그림형제(1785-1863)동화 『헨델과 그레텔』에서만 해도 잔인한 계모가 가난 때문에 헨델과 그레텔을 없애려고 영영 돌아올 수 없는 깊은 산속으로 유인했던 곳이 마녀가 있는 숲속이었다. 다행히도 아이들은 숲속의 마녀집에서 금은보화를 발견하고 탈출하여 가난한 벌목공 아버지를 기쁘게 할 수 있었지만 이곳 숲이란 마녀와 동물들의 신비적 세계가 지배하는 무서운 곳이었다. 그뿐만 아니라 이러한 신비적 숲은 시대를 거슬러 올라가 중세시대 학에 있어서는 개화된 문화와는 상반된 원시적 숲의 개념으로 수용되어 사람이 살기 어려운 곳으로 서술되기도 했다.

중세시대의 서정시인 발터 폰 데어 훠겔바이데Walter von der Vogelweide (1170-1230)는 그의 『시집Gedichte』에서 다음과 같이 노래하고 있었다. "내 자신 늪지대에 사는 사람으로/ 집을 짓고 싶은데, 숲에는 집을 짓고 싶지 않다네:/ 그곳에선 내가 농사를 경작할 수 없으니 말이지"1) 했다. 서사문학가 볼프람 폰 엣센바하W. v. Eschenbach(1170-1220)의 『파르찌발Parzival』(1200-1210)이나 고트프리트 폰 스트라스부르크G. v. Strassburg(12세기경)의 『트리스탄과이졸데Tristan und Isolde』(1210)에서는 숲은 궁중생활과 동떨어진 고립된 장소로 개화된 사람들에게는 적으로 관찰되는 곳이 되었다. 바로크시대의 안드레아스 그리피우스Andreas Gryphius(1616-1664)에 와서는 숲이란 '무섭고 거친 숲으로 황량한 황무지보다 더욱 황량한 곳'으로 상징되어갔다.2)

그러나 계몽주의시대 바르톨트 하인리히 브로케스B. H. Brockes(1680-1747)에 와서는 숲이 점차 자연묘사에 있어 아름답고 경이적인 지구의 장식으로 미화되어갔다. 그의 시『하나님 안에서 세속적인 만족Irdisches Vergnuegen in Gott』(1729)에서는 자연묘사가 처음으로 신의 계시론이나 목적론적 입장에서 관찰되는 시각이 드러났으며 자연의 관찰 속에서 신의 위대함이나 경이로움이 발견되고 자연의 피조물 속에서 창조주의 이성과 합목적적인 창조력이 재인식되어갔다. 이 시의 내용에서는 자연이란 "도시와 궁중에서 떠나온 우리 같은 사람들에게는 얼마나 행복한 곳인지 아는가/ 피조물 속에서 발견된 창조주는 얼마나 우리에게 흡족한 경이로움을 가르쳐주고 있는지 아는가" 하면서 인간의 손에 의해 길들여지고 있고 유용해져가는 숲속에서 창조주의 계시를 발견케 됨을 기쁘게 노래하고 있었다. "대지의 장식 서늘한 숲은,/ 어

---

1) 참고: Die Gedichte Walter von der Vogelweide.hg.v Carl v. Kraus . Berlin. 1959. 47쪽; 35, 17-18.
2) 참고: Andreas Gryphius: Dichtungen.hg.v. Karl Otto Conrady. Schleswig 1964. 41쪽

두우면서도 사랑스런 삶의 장소가 되고/ 두려우면서도 평화스런 삶의 장소가 되어/ 풍부한 그늘로 사람들이 머무는 곳이 되었으니/ 그대의 여명과 황혼 속에서 솟아오르는 푸른 섬광은/ 육신의 얼굴을 힘 있게 만들고 있구나;/ 하지만 그대의 푸른 섬광은/ 역시 영혼의 눈까지도 힘 있게 만들고 싶어 한다네!/ 그리고 그대의 푸른 섬광은 너무나 아름다워,/ 그 속에서 정말로 창조주를 보는 듯하다네"[3]했다.

이처럼 자연이 숲속에 비추는 푸른 햇빛 속에서 창조주의 이성적 계시를 인지했던 계몽주의시대의 숲은 질풍노도(1767-1785)의 격정시대에 와서는 계속해서 자연이 모든 창조정신의 근원적 정신으로 이어지기는 했으나 너무나 과격한 감정적 예감의 충동으로 인해 자연정신은 이젠 열정적으로 속삭이는 거친 숲의 모습이 되었다(예: 괴테의 『괴츠』와 쉴러의 『군도』). 그러다 고전주의에 들어와서는 이러한 격정적인 거친 자연의 모습이 조화로운 문화적 경계선에 충돌해 자연의 숲은 점차 구속된 인위적 공원의 모습이나 정원의 모습으로 가다듬어져 갔다(예: 괴테의 『친화력』). 그렇기에 1800년대 초반에는 자연스런 숲을 원형으로 묘사했던 시문학의 공간이 갑자기 협소해졌으며 더 이상 확대되지 못하였다.[4]

그러나 1800년대 이후 독일낭만주의시대에 들어와서는 독일정신의 상징인 숲에 관한 문학적 동기가 확대되어 숲의 문학은 점차 자연정신을 토대로 하는 낭만주의적 애국문학으로 선호되었다. 특히 티크로부터 시작해 아이헨도르프에 와서 숲의 문학은 절정에 달했다. 젊은 티크문학에서는 초기에 경건주의적 독일감상주의문학과 프랑스의 로코코문학 영향 때문에 다소 숲의 문학세계는 신비적인 통속문학과 두려움의 문학으로 자제되어 이해되었으나 그의 『민족동화집Volksmaerchen』(1797)이 출간된 다음부터는 숲의 문학이 낭만적 정서 속에서 오는 숲속의 고독세계로 시화(詩化)되고 표출되어 "티크는

3) 참고: Barthold Heinrich Brockes: Auszug der vornehmstem Gedichte aus dem irdische Vergnuegen in Gott. (Faksimiledruck aus der irdischen Ausgabe. 1738. hg.v. D. Bode. Stuttgart 1965 218쪽)
4) 참고: Klaus Lindemann: Deutsche Dichter Wald. Paderhorn 1985. In: hg.v. Hans Georg Pott: Eichendorf und die Spaetromantik. Paderhorn/ Muenchen/ Wien/ Zuerich 1985. 92쪽

낭만적 숲의 낭만적 정신의 시적매체를 창조한 작가가 되었다."[5] 즉 그의 숲문학은 민요조의 설화시 『로만스』 형식으로 나타나게 되었던 것이다. 이는 아이헨도르프의 숲의 시문학과 좋은 앙상블을 이루는 음악적 시문학이 되었던 것이다.

내용에 있어서도 신앙과 사랑, 용맹과 고통, 로만스적인 성격을 비유하는 낭만주의적 인물유형들이 자연을 숭상하며 편력하는 신앙적 순례자가 되었고 순례자를 포함한 사랑하는 연인, 기사, 목동, 여행자, 군인, 시인들 모두가 다 '신선한 푸른 숲'을 '사랑의 사원'으로 생각하고 그곳을 순례하는 사람들이 되었다. 그리고 '신선한 푸른 숲'은 동경에 가득 찬 마음의 목적지가 되어 낭만적 시적 감상을 불러일으키고 있었던 것이다.[6] "경이적인 시어로 숲이 축복되고 있으니/ 마음의 정서 속엔 시가 감흥 되어, 시인은 황금의 칠현금을 켜게 되는구나."[7] 하면서 자연의 숲을 시와 현악기로 찬양하는 동경의 사원으로 묘사하고 있었다. 그뿐만 아니라 숲은 중세서사시 『니벨룽겐의 노래』(1200)에서 보물을 보관해 온 안전한 숲의 요새, 성곽으로 인식되어 이 사회에서 고통 받는 사람들을 보호하고 안심시키기 위한 안전한 피난처로 생각하게 되었던 것이다. 하기에 티크는 그의 『로만스』에서 "나는 숲으로 피난해야 하겠네./그리고 그곳에서 나의 고통을 호소하기 위한 용기를 가져봐야 하겠네."[8] 하고 숲을 인간의 고통을 위로하고 치유하고 보호하는 피난처의 요새로 간주하게 되었던 것이다.

이는 마르틴 루터의 성서번역에서 성곽이란 장소를 사람을 보호하고 위로하는 안전한 '피난처'로 이해하였던 것과도 맥을 같이 한다. 즉 이곳에선 인간을 구원하는 신의 성곽으로 수용하였던 것이다. 성서 사무엘 하 22장 3절에서 언급하고 있듯이 "나의 하나님이시여, 나의 피할 수 있는 바위시여,/ 나의 방패시여 나의 성곽이시여/ 나의 망대시여, 나의 피난처시여/ 나의 구원

5) 참고: Wolfrang Baumgart : Der Wald in der Dichtung. Berlin/ Leipzig. 1936. 47-65쪽, 89쪽
6) 참고: Ludwig Tieck : Schriften . Bd. 1. Berlin. 1828. 7쪽
7) 참고: 위 책 8쪽
8) 참고: 위 책: 13쪽

자시라, 나를 흉악에서 구원하셨도다." 하는 내용이 이젠 티크의 『로만스』에 서 숲이 인간의 아픔을 구제하고 구원하는 요새로 비유된 것이다. 숲은 비너 스와 같은 사랑의 여신이 유혹하는 동화적인 곳이기도 하지만 이러한 이교 도적 여신이 머무는 곳에 이제는 기독교적 성모마리아가 재림하여 인간의 고통을 구제하고 구원하는 은혜로운 장소로 파악되었던 것이다. "이교도적 신들은 하강하고/ 비너스의 여신도 슬퍼하며/ 고독의 어두운 숲속으로 사라 져가니"9) "성스러운 마리아가 지상으로 내려와/ 모든 사람들의 마음을 끌어 당기고 있다네."10) 했다. 이처럼 티크 문학에서는 비너스의 아름다운 모습이 인간의 고통을 구원하고 구제하며 은혜를 베푸는 성녀의 모습으로 탈바꿈하 여 재림하는 모습으로 비유되었던 것이다. 그리고 숲은 성녀마리아가 지배하 는 구원의 장소가 되었다.

그런데 이러한 티크문학에서 언급되는 숲의 성격은 아이헨도르프에 와서 는 더욱 명료해졌다. 이곳에서도 비너스와 같은 이교도적 여신들이 숲속으로 사라지고 그녀 대신 성스러운 성모마리아상이 강림하여 경이적인 천상의 세 계를 펼쳐 보이는 안식처의 숲 모습으로 노래되고 있었던 것이다. 아이헨도 르프의 낭만적 애정소설인 『대리석상Marmorbild』(1819)에서는 주인공의 한 사 람인 성악가 포르투나토Fortunato가 숲속 연못가를 산책하면서 신선한 아침 대기를 호흡하며 명랑하게 이교도적 여신들이 사라져가는 아이헨도르프의 시 『신들의 황혼Goettersdaemmerung II』(1819)을 노래하고 있었던 것이다.11) "… 비너스의 여신은 매혹적인,/ 새들의 합창소리를 듣고,/ 기쁜 마음에 깜짝 놀 라/ 꽃송이 피어오르듯 시선을 떠올려 보았다네// … 그런데 놀이친구들은 어디에 가 있는 것일까?/ 정조의 여신 다이에나는 숲속에 잠들어 있고,/ 바 다의 여신 넵트누스는 서늘한/ 바다의 성, 고독한 물결 속에 쉬고 있으며// 때때로 바다의 요정 사이렌만이/ 아직도 심연에 들어가/ 혼란스런 소리로/

---

9) 참고: 위 책, 19쪽
10) 참고: 위 책, 23쪽
11) 참고: Joseph von Eichendorf : Werke. hg. V Wolfdietrich Rausch Muenchen 1959, 239쪽

깊은 비애를 알리고 있다지.// (이때). 비너스여신은 생각에 잠겨 서있더니/ 봄빛에 창백해져 눈을 감은 채/ 그녀의 아름다운 육체는 돌로 변해지더라네 // 육지와 바다 너머로/ 정막과 온화함이 감싸이게 되더니/ 저 높은 무지개 너머로 다른 여인상이 떠올라 오더라네.// 팔에는 경이적인/ 작은 아이를 안고 있으며/ 천상의 따뜻한 애정으로/ 온 세상을 스며들게 하더라네.// 밝은 공간에서/ 어린아이가 깨어나니/ 사악한 꿈들은/ 그의 머릿속에서 털려나가 사라져갔다네.// 그리고 종달새들이 노래를 부르자/ 무더운 마술의 협곡에선/ 영혼들이 감도는/ 신선한 아침공기가 솟아 불어오더라네.//" 이렇듯 아이헨도르프 문학에서 노래되는 숲에서도 요정들은 사라지고 성자를 안은 성모상이 무지개 너머로 떠오르는 온화한 천상의 세계가 펼쳐졌으며 신선한 아침공기에 종달새가 노래하고 영혼이 생동하는 성스러운 숲 모습으로 묘사되는 것이었다.

　이젠 숲의 자연이 더 이상 어두운 신비적 세계가 아니었다. 명랑하고 싱그럽고 성스러운 영혼의 안식처로 현형되어 갔던 것이다. 무지개 너머로 다른 부인이 아이를 안고 강림하는 상징적 모습은 석상으로 변한 비너스의 이교도적 여신 대신 다른 여신인 성모마리아가 작은 예수를 품에 안고 천상으로부터 강림하는 성스러운 자연세계로 비유되었던 것이다. 이제는 숲의 모습이 작은 예수가 인자하신 성모마리아의 품에 안기는 안식처가 되듯이 인간이 성스럽고 신선한 자연에 안기어 구원되는 정신적 피난처가 되었던 것이다. 따라서 숲의 자연은 더 이상 두렵고 무서운 곳이 아니라 종달새가 노래하듯 하나님의 사랑과 은혜가 넘치고 온갖 생명력이 호흡하는 생기발랄한 생동적인 자연이 된 것이며 인간의 아픔을 위로하고 구원해주는 인간영혼의 피신처가 된 것이다. 하기에 이곳 숲의 자연에서는 신이 인간들을 올바르게 인도하고 사랑하며 구원해주는 창조적 진리의 말씀들을 자연이란 흑판에 새겨진 비문을 통하여 하나님의 진리, 천문을 읽게 되는 신성한 곳이 되었다. 성서적 문헌으로 읽게 되는 것이 아니라 자연이란 비문을 통해 읽게 되는 것이었다. 자연에 대한 감정적 느낌을 통해서가 아니라 자연에 대한 투명한 투시를 통해 읽게 되는 것이며, 읽게 되는 자연의 은어적 언어들은 사람의 마음을 활짝 열어 인간으로 하여금 명랑하고 신선한 삶의 진리를 깨우치게 하고 있는 것이었다.

이에 아이헨도르프는 소설 『예감과 현재Ahnung und Gegenwart』(1815) 1장 말미에서 주인공인 청년백작 프리드리히를 통해 숲의 자연을 세속적인 혼란의 세계로부터 도피하여 인간이 정신적 보호와 안식을 취할 수 있는 인간 피난처로 묘사하고 아이헨도르프의 시 『작별Abschied』(1810)을 노래했던 것이다. "오 넓은 계곡이여, 높은 산들/ 아름답고 푸른 숲이여,/ 그대는 내가 즐거울 때나 괴로울 때/ 경건하게 머물게 하는 곳!/ 바깥세상은 언제나 기만으로 가득하고/ 바쁜 세상으로 법석을 떨고 있으니,/ 다시 한번 무지개다리를 놓아/ 나를 푸른 숲의 천막으로 인도하소서!// … 숲에는 쓰여 있답니다/ 정숙하고 정중한 말이./ 올바른 행위와 사랑에 관한,/ 그리고 인간의 피난처 성곽이란 말이./ 나는 그 말을 참되게 읽고 있답니다./ 소박하고 진실한 그 말을,/ 그리고는 온 나의 생명본체 속에선/ 그 말이 말할 수 없이 분명해지고 있답니다.// 나는 곧 그대를 떠나,/ 낯설고 낯선 곳으로 가,/ 다채롭게 움직이는 골목길에서 생의 연극을 보게 될 것입니다./ 그리고는 생의 한 가운데서/ 그대의 정중한 말의 힘을 얻어/ 내 자신 고독으로 높이 솟게 하여/ 내 마음 늙지 않게 할 것이랍니다.//"12) 하고 노래했다. 여기서 숲이 전하는 말의 참된 위력이란 인간을 늙지 않게 할 뿐만 아니라 인간이 휴식할 수 있는 구원의 보호처로 찬양되고 있었던 것이다. 자연에 쓴 하나님의 참된 이성적 계시를 숲에서 읽고 그곳에서 하나님의 구원을 얻고 삶의 생명력을 얻어 새로운 삶을 계승할 수 있는 인간의 정신적 보루로 숲을 생각했던 것이다.

바로 독일인이 숲을 숭상하는 사상적 근원은 이러한 이유 때문이다. 즉 생명력이 넘치는 숲의 아름다움 속에서 하나님의 창조적 계시에 의해 구제되는 안식처가 숲의 자연이었던 것이다. 숲은 바로 하나님의 손에 의해 인간

---

12) 참고: J.v. Eichendorf: 위의 책 31쪽

의 영혼이 구제되는 은혜의 사원이며 인간이 휴식하는 즐거움과 예술이 함께 하는 정원인 것이었다. 그렇기에 우리가 독일인의 특징을 든다면 자연을 정원으로 생각하고 숲과 나무를 가꾸는 그들의 기질을 들겠다. 이러한 기질들은 또한 대단히 낭만적이다. 독일에는 숲과 강, 언덕에 무수한 성곽과 보루, 애국적인 기념물들이 들어서 있다. 이는 모두가 독일인의 정신적 피난처이자 보호처로 상징화되고 있다. 산속에 많은 사찰을 갖고 있는 우리나라의 불교문화도 한국인의 특징을 나타내고 있는 것이지만 독일인들은 유난히 어느 다른 민족들보다도 그들의 영혼세계를 숲속의 성곽과 자연 속에서 구원받고 있다. 그렇기에 많은 독일낭만주의작가들은 숲문화에 대한 경외심이 강했다. 철의 재상 비스마르크도 숲의 '나무들이 우리들의 조상'이라 말할 만큼 독일인은 숲을 선호하고 있었던 것이다.13) 특히 아이헨도르프가 숲을 명랑하고 즐거운 곳으로 찬양하고 하나님의 구원처로 노래한 것은 당시 기만과 혼란으로 가득 찼던 시대상에 대한 보호처로 생각했기 때문에 더욱 그러하다. 당시는 나폴레옹전쟁 이후 유럽국가들이 국가간의 질서를 재편하기 위해 200여 국가의 대표가 참여한 빈회의(1812-1815)가 개최된 이후였다. 프로이센과 오스트리아, 러시아, 영국, 프랑스 등 5개 체제의 강대국간에 폴란드에 관한 분할지배권에서부터 라인강의 통행권과 노예무역권 등에 이르기까지 많은 문제들이 제기되었으며, 유럽국가간의 영유권문제로 유럽전체가 격동기에 있었던 것이다. 이들 강대국들의 이해관계는 국가주의사상과 민주적 자유주의사상으로 독립하려는 개별국가들과의 이해관계로 충돌하고 있었으며 이태리와 독일에 있어서는 국가주의적 통합사상으로 갈등을 빚고 있을 때다. 독일은 프랑스에 대한 해방전쟁 이후 라인강을 중심으로 한 영유권문제가 제기되었으며 프로이센국가와 가톨릭교회간의 정치적 주도권문제가 있었고 영주도시국가들의 통일문제에 있어서 보수, 진보세력간의 대립도 있었다. 이처럼 유럽에 있어서는 도처에 정치, 사회, 종교, 경제문제들의 혼란과 갈등이

---

13) 참고: Christian Gref von Krockow: ueber die Deutschen. Muenchen 2000. 89쪽

있었던 시기였다. 특히 산업화로 인한 농촌피해가 커짐으로써 많은 사람들은 그들의 경제적, 사회적, 정신적 피해를 구제받기 위해 종교적 신앙으로 귀의하기 시작했는가 하면 창조주가 지배하고 있는 자연이 인간의 생명을 유지할 수 있는 유일한 피난처로 생각하고 숲으로의 안주를 이상화했다.

그렇기에 독일에서 숲이란 독일인정서로는 성스러운 곳이었다. 그러나 산업화는 인구의 도시집중화를 가져오고 자연의 숲은 점차 경제적 이용가치로 인식되기 시작했다. 주택을 짓고 철도를 놓기 위해 조림된 원목이 필요했으며 종이도 생산하고 연료를 얻기 위해 임업을 장려해야 했다. 돼지사육을 위한 사료 때문에 참나무와 너도밤나무를 조림하여 도토리와 너도밤나무 열매를 얻어내야 했으며, 돼지도축으로부터 가을철 좋은 살코기를 얻어내기 위해 돼지들을 숲속으로 걷게 해야 했기에 숲에는 길을 내야 했다. 수익성이 높고 빨리 성장하는 소나무와 전나무를 심기 위해 구획정리를 해야 했고 귀족들의 사냥을 위해 산림이 조성된 특수지역의 보호림도 필요했다. 그리고 농업을 위한 들판이나 방목지초원에는 방풍용조림을 해야 했기에 숲을 좋아하는 독일인은 조림사업에 최선을 다했던 것이다. 이러한 조림사업은 우연히도 숲을 좋아하는 독일인의 기질과 맞아떨어져 독일에서의 조림은 세계에서 으뜸이 되었다.

그러나 여타 유럽국에서는 조림에 소홀했다. 이태리와 프랑스, 스페인 등 라틴계국가에서는 본래부터 나무가 울창하지 못한 자연풍토를 갖고 있었으며 네덜란드 같은 나라에서는 바다의 수면보다 낮은 해안을 갖고 있어 나무보다는 물과의 싸움이 중요시 되었다. 영국에서는 산업화과정에서 조림을 통한 경제적 수익성보다는 그들의 주요산업인 면직물생산 때문에 오히려 양떼를 키우는 초원과 목장을 개간하는 데 경제정책의 목표를 두었다. 하기에 많은 나무들을 벌목하여 초원을 넓혀가고 있었으며 초원과 목장들의 변경지대에 방풍용으로 드문드문 자연림을 조성하는 데 그치고 말았다. 그뿐만이 아니다. 그들은 해양국이었기에 많은 목재선박을 건조하느라 나무를 벌목하지 않으면 안 되었다. 그 결과 영국에서는 숲이 점차 사라져가고 사람들의 휴식을 위한 공원과 정원을 별도로 개발하지 않으면 안 되었다. 그리고 자연림을 장식으로 한 공원과 정원을 가꾸는 기술이 개발되었던 것이다. 나무가 풍성하지 못한 지중해연안국가에서는 기하학적으로 가꾸어진 합리적 공원이 조성되었으며 독일에서는 이들의 혼합형태인 영국식공원과 프랑스식조형정원이 혼재하게 되었다.

본래 독일은 영국보다 산업화와 인구도시집중화가 뒤늦게 왔고, 숲을 신성시하여 왔기 때문에 숲의 조림은 잘 유지될 수 있었다. 독일의 숲은 부자연스러울 정도로 인위적으로 조림된 제2의 자연을 형성케 되었던 것이다. 이에 독일인이 오늘날 숲을 찬양하는 노래를 인위적으로 조림된 부자연스런 자연 속에서 부르고 있다는 사실은 다소 아이러니컬한 점이 있다. 그렇지만 숲이 주는 신선한 이점이 여전히 아름답기만 하기 때문에 성스러운 숲의 찬양은 항상 감동으로 남는다. 로버트 무질Robert Musil(1880-1942)도 그의 소설 『특징 없는 남자Der Mann ohne Eigenschaften』(1930)에서 오늘날의 숲이 조림된 제2의 자연으로 부자연스럽다고 풍자하고 있지만 역시 숲은 아름답다고 감탄한다. 비록 현세적인 숲에서도 바깥세계의 어지러운 세풍이 잠재되어 있는 것으로 묘사되고 있지만 조림된 숲에는 자연의 아름다움과 아름다운 숲을 가꾼 산림지기의 노력이 함께 하고 있음을 찬양하고 있는 것이다.

날씨가 더워 사람이 숲을 바라보게 될 때면 저절로 누가 저 아름다운 숲 그대를 저 높은 곳에 이르기까지 조성하여 놓았단 말인가? 하고 찬양의 노래를 부르게 된다. 이러한 감동의 노래는 독일민족들의 육체에서 자동적으로 체감되는 반사운동에서 일어나는 노래이다. 목소리가 더위에 지쳐 연약해지면 연약해질수록 목구멍이 상어표피처럼 매끄러워지면 매끄러워질수록 마지막 힘을 다해 끝까지 부르는 노래는 더욱 감상적인 노래가 되었다. 그리고 목소리가 울려 퍼지는 한 그 노래는 산림지기들을 찬양하고 싶은 노래가 된다. 이러한 노래는 고통스런 목마름 끝에 시원한 음료수를 기다리고 있는 듯한 이상주의를 불굴의 의지로 부르는 노래였다. …

이러한 노래는 비록 우리가 숲속에서 찾고 있는 평화의 시는 아니라 할지라도 역시 한편의 시인 것이다.; 참된 자연 그 이상의 것이었다. 마음껏 즐기시오, 사람들이 시에게 현대적 자연의 장점을 제공하고 있는 한 시는 푸르름으로 장식되어 나란히 정돈된 목판처럼 성장하는 숲에 관하여 어느 날 강력한 힘으로 제2의 관찰을 하게 될 것입니다. … 원시림은(조림으로 인하여) 무엇인지 가장 부자연스럽고 변태된 모습을 갖게 되었다. 제2의 자연이 되어버린 부자연은 다시금 자연(원시림)으로 되돌아가게 마련이다. 그런데 독일의 숲은 그렇게 되고 있지 않다. 독일의 숲은 사람이 숲에 관해 노래를 만들수 있도록 만드는 의무를 의식하고 있는 듯하다. 누가 그대 아름다운 숲을 저 높은 곳까지 조성하여 놓았단 말인가? 내 목소리가 울려 퍼지는 한 나는 산림지기 대가들을 칭송하고 싶답니다! 독일의 산림지기 대가들과 산림관 위원들은 그들의 구체적 지식을 통해 조림해놓은 그들의 노고에 관해 사람들이 정말로 알아주지 못한다면 부당하다고 말할 정도로 숲을 잘 가꾸어놓았답니다. 산림대가는 조림을 위한 햇빛공간이며 대기공간, 수종의 선택이며 산림통로, 벌목장이며 복층림의 제거 등을 잘 보살폈답니다. 사람들이 황량하고 불규칙적인 대도시생활에서 이곳으로 오게 되면 깜짝 놀랄 정도로 나무들을 빗으로 가지런히 정돈해놓은 것처럼 아름답게 줄지어 조림해놓았답니다. 그런데 소박한 마음으로 나무들에게 목재상인들의 복음을 전파하고 있는 산림전도사들 뒤에서는 재산관리관과 황실재산관리청, 그리고 영주들의 재산관리국들이 지시하고 있답니다. 그들의 지시에 따라서 수천 미터의 구획마다 자유로운 전망공간과 푸른 묘목들이 식목되는 목판이 매년 조성되고 있으며 멋있는 전망대와 서늘한 그늘지대가 생기고 있답니다. 그리고 이들 산림관리관이나 관리처 뒤에는 이들보다 더 높은 숲의 신들이 존재하고 있는데 그들이 바로 목재상인이며 목재소비자들이고 제재소, 목재공장, 건축업자, 조선소 판지공업과 제지공업자들이랍니다. …

이곳에서는 돈을 벌려는 이름 모를 탐욕가들이 서로의 이해관계 속에 얽혀 있답니다. 그리고 유령 같은 재화와 돈의 순환 속에서는 가난 때문에 투신자살해야 하는 사람이 발생하는가 하면 그 결과 경제적 영향력을 갖게 되는 돈 번 사람들이 나오기도 한다는 확신을 갖게 한답니다. 그리고 돈만 버는 탐욕가는 대도시의 무더운 여름날씨에도 마귀에 걸린 사람처럼 양털을 생산하는 양떼의 출산조정이나 숲의 조림을 위해 바지와 걸상이 닳도록 동분서주하고 있답니다."14)

무질이 묘사한 숲의 모습은 아이헨도르프가 『작별』(1810)에서 노래한 시구와 맥을 같이 한다. "바깥세상은 언제나 기만으로 가득하고/ 바쁜 세상으로 법석을 떨고 있으니/ 다시 한번 무지개다리 놓아/ 나를 푸른 숲의 천막으로 인도하소서!" 하고 말이다. 비록 바깥세상은 돈만을 벌려는 사람들에 의해 야단법석대고 있다지만 숲은 악마의 세상으로부터 인간을 구제하려 손을 뻗치고 있는 곳이니 인간은 그곳에서 구원되기를 간절히 호소하고 있다는 것이다. 그런 의미에서 아름다운 자연을 가꾸어낸 산림지기에 대한 예찬은 당연하다. 숲은 아이헨도르프에서는 언제나 아름답고 즐거우며 하나님의 은혜가 베풀어지는 신성한 곳으로 노래되고, 그렇기에 인간은 자연을 아름답게 가꾸어야 할 의무를 지닌 것으로 의식되고 있는 것이다. 아이헨도르프는 그의 소설 『쓸모없는 사람의 인생Aus dem Leben eines Taugenichts』(1826)에서 노래된 『즐거운 방랑인Der frohe Wandersmann』(1826)이란 시에서 하나님은 아름다운 자연에서 올바른 인간에게는 은혜를 베풀고, 그렇기에 인간은 그러한 자연을 가꾸도록 최선을 다해야 한다는 의무의식을 노래했던 것이다. "하나님께서 은혜를 베풀고자 하는 자에게는,/ 그를 넓은 세상으로 내보내:/ 그곳에서 하나님의 경이로움을 보여주려 한답니다./ 산에서나 숲에서 강에서나 들판에서.// … 사랑스런 하나님으로 하여금 관리토록 합시다/ 여울과 종달새 숲과 들판을/ 하늘과 땅을 보존토록 말이오/ 그렇게 하도록 하는 일이 나에게 부여된 최선의 과제랍니다!//"15) 하고 인간이 이러한 아름답고 신성

---

14) 참고: R. Musil: Gesammelte Werke. Bd 7. Rowohlt Verlag. Reinbek. 1978. In: Christian Graf v. Krockow : ueber die Deutschen. 96f 쪽

한 곳을 잘 가꾸어나가야 된다는 임무를 강조하고 있었다. 하기에 자연의 숲
이란 인간에게는 하나님의 은총이 베풀어지고 악마의 세속으로부터 구원되
는 은혜로운 곳으로 노래되고 있는 것이다. 그리고 자연은 신비적인 두려움
으로부터 해방되어 즐겁고 아름답고 기쁘고 신선하고 신성한 인간의 구원처
로 노래되기 시작한 것이다. 이러한 경향이 강하게 채색되고 노래된 문학이
아이헨도르프에서부터였다. 그로부터는 독일의 숲은 항상 낭만적 동경의 대
상이 되었고 숲의 문학적 동기가 꽃을 피우는 전성기를 맞이하게 되었다. 그
리고 숲의 문학적 동기와 의미는 '두려움으로부터 벗어나 아름답고 황홀한'
내용으로 바뀌어 묘사되어 갔던 것이다.16)

자유와 해방의 성곽, 조국애와 형제애의 숭고한 성체로서의 숲

그런데 숲의 문학적 동기가 단순히 숲의 아름다움이나 하나님으로부터 보
호받는 정신적 안식처로서 노래된 것만은 아니다. 독일의 숲과 강물에 관한
문학적 동기가 발생한 것은 당시의 유럽정치 상황과 밀접한 관계가 있다. 프
랑스혁명 이후 나폴레옹점령 하에서 벗어나려 했던 독일인의 해방전쟁(1813-
1815)과 애국주의사상 때문에 더욱 숲과 강물을 지키려는 애국주의적 문학이
강하게 표출되었던 것이다.

나폴레옹이 프로이센에 밀리고 마지막에는 영국과의 전쟁에 패해 성헬레
나섬에 전범으로 구속될 때까지 프랑스에 저항했던 프로이센을 중심으로 한
독일국민의 해방전쟁은 독일과 프랑스의 경계지역인 라인강을 지키려는 조
국애와 열정적인 자유주의사상으로 고취되었던 것이다. 그뿐만이 아니다. 게
르만족이 로마군을 물리치고 독일제국을 건설할 수 있었던 옛 라인강의 전
설로 거슬러 올라가 해방전쟁에 이르기까지 숲과 강물에 얽힌 조국에의 영

---

15) 참고: Eichendorf : 위와 같은 책 10쪽
16) 참고: Christian Gref v. Krockow : ueber die Deutschen. Muenchen 2000. 90쪽

혼이 예찬되고 있었던 것이다. 이러한 예찬은 조국의 자연을 구성하고 있는 숲과 강물의 은유로 노래되었던 것이며, 그곳에 옛 기사들이 머물면서 싸웠던 성곽과 성채의 상징물로 노래되기도 했다.

일찍이 이러한 조국애의 국민적 영웅 자유투사로 추대 받고 로마제국으로부터 독일제국을 건설할 수 있도록 서기 9세기 경 라인강지역의 엠스강과 리페강 상류에 위치한 토이토부르크숲 전투에서 로마의 용장 바루스에게 승리한 사람이 기원전 게르만 쉐르스카의 아르미니우스족장이었다. 그의 이름은 르네상스문학 이후 일명 게르만민족의 쉐르스카영주 헤르만이라고도 불렸다. 그는 게르만민족을 로마제국으로부터 해방시킨 국민적 자유영웅으로써 뿐만 아니라 제국통합의 선구자로서도 승화되어 라인강지역의 데트몰드에 그를 기념하기 위한 '헤르만기념물'이 건립되기도 했다. 따라서 그의 토이토부르크숲에서의 전투는 '헤르만전투'라고도 불린다. 3일간의 겨울전투에서 로마군 2만 명이 패하게 되었고 로마군은 베저강과 라인강 사이에 있는 성곽을 완전히 잃어 퇴각하고 말았다. 하기에 로마시대 역사가 타키투스Tacitus는 아르미니우스를 게르만민족의 해방자라 지칭했고 그가 라인강지역의 우측을 완전히 점령함으로써 게르만민족을 로마의 시민화로부터 해방시킨 자유영웅이라 기록하고 있는 것이다. 바로 이러한 영웅 '아르미니우스무덤'이 놓인 곳이 숲으로 에워싸인 라인강변의 협곡으로 언급되고 있다. 그렇기에 아르미니우스에 관한 예찬은 숲과 강물의 은유와 관계가 깊다. 일찍이 낭만주의시대 화가 카스퍼 다비드 프리드리히Casper David Friedrich(1774-1840)는 1813년과 1814년에 그린 것으로 추정되는 몇 개의 그림에서 숲과 암벽으로 에워싸인 바위협곡에 한 석관이 묻혀 있는 계곡을 화폭에 담아 놓았다. 화폭 중의 하나는 암벽의 계곡으로서 '아르미니우스무덤'을 상징하는 그림이었다. 그러나 그림에 담긴 시대적 동기는 당시 프랑스에 저항하면서 독일의 자유독립을 위한 해방전쟁에서 전사한 자유투사의 무덤으로 해석되고 있다. 석관덮개 표지판에는 "그대의 충성과 무적의 전투자로서 그대는 언제나 우리들에게 하나의 모범이 될지어다." 하고 쓰여 있다. 이는 당시 해방전쟁에서 싸웠던 전사들의 애국혼을 예수크리스트의 부활처럼 '헤르만'용장의 애국혼으로 연상시켜 조국을 수호한 영령들을 하나의 영혼으로 담아놓은 그림이었다.

화가가 이 그림을 착안했을 때는 게르만영주들이 엘베강변에 위치한 드레스덴의 시인모임에서 나폴레옹에 저항하는 독일의 자유투사를 지지하면서 프로이센과 오스트리아에 함께 투쟁할 것을 호소하는 역사적 배경 속에서 독일낭만주의희곡작가 하인리히 폰 클라이스트Heinrich von Kleist(1777-1811)의 희곡작품 『헤르만전투』가 집필되기 시작된 시점이었다(1808). 드레스덴의 시인모임에서 『헤르만전투』에 관한 낭독회가 있었을 당시 프리드리히 화가는 이 모임이 첫 번째 청중으로 참여했다 한다.17) 그가 그린 또 하나의 다른 화폭에는 연필로만 스케치하여 놓은 것으로(1813년 7월 20일자 그림) 전나무와 가문비 소나무로 에워싸인 '숲속의 고독'을 담아놓았다. 이 그림의 표제에도 "독일의 남성들이여 무장하라, 오늘의 새로운 투쟁을 위하여 그대들의 무기 만세!" 하고 쓰여 있다. 이러한 내용으로 보아 이것 역시 나폴레옹에 대한 해방전쟁을 외치는 정치적 호소를 담고 있는 것이다.

그리고 다른 유화인 '숲속의 엽기병'에서는 해방전쟁 당시 드레스덴지역의 숲속에서 퇴각하고 있는 프랑스군의 한 엽기병(사냥꾼병사)이 푸른 망토를 입은 채 전나무로 에워싸인 어둡고 고독한 숲속에서 길을 잃고 탈출구를 찾고 있는 모습을 담아놓았다. 이들 숲속의 그림들은 모두가 해방전쟁 당시 조국을 수호하려 프랑스군에 저항하는 자유투사들의 영혼과 애국혼을 숲의 은유로 포장했던 것이다. 하기에 '숲속의 엽기병'이나 '아르미니우스무덤' 같은 그림들은 나폴레옹점령으로부터 드레스덴을 해방시킨 후 1814년 3월에 드레스덴의 애국주의미술전시회와 그해 10월에 있었던 베를린의 아카데미전시회에서 전시된 바 있었다. 베를린전시회에 대한 해설은 1814년 12월 8일자 <포시쉐 짜이퉁Vossische Zeitung>에 상술되어 있다. '숲속의 엽기병'에 관한 해설에서는 "한 프랑스 엽기병이 눈 덮인 전나무 숲속을 고독하게 걸어가고 있

---

17) 참고: Wieland Schmied : Casper David Friedrich. Zuerich. 1977. 72쪽

는 모습이 마치 까마귀 한 마리가 나뭇가지에 앉아 자신의 죽음을 노래하고 있는 애처로운 모습과도 같다 했고, 프리드리히의 숲 그림들은 대체로 어둡침침한 특성을 갖고 있다."고 했다. 그리고 이곳 프리드리히 그림에 담겨 있는 "독일의 숲이란 프랑스군 침범에 대한 저항과 승리의 상징이었다."

그렇기에 이곳에서 언급되는 독일의 숲이란 마치 과거로 거슬러 올라가 로마제국시대에 게르만민족에 대한 로만스인의 침입이 있었을 때 라인강으로부터 중부유럽의 카르파티아산맥에 걸친 '헤르찌니아Hercynia'숲속에서 게르만민족이 로만스인을 물리친 바 있는 '갈리아전투Bellum Gallicum'와 독일북부 '토이토부르크숲'에서 헤르만이 로마의 바루스(Varus=Quintilus V세=Vergil과 Horaz의 친구)용장을 물리쳤던 '헤르만전투Hemannsschlacht'와 비유되는 '독일 숲'을 말하고 있는 것이다. 하인리히 폰 클라이스트의 희곡 『헤르만전투』의 마지막 장(5막 22장)에서 나타나는 독일 숲 역시도 게르만민족과 독일인이 바루스용장이나 나폴레옹을 퇴각시킨 상징적 숲의 은유와 사냥꾼의 은유로 이해되고 있는 것이다.18)

이곳 작품에서는 바루스용장이 헤르만과의 결투에서 패한 심정을 다음과 같이 숲과 사냥꾼의 은유로 표현했다. "이 지상에서 이러한 치욕을 체험케 한 일이 있을까?/ 마치 내가 얼룩진 사슴처럼/ 12년간이나 산림을 파헤치며 질주했는데 말이야!"19) 하고 참패의 굴욕적 심정을 홀로 뇌까리고 있었다. 바로 이러한 로마제국의 용장 바루스의 최후를 맞이했던 토이토부르크숲의 헤르만전투를 해방전쟁 당시의 정치적 상황을 고려하여 애국주의적 입장에서 집필한 작품이 클라이스트의 『헤르만전투』다. 그리고 이 작품의 초고가 드레스덴의 시인모임에서 처음으로 읽혀졌다. 이에 자극된 프리드리히가 그의 숲속 그림에 담아 놓은 것이 퇴각하는 프랑스 엽기병의 애처로운 모습이었다 한다.

---

18) 참고: Klaus Lindemann: Deutsch Panier, das rauschend wallt : In hg. V. Hans Georg Pott: Eichendorf und die Spaetromantik. Paderborn/Muenchen/Wien/ Zuerich.1985. 99쪽
19) 참고: H. v. Kleist: Gesammte Ausgabe. dtv.Dramen. Bd3. Muenchen. 1964. 207쪽

그런데 '해방전쟁' 당시 조국애를 표현한 숲속의 그림은 프리드리히화가
뿐만은 아니었다. 프리드리히의 화가친구이자 아이헨도르프의 고향 류초바출
신이었던 사냥꾼 게오르그 프리드리히 케르스팅Georg Friedrich Kersting의 그
림도 프리드리히의 그림과 마찬가지로 프랑스군에 대한 독일인의 저항모습
을 담고 있었다. 이 사람의 그림은 베를린에 있는 국립프로이센문화재박물관
의 소유로 되어 있다. 케르스팅 그림도 나폴레옹점령으로부터 해방을 위해
싸웠던 '자유전쟁'시대를 배경으로 한 '참나무숲'을 모티브로 담고 있다. 이들
이 그린 그림중의 하나는 류초바출신의 사냥꾼친구들 가운데서 자유전쟁에
전사한 세 사람을 담은 내용으로 참나무숲속에서 적의 눈을 피해 몰래 나무
뒤에 숨어 전방을 지키고 있는 검은 제복의 총 든 병사들을 그려 놓았다. 그
림의 표제는 '전초기지에 있는 쾨르너와 프리센, 하르트만Koerner, Friesen, und
Hartmann auf Vorposten(1815)'이었다. 또 다른 그림에는 참나무숲으로 에워싸
인 나무 밑에서 비더마이어(1815-1848)적인 금발머리를 땋아올리고 하얀 드레
스를 입은 처녀가 바느질바구니를 옆에 놓고 참나무잎으로 자유전쟁에 전사
한 영웅들을 위해 '참나무엽관을 엮는 여인Die Kranzwinderin(1815)'상을 그려
놓았다. 그럼으로써 그의 그림에는 참나무로 에워싸인 숲이나 참나무잎으로
엮어진 엽관과 해방전쟁 당시의 자유영웅이나 류초바출신이 사냥꾼들을 연
상시키는 해방전쟁과 자유전쟁을 독일의 숲 모티브로 담고 있는 것이다. 단
지 '해방 전쟁'을 '자유전쟁'으로 불렀던 것은 1815년 이후 비더마이어적 복
고주의 영향 때문에 프랑스에 대한 저항이 '자유전쟁'으로 표식되었던 것이
고, 숲의 의미도 벼락이 내리치는 폭풍에도 꺾이지 않는 강력한 나무로 참나
무가 독일정신을 대변하고 있었기에 '참나무숲'을 독일의 수호신으로 대변하
고 있었다. 특히 '참나무엽관을 엮는 여인상'은 숲속에서 독일의 애국혼을 지
키고 있는 게르마니아여신과도 같은 상징으로 의식되었다. 참나무 역시 독일
민족의 토속신앙에서 천둥번개가 내리치며 소나기가 쏟아지는 폭풍우에도
민족혼을 지켜주고 경각시키는 게르만민족의 '뇌신'으로 숭배되었기에 참나
무가 '최고의 신성'으로 숭상되었다. 그리고 참나무에 대한 이러한 숭배는 기

독교에서도 '성모마리아의 참나무숭배의식Marieneichenkult'으로 숭상되었던 것이다.[20] 그렇기에 독일의 숲은 독일의 해방전쟁이나 자유전쟁에 있어서 애국혼을 간직한 '참나무숲'으로 신격화되었으며 독일의 '해방'과 '자유'를 쟁취하려 싸웠던 자유의 '보루와 성곽'으로 신성시되었다. 이에 참나무숲에 관한 예찬은 낭만주의의 애국시인들에 의해 많이 노래되어 갔다.

특히 케르스팅의 그림들은 숲에 관한 노래시에 직간접적인 교량역할을 했다. 자유전쟁에 적극 참여할 것을 호소했던 애국주의적 민족시인 루드비히 울란트Ludwig Uhland(1787-1862)는 그를 추앙했던 수천 명의 국민들이 그의 장례식에 참여하여 관위에 12개의 월계엽관을 올려놓고 장엄한 행렬을 갖도록 할 정도로 명성을 올렸는가 하면 그의 첫 『시선집』(1815)에서는 조국의 수호신을 상징한 '숲속의 심연에/ 수백 년 동안/ 깊이 잠들었던/ 소녀'에 대한 예찬을 노래함으로써 케르스팅의 '엽관을 엮는 여인상'을 연계시키고 있었던 것이다. 그리고 자유전쟁 당시 조국의 기치 아래 숲속의 빨치산 전투에 가담하여 전사한 애국시인 테오도르 쾨르너Theodor Koerner(1791-1813)는 사후에 발간된 시집 『현악시와 칼Leier und Schwert』(1815)에서 자신의 애국혼을 담아놓았다. 이 시집에서는 애국혼이 참나무숲속의 달빛 아래 솟아오르는 생명의 영혼으로 칭송되었다. 바로 이러한 쾨르너의 애국적 영혼이 묻힌 참나무숲속의 무덤을 생각하며 그의 영혼을 기리기 위해 노래된 시가 당시에 유명했던 시인 프리드리히 뤼케르트Friedrich Ruekert(1788-1866)의 『쾨르너의 정신Koerners Geist』(1814)이었다. 그리고 이러한 쾨르너의 정신은 다시금 케르스팅 화폭에도 담기게 되었던 것이다.

『쾨르너의 정신』을 유언으로 전언하고 있는 뤼케르트의 시에서는 다음과 같이 노래되고 있다. "나는 나의 이름으로 알고 있답니다./ 그의 정신이 참나무액자에,/ 아름답고 자유롭게 조각되어,/ 영원불멸하게 남아있다는 것을.// 그의 정신은 가장 아름다운 엽관(화관)들로/ 나의 무덤 앞에 놓여있으니,/ 이

---

20) 참고: hg.v. P. Dinzelbacher: Sachwoerterbuch der Mediaevistik. Stuttgart. 1992. 198쪽

는 봄기운이 감도는/ 신선한 숨결과 함께 날로 새로워질 것이랍니다." 하고
'쾨르너의 정신'이 날로 새롭게 계승될 것임을 예고하고 있었다.[21]

자유를 위해 참나무숲에서 싸우다 그곳에 묻힌 그의 애국혼을 예찬한 서
정시에는 프리드리히 아우구스트 폰 스테게만Friedrich August von Staegemann
의 시『테오도르 쾨르너에 대한 회상Dem Andenken Theodor Koener's』(1813)도
있다. 이곳에서는 "자유로운 땅 독일의 참나무숲에서 고이 잠드소서."[22] 하
고 그의 넋을 기원하고 있었던 것이다. 사실상 쾨르너는 그의 생존시 목숨을
다해 독재와 나폴레옹 1세에 저항하면서 독일의 자유와 해방을 위해 투쟁했
던 류초바출신의 엽기병시인이었다. 그는 1813년 4월 24일 라이프치히 근처
의 슈네켄베르크에서 작시한『류초바사람의 거센 사냥Luetzows Wilde Jagd』
(1813)에서 자신들의 자발적 투쟁을 류쵸바사람들의 당당한 사냥꾼이름으로
노래했다. 그리고 당시 프랑스군을 라인강 서쪽으로 격퇴시켰던 환희를 애국
적이 방패문학으로 화답했던 것이다. 그들은 죽음을 각오하고 싸웠던 엽기병
들이었기에 그들이 입었던 검은 제복은 죽음을 상징하는 색깔로 해명되었다.
그렇기에 이 시에서 나오는 검은 제복의 병사들은 필사적으로 싸우는 방패
의 기사들을 의미했다.

저 숲속의 햇빛 속에 번쩍이는 광채는 무엇이었을까?/ 좌좌하는 물소리는
가까이 들려오고/ 어두침침한 라인강으로 바람 불어 내려오는데./ 이에 뿔의
나팔소리 함께 울려 퍼져 들어오니,/ 영혼들은 두려움으로 가득 차 있었다
네:/ 그래서 그들이 검은 제복의 친구에게 물어보니/ 이는 류초바사람들의
거세고 대담한 사냥이었다 하더라네.// 저 어두운 숲속을 재빨리 질주하며,/
산과 산을 타고 넘나드는 것이 무엇이었을까?/ 밤에는 복병을 배치하여 놓
고서:/ 돌격의 환호성 올리며 총을 쏘아대니,/ 프랑켄지역의 앞잡이들은 쓰러

---

21) 참고: Rueckerts Weke. Hg. George Ellinger Leipzig 1897. 35~37쪽
22) 참고: Friedrich August v, Staegemann: Historische Erinnerungen in Lyrischen Gedichten. Berlin 1828.
   127쪽

져갔다네./ 그래서 그들이 검은 제복의 사냥꾼들에 물어보니/ 이도 류쵸바사람들의 거세고 대담한 사냥이었다 하더라네.// 포도넝쿨이 무르익고 라인강물이 속삭이는 곳,/ 폭군이 숨어 있는 곳으로 생각되는;/ 그곳 가까운 곳에 빠르게 번쩍이는 번개 빛이 내려치니,/ 민첩한 팔을 뻗치며 몸을 던져 뛰어들어/ 적의 언덕으로 헤엄쳐가더라네./ 그래서 그들이 검은 제복을 입고 헤엄쳐가는 사람에게 물어보니/ 이도 류초바사람들의 거세고 대담한 사냥이었다 하더라네.// 저 전투가 벌어지고 있는 계곡에서 속삭이는 소리는 무엇일까?/ 칼싸움은 서로 어떻게 하였을까?/ 거센 마음씨의 기사들이 전투에 이기고,/ 자유의 섬광이 타오르듯 깨어나/ 피의 불꽃으로 이글거리고 있다네./ 그래서 그들이 검은 제복의 기사에게 물어보니/ 이도 류초바사람들의 거세고 대담한 사냥이었다 하더라네.// 저곳에서 흐느끼며 햇살이 쬐는 곳으로부터/ 신음하는 적들을 구분하여 편안히 눕혀놓았으니 누가 그랬을까?/ 얼굴에는 죽음이 깊게 감돌고 있었지만,/ 씩씩한 마음을 가진 자는 두려움에 떨지는 않더라네; 이제 조국은 구제되었노라!/ 그래서 그들이 검은 제복을 입고 전사한 자에게 물어보니/ 이도 류초바사람들의 거세고 대담한 사냥이었다 하더라네.// 거센 사냥과 독일인의 사냥은/ 형리들의 피와 독재자에 대한 사냥이었다네!/ 그렇기에 그들은 우리를 사랑하고 울지 않게 했으며 우리에게 불평하지 않았다네!/ 이제 이 나라는 해방되었고 내일이 동트고 있으니,/ 비록 우리가 죽음을 각오했다 할지라도 승리를 가져오지 않았는가!/ 이에 대대손손에게 물어보니/ 이도 류초바사람들의 거세고 대담한 사냥이었다 하더라네.23)

여기서 쾨르너는 자신이 류초바출신 엽기병으로 매복된 빨치산 숲속에서 죽는 순간까지 자유와 해방을 위해 싸웠음을 거센 군인과 거센 사냥꾼의 전투모습으로 대변하고 있었던 것이다. 자유를 위한 이러한 애국주의적 그의

---

23) 참고: Gerhard Kaiser: Geschichte der deutschen Lyrik von Goethe bis zur Gegenwart. Bd III. Gedichte. Frankfurt 1996. 166f 쪽

사냥노래는 이미 쉴러의 희곡 『발렌슈타인의 야영Wallensteins Lager』에 나오는 『기사의 노래Reiterlied(1798)』에서 "친구여 말을 타거라 말을 타거라! 그리고 자유를 위해 전쟁터로 나가자!" 하는 군가로부터 영향 받은 것이라 한다. 하지만 그의 애국적인 군가시는 카미소의 『군인Der Soldaten』(1832)과 루드비히 울란트의 『좋은 동지Der gute Kamerad』(1809), 빌헬름 하우프의 『기사의 아침노래Reiters Morgenlied』(1824) 등에서 계속되어갔다.24)

그러나 이러한 쾨르너의 애국적인 군인노래도 친구였던 화가 케르스팅의 영향을 받았기 때문에 그의 애국주의사상은 참나무숲으로 대변되고 있었던 것이다. 쾨르너의 시 『참나무Die Eichen』(1811)에서는 참나무와 참나무잎, 참나무숲이 독일의 해방과 자유를 위한 상징적 동의어가 되었다. 참나무는 '강력한 자유투사의 모범'이었고 '강력한 용기를 가진 신선하고 대담한 자유투사'였으며 '옛 독일인의 참된 신뢰를 상징하는 아름다운 모습'으로 대변되었던 것이다.25)

이러한 경향은 애국시인 에른스트 모리츠 아른트Ernst Moritz, Arndt(1769-1861)에게서도 이미 노래된 바 있었다. 그는 해방전쟁에서 전사한 군인들의 무덤을 참나무숲에 모실 것을 『해방의 노래Lied der Freien』(1813)에서 호소한 바가 있다. "영웅들의 형제들이여 전사자를/ 그의 방패와 함께 묻어다오./ 그리고 그곳에 기품 있고 푸르른 참나무를 심어주구려/ 무덤 위에 기념비로서"26) 그리고 후일에 가서는 『나의 영웅들을 위하여Meinen Helden』(1816)란 시에서 손자들에게 호소했다. "영웅이 전사한 곳에는/ 손자들이여 자유의 참나무를 심을지어다."27) 했다. 그럼으로써 아른트는 쾨르너와 함께 참나무를 조국의 자유와 해방을 뜻하는 정신적 상징으로 강조했던 것이다.

이들은 계속 참나무는 독일의 자유와 함께 성장할 것이라 했고 참나무와 성장하는 것이 바로 나의 조국이라 했다. 쾨르너는 『나의조국Mein Vaterland』

---

24) 참고: Gerhard Kaiser: 위의 책 Bd. I. 300-305쪽
25) 참고: Koerners Werke. Hg. V. Hermann Fischer. Sttutgart. O. J. Bd. I. 42-43쪽
26) 참고: Ernst Moritz, Arndt: Werke. Leipzig o.J Bd. I. 26-28
27) 참고: 위의 책 Bd. II. 107쪽

(1813)이란 시에서 아른트가 노래한 『독일인의 조국Des Deutschen Vaterland』(1813)에서와 마찬가지로 독일의 조국이란 어떤 것인가 하는 문제를 해명하고 있었다. "노래하는 사람의 조국은 어떤 이름으로 불려질까?/ 현재 자식들의 시체가 외국군의 행렬에 짓밟히고/ 그들의 발굽 아래서 울고 있으니;/ 참나무의 땅만이,/ 자유로운 땅 독일의 땅이며,/ 나의 조국이라 부르겠네!"28) 그러면서 쾨르너는 그의 시 『현악시와 칼』 4절에서 "자라나게 하세 그대 자유여 독일의 참나무와 함께,/ 자라나게 하세 그대 우리들의 시체를 뚫고 높이높이!/ 조국이여 성스러운 우리들의 맹세를 들어주소서!" 하며 참나무와 자유를 함께 성장토록 하자는 서약을 했다. 그리고 시 『외침Aufruf』(1813)에서는 조국의 자유가 하늘의 보호 하에 신과 함께 있음을 알리고 있었다. "하늘이 돕고 있다네, 지옥이 우리를 피하도록!/ 돕고 있다네! 용감한 국민을 위해서도! 자유를 위해서도!/ 그대의 가슴이 높이 고동치니 그대의 참나무도 높이 자랄 것이라네,/ 그대의 시체가 쌓인 언덕을 걱정한들 무슨 소용이 있겠는가?/ 그곳에 높이 자유의 깃발을 심어놓자꾸나!" 하며 하늘이 돕고 있으니 자유의 깃발 참나무를 높이 식목하자고 외쳤다.29) 『기사의 노래Reiters Lied』(1813)에서는 "푸르른 참나무 줄기에서/ 새로운 초록 잎새들이 부풀어 살랑일 때면,/ 기쁨의 긍지로 그대를 깨어나게 할 것이라네/ 영원한 자유세계로."30) 하면서 참나무와 자유가 봄기운에 생기를 얻었음을 예찬했다. 그렇기에 쾨르너의 시적 세계에는 자유와 해방을 상징하는 참나무숲이 봄기운과 함께 생명력 있게 성장하는 자유의 성채로 노래되었던 것이다. 그리고 이러한 참나무에 관한 숭배문화는 낭만주의작가들에 의해 계속 이어졌기에 많은 애국적 기념물이 설치된 곳에는 참나무의 식목이 계속되었으며 울창한 참나무숲이 조국의 자유해방을 상징하는 성지가 되었다. 대표적인 곳이 라인강변의 류데스하임산 언덕에 세워진 게르마니아여신상이 높이 서 있는 곳이다. 프랑스

---

28) 참고: Koerners Werke. Hg. V. Hermann Fischer. Bd. I. 51쪽
29) 참고: Koerners Werke : 위의 책 Bd. I. 58f 쪽
30) 참고: 위의 책. Bd. I. 69f 쪽

쪽을 향해 우뚝 선 게르마니아여신상 주변에는 참나무와 포도넝쿨들이 에워싸 조국을 수호하고 있다. 그리고 라인강 물줄기를 따라 세워진 많은 기사들의 성곽과 성채 주변에도 참나무숲들이 형성되어 갔던 것이다. 이러한 광경은 이곳뿐만 아니다. 엘베강이나 도나우강변에서도 마찬가지다. 당시 나폴레옹에 저항했던 곳이면 어디에서나 참나무숲이 자유수호의 보루로서 상징되었던 것이다. 이처럼 프랑스에 대한 해방전쟁이 불거지자 자유수호의 보루로서 노래되었던 참나무숲은 이미 고전주의작가 『프리드리히 쉴러의 서거에 즈음하여 독일인에 대한 외침Anruf an die Deutschen bei Schillers Tode』(1809)이란 아른트의 시에서도 '독일 참나무잎은/ 자유민을 장식하는/ 장식'으로 회상된 바 있었으며31) 해방전쟁이 발발하자 아른트는 사실상 성스러운 전투가 있는 곳에는 성지를 중심으로 참나무를 심자고 외쳐댔다. 그렇기에 『1813년 5월 2일에 있던 류첸과 괴르쉔대전투에 즈음하여Auf die Schlacht bei Gross-Goerschen oder Luetzen, den 2 Mai. 1813』라는 시구에서는 "성스러운 성지 주변 숲에는/ 푸른 참나무를 심자!/ 그리고 기도를 드리자/ 독일제국에서는 젊은이들이 절대로 나쁜 짓을 하지 말도록!" 하며 참나무숲을 이루자고 절규했다. 젊은이의 심성을 교화시키며 당당한 기품과 용기를 갖추도록 기도하는 신성한 곳이 되도록 말이다.32) 그리고 『영예스런 사도를 위한 고지의 산림들Sharenhorst dem Ehrenbote』(1813)에서는 참나무숲이 신의 사도로서 영접되어 노래되었다.33) "참나무는 우리들 앞에 성스러운 표식으로 서 있노라. 푸른 참나무의 조국과,/ 성스러운 독일 땅에서는,/ 치욕이란 사라져 없어질 것이라는,/ 숭고하고 확실한 신들의 담보물처럼 우리 앞에 서 있노라." 했다. 참나무숲은 치욕을 없애주고 영예로운 용기만을 전파하는 신의 사도로서 다가섰던 것이다. 그뿐만이 아니다. 참나무숲은 전쟁의 와중에서도 아른트의 사생활에서 자신의 미래를 설계할 수 있는 사랑의 보금자리와 자유가 넘치는 미

---

31) 참고: Ernst Moritz Arndt: Werke. o.j. Bd.l 94쪽
32) 참고: Arndt: Werke. Bd. II 27-30쪽
33) 참고: 위의 책 Bd. II 34쪽

래의 고향으로도 다가섰다. 그렇기에 『여름 라이첸바하에서 그려보았던 미래의 꿈, 인생의 꿈Lebenstraum, der Kuenftigen gemalt zu Reichenbach im Sommer』 (1813)이란 시에서는34) 다음과 같이 노래하고 있었다. "우리는 그곳에 사랑의 보금자리인 우리들의 집을 지으렵니다/ 순수하고 치밀한 편안하고 안전한 나즈막한 행복이 담긴 집을,/ 성스러운 참나무동산 성스러운 자유의 나무들이 서있는 …/ 바로 옆에 …" 하고 점차 참나무숲을 자유로운 인간의 삶을 정착시킬 수 있는 미래의 안식처로도 그려보았던 것이다.

아른트의 생각과 비슷한 해방전쟁 당시의 애국시인이 또 하나 있었다. 그가 바로 막스 폰 쉥켄도르프Max von Schenkendorf(1783-1817)였다. 쾨르너와 아른트 쉥켄도르프는 당시 3대 애국시인이기도 했다. 쉥켄도르프는 『자유 Freiheit』(1812)라는 시 3절에서 "즐거운 숲속. 푸른 나무들이 있는 곳/ 꽃의 꿈들이 만개하는 곳/ 그곳이 그대의 머무는 곳이라네." 하며 역시 숲을 자유의 안식처로 보았으며35) 『사냥꾼의 노래Jaegerlied』(1813)에서는 독일의 숲을 참나무 대신 전나무로 노래함으로써 전나무숲 또한 쾨르너의 류초바사람들의 『사냥꾼노래』에서와 마찬가지로 자유를 위해 싸우는 군인들의 상징적 숲으로 인식되었다. "이곳 숲은 젊은 전나무숲,/ 북녘의 푸르른 숲이라네./ 흰칠하고 귀족 같은 모습이어서,/ 기사단의 기사들 같다네. …" 하고 북녘의 기사들을 나폴레옹에 저항하는 북녘프로이센군인의 대명사로 은유하였던 것이다. 그리고 전나무숲은 프로이센군인들이 나폴레옹군인들을 사냥이나 하는 듯한 병사들과 사냥꾼의 은유로 환유되었다. "이곳 숲은 사냥꾼들의 장식이라네,/ 젊고 용맹스런 프로이센들의./ 사냥꾼들의 거셈은 폭군과도 같아/ 모든 남성들이 서로가 추구하는 것이라네."36) 하고 자유투사로서 프로이센군인들의 거센 용맹성을 예찬하고 숲을 프로이센사냥꾼으로 환유했던 것이다. 이러한 환유Metomymie는 계속되어 갔다.

---

34) 참고: 위의 책 Bd.II 60-65쪽
35) 참고: Max von Schenkendorf: Gedichte. Hg. v. edgar Gross. Berlin. O.j. 3f쪽
36) 참고: 위의 책 26f 쪽

『프랑켄지역으로의 진격을 위해Auf dem Marsch nach Franken』(1813년)라는 시에서는 어린 묘목들이 창을 들고 싸우는 창기병들로 자유의 전투병으로 성장되어가는 숲으로 환유되었다. "저 곳에 식목하고 싶답니다./ 자유의 접가지나무들을/ (어린 접가지나무들인) 어린 창들의 숲은/ 푸르고 하얗게 꽃 피워 간답니다." 하고 '자유의 접가지Der Freiheit edles Reis'들이 성장하여 자유투사들을 기다리는 숲이 되어 갔다 하고 다음 시구에서는 이들 숲이 무성해져 우리는 그곳으로 싸우러가련다는 노래를 계속 불렀던 것이다. "그들의 가지들은 서로가 얽혀 자라나/ 튜링겐지방의 어두운 숲속에서,/ 장식과 축제를 준비하고 있으니,/ 우리는 가렵니다. 곧 가렵니다."37) 했다.

그러나 『조국에 대한 봄 인사Fruelingsgruss an das Vaterland』(1814)에서는 다시금 조국에 대한 숲을 참나무로 대신하여 노래하고 있었다. "성스러운 참나무들이 속삭이며,/ 하늘로 머리를 향하고 있는 곳,/이곳 모두는 독일 땅이랍니다.// 이곳 푸른 숲에서는 남자들의 욕망이 꽃을 피우고/ 영원한 자유가 담보되고 있으니/ 이런 모든 것들은 독일 땅 외에는 아무 곳에서도 없답니다."38) 하고 참나무숲을 독일의 자유와 조국의 상징으로 다시금 확인하고 있었다. 그리고 동시에 그는 참나무숲으로 인식되는 『조국』(1814) 시에서는 독일과 프랑스를 참나무숲으로 구분하기도 했다.39) "신이 숭고한 나무들의 우듬지 위로 물결치고 있는 그곳,/ 참나무숲으로 참나무숲으로/ 나는 매일 산책하고 싶답니다./ 참나무 그대는 경건하고 대담한 독일어의 낱말이니/ 다른 나라들과의 구분을 위해/ 올바른 방패와 성곽이 될지어다." 하고 독일의 참나무숲이 프랑스와 구분되는 자유의 방패요 성곽으로 강조되었다. 그리고 그곳은 하나님께서 우리와 함께 하는 곳으로 노래되었다. 이는 울란트가 그의 시 『자유로운 예술Freie Kunst』(1813)40) 첫 구절에서 "성스럽고 신선한 참나무숲이 얽혀 있는 곳에/ 독일의 신이 속삭이고 있답니다." 하고 말한 것과 같

---

37) 참고: 위의 책 55f 쪽
38) 참고: 위의 책 58~60쪽
39) 참고: 위의 책 82~84쪽
40) 참고: Uhland: Werke. hg.v. Ludwig Fraenkel. Leipzig 1893.37쪽

은 맥락으로 이해된다. 이제 독일의 숲은 자유의 성곽이요 하나님이 함께 지켜주는 '독일'과 '자유' 그리고 '신'의 삼위일체로 노래되었다. 그리고 이러한 참나무숲에 대한 서정시는 루드비히 티크의 『1814년 봄, 사랑하는 사람에게 An einer Liebenden im Frueling』에서도 같은 맥락으로 이어졌다. "나무들은 승리와 자유를 꽃피우니,/ 성스러운 조국 만세! 하는 환호 소리가/ 푸르른 공간에 울려 퍼지고/ 자유여! 외치는 소리가 참나무숲에서 속삭이고 있답니다."[41] 함으로써 성스러운 조국과 자유, 그리고 참나무숲이 바람에 속삭이는 조국애로 표출된 것이다. 바람소리에 속삭인다는 것은 신의 소리요, 자유영웅들의 영혼들이 함께 속삭이는 조국애의 숨결이었다.

이러한 조국애에 대한 숲의 시는 1803년 잡지 <유럽Europa>에 개제된 프리드리히 슐레겔Friedrich Schlegel(1772-1827)의 시 『라인강Am Rhein』(1803)에서도 이미 노래된 바 있다. 그리고 10년 후의 해방전쟁 당시에도 조국애에 대한 애국시의 한 곡목으로 계속 노래되었다. "남자대 남자는 서로의 믿음이 있기에./ 독일인의 욕망은 숲속에서 꽃피어지고,/ 겸허함 속에서 사랑이 타오른다 믿고 있다네./ 아, 이곳엔 나 홀로 있는 것이 아니기에,/ 마음속 깊이 간직되는 것은./ 조국을 위한 호소일 뿐이라네."[42]

이처럼 나폴레옹 치하에서 조국의 비극적 운명을 개탄했던 슐레겔의 애국시는 역시 독일의 숲을 국토를 회복하고 자유를 지키려 싸우는 전투장의 보루로 노래되었고 나라를 통합하려는 프로이센왕권과 영주들의 숲으로도 상징되어 노래되었다. 슐레겔은 독일연합국전쟁(1702-1807)에서 프로이센이 프랑스에 패하던 1806에 작시한 『스페스하르트숲속에서Im Spesshart』라는 시에서도 이미 자유의 성곽으로 숲을 노래한 바 있다. "나는 옛날 이전처럼 생각하고 있답니다,/ 그대 어두운 숲의 밤이여!/ 자유의 아들들이 이곳에서 생각한 것을,/ 그대 숲과 함께 기뻐하고 있답니다.// 그대의 숲은 옛날의 집이요

---

[41] 참고: Gedichte von Ludwig Tieck.1 Teil. Dresden 1821. 51f쪽
[42] 참고: Friedrich Schlegel: Dichtungen. Kritische Ausgabe. hg. v. E. Behler u.a. Bd. V Paderhorn. 1962. 331f쪽

성곽이랍니다.;/ 이러한 푸른 천막 속으로는/ 어떠한 적들의 외침소리도 침투하지 못하니/ 이곳 세계는 여전히 자유롭기만 하답니다."[43] 하고 숲이란 것이 자유의 아들들이 기뻐하고 자유로운 사상이 만개하는 전장의 성곽으로 노래되었던 것이다. 『충성Huldigung』(1813)이란 시에서도 로마제국시대에 있어서 독일민족의 선열들이 자유를 쟁취하려 저항했던 '헤르만전투'를 상기시키면서 나폴레옹에 저항하는 조국애를 노래했다. "부끄럽게도 로마제국시대에는,/ 아름다운 자유가 침몰하고 말았으니;/ 독일은 속박 속에서 견뎌야만 했답니다, /하지만 용기의 감각은 살아남아 있어./ 조국의 숲들에서는 영웅들의 무리들이 솟아오르고,/ 우리들이 유랑하는 들판 위에서도 솟아올라./ 영웅들의 명성은 최고로 꽃피어갔답니다." 하고 슐레겔은 이처럼 살아 꽃피어 온 조국을 지키기 위해서도 최소한 프랑스에 저항할 전투준비를 하여야 하고 국가적 통합을 이룩해야 한다는 절규를 숲이란 은어를 통해 영주들과 왕에게 계속 호소하고 그러한 분을 왕으로 옹립하겠다고 외쳤다. "오랜 명성을 지닌 숲의 수목들 가운데는/ 여러 수목들이 푸르게 자라고 있답니다.;/ 영주들은 자유롭고 대담한 사람들이고/ 당신들의 고결함이란 의기(義氣)있는 힘일진대./ 우리를 적으로부터 구제할 수 있는 사람이나,/ 모든 죄를 참회하면서/ 오랜 기간 분리된 나라들을 통합할 수 있는 사람을,/ 우리는 왕으로서 환영할 것입니다."[44] 하고 숲속에서 가장 기개 넘치게 성장하는 수목을 선택하여 적으로부터 나라를 보위할 수 있는 왕으로 추대하겠다는 은유적 해법을 영주들과 수목의 은어를 통해 국가적 통합의 희망과 기대를 노래했던 것이다.

그뿐만이 아니다. 슐레겔은 1809년 초 오스트리아가 비인에서 나폴레옹에 패하자 독일의 숲만이 이들의 자유를 회복할 수 있는 최선의 보장책이 된다며 이를 보장할 수 있는 덕성을 지닌 독일의 숲을 예찬했다. 바로 이러한 전형적인 독일의 덕성을 독일 숲을 통해 노래한 시가 『기원Geruebde』(1809)이다. "독일의 숲은 오래되었고 강인하며,/ 넘치는 환희와 믿음으로 가득하답니다;/

---

43) 참고: 위의 책 Bd. V. 364쪽
44) 참고: 위의 책. Bd. V. 379f쪽

신뢰의 성실함이 명예의 골수여서/폭풍이 몰아쳐도 흔들림이 없답니다."45) 하며 독일의 숲이 신의(Treu)의 성실성을 지닌 독일인의 덕성으로 성격화되었다. 그렇기에 슐레겔에 있어 독일의 숲은 자유와 이를 지키는 도덕적 충성과 덕성 그리고 조국을 수호하는 보호처로 노래되었으며 이곳 숲속에서만이 자유의 성스러운 정신을 호흡할 수 있고 잃어버린 자유를 회복할 수 있는 옛 권리를 찾을 수 있으며 자유에 대한 최고의 애정을 맛볼 수 있다 하고 이들 모두는 자유라는 개념 속에서 함께 빛낼 수 있다고 노래하였다. 바로 이러한 변형적 내용들을 함께 담은 시가 『자유Freiheit』(1807)라는 시였다. 숲의 언어들이 "독일의 음향으로 속삭이니,/ 숲의 향기를 호흡하거라!" 하며 숲의 향기라는 자유를 동경했으며 독일의 숲속에선 "가슴속 깊이 기쁜 예감이 감돌고/ 자유로운 활기가 넘쳐흐르니,/ 숲의 숭고한 정신이/ 우리를 의식하게 한답니다." 하고 가슴속 깊이 다가서는 '숲의 숭고한 정신'을 예찬했는가 하면 자유에 대한 '고유한 옛 권리'와 '최고의 애정'을 숲의 자유란 하나의 모둠개념 속에서 신격화시키고 있었다. 하기에 자유에 대한 '최고의 애정'이 보장되는 것은 숲속의 자유뿐이었다. 그렇기에 "이러한 3가지가 하나로 통합되는 것은, / 오직 자유뿐이랍니다;/ 자유를 그리워하는 세례는/ 봄철에 피어나는 숲속 꽃들의/ 화환으로 엮어지며,/ 영웅들의 마음속에 타오르는 열정과 / 하늘의 광채로 엮어지고 있답니다."46) 했다.

이제 독일의 숲은 숲속의 꽃들과 영웅들의 열정 그리고 하늘의 찬란한 빛으로 엮어진 화환으로서 자유에 대한 동경에 세례를 주고 있음을 노래한 것이다. 이러한 슐레겔의 시가 노래되던 때는 그가 빈에서 아이헨도르프와 사교하며 연구하던 시기여서(1810년 전후) 숲에 대한 문학적 메타포는 자유와 조국애를 노래하는 동기로 활용되었으며 브렌타노와 티크 같은 낭만주의작가들에게도 숲에 대한 동기가 애국적 뉘앙스로 함께 노래되어져 갔다.

---

45) 참고: 위의 책. Bd. V 397f쪽
46) 참고: 위의 책. Bd. V. 398-400쪽

아이헨도르프의 숲의 노래

아이헨도르프의 『밤의 축제Nachtsfeier』(1810) 첫 시구에서도 독일을 억압하고 있는 모든 구속들에 대해 숲속에서 투쟁하고 자유를 쟁취할 것을 호소하고 있었다. "나는 자유를 추적하며 옛 자유를 동경하고 있으니,/ 모든 구속들을 성실하게 파괴하렵니다./ 그리고 숲들과 강물, 대지 너머로/ 대담하게 커다란 날개를 펼치렵니다."47) 하고 노래했다. 그 당시에는 프랑스가 독일을 점령하고 강제로 라인강 주변의 남쪽영주국가들을 연합시켜 침략전쟁의 세몰이를 형성하던 '라인강연합'(1806-1813)시대였다. 이들 세력들은 전 독일을 휩쓸고 오스트리아도 점령하고 프로이샤와 러시아와도 전쟁을 계속하던 시기이다.

이들 모든 점령지대에서는 이에 대한 '해방전쟁', '자유전쟁'이 일고 있었다. 오스트리아의 알프스티롤이나 여타 지역에서도 독재에 대한 저항과 폭거가 속출되기도 했다. 나폴레옹의 지휘 하에 라인강연합의 세몰이가 형성되는 과정에는 전쟁과 보호조약 등을 통해서 세력확장이 진행되었지만 인접 영주들간의 정략결혼을 통해서도 결합세력이 확장되는 경향이 있어 이에 대한 경고도 있었다. 이에 아이헨도르프는 나폴레옹의 헤게모니확장에 영합되는 영주들의 측은함을 부끄럽게 여기고 옛 영주들의 기개를 바로 세우려는 경고를 서슴치 않았다. 그는 『경고Mahnung』(1810)라는 첫 시구에서 다음과 같이 노래했다. "우리가 비통하게 하소연하는 것들이 바람 속에 사라져가고 있음을 나는 보고만 있답니다./ 국민들이 거짓된 우상의 권좌에나 온정을 기울이며,/ 우뚝 솟은 절벽바위처럼 비탄 속에 외롭게 솟아있는,/ 독일 땅의 왕관에는 생각들을 미치지 못하고 있으니 말이지요/ 나는 더 이상 그들을 묻고 싶지 않답니다./ 다행히도 숲이 속삭이면서 사라져간 하소연들을 반갑게 맞이하고 있으니요!/ 나는 옛날의 전설들이 담긴/ 서늘한 강변 산위의 성안에

---

47) 참고: Josef von Eichendorf: 위의 책 116쪽

서 살고만 싶답니다.// 나는 그곳에서 강물과 숲이 나를 책망하는 소리만 듣게 되었답니다.:/ 생명이 붙어있는 네가, 그곳에서 (칩거)생활하면서,/ 거칠어지고 있는데 고독하게 너의 목소리로 무엇을 말하고 싶단 말인가?/ 올바른 고통의 투쟁 속에서만 사람이 귀족의 일원이 되는 법이니,/ 이 황폐화된 곳에서 독일의 명성을 높이 올리시오./ 바로 그것을 옛 신께서는 자신의 아들들에게서 원하고 있답니다!"48) 하며 나폴레옹에 영합하는 독일의 영주들과 귀족들에게 그들의 민족정기를 경각시키고 투쟁의 꿈을 깨우치고 있었다.

나폴레옹의 새로운 지배질서에 저항하다 전사했던 오스트리아의 티롤사람들이나 처형당했던 장교(안드리아스 하퍼, 1810년 2월 10일 처형된)의 넋을 위해 바친 시 『티롤사람의 야경보초Der Tiroler Nachtwache』(1810)에서도 아이헨도르프는 귀족영주들이 부끄럽지 않게 지혜를 모아 싸움준비를 위해 뭉칠 것을 호소하고 있었다. "숲속의 수목들처럼/ 우리는 힘을 합쳐야 합니다,/ 폭력에 대한 공수와 견고한 성이,/ 옛 영주들에 충복을 다하고 있으니,/ 태양은 아름답게 떠오르고 있지 않은가요!/ 밤과 밤이 가져왔던 모멸감을,/ 하나님의 이름으로 당차게 떨쳐내시오."49) 이처럼 아이헨도르프의 서정시는 '해방전쟁' 당시 자유의 보루로 은유되었던 숲의 문학적 동기를 통해 자유를 위한 단결로 애국적인 '형제애'를 노래했는가 하면 숲에 매복하여 자유를 쟁취하려는 사냥꾼으로도 노래하였다. 그리고 자유의 성스러운 정신을 호흡하고 사랑하며 수호하려는 자유의 도덕적 덕성, 의기로도 숲을 칭송했는가 하면 하나님이 함께 하며 민족의 자유해방을 세례하는 자유에 대한 신앙으로도 숲을 노래하였던 것이다. 사실상 독일이 해방전쟁에서 잃어버렸던 조국과 자유를 회복해가는 과정에서 아이헨도르프는 진정으로 전쟁에 대한 혐오에 전율했으며 자유와 평화에 대한 갈망을 숲을 통해 희구하고 있었던 것이다. 그는 나폴레옹이 퇴각하던 시기에 작시한 『밤의 휴전상태Waffenstillstand der Nacht』(1814)에서는 평화의 메시지를 축하하고 있었고, 『친구들에게An die Freunde』

---

48) 참고: 위의 책 122쪽
49) 참고: 위의 책 123쪽

(1815)에서는 조국의 산들과 라인강을 해방시킨 조국애 이외에도 하나님의 도움으로 자유투쟁을 성공시킨 선량한 행위에 대한 열정을 독일인의 특수한 성격으로 규정하고 있다. 『밤의 휴전상태』에서는 피의 전쟁세계를 떨쳐버리고 평화의 키스를 축하하는 숲의 노래를 남겼다. "거친 전쟁이 바람처럼 말을 타고 질주하고,/ 푸른 숲을 통한 전쟁에 죽음만이 뒤따랐으니,/ 많은 유령들이 생각에 잠겨 들판 위에 서 있답니다./ 그리고 공포의 전율 때문에 여름도 떨고,/ 낙엽도 떨어져 푸른 협로를 막고 있으니,/ 이제부턴 피의 세계로부터 돌아 서십시다.// 이젠 밤이 화려하게 동트고,/ 모두가 모성으로 얼싸안고 있으니,/ 친구와 적들이 조용한 평화의 키스를 한답니다,/ 그리고 하나님께서 천상으로 승천하듯이,/ 나는 다시금 깊은 침묵 속에서/ 숲들 주위에서 오가는 경사스런 인사말을 듣고 있답니다."50) 하고 평화를 축하하고 있었다.

『친구들에게』에서는 전쟁의 참상에서 평화의 봄기운이 싹트고 하나님께서 독일이 겪었던 치욕을 구제해주었음을 노래하고 있었다. "하나님께서 오랫동안 참아왔던 강물의 속삭임,/ 그 한을 풀어주셨으니 그것이 우리들의 라인강이랍니다!/ 이제 자유로운 산들 위에서는 독일인이 살아도 되며/ 독일의 숲들은 다시 독일 숲으로 호칭될 수 있게 되었답니다./ 그렇기에 대담했던 공포의 전율은 깨어져 사라지고,/ 강력한 봄이 이 세계로 돌아왔답니다./ 그리고 모든 사람들이 씨름도 하고 칼싸움도 하며 노력하는 것을 보게 되었으니,/ 오 영웅들의 욕망이여 그러한 봄기운의 청춘 속에서 살아가시오!// 이제 평화는 다시 찾아왔고,/ 이전 시대의 많은 죄악들이 속죄되었으니,/ 사람들이 진지한 노력의 세례를 받는 한,/ 싸움이란 이 세상을 정복할 수 없을 것이랍니다./ 전쟁의 섬광은 대담하게 불타올라,/ 나쁜 것은 피의 싸움으로 멸망케 하였고,/ 좋은 것은 폐허로부터 싹트게 했으니,/ 이젠 정신적 투쟁만이 생기 있게 계속되어야 하겠습니다.// 나는(평화의 상징) 야자수만이 그대들의 숭고한 노력의 것이라 부르겠답니다!/ 편하게 쉰다는 것은 인생의 가치가 없는

---

50) 참고: 위의 책 138 쪽

것,/ 사람의 마음이 휴식만을 동경한다는 것도 헛된 일이니,/ 숭고한 의미를 추구하도록 투쟁하렵니다./ 한 병사가 그 자신 연설과 책들과 칼을 갖고 싸울 때만이,/ 한 시대의 인생에 있어 위대한 사람으로 남을 것이랍니다./ 그리고 투쟁하는 사람에 있어서는 자신의 야자수가 움트는 곳에서만이,/ 올바른 평화가 결정되는 것이라 본답니다.// 땅과 마을도시들이 불타던 거친 전쟁은 잠시 끝났습니다만;/ 끝난 이 날은 붉게 물들인 피로 구분되고 있답니다;/ 비록 평화가 용감한 바이에른 오스트리아지방 목동들의 긴장을 풀어주고는 있다지만,/ 그대들은 커다란 궁핍 앞에서 나의 민족을 지켜야만 한답니다!/ 나는 아직도 이를 깊은 슬픔으로 보고 있답니다./ 탈진된 상태의 휴식이란 민족들의 죽음이랍니다./ 전쟁에서 피를 헛되게 흘렸다면,/ 성스러운 승리를 가져왔다 해도 명예롭지 못한 것입니다.// 하지만 우리들 자신도 우리의 독일을 바꾸어 놓읍시다./ 신의에 찬 한 모자우산 아래 형제들처럼 지키면서,/ 마음에는 교훈과 조언노래들이 넘실거리고,/ 성스러운 열정이 순수하게 간직되도록,/ 피의 파도 속에서 투쟁했던 마음의 정중함을 간직하십시다./ 명예스런 성곽과 조화로운 단결 그리고 기쁜 용기들과 함께!/ 선한 목동들에겐 평화를 악한 자에겐 끝없는 전쟁을,/ 그래야만 하나님께선 모든 치욕으로부터 우리를 구제할 것이랍니다!"51) 하고 나폴레옹이 엘바섬으로 구속되던 1815년에 아이헨도르프는 조국의 자유해방을 '친구들에게' 바치는 시로 노래하고 비록 나폴레옹이 패했다 할지라도 방심하지 말고 새로운 조국애로의 희망을 절규했던 것이다. 이제 숲이란 독일인에 있어서는 자유와 평화를 쟁취한 애정 어린 고통과 동경, 그리고 사랑이 담긴 곳이며 국가의 정체성을 지킨 자유의 보루가 된 것이다.

그렇기에 애국시인 아른트는 해방전쟁이 끝난 1815년에 자신의 잡지 <파수꾼Der Waechter>에서 독일 숲의 중요성을 강조하고 산림을 위한 산림지기와 농부들을 보존시키고 잘 보살펴야 한다는 높은 차원의 인간적 입법을 제

---

51) 참고: 위의 책 404f 쪽

정할 것을 강조한 바 있는 것이다.[52] 그리고 그 결과 후일에 괴팅겐대학들
에 산림학부가 생기기 시작했던 것이다.

산림조림에 관한 아른트의 이러한 호소는 독일의 숲이 자유쟁취를 위한
성곽역할을 했기 때문이기도 하지만, 실은 이미 프랑스혁명기부터 나폴레옹
황제가 독일의 혼이 숨쉬고 있는 숲을 군사적 목적으로 파괴시키고 자신의
혁명전쟁을 축하하기 위한 목적으로도 많은 나무들을 벌목했기 때문이다. 프
랑스혁명이 있었던 1789년부터 프로이센과 오스트리아의 연합국에 대한 전
쟁이 진행되던 1793년까지 라인강 주변 점령지에서는 약 400만 헥터의 산림
이 벌목된 사실이 있었다.[53] 그리고 이러한 사실을 괴테는 1792년 프랑스전
쟁종군기에서 벌목된 우람한 자작나무와 포플러나무들이 한밤중에 운반되어
불태워지고 있었음을 보았다고 숲 파괴를 보고한 바 있다.[54] 사실상 나폴레
옹지배 당시에 프랑스와 독일국경지역에서는 많은 숲들이 파괴되고 있었다.
혁명군들이 점령했던 라인강지역과 네덜란드지역에서 특히 많은 숲이 훼손
되었다고 한다. 1796년 말 이 지역에서 벌목된 나무는 약 150만 주였다.[55]
이렇듯 프랑스는 자국에서 뿐만 아니라 점령지역에서 많은 숲을 벌목했었기
에 독일인의 생각에는 프랑스인은 하나님과 함께 하는 숲을 파괴하는 자들
로 각인되었으며 프랑스는 산림이 적은 나쁜 곳으로 인식되었다.

실제로 독일인의 정체성은 '해방전쟁' 당시 자유를 상징하는 참나무숲으로
이해되었고 하나님이 보호하는 은혜로운 안식처로 숲을 신성시했던 것이다.
아른트는 이에『독일인의 위안Deutscher Trost』(1815)이란 시에서 독일의 숲을
신성시하고 독일의 보호신과 덕성이 안주한 곳으로 보면서 독일 숲을 '농담
아닌 신앙이 되었던/ 독일인의 자유와 독일인의 신/ 독일인의 마음과 독일인

---

52) 참고: Zeitschrift von Ernst Moritz Arndt: Der Waechter. Bd.2 Koeln 1815. 346ff쪽
53) 참고: Heinrich Rubner: Forstgeschichte in Zeitalter der industriealllen Revolution Berlin. 1967. 93ff쪽
54) 참고: Goethes Briefe: Goethe an Christeane Vulpius.28.8. 1792. Hamburger Ausgabe. Bd II. 151-
152쪽.
55) 참고: Franz d' Ivernois: Historische und politische Schilderung der Verluste, welche die Revolution
und der Krieg dem Franzoesischen Volke an seiner Bevoelkerung, seinem Ackerbau, seinen
Colonien, seinem Manufakturen und seinem Handelzugezogen haben, Hamburg,1800. I .Teil. 148쪽

의 강철/ 네 영웅들이 함께 하는 곳'이라 노래했다.[56] 이는 독일 숲에 대한 독일인의 사랑과 경외심이 곧 독일인의 신에 대한 경외감으로 의존되는 조국애의 상징으로 이해되었던 것이며 독일의 숲은 하나님의 보호 아래 조국애의 속삭임으로 물결쳤던 신성한 곳으로 영웅시 되었던 것이다. 그렇기에 아이헨도르프는 이미 나폴레옹점령 하에 투쟁하고 있을 때부터 독일의 숲이 강철 같은 조국애의 상징으로 잘 조림되어 있었음을 『사냥꾼의 이별Der Jaeger Abschied』(1810) 시에서 예찬하고 있었던 것이다. "누가 그대 아름다운 숲을,/ 저 높은 곳에 조성하여 놓았단 말인가?/ 나는 나의 목청이 울려 퍼지는 한/ 그 대가(大家)를 높이 찬양하고 싶답니다! 안녕./ 안녕, 그대 아름다운 숲이여!// 저 깊은 아래 세계에는 혼란스런 소리 울리고 있는데,/ 위에서는 고독하게 암노루들이 풀을 뜯어먹고 있답니다./ 이에 우리는 계속 진군의 나팔소리 불어댔답니다./ 수천 겹으로 울려 퍼지도록:/ 안녕,/ 안녕. 그대 아름다운 숲이여!// 찬바람에 물결치는 깃발이여!/ 그대 푸른 파도 아래서/ 그대는 진심으로 우리를 잘 이끌어주었답니다,/ 신심어린 전설들이 간직될 수 있도록!/ 안녕,/ 안녕, 그대 아름다운 숲이여!// 우리가 숲속에서 조용히 찬양했던 것은/ 바깥에서도 정중히 간직하고 싶으며,/ 영원히 옛 것을 참되게 지키고 싶답니다:/ 속삭이며 물결치는 독일의 깃발이여,/ 안녕. 하나님께선 그대를 잘 보호할 것이랍니다, 그대 아름다운 숲이여!"[57] 하며 '아름다운 숲'속에서 '속삭이며 물결치는 독일의 깃발' 아래서 조국이 보호되리라 노래하고 독일의 숲을 조국애의 깃발로 예찬하고 있었다. 이러한 숲을 통한 조국애의 예찬은 비단 숲의 정신에만 의존되는 것은 아니었다. 물줄기의 맥박에서도 형제애로의 조국애가 호소되었다.

그는 같은 해『라인강 위에서Auf dem Rhien』(1810)란 시에서 조국애를 형제애로 선서하고 있었다. "선선한 라인강 위에서,/ 형제로 뭉친 우리는 배를 타고 가고 있답니다,/ 황금의 포도주에 취해,/ 좋은 독일노래를 부르면서요/

56) 참고: Arndt: Werke. Leipzig. O. j. Bd.II 32f쪽
57) 참고: Eichendorf : 위의 책. 125쪽

이곳에서 우리의 가슴을 가득 채운 것은,/ 잘 간직하여야 하겠답니다,/ 감기 들지 않도록 말이에요,/ 그리고 즐거움을 가지고 참되게 완성하십시다!/ 또한 참여하십시다,/ 한 바위에서 솟아오르는 여러 샘물들이/ 수백 마일을/ 영원한 참된 동지가 되어 흐르도록 말이에요."[58] 하고 노래함으로써 강줄기에서도 숲속에서와 마찬가지로 조국의 자유해방을 위한 투쟁을 형제애로 맹세할 것을 절규했다. 그렇기에 아이헨도르프에 있어서의 자연에 관한 예찬은 형제애로 뭉친 조국애가 함께 숨쉬며 신의 자애로운 은총 아래서 자유해방을 위한 조국애의 생명이 소생하는 신성한 곳으로 노래되었다. 그리고 숲과 강물의 자연 전체가 인간의 생명과 조국애를 생성시키는 신선한 표상세계로 표현되고 있었다.

결어 : 악마적인 자연의 힘, 밝고 즐거운 생명의 힘으로 변용된다

그러나 일반적으로 독일낭만주의에서 오는 자연관은 프랑스의 합리주의와는 반대로 자연의 악마적인 신비주의에서 출발하고 있었기 때문에 처음에는 어두운 신비감에 사로잡혀 염세주의적인 두려운 면이 있었다. 그러나 점차 자연에서 느껴지는 예감과 황홀함 속에서 인간의 희망과 기대를 갈망하는 환상의 세계로 옮겨갔던 것이다. 독일인의 자연관에서 느껴지는 특이한 점은 자연의 낯설고 신비로운 마력의 세계에서 기독교적인 하나님의 구원세계로 낙관적이고 긍정적인 자연관으로 옮겨가고 있다는 점이며 그곳에서 인간의 자유와 해방이 실현될 수 있는 환상적인 꿈이 생산되고 있다는 것이다.

따라서 독일낭만주의 초기에 지배했던 자연에 대한 염세적 두려움이나 신비주의는 밝고 신선한 생명력이 솟구치는 자연관으로 전이되어갔으며 작품에 나오는 주인공들도 새벽녘에 달려오는 희미한 우편마차의 나팔소리에 깨

---

58) 참고: 위의 책 126 쪽

어나 열정으로 불타오르는 희망과 기대 속에서 소식을 접하려고 문밖으로 뛰쳐나오는 생기발랄한 젊은 주인공모습으로 묘사되어 있었는가 하면(아이헨도르프 『쓸모없는 사람』1826), 사냥꾼들의 나팔소리도 한가로이 노루가 풀을 뜯어먹고 사는 목가적인 휴식으로부터 조국애로 떨쳐 나오라는 진군의 나팔소리로 인식되었던 것이다(『사냥꾼의 이별』1810).

그렇기에 독일의 숲은 처음에는 신비적 마력을 지니고 있는 악마적인 세계로 유령이 나올 듯한 두려운 곳이었지만 이러한 것이 악마적인 힘을 바탕으로 자유와 해방을 쟁취하려는 투쟁적이며 생명력이 넘치는 새로운 희망적 세계로 변화되어 갔던 것이다. 그리고 신비적 세계로부터 하나님이 지배하는 낙천적인 신앙세계로 이어지는 환상세계이기도 했다. 이런 맥락에서 해방전쟁 당시 죽음을 각오하며 투쟁했던 전사들의 모습도 용감한 악마적인 투사로 묘사되었던 것이며, 이러한 악마적인 투사들의 모습이 지나치게 열정적으로 강조되다보니 근세사에 들어와서는 유감스럽게도 1-2차 세계대전을 거치는 동안 잔인할 정도로 과감한 독일병사들의 모습으로 호도됨으로써 마치 독일병사들이 전형적인 전쟁광이나 되는 것처럼 그릇된 의미로 묘사되기도 했다.

그러나 '해방전쟁' 당시 독일병사들의 모습은 바로 독일낭만주의시대에 있어서 숲에 관한 사상적 배경에서 유추할 수 있는 악마적인 힘을 바탕으로 오로지 자유와 해방을 위한 기사적인 용기와 신의를 다하는 투사들의 모습이었으며 조국과 병사들의 영예와 명성을 위해서 최선을 다하는 성스러운 기사들의 정신으로 승화되었던 것이다. 하기에 당시의 독일 숲이란 조국의 자유를 지키기 위해 자신을 명예스럽게 희생할 수 있는 자유투사의 성곽으로 노래되어진 것이다. 하지만 독일의 숲이 언제나 자유를 위한 투쟁적 성곽으로만이 노래되었던 것은 아니다 오히려 성스러운 하나님의 자연질서가 살아숨쉬며 평화스러우면서도 생명력이 넘치는 밝고 명랑한 희망의 세계로 묘사되어 갔었다. 특히 아이헨도르프의 후기 시에서는 암울했던 전쟁세계를 초월하여 자연질서의 아름다움이 범우주적 낭만으로 생기 넘치게 노래되어 있었던 것이다. 그의 시들 가운데서 가장 많이 노래되었던 시가 『즐거운 방랑인Der frohe Wandermann』(1826)이었다. "하나님께서 은총을 베풀고자 하는 자에게는/ 하나님께서 그를 넓은 세상으로 내보내어;/ 그에게 하나님의 경이로움을/ 산과 숲, 강과 들판에서 보여주려 한답니다.// … 산으로부터 시냇물은 솟아오르고/ 종달새는 높이 떠 즐겁게 재잘거리고 있는데/ 그 누가 목청 가득히 신선한 가슴으로/ 그들과 함께 노래 부르지 말라고 하겠는가?"59) 하며 하나님이 선물한 낭만주의적 자연을 긍정적으로 예찬하는 노래를 부르기 시작한 것이다.

그렇지만 우리가 낭만주의문학에서 간과해선 안 될 일은 역시 기독교적 직관주의에서 오는 낭만적 자연관 이면에는 독일민족의 본체를 구성하고 있는 자연의 악마적인 두려운 힘과 경이로움이 함께 하고 있다는 점이다. 독일 낭만주의요소에는 불합리한 신비주의적 힘과 고전주의적인 합리적 힘이 함께 융합되면서 이들의 종합적인 힘이 이상주의적 무한세계로 발전되는 보편적 환상세계를 펼치고 있기 때문이다. 그렇기에 독일의 이상주의에는 항상 환상과 악마적인 위력이 함께 내재하고 있음을 알아야 한다. 본래 독일낭만주의에서 노래되었던 독일의 숲이란 딸기나 따먹고 지내던 어린소녀가 악마적인 마녀의 집에 유혹되어 고생하다가 구제되었다는 무서운 동화세계가 펼쳐진 곳이기도 하며 『니벨룽겐의 서사시』에서 용과 싸워 이기고 부르군덴나라의 귄터왕을 도와 부른힐트여왕을 왕비로 맞이하도록 공을 세웠던 게르만 영웅 지그프리트가 하겐의 창에 맞아 참살되었던 어두운 비운의 세계가 유래되기도 했던 곳이다. 그러나 그러한 악마적인 무서운 숲이 독일의 자유와 해방을 위해 투쟁하여야 할 자유의 성곽으로 노래되었는가 하면 하나님의 섭리가 지배하는 밝고 즐거운 것으로 칭송되고 있었기에 독일의 숲이란 이러한 악마적인 힘을 경계하면서도 이를 바탕으로 자유와 해방을 위해 조국애를 경각시키고 일깨우는 정신적 고향이 되기도 했던 것이다. 그렇기에 독

---

59) 참고: 위의 책 10쪽 .

일의 숲은 내면적으로는 악마적인 무서운 힘이 도사리고 있으면서도 표면적으로는 하나님의 찬란한 빛이 넘실대는 환상적인 낭만주의세계가 감싸여 있는 곳이다. 그리고 이러한 숲의 표상세계에는 독일의 자유와 해방을 구원하고 지키려는 형제적 조국애가 발현되고 있는 곳이기도 했다. 바로 이러한 총체적 정신세계의 현상을 담고 있는 서정시가 아이헨도르프의 『여명Zwielicht』(1815)이라 하겠다.

"어둠이 날개를 펼치려하니,/ 나무들이 무서워하며,/ 구름도 검은 꿈들처럼 흘러간다네-/ 그러니 두려움이란 도대체 무엇을 의미하는 것일까?// 그대가 노루를 누구보다도 사랑한다면,/ 홀로 풀을 뜯어먹게 내버려두지 말게나,/ 사냥꾼들이 숲을 질주하며 나팔소리 불어대니,/ 소리는 이쪽저쪽으로 퍼져간다네,// 그대가 이 세상에서 한 친구를 갖고 있다면,/ 한 순간 그를 믿지를 말게나,/ 눈과 입가에는 친절함이 감도는 듯하겠지만,/ 친구는 원한에 찬 평화 속에서 전쟁만을 생각하고 있다네.// 오늘은 고달퍼 저 너머로 가라앉고 있으나,/ 내일은 고개 들고 새로이 태어난다네./ 대부분의 일들이 밤에는 잠시 사라진 것뿐이니-/조심하고 정신 차려 깨어나 있게나!"60) 했다. 즉 여명이 깃드는 숲속은 두려운 경계의 대상이 되기는 하지만 새로운 햇빛이 솟아올라 희망의 세계가 다가오는 법이니 조국애에 불타는 사람은 항상 경계의 심성으로 깨어나 있으라는 경각심을 일깨우고 있다.

흔희들 낭만주의에서는 자연의 아름다움과 즐거움을 노래하고 꿈속의 동경이나 환상을 추구하는 것으로 인식하고 있다. 그러나 내면적인 구성요소에는 기본적으로 자연의 신비적이며 악마적인 두려운 힘이 내재되어 있기에 낭만주의문학에서는 이러한 신비적인 불합리한 자연의 어두운 힘과 깊이 있는 진지함을 문학의 깊은 곳에 간직하고 있다는 사실을 알고 이를 간과해서는 안 된다는 경각심도 아울러 일러주고 있는 것이다. 따라서 낭만주의문학은 어두움에 현혹되는 죽음에 대한 동경이나 내세의 신비적 몽상에 사로잡

---

60) 참고: 위의 책 10쪽

히기도 하며 자연의 어두운 숲을 무겁고 두려운 악마적 세계로 묘사하기도 한다.

이에 우리는 이러한 악마적인 세계가 잠재되어 있는 문학이 독일낭만주의라는 점을 알아야 되겠고 비록 낭만주의문학이 아이헨도르프에 있어서와 같이 독일의 자연을 밝고 명랑한 환상세계로 묘사하고 있다 할지라도 문학적 심층저변에는 악마적인 두려움이 내재되어 있음을 기억해야 한다. 바로 이러한 문학적 특징이 담겨있는 시가 아이헨도르프의 『숲속에서Im Walde』(1836)이다. "결혼식의 행렬이 산을 따라 지나가고,/ 새들의 노래 소리 들리는데,/ 때마침 말 탄 사냥꾼들이 번쩍이며 숲속의 나팔소리 울려대누나,/ 이야말로 정말로 즐거운 사냥이 아니고 무엇이겠는가!// 그런데 생각도 미치기 전에 나팔소리는 사라져 없어지고,/ 사방은 밤으로 뒤덮였다네,/ 단지 산과 숲만이 속삭이고 있으니,/ 마음속 깊은 곳에서는 나를 두렵게만 하누나."61) 하며 환상적인 자연의 즐거운 삶 속에서도 마음 한 구석에는 두려움이 내습하고 있었음을 알겠다.

그러나 이 시에서는 활기찬 사냥꾼의 나팔소리에 산과 숲의 속삭임이 엄습함으로써 다소 두렵기는 하지만 자연의 악마적 힘이 삶의 생명력으로 이입됨으로써 새로운 삶을 생성하게 하는 낭만주의적 숲의 속삭임으로 대변되었다고 본다. 그렇기에 이러한 숲의 모습은 마치 두려움이란 내의에 즐거움이란 외의를 걸쳐 입은 낭만주의적 자연모습을 예시하는 듯하며 밤과 낮, 내면과 외면세계를 한 몸체로 용해하고 있는 신비적 자연세계로의 초월된 모습을 제시하는 듯하다. 하기에 낭만주의에서 노래하는 숲과 강줄기의 자연이란 두려움과 즐거움이 교차되는 신비적인 자연질서에 의해 새로운 생명력을 낳게 하는 발랄하고 활기찬 호연지기의 상징인 것이며 밤의 정적과 고요한 외로움 속에서도 숲의 속삭임과 일렁이는 물의 파도소리에 지속적인 생명력이 소생되는 상징임을 알리고 있는 것이다.

---

61) 참고: 위의 책 11쪽

이처럼 살아숨쉬는 악마적인 자연의 힘을 꿈의 환상과 인간의 자유해방으로 연결하여 은유화한 자연예찬론이 19세기 초 해방전쟁 당시의 독일낭만주의가 가져온 숲에 관한 성격규정이라 하겠다. 그 가운데에서도 악마적인 자연의 힘을 낙천적인 신의 섭리로 변용한 대표적 비유작가는 티크와 아이헨도르프였다. 그리고 이들로부터의 서정시들이 세속을 초월하여 신의 자연을 낙천적으로 예찬한 최초의 시가 되고 있는 것이다. 하기에 자연에 대한 이들의 예찬시는 자연의 모습을 곧 하나님이 내린 천문(天文)의 표현으로 수용한 것이 되겠다. '자유해방전쟁' 당시 숲과 강물을 자유투쟁의 성곽이나 조국애의 산실로 노래한 정치시에 있어서도 자연의 악마적 힘을 자연질서의 정기와 정도(正道)로 생각하고 그들의 길을 찾아 조국애에 불타는 국민들이 사냥꾼들처럼 나팔 불며 질주했던 것이다. 그리고 후기낭만주의에 와서는 '자유해방전쟁'은 끝나갔으나 민주화를 위한 사회적 변화의 소용돌이는 계속되었다. 하지만 아이헨도르프 같은 작가는 이러한 난세를 외면하고 생기 넘치는 자연질서 속에서 구도의 길을 찾아 자연을 예찬해갔던 것이다. 그리고 이러한 자연모습을 읽혀주는 독일의 숲을 하늘이 내린 비문(碑文)으로 보고 자연의 천문을 즐겁고 명랑하게 읽어가기 위해 그는 자연순례를 시작했던 것이다. 아이헨도르프는 『일반적인 방랑Allgemeines Wandern』(1831)이란 시에서 자연순례를 통한 자연예찬을 다음과 같이 노래한 바 있다.

"땅 밑으로부터 산봉우리에 이르기까지,/ 내가 볼 수 있는/ 모든 나무의 우둠지에는 꽃들이 만개했으니,/ 이제부터 유랑길을 떠나야겠다네://協곡의 심연에서 샘물은 솟고,/ 강물들은 푸른 들판으로 흐르며/ 종달새는 높이 떠 날으니/ 시인은 신선한 기분으로 앞서 나간다네,// 세속의 계곡에서 타락해/ 슬픈 걱정에 사로잡힌 자들도,/ 시인이 모두 불러내어/ 유랑에 합류토록 하고 있다네.// 시인의 노래는 산으로부터/ 계곡에 이르기까지 울려 퍼져,/ 흩어진 형제들이/ 향수를 느끼도록 하고 있다네./ 그래서 세상은 즐거워져/ 여행신발을 신게 되니,/ 그들 가운데는 시인의 애인도 함께 섞여/은밀한 인사를 나누게 되었다네.// 암벽 너머로/ 푸른 들판 위에로/ 환호의 소리들은 끝없이 퍼져가니-/ 이제 유랑길에 오르자꾸나!"[62] 했다.

사실 이러한 유랑의 정서는 오늘날까지 독일국민의 머릿속에 지배하고 있다. 그리고 이러한 정서를 표현하고 있는 것이 독일의 자연이 아닌가 생각된다. 하기에 독일인이 가장 좋아하는 생활정서는 역시 숲속의 산책이다. 그리고 이러한 낙천적인 생활정서로 독일의 숲을 표현하기 시작한 최초의 작가들이 티크와 아이헨도르프였다고 보는 것이다. 그렇기에 이들의 서정시는 어둠에서 밝음으로 우울함에서 명랑함으로 두려움에서 즐거움으로 자연을 노래한 최초의 전환기작가들이 된 것이다. 또한 그 후부터 독일의 자연은 사람들이 즐겁고 명랑하게 하나님의 창조세계를 호흡할 수 있도록 순례하는 성지가 되어갔다.

---

[62] 참고: 위의 책 9쪽

부록

유대인 민족사

- 성서시대의 유대인

- 흩어진 삶(Diaspora 서기 131년 이후)

성서시대의 유대인

 유대민족의 조상이라 할 수 있는 이스라엘사람들의 초기역사는 히브리어 성서에 근거하고 있다. 히브리어성서는 유대인에게 신이 계시한 율법토라를 담은 모세의 성서로서 <첫 성서5경Pentateuch>을 지칭하고 있다. 기독교인들은 이를 구약성서에 포함시키고 있다. 이 5경의 첫 경인 <창세기>에는 신이 이 세상을 창조한 창조자로 밝혀져 있고 특징은 유대인들의 신앙적 본질을 서술하였다는 점이다.

 그러나 학자들은 이러한 성서의 이야기들이 역사적 사실과 실제로 일치하고 있는지에 관해서는 확신을 못하고 있다. 이유는 성서에 이야기되고 있는 사건들이나 민족들, 그리고 계보들이 고고학적 발굴로서는 완전한 일치를 보지 못하고 있다는 이유도 있으며, 이웃나라 민족들의 문헌 속에 나타난 이스라엘사람들에 관한 언급들도 완전한 뒷받침을 못하고 있기 때문이다. 일반적으로 유대인은 자신들의 태조가 아브라함Abraham이라고 믿고 있다. 성서에 언급된 계보나 이야기에 따르면 아브라함은 기원전 1700년과 1900년 사이에 살았다 한다. 아브라함은 오늘날 이라크가 위치한 중동지역의 우르Ur라는 도시에서 태어났다.

 신께서 일찍이 그에게 약속하시기를 만일 아브라함이 어느 일정한 곳에서 정착하여 살기를 포기한다면 신께서는 그를 어느 위대한 민족의 아버지로 만들겠노라고 말했다. 그런데 이때 아브라함과 그의 부인은 이미 나이가 많아 아이가 없었다. 그래서 아브라함은 신의 소명에 따라 유목민의 목동이 되어 전전하는 것이었다. 그러던 가운데 얼마 후(약 기원전 1850년경) 그는 한 노예출신 여인으로부터 아들을 얻게 되었다. 아이의 이름은 이스마엘Ismael이며 후일 아랍민족의 선조가 되었다. 결국 이스마엘은 신의 약속을 지키는 상속인이 되지 못하였다. 그러나 아브라함은 아들 낳기를 오랫동안 기다리며 소원했던 보람으로 이미 나이가 많았던 본부인 사라Sara로부터 아들 이삭Isaak을 낳게 되었다.

신은 아브라함 가족의 부계전통을 엮어준 것이었다. 그리고 신께서는 약속하시기를 아브라함의 가족은 길이 보호보존토록 될 것이며, 후손들은 무수한 하늘의 별들처럼 번성하여 하나의 선택된 민족이 될 것이라 말하였다. 이를 위해서는 아브라함의 후손들이 당연히 신의 계명을 따라야 했다. 그리고 가부장적 부계계승을 위한 상징으로서 행해진 의식이 할례(割禮 Beschneidung)였다. 이때부터 남자아이 성기에 대한 할례가 시작되었던 것이다. '너희들 중 남성적인 것 모든 것은 할례 되어야 한다. … 이러한 것들은 나와 너희들 사이의 결합의 표시로서 이루어져야 된다. 그리고 너희들의 모든 남성아이들은 태어난 지 8일 만에 할례를 하여야 한다.'(창세기 17, 10-12)했다.

이러한 할례의식은 오늘날 그들의 신앙으로부터 낯설게 된 유대인들도 아직 행하고 있으며, 그들의 중요한 신앙적 요소가 되는 항목으로 자리매김 되고 있다. 또한 할례의식을 통한 유대인들의 번성은 계속되고 있다. 그리고 이러한 전통 속에서 아브라함의 후예들은 번성했다고 본다. 아브라함은 이삭을 낳고 이삭은 야곱Jakob(약 기원전 1750년)을 낳아 3대의 가부장적 부계계승이 이루어졌으며, 이들은 유대인전통에서 숭상되는 조상들이 되었던 것이다. 그리고 야곱은 유대인민족을 상징하는 이스라엘Israel이란 이름을 얻게 되었으며, 얼마 후 가족과 함께 이집트로 떠나 그곳에서 정착하게 되었다. 그곳에서 그는 12명의 아들을 두게 되었으니, 그들이 곧 유대민족의 12개 계보를 형성하는 아버지들인 것이다.

이들 후예들은 처음에는 이집트에서 환영받는 이민자들로 취급되었다. 그러나 이집트에 새로운 왕이 권력을 잡자 추방되는 처지에 이르게 된다. 성서

2경 출애굽기Exodus에서는 다음과 같이 이야기하고 있다. '이집트에 새로운 왕이 권좌에 오르게 되었는데, 그는 야곱의 둘째아들Zweitjuengsten Sohn 요셉 Josef을 인지하지 못하더라.'(출애굽기 1,8) 이는 이집트사람들이 유대인들을 저주하기 시작한 마음을 왕이 표출시킨 말이다. 그 결과 이집트사람들은 이스라엘사람들을 노예로 만들고, 그들의 도시건설을 위한 노동력으로 이들을 혹독하게 사용하였던 것이다.

그러나 당시 모세Mose 라고 불리는 한 젊은 이스라엘청년이 있었으니, 이야기로는 파라오Pharao궁중에서 성장하였다고 한다. 그런데 모세는 신의 영감을 통해 자신의 이스라엘민족을 그곳 노예생활로부터 해방시켜 자유로운 곳으로 인도하라는 계시를 받는다. 그리고 신은 예언하기를 그곳에서는 10개의 재앙이 차례로 이어질 것인데, 마지막 재앙에는 첫 아이로 태어난 모든 아이들이 죽음을 당할 것이라 하면서 이러한 재앙을 예방하라고 명했다.(이러한 재앙은 이집트인들이 이스라엘인들의 부계적 대를 이을 후계들을 말살시키려 하는 이유에서였다고 본다.) 그리하여 이스라엘사람들은 이러한 참사를 피하고 예방하기 위해서 신의 지시에 따라 양을 도살하여 양의 피로 자신들의 모든 집 문기둥에 칠을 칠하게 하였다.(이는 독일에서도 나무로 지은 목조가옥에 액운을 예방하기 위해 소의 피로 칠했던 전통이 이와 연유된 것으로 안다.)

그런데 어린이들에 대한 그들의 참혹한 처형은 자행되었다. 이에 신은 말하기를 비록 처형당한 죽음의 천사들이 참상을 당한 집들에 다시 다가와서 피를 보게 된다 하더라도 관용의 태도로 이집트인을 용서하고 부활의 기도를 드리면서 그저 묵묵히 '지나만 가거라Voruebergehen' 했다는 것이다. 그러나 이집트인들은 이러한 이스라엘사람들의 관용적이며 대승적인 태도에 더욱 분노하여 모든 이스라엘사람들을 갑자기 그곳 주거지역으로부터 퇴거토록 명령했다. 이에 이스라엘사람들은 모든 재산을 급히 챙기고 식사할 빵을 반죽할 시간적 여유조차 없이 그곳 땅을 탈출하여야만 했었다.

그리하여 이스라엘사람들은 이와 같은 수난의 지역을 벗어나 살아남게 되었고, 이집트인들의 가혹한 학살과 노예생활의 굴레로부터 해방될 수 있는 기회를 갖게 되었다. 그렇기에 유대인들은 오늘날까지도 그날을 기념하기 위해 유대인의 '부활절'이라 볼 수 있는 '유월제Fest des Voruebergangs'나 이집트인의 노예생활로부터 해방된 '자유의 축제일Pessach=Passah, Pascha' 또는 '봄의 축제일'이라 불리는 그날을 축하하게 된 것이다. 유대인들은 '자유의 축제일'이 오면 효모나 효모균으로 된 모든 음식을 8일간 금식한다. 축제일의 시작은 가족끼리 식사하는 일로 시작되지만 그 자리에서는 반드시 그들 조상이 이집트의 노예생활로부터 벗어났던 수난의 역사를 이야기해주어야만 한다.

그리고 이집트로부터 피난을 나와야 했을 때는 피난의 여정이 사막을 거쳐 시나이Sinai반도에 이르기까지 40년간이나 걸렸다 한다. 이러한 여정에서 모세는 종국적인 신의 계시를 받게 된다. 그에게는 시나이반도에서 유대인의 율법인 토라를 신으로부터 전달받게 된 것이다. 이 율법은 모세의 <첫 성서 5경>에 성스러운 글로 간직되고 있다. <첫 성서5경>에는 창세기Genesis와 출애굽기Exodus, 레위기Levitikus, 민수기Numeri, 그리고 갑명기Deuteronomium로 되어 있으며 <토라>는 신이 모세에게 한 자 한 자 말한 것을 문자로 받아쓰게 한 것으로 유대인정교회회원들은 오늘날 믿고 있다.

물론 개혁주의자들이나 자유주의유대인들은 문자로 받아쓴 율법성서의 진위여부에 다소 신축적인 생각을 취하고는 있지만, 원칙적으로는 유대인 모두가 그들의 신앙생활에서 율법성서 <토라>에 쓰여 있는 원리는 모세가 그대로 받아쓴 것으로 생각하고 이를 실천에 옮기고 있다. 하기에 유대인들은 매년 한 번씩 모세의 율법 <첫 성서5경>에 적혀있는 연시들을 모두 읽어야만 하며, 그 가운데서도 율법문자를 해독하는 독서생활을 매주 한 번씩 교회에서 실천하고 있다. 그럼으로써 그들은 성서를 읽는 문자의 역할이 얼마나 신앙생활에 커다란 믿음을 주고 있나 하는 경각심을 갖게 해준다. 그렇기에 실제적 의미에 있어서 모든 유대인들은 성서를 해독하며 읽고 있는 '책의 민족'이라 불릴 수 있는 것이다.

이러한 책의 민족인 이스라엘사람들이 어떻게 그들의 조국인 약속의 땅

이스라엘지역 가나안Kanaan을 정복했느냐 하는 문제는 요수아Josua책에 기록되어 있다.

처음 유대인들은 카리스마가 강한 판정가(判定家)의 지휘 하에 통솔되어 있었다. 그러다 점차 이웃민족들로부터 군사적 위협도 발생하게 되자 자신들을 방어하기 위한 방편으로 시대에 맞는 왕이 필요하게 되었다. 그래서 그들 12개의 계보 후손들은 사울Saul이란 이름을 가진 한 젊은이를 왕으로 추대하였다(서기전 11세기). 그러나 그는 이웃민족들에게 약탈당하고 패망하자 종국에는 자살을 하게 된다. 그리하여 그의 후계자로 다비드David가 추대되었다(서기전 10세기). 그는 이상적인 왕으로 역사에 기록된 사람으로 예루살렘도시를 정복하고 그곳을 수도로 정하였다. 그러자 신은 그에게 약속하기를 '나는 너의 가문을 영원토록 존속시키고, 대대손손 너의 왕위를 계승시키도록 할지어라(찬미가Psalm 89,5)' 했다. 그렇기에 유대인들은 여전히 신이 지배하는 지상의 나라를 건설하기 위해 신께서 새로운 왕으로 즉위케 되는 구세주를 보내게 될 것이라 믿고 있었으며, 왕은 다비드가문에서 계승될 것이라 믿고 있었다. 이러한 예언에 따라 계승된 다비드의 아들 살로모Salomo왕은(약 서기전 930년에 사망추정) 예루살렘에 통일의 상징으로 화려한 사원을 짓고 신의 세례를 받게 되었다. 그곳에서는 전능하신 신의 찬미와 이스라엘사람들의 죄를 속죄할 수 있는 의식이 매일 진행되었다. 그러나 살로모왕의 사후(서기전 928년)에는 12개의 계보가문들 가운데 북쪽의 10개 계보와 남쪽의 2개 계보가 남북으로 분열되어 서로 독자적인 왕국을 세우게 되었다. 북쪽에는 왕국이스라엘과 남쪽에는 왕국유다가 건국되었다. 그러나 그들간에는 항상 갈등과 투쟁으로 얼룩졌으며, 그들에 의해 정복당했던 이웃이민족들과의 갈등도 많았다. 바로 이러한 왕국간의 분열이 심했던 시기(기원전 722-930)에 많은 성서적 예언자들이 나타났던 것이다.

'여기서 말하는 예언자Propheten는 백성들 가운데서 나타나는 사회의 각계각층 출신들로 되어 있었다. 그들의 공통된 관심사는 국민들 가운데서 그릇된 것이 있으면 바로잡아주고 참회할 것을 요구하는 일이며, 신이 사랑과 함께 하고 있음을 확신시키는 일이었다. 예언자들은 옛날 중동지역Orient에서 흔히 보았던 점쟁이Wahrsagern나 예언자Sehern들로부터 시작되었다. 그들은 대체적으로 성스러운 사람들로는 취급되지 못했고, 대부분 머리가 돈 단순한 사람들로 취급되었다. 그들의 복음의식은 소명적 책임에서 나오고 있었다. 예언자들은 환상적인 시각과 내면적 소리를 듣고 있는 청각으로, 야호바신 Jahwes의 의지를 인식하고 국민들에게 회개할 것을 호소하는 것이었다. 그런 데 그들의 말들은 일반적인 사람들이 기대했던 것과는 상반되는 일이 많았 기 때문에 그들의 말을 경청하는 사람들은 적었고, 때로는 자기 지역사람들 로부터도 무시당하거나 추방되는 일이 많았다. 예언자들이 알리고 있던 내용 이란 개개인이 하는 일에 대한 경고나 용기를 북돋아주는 일로부터 시작하 여 사회적 부당성에 대한 탄핵에 이르기까지 광범위한 영역에서 고지하고 있는 일이었다.'

예언자들로는 엘리야Elija(기원전 9세기경 사람)와 호세Hose, 아모스Amos, 미 차Micha, 예샤야Jesaja(기원전 8세기의 사람들) 같은 사람들이 있었으며, 그들은 언제 다가올지 모르는 참상들에 대한 경고적 예언을 많이 했다. 예언자들은 확신을 갖고 예언을 했다. 신께서는 자신의 민족(유대민족)이 신의 말을 가볍 게 여기고 좋지 않은 생활을 영위하며, 율법서약을 어기는 자에게는 반드시 엄벌을 내릴 것이라 말했다. 정교를 신봉하는 사람들은Orthodoxen 오늘날도 이러한 예언들을 철저하게 믿고 구세주의 날을 기다리고 있는 것이다.

그런데 화를 가져오리라는 예언자들의 말도 맞아떨어졌다. 기원전 721~ 722년에는 오늘날 이라크에 있었던 아시리아Assyrer사람들이 북쪽의 왕국(이 스라엘)을 무너뜨리게 될 것이란 것이었다. 사실상 그 결과 북쪽의 10개 계보 들이 역사 속으로 사라지고 말았다. 당시 아시리아왕 사르곤Sargon II세는 무 수한 이스라엘사람들을 그들 제국의 머나먼 곳으로 강제추방하고 이스라엘 사람들이 살던 지역으로는 낯선 아시리아민족들을 데려와 살도록 했다. 그리 하여 북쪽의 이스라엘민족들은 흩어져 사라지고 그나마 겨우 살아남을 수 있었던 민족이 남쪽의 유다왕국에 살던 유대인뿐이었다. 하기에 남쪽의 왕국은 북쪽의 왕국보다는 더 오래 지속될 수 있었다. 그러나 아시리아민족의 예속국가로 살아남을 수밖에 없었다 한다. 그리고 북쪽에 살았던 이스라엘민족들도 전설에 따르면 구세주가 강림하시는 날에 다시 함께 모여 살기 위해 그날이 오기까지 지상의 어느 곳인가 머나먼 곳에서 살아남아 생존하여야만 한다고 믿었다. 그러나 사실은 그들 모두가 이웃민족들의 다른 계보들과 서로 결혼도. 하게 되어 국가적·종교적 정체성을 상실하고 역사 속에서 사라져갔던 것이다. 그리고 종국에 가서는 기원전 586년에 남쪽의 2개 계보들까지도(유다와 벤자민) 아시리아의 후예들인 바빌론사람들에 의해 정복당하고 말았다. 그리고 예루살렘에 있었던 살로모왕의 사원도 파괴되었고, 남쪽유대인 대부분이 그들에게 끌려가 추방되고 말았다. 이처럼 그들은 참혹한 추방의 체험을 겪어야만 했다. 하지만 이러한 와중에도 유대인들은 성서에 담긴 예언과 율법을 꾸준히 지켜가며 살아갈 줄 알았기 때문에 오늘날까지도 살아남을 수 있었다 한다.

그런데 이러한 불행했던 시절에는 일찍이 구약시대의 에스겔Ezechiel 같은 예언자가 변함없는 신의 믿음의 말씀을 빌려 유대민족들을 위로하기도 했다. '나 신은 어두운 암흑의 나날 속에서 흩어져 살고 있는 너희들 유대인들을 모든 곳으로부터 다시 구해올 것이며, 여러 민족들 사이에서 살고 있는 그들 땅으로부터 너희들을 모아서 구출 인도하여 너희들 나라로 데리고 올지어다(에스겔 Ezechiel 34,12-13).' 그리고 이러한 위로의 예언에 힘입은 유대인지도급 인사들은 오랜 기간 추방된 생활 속에서도 좌절하지 않고 미래의 새로운 희망을 개발하고 있었다. 그들은 왕의 모습을 구세주의 모습으로 그리며, 구세주께서 유대인국가의 영화를 재생시키고 인간의 고통에 종지부를 찍을 것이라 믿었다.

사실상 이 시대에는 예언자들의 전통이 꽃을 피운 시대였다. 예언자들은 한결같이 말하기를 유대인들이 지켜야 될 일은 유대인들의 율법정신과 지혜를 깊이 간직하여야 된다는 것이었다. 그간 유대인들은 추방되어 이민족 사이에서 살게 되는 동안 이민족들의 생활습관도 영향 받게 되었고 악행들도 감행케 되었으니, 이제는 율법의식을 형식적으로 공허하게 대할 것이 아니라 보다 진실한 율법정신으로 되돌아와 유대인들의 정체성을 확립하여야 된다는 것이었다. 그러한 노력이 그들의 새로운 보편주의 정신이라고 했다. 그렇기에 유대인들은 그들이 추방된 생활을 하는 동안에도 율법정신을 되새기기 위해 주기적으로 모이는 습관을 길러왔다. 그리고 더 이상의 희생자가 나오지 못하도록 토라의 율법연구와 기도를 드리기 위해 적당한 장소에 교회사원을 세워놓고 그곳으로 모이게 했다. 그러한 제도로서 시작된 곳이 시나고게Synagoge의 시발이었다.

그리고 바빌론사람들의 지배 때문에 남쪽유다왕국을 떠난 유대인들 가운데는 대부분이 유다지역(예루살렘을 포함한 남쪽지역)에 잔존해있었지만, 상당수의 지도층들만은 바빌론으로 쫓기어 산재하여 살아갔다. 그렇기에 그들은 서로의 결속을 위한 조치로 교회사원에 모이는 습관을 갖게 되었다. 그러나 이러한 바빌론제국도 유다왕국을 점령한 후 70년 만에 다시금 페르시아제국의 침공으로 패망하고 유대인은 다시 자유의 몸이 되었다.

그런데 바빌론에 끌려갔던 남쪽의 유대인들 가운데서도 상당수가 그곳에 안주하여 살게 되었기 때문에 바빌론패망 후에도 그곳에 계속 머물게 되었으며, 약속의 땅으로 되돌아가겠다는 사람들은 철저한 신앙그룹에 속하는 지도급사람들이었다고 한다. 그들은 귀국 후 남쪽유다왕국의 중심지였던 예루살렘에 사원을 재건축하고(기원전 515년) 희생자들의 넋을 위로하기에 이른다. 사원의 재건축을 직접 지휘했던 사람은 다비드왕의 후손이었던 세루바벨Serubabel과 신부 하까이Haggai로 알려져 있다. 그렇기에 당시 전 세계적으로 유대인을 위한 사원으로는 예루살렘에 재건된 사원과 바깥세계에 흩어져 살고 있는 유대인을 위한 바빌론의 사원 두 곳뿐이었다.

그런데 추방되었다가 귀향한 유대인들은 귀향 후에도 어려움이 많았다. 바빌론점령 하에 고향에 머물러 살아왔던 유대인들이 귀향한 첫 번째의 유대인그룹을 마음으로 얼싸안고 환영할 수가 없었기 때문이다(서기전 537년). 이유는 귀향한 사람들이 그들의 옛 땅에 대한 소유권과 정치적 영도권을 찾으려 했기 때문이다. 그뿐만 아니라 귀향한 유대인들이 대부분 지배적인 엘리트그룹이어서 그들의 주도권요구가 컸으며, 반면에 고향에 잔존하여 살아왔던 유대인들은 그간 황량하게 황폐된 땅에서 억압되어 살아온 것만 해도 불만인데 새로운 영도권다툼에 빠지게 되었기 때문이다. 그러나 그들의 갈등은 여러 차례의 충돌과 화해를 거쳐 새로운 시작을 갖게 된다. 그러한 새로운 상징적 작업이 바로 예루살렘에 재건된 제2의 사원이었다(서기전 515년).

그 후 귀향한 사람들과의 화해는 호전되었으며 귀향한 사람들의 중심축에서 영향력을 미쳤던 사람이 에스라Esra와 네헤미아Nehemia이다(기원전 5세기 중엽 사람들임). 네헤미아는 그들간의 갈등을 평정하고 기원전 445년에 태수로 임명되어 정사를 보게 되었다. 비서였던 에스라는 국민들을 모으고 토라의 율법을 가르치며 그간 소원해졌던 국민들의 축제들을 부활시켜 유대인들의 정체성을 선양했다. 유대인들이 이집트의 노예로부터 해방되었다는 '봄의 축제'인 자유의 '부활절'을 신의 도움에 감사한다는 뜻에서 축하하게 되었고, 신이 모세에게 <토라>의 율법을 선사하였다는 성스러운 날을 기념하기 위해 '샤보우트(Schawuot=Wochen=율법탄신일)' 축제일을 선포했다. 그리고 유대인들이 추방을 당하여 사막의 길을 방황하던 중 오아시스를 만나듯 낙엽 덮은 초가집의 그늘 속에서 고통의 심신을 회복할 수 있었던 생존의 날을 회상하고 기념하기 위해 스코트(Sukkot=Laubhuetten=낙엽초가집축제일=추수감사절)축제일을 제정하였다.

이들 축제일들은 대부분 신에 대한 추모나 유대인들이 노예로부터 해방되었다는 사실과 이스라엘사람들이 고난의 사막으로부터 살아남았다는 기념일들로서 일종의 농민축제형식으로 계승되었던 것이다. 그 외에도 에스라는 유대민족들이 추방되어 생존해오는 동안 타민족과 결혼케 된 혼합부부들에게는 그들의 결혼을 해체토록 조치하였다. 이유는 우상숭배를 추구하는 타민족들의 영향으로부터 유대민족을 혈통적으로 순화시켜야 된다는 뜻 때문이다.

이러한 조치들은 오늘날도 지키려 노력하고 있다. <토라>의 율법을 지키고 혼합부부에 대한 거부적 태도를 취하는 것만이 인종적으로나 종교적으로 유대인의 정체성을 지킬 수 있는 가장 좋은 방안으로 유대인은 생각하고 있었기 때문이다.

이처럼 에스라와 네헤미아가 귀향하여 예루살렘을 중심으로 다시금 유대인의 정체성을 회복시키려 했던 때는 기원전 5세기 중엽이었다. 이 시기는 페르시아가 바빌론제국을 무너뜨리고(기원전 537년) 페르시아왕 키로스Kyros가 모든 민족들에게 종교의 자유를 되돌려주고 추방되었던 유대인들을 약속의 땅으로 되돌려 보내(기원전 537년) 그들로 하여금 예루살렘에 제2의 사원을 건립케 한 때였다(기원전 515년). 이때는 페르시아제국이 유대인이 살고 있는 지역에 종교적 정체성을 갖도록 하고 정치적으로도 자치토록 함으로써 유대인들은 외부의 정신적 영향력을 배제시킬 수 있었던 때였다.

그러나 그때로부터 2백여 년 후 마케도니아의 알렉산더대왕이 이 지역을 점령하게 되었다(기원전 332년). 알렉산더대왕은 페르시아제국 내의 유대인지역인 팔레스티나Palaestina(Juda)지역까지 점령하였으며, 그 후 유대인지역은 그리스헬레네문화의 영향권에 놓이게 되었다. 그리고 알렉산더대왕이 열병으로 사망하고 그의 후계자(3형제)싸움이 지속되는 동안 이집트의 프톨레메어 Ptolemaeer왕조가 팔레스티나지역을 점령하게 된다. 그러자 이에 패권다툼으로 북방의 시리아왕가인 셀루카스왕가 안티코스Seleukide Antiochos Ⅲ세가 이집트에 맞서 전쟁을 했다. 그리고 팔레스티나를 점령하자 유대인들은 안티코스 Ⅲ세를 그들의 해방자로 환영하게 되었고, 이집트와의 전투에서 안티코스 Ⅲ세를 계속 지원하였다. 그 결과 안티코스 Ⅲ세는 이에 대한 답례표시로 유대인들에게 자유를 부여하였으며, 그들의 율법성서에 따른 생활을 영위토록 허용했다(서기전 300-200년). 그렇지만 상당수의 유대인들은 그 후 생활조건이 나은 이집트로 이민을 하였다. 그리고 그곳에서 농민이나 관리신분으로 살아남기도 하였다. 그뿐만 아니라 기원전 3세기로부터 1세기에 이르기까지는 많은 유대인들이 소아시아지역으로도 흩어지게 되었다. 알렉산더대왕에 끌려 희랍으로도 가서 살게 되었으며, 바빌로니아시대에 추방되어 그곳에 잔존했던 후예들은 바빌로니아지역에 살아남게 되어 이미 유대인들은 중동 전 지역에 흩어져 살게 되었다.

그러나 북방의 왕가 안티코스 IV세가 팔레스티나지역을 통치할 때부터는 그의 부왕이 지배할 때보다 관용적이지 못했다. 그는 유대인에게 희랍신들을 숭배토록 강요하고 유대인종교의 신앙생활을 금지시켰다. 이에 종교적 율법 생활에 충실했던 유대인들은 저항하기 시작했다. 이들의 반항세력에는 당시 과중한 과세부담에 착취를 당하고 있던 국민들도 합세하였다. 바로 이때에 그들의 율법에 충실했던 저항세력이(후일 18세기경 동유럽에서 시작한 유대인들의 신비주의 운동을 위한 지지자들이 되었던) 카시딤Chassidim의 원조들이었다.

그리고 이들의 저항세력들 가운데서 영웅적인 유대인 마카베Makkabaeer가 문족이 봉기를 일으켜 승전함으로써 유대인들의 신앙생활은 다시금 자유로 워졌다. 그리고 기원전 164년부터는 그간 셀류카스Seleukiden왕가에 의해 차단되었던 예루살렘사원도 방문하게 되었다. 그러나 모든 유대민족들이 이러한 봉기에 함께 가담하였던 것은 아니다. 그간 헬레네문화에 젖어 있었던 유대인들은 오히려 셀류카스왕가 편에 서서 예루살렘 동쪽 언덕에 아크라Akra 성곽을 쌓고 마카베가문족과의 동맹을 거부하고 있었다. 그리하여 예루살렘 도시는 마카베가문족이 아크라성곽을 점령하기 전(기원전 141년)까지 양분되어 있었다. 그러나 마케베가문족은 계속 전투에서 승리하였고, 생각을 달리하고 있었던 유대인들과의 시민전쟁에 말려들기도 하였으나 결국 통합승리함으로써 기원전 마지막세기에는 마카베제국의 전성기를 이루었다. 그리고 요르단강 서부에 있는 전 산악지역을 유대인유다국가로 만들었다.

그런데 생각을 달리하고 있었던 유대인종파들 가운데는 바리세Pharisaeer교 파가 있었다. '본래 바리세교파는 예루살렘의 제2의 사원시대에 있었던 한 종파로서 문자적 율법과 구술적 율법에서 언급되는 금기사항에 각별히 세심했던 사람들이다. 일반적으로 독선적이며 위선적인 사람들로 알려져 있었다.

그들은 문헌적 성서정신보다는 외면적 의미를 중시했다. 엄격한 신앙생활을 하면서도 전래되어 내려오는 종교적 정통에 더욱 관심을 가졌다. 타협 없는 신앙생활과 정확성을 수행함으로써 유대인의 신앙생활을 간직하는 데 도움을 주기도 했다. 그들은 자신들의 가르침과 다른 사람들의 가르침을 구분하려는 격리된 은둔자들이었다. 그들은 사원의 성직자역할 이외에도 율법을 배우려는 모든 사람들이 함께 가담할 수 있는 평신도운동을 이루어나갔다. 그리고 이들 종파의 사람들로부터 후일에 유대인의 정신적 지도자라고 볼 수 있는 스승 랍비Rabbi들이 나왔던 것이다.' 그렇기에 랍비들이 나온 종파가 이 시대에는 비판적 종파로 존재했었음을 알겠다.

그러나 로마제국의 전성기가 되자 새로이 독립했던 유대인유다국가는 종말을 고하게 된다. 로마제국의 폼페이우스Pompeius가 셀루카스왕가를 무너뜨리고 다마스쿠스Dmaskus로부터 남진하여 예루살렘을 점령한 후부터는 유대인유다국은 그들의 독립된 통치관할지역을 상실하게 되고(기원전 63년) 유다라는 로마제국의 속국으로 남게 된다. 이러는 동안에 유대인간에는 내부적인 권력투쟁이 있었다. 그 가운데서 헤로도스Herodos(기원전 73-74년)가 승리자가 되자 로마제국은 그를 유다국의 왕으로 앉혀놓고 집정케 하였으며, 로마제국과 좋은 관계를 유지토록 했다(기원전 37-4년).

그러나 유대인국민 가운데는 날로 증가되는 로마인들의 납세압력과 속박에 분노하여 서기 66년에 결국 종교적인 애국적 광신주의자들 젤로틴Zeloten 사람들에 의해 로마점령자들에 대한 폭동이 일어났다. 이들 애국적 광신주의자들의 폭동은 처음에는 성과가 있었다. 예루살렘에 진주하고 있는 로마군을 공략하고 약속의 땅을 회복하는 듯했다. 그러나 얼마 안 가서 로마군은 다시금 그들을 퇴치시켰다. 그러자 유대인들은 여러 갈래로 분당되어 갈등을 빚었고, 로마점령군에 오랜 기간 저항할 수도 없게 되었다. 드디어 서기 67년 부터 69년에는 로마 베스파시안Vespasian황제가 모든 폭동을 진압하고 70년에는 예루살렘을 함락했다. 그리고 베스파시안의 아들 티투스Titus가 이 도시를 완전히 멸망케 한다. 바로 그 해에 유대인들의 종교적, 국가적 중심이 되었던 예루살렘의 제2의 사원도 파괴가 되었다(서기 70년). 그리고 잔해의 일부로 오늘날까지 남아있는 유적이 바로 '통곡의 벽Kalagenmauer'인 것이다.

그 후 3년 뒤에 로마군은 유대인의 마지막 폭동요새인 사해死海에 놓여 있는 마사다스Masadas를 포위하고 공략했다. 그러자 그 전날 밤 이곳을 사수하고 있던 남녀어린이들 마사다스주민 960명은 자살하고 만다(서기 73년). 그후 로마제국의 하드리안Hadrian황제는 자신의 계획에 따라 예루살렘에 쥬피터Jupiter의 성지를 건설하려 했다. 이에 유대인들은 격분한 나머지 더 큰 제2의 폭거를 일으켰다(서기 131년). 그러자 당황한 로마군은 예루살렘에서 퇴각해야만 했다. 폭동을 주도한 유대인은 바르 코호바Bar Kochba였다. 그는 약 4년 정도 예루살렘에 군림하면서 새로운 질서를 세우려 했다. 그러나 로마제국은 이러한 상황을 위험시하고 인접국가에 주둔하고 있던 모든 로마군을 집결시켜 다시 예루살렘지역을 조직적으로 점령하고, 서기 134년에는 바르 코호바로 하여금 예루살렘을 포기토록 강요했다. 그러자 그는 예루살렘을 포기하고 종국에 가서는 서기 135년에 예루살렘의 남서쪽에 있는 바이타르Beitar성곽에서 로마군에 의해 생을 마감한다. 이러한 전쟁이 있은 후 유대인들은 곤경에 빠지고 유다 전 지역에서 쫓겨나 유대인들의 '디아스포라'시대는 시작된다(서기 131- 135년).

역사가들은 이때부터 유대인들이 약속된 그들의 땅에 정치적인 지배권을 갖지 못하고 약 1800년 동안 흩어져 살게 된 것으로 보고 있다. 그들 대부분은 지중해연안 주요도시로 흩어졌으며, 그곳에 성당을 짓고 그들 모임의 중심지를 만들어가며 살고 있었던 것이다.

흩어진 삶(Diaspora 서기 131년 이후)

유대인들이 과거에는 팔레스티나와 예루살렘성전을 그들의 정신적 지주로 의존할 수 있는 종교적 중심지로 생각하고 살아왔으나 나라를 잃은 후에는 문자적 성서와 구술적으로 내려오는 율법만을 머릿속에 간직한 채 이국에서 살아가야 하는 새로운 국면에 접어들게 된다(서기 131년 이후). 이제는 자신들의 삶의 형식도 이국의 문화적 정서관계와 맞추어가며 살아가야 하는 처지가 된 것이다. 그렇지만 그들에게는 계속해서 추방과 적대시 그리고 수많은 어려움이 뒤따르고 있었다.

1) 유럽 중세시대의 유대인

유대인들은 로마군에 의해 정복되고, 다시 이슬람군대에 쫓기어(서기 638년 -아랍인에 의해 팔레스타인이 점령된 후 4세기 동안 회교도가 지배) 대부분의 사람들이 중동지역과 유럽으로 유랑하게 되었다. 중부유럽과 동유럽으로 이주해 온 사람들은 우연히도 성서언어로 게르만Germanien사람이란 의미로 해석되는 아시케나짐Aschkenasim이라 불리었고, 이슬람종교의 침투와 함께 북아프리카와 스페인으로 쫓기어간 사람들은 세파르딤Sephardim이라 불리었다. 세파르딤이란 호칭도 성서언어로는 이베리아반도(스페인반도)사람이라는 동의어이다. 그리고 조국으로부터 쫓겨난 가장 오래된 유대인으로는 역시 중동아시아와 아라비아지역으로 추방된 이주민들을 들 수 있다.

스페인에서의 유대인

유럽으로 이주해온 유대인들의 추방시대는 10세기에서 20세기까지 약 1천
년간이나 지속되었다. 중동지역으로 흩어져 나갔던 유대인들은 10세기까지는
바빌론지방에서 종교교육도 받으면서 종교의 목소리를 강하게 내고 살고 있
었으나 점차 그들의 영향은 사라져갔다.

그리고 모슬렘(회교도)들이 서기 711년과 714년 사이에 스페인을 정복한
후부터는 북아프리카를 거쳐 스페인에 들어와 살고 있던 유대인인구가 도시
들을 중심으로 급격히 증가했다. 그런데 그곳을 점령한 모슬렘사람들은 이들
유대인들에게는 비교적 관용적이었으며 다양한 활동을 허용하고 있었다. 그
래서 유대인들은 대체적으로 직조업이나 의학, 상업, 그리고 공공기관에서
일하게 되었다(서기 900-1400년).

당시 스페인을 지배하고 있었던 모슬렘 당국은 이들 유대인들의 '경전종
교Buchreligion'가 모하메트의 종교와 근원을 같이하는 '경전종교'라 하여 유대
인들과 기독교인들을 그들의 보호 하에 두려고 있었다. 그렇기에 유대인들
에게는 몇 가지의 제약을 제외하고는 인두세도 면제해주고 종교의 자유도
허용해주었던 것이다. 그 결과 세파르딤유대인들에게 있어서는 정부고위직에
오르게 된 사람도 적지 않게 생기게 되고 시인이나 철학자로서 그리고 고대
고전작품을 번역하는 번역자로서도 정신적 생활영역에서 적극 참여케 되었
던 것이다. 바로 이러한 정신적 자유를 모슬렘 당국이 이들에게 허용하고 있
었기 때문에 이곳에서 생존했던 유대계 학자들은 바빌론이야 학자들에 버금
가는 경쟁적 권위를 갖추게 되었으며 11세기부터는 그들의 지혜로운 논쟁이
성과를 거두게 된다.

그런데 1066년에 와서는 스페인남부 그라나다지방에서 유럽계 유대인에
대한 인종적이고 종교적인 첫 번째 학살이 발생하게 되었다. 1500명의 유대
인 가족들과 회원들이 그곳 이슬람계 사람들에 의해 학살되고 도시에서 추
방되는 일이 생긴 것이다. 직접적인 동기는 유대인들이 비교적 많은 정부고
위직을 차지하게 되었고, 그들이 경제적으로나 문화적으로 부유하게 살고 있

는 것에 대한 질투심에서 시작되었다. 그 후 기독교와 모슬렘교의 이데올로기가 대중화되자 유대인들에 대한 정치적, 경제적 경계심에서 오는 반유대주의적 정신적 토양은 더욱 강화되어 갔다.

그렇기에 이와 같은 반유대주의적 현상은 모슬렘지배 하에서 뿐만 아니라 기독교인이 지배하게 되었던 곳에도 스페인에서는 나을 것이 없었다. 유대인들은 기독교인의 권력자 밑에서도 모슬렘권력자의 밑에서 생존했을 때와 마찬가지로 제한적인 보호조치만을 받게 되었다. 기독교의 권력자들은 유대인들에 부여했던 그들 공동체의 자치권이나 재판권 같은 특권들을 모두 박탈하고 기독교국가의 국왕명에 따르도록 했다. 왜냐하면 기독교인들은 그들이 다시 정복한 스페인지역에서 정치제도를 재편하고 안정을 되찾기 위해서는 유대인전문가들을 활용할 정치적 필요성을 갖게 되었을 뿐만 아니라, 유대인들이 부유하게 잘 살고 있는 것에 대한 질투와 증오심 때문에도 유대인들을 별도로 관리할 필요성을 느꼈기 때문이다. 그렇기에 기독교인들은 유대인들을 달리 구분하여 그들이 권력자들에게 접근치 못하도록 권력자들과의 좋은 관계를 단절시켰다. 그리고 그들이 명예를 위해서 권력층에 아부나 하고 재력이나 쌓으려고 하는 부류들이라 비방도 하고 예수크리스트를 십자가에 순교토록 한 살인자들이라 낙인찍으면서 그들을 예수의 부활절이나 수난절 때는 집 밖에도 나오지 못하도록 조치했다. 그렇게 함으로써 스페인국왕은 이들을 기독교국왕에게 철저히 충성할 수 있는 기독교적 속민을 만들어놓았던 것이고, 그렇게 이행하는 자만이 마음의 안정을 찾을 수 있도록 했다. 그렇기에 기독교적인 스페인국왕은 이들 유대인들에게 이제부터는 어떠한 곳에서도 유대교성당 시나고게를 건설치 못하도록 조치했으며 어떠한 관복도 입지 못하도록 하고 집 밖으로 나올 때는 사람들이 바로 식별할 수도 있고 그들의 생명을 안전하게 보호할 수 있도록 옷에 특별한 표식을 부착할 것을 명했다. 이러한 보호조치의 이면에는 몇 가지의 뜻이 있었다. 우선 국민들로부터 이들을 쉽게 구분할 수도 있고, 다른 한편으로는 이들 계층이 특별한 외인그룹이라는 것을 표출시키는 데 있었다. 그럼으로써 위기시에는 이들을 쉽게 식별하여 구원해줄 수 있는 조치를 강구할 수 있게 함으로써 이들 유대인들이 언제나 자신들의 보호자에게 무한한 고마움과 의존성을 갖도록 만들자는 것이었다.

즉, 기독교인보호자에 의존토록 길들이는 이러한 심리적인 치밀한 방법들을 통하여 스페인국왕은 유대인들에게 기독교로의 개종을 유도했던 것이다. 그 결과 1412년에 기독교교회는 기독교신학자들과 랍비들간의 종교적 대화를 갖도록 하였다. 대화의 목적은 유대인들의 기독교로의 개종에 있었다. 회의에는 개종을 결심하지 못한 사람들도 방청객으로 참여시켰으며, 그들 가운데서 1만여 명에게 기독교적 세례를 주었다. 그리고 이러한 강요된 새로운 신앙에 대해 순수한 접점을 찾지 못한 사람들에게는 수도원승려들이 1231년에 교황청으로부터 정식으로 공인받은 신문(訊問=Inquistion)이란 종교적 재판수단을 통하여 개종을 강요했던 것이다. 그리고 이같이 강요되어 개종한 사람들 가운데서도 이에 동조할 수 없는 사람들은 처형되기도 했다. 만일 이와 같은 종교간의 대화가 오늘날에도 요구된다면 이는 유대인으로서는 임할 수도 없는 일이지만, 역사적으로도 그들에게 큰 죄를 짓는 일이 될 것이다. 그러나 이와 같은 유대인에 대한 박해가 계속되자 유대계와 모슬렘문화는 1250년경에 스페인에서 종말을 고하게 되었다.

중부유럽에서의 유대인

기독교로의 이러한 개종상황은 중부유럽에서도 유사하게 진행되었다. 처음에 독일의 아우구스부르크Augusburg와 쾰른Koeln, 마인츠Mainz, 메츠Metz, 레겐스부르크Regensburg, 스파이어Speyer, 트리어Trier, 빈Wien, 보름스Worms에 있는 로마제국시대의 유대인공동체에 있어서는 종교를 개종하라는 괴롭힘이 별로 없었다. 그러나 교부(敎父) 아우구스티누스Aurelius Augustinus(서기 354-430)가 유대인들도 예수그리스도의 실존적 증거인들이기에 그들도 기독교인에 종속되어야 한다는 학설을 내놓고 새로운 플라톤적인 기독교주의국가론을 설파하게 되자 그 후부터 유대인들에 대한 기독교로의 개종작업이 설득력을 갖게 되었다. 그리하여 독일프랑켄제국의 메로빙거Merowinger왕가 시대(6-7세기경)에 와서는 유대인들이 세례도 받고 개종도 하라는 기독교교회의 포교가 강화되었다. 그러나 이에 유대인들이 무관심한 것처럼 보이자 교회는 더욱 강요하기에 이른다. 그리고 유대인들이 개종을 거부하는 경우에는 사회적으로 고립을 자초하는 경우가 되었고, 결국에 가서는 도시로부터 퇴출되는 운명을 맞이하게 되었다.

하지만 당시의 국가사정으로 보아서는 사회활동과 노동세계에 있어서 유대인들의 숙련된 재능을 필요로 하고 있었기 때문에 그들에게 개종을 하라는 심한 강요는 할 수가 없었다. 오히려 그들이 갖고 있는 장점인 중동지역과의 연고와 외국어능력을 고려해서 국가는 그들을 외교와 통상목적에 활용하고자 했던 것이다. 그러한 영향 때문에 11~12세기에 와서는 독일의 라인란트지방 여러 도시들에서는 유대인들의 활동생활이 훨씬 좋아졌었다. 사람들이 그들의 경제적 활동능력을 인정하고, 그들을 계속 사회발전에 이용하려 했던 것이다. 그리고 당시의 도시상류층들이 중동지역에서 들어오는 사치품을 좋아하고 있었기 때문에 유대인상인들은 비교적 좋은 처지에 놓이게 되었다.

유대인들이 행상했던 당시의 해외루트는 남프랑스로부터 지중해연안으로 시작되었다. 서기 9세계부터 주로 모피와 비단, 무기 등 그리고 이집트로 여자노예들을 배로 운송하는 일이었다. 육로로는 아라비안과 파키스탄, 인도를 거쳐 중국에까지 이르렀다. 콘스탄티노플을 거쳐 아시아로부터 수입되는 상품들은 주로 식료품양념과 일반소재, 보석장신구와 유리그릇, 향료 등이었다고 한다.

그러나 유대인들의 삶이 좋아져갈 수 있었던 국가의 관용적인 조치들도 가끔 급작스런 제동을 받아 중단되기도 했다. 이유는 유대인들이 기독교로의 세례를 거부하는 경우가 많았기 때문이다. 그리하여 대부분의 독일도시에서는 이들에 대한 추방이 계속되었다. 이들에 대한 박해가 가장 컸던 때는 1095년과 1096년에 있었던 성지해방을 위한 십자군원정 때이다. 십자군으로

원정했던 군인들은 중부유럽권의 이 도시 저 도시에서 유대인들에게 세례를 받을 것을 강요도 하고, 이에 응하지 않는 경우는 약탈도 했다. 그리고 기독교의 적으로 살해하기도 했다. 이들에 대한 학살로 희생된 유럽유대인의 수는 대략 2만 명으로 추산된다(서기 1096년). 이들 가운데서 살아남은 사람들은 도시에 있는 사람들이 아니라 시골마을에 소단위공동체로 살고 있던 유대인들뿐이다.

이때에도 기독교인들은 아우구스티누스의 주장대로 유대인들의 사회적, 법적 지위는 하나님의 계획에 따라 기독교인의 종속적 계층이 되고 있는 것으로 믿고 있었기 때문에 유대인들에 대한 기독교로의 개종작업은 일관된 생각으로 진행되고 있었다. 그러나 이러한 생각들이 정치적 결정과정에서는 역시 실용적인 관점을 고려하게 되어 유대인들에 대한 관용적인 태도는 여전히 존속되게 마련이었다. 특히 유대인들이 상인으로서 귀족들에게 사치품을 가져다주는 공급자가 되고 있다는 점과 그들이 기독교에서 금지되고 있는 비합법적인 금전놀이를 함으로써 귀족들과 시민들간의 금전적 중계자역할을 하고 있었다는 점에서 그들의 경제적 기여는 높이 평가되었다. 그렇지만 유대인들에 금전적 의존성이 강했던 서민층에서는 유대인들에 대한 반감이 급증하여 갔다. 따라서 일반시민들도 유대인들을 기독교의 종속적 계층이라 폄하시켰던 기독교의 가르침에 동조하게 되었고, 유대인들에 대한 증오심도 이와 함께 더욱 절정에 다다르게 되었다. 이때의 반유대주의 감정은 거의 예수그리스도가 십자가에 순교 당했던 당시의 증오심과 같은 수준이었다고 한다.

유대인들이 예수의 성체를 모독했느니 또는 성자 예수를 인신제물로 바쳤느니 하는 끔찍한 소문들이 나돌아서 결국 일반시민들의 증오심은 그들을 살해하거나 추방시키는 일로 번져갔다. 일반시민들의 반유대주의감정이 이쯤되자 종교인으로서 당황했던 기독교의 주교들은 유대인에 대한 증오스런 소문들을 다소 누그러뜨리기 위한 입장을 취하게 되었고, 쫓기는 유대인들의 도피처가 되기도 했다. 그러자 쫓기는 천민들은 교회로 몰려들기 시작했다.

이에 황제도 형식적인 법적 조치이긴 하지만 유대인을 보호하라는 칙령을 내리게 되었다. 그러나 그들의 생명을 보장할 수는 없었다. 그렇기에 유대인 은 국민과 이해당사자간에 치이고 받히는 펑퐁 같은 노리개가 되고 말았다.

이와 같은 유대인들에 대한 신앙적 싸움에서 지도적인 역할을 했던 사람 들은 도미니꼬수도사Dominikaner와 프란체스코수도사Franziskaner였다. 이들은 국민의 설교자들로서 학식 높은 랍비들이나 지혜로운 유대인들과 무릎을 맞 대고 논쟁을 벌였다. 그러나 결론은 유대인들의 탈무드율법이 기독교성서와 는 모순됨으로 이제는 탈무드율법을 금지시켜야 되겠다는 교황그레고리 IX 세의 결정으로 매듭지어졌다. 이에는 도미니코수도사들의 종교재판이 지배적 인 영향을 주었다. 그리하여 1242년에 와서 프랑스파리에서는 모든 히브리어 성서문헌들을 모아 검증한 연후에 불태워 없애는 분서가 단행되었다. 이것이 프랑스에 있어서 유대교학문의 종말을 고하는 사실상의 역사적 전환이 되었 던 것이다. 그리고 이러한 일들이 기독교인으로서는 유대인을 혐오한다는 분 명한 표시가 되었다. 이제부터는 교회의 성체를 훔쳐갔다던가, 인신제물을 바쳤다던가, 우물에 독극물을 투입했다던가, 또는 모반을 했다던가 하는 비 난들이 모두가 유대인의 행위로 돌아갔다. 그리고 유대인들에 대한 국민들의 비난소문은 통치자들에게 필요에 따라 이용되어 유대인들의 재산을 몰수하 기도 하고, 이들에 대한 강경한 법적 조치들도 강구케 되었다. 따라서 프랑 스계의 유대인들은 점점 국가에 대한 세금조차도 납세할 수 없는 가난한 처 지가 되었다.

그러자 필립Philipp IV세는 이들을 추방하고 추방된 자들의 재산까지 모두 압류했다. 나아가 유대인들에 대한 적대행위는 계속 확대되어 일반시민들에 있어서 유대인들에 대한 이러한 부정적인 편견들이 일반화된 통념으로 인식 되어 갔다. 그뿐만 아니라 이들에 대한 강력한 조치들도 정당한 일로 인식되 었다. 그런데 국가가 유대인들에 대해 재산도 몰수하고 약탈도 하는 경제적 조치들은 사실상 도미니코수도사들이나 십자군기사그룹과 같은 교회그룹의 편견에 의해 강화되었던 것이다. 그리고 이들의 이해관계에 따라 도구화가 되었다. 왕들과 귀족들도 이러한 박해조치를 강구하게 된 원인이 전적으로 유대인에 책임이 있다고 비난하면서 정치적인 의도에 따라서 그들에 대한 형식적인 보호조치들도 철회하고 말았다. 결국 그들은 유대인들을 착취할 수 있는 한 착취할 수 있는 재정적인 원천이나 상행위의 대상으로밖에 보지 않았으며 이들 유대인들이 쓸모없는 존재가 되자 가차 없이 그들을 추방하고 말았던 것이다.

그런데 유대인들을 기독교의 종속인으로 폄하하였던 기독교교회의 오랜 이론들은 토마스 휜 아퀸Thomas von Aquin(1225-1274)에 의해 다시금 새로운 적법성으로 인지되었다. 토마스 휜 아퀸의 견해에 따르면 유대인에게 기독교 세례를 받도록 강요할 필요는 없겠지만, 유대인들이 예수를 십자가에 못 박히도록 희생시킨 장본인이 그들이란 점에서 그들은 영원한 노예로 죄를 면치 못할 것이라 했다.

이 같은 종교적 해명에 힘입어 유대인들에 대한 박해는 더욱 점증되었다. 국가적인 박해는 한정된 법률의 내규에 따라 가해지곤 했지만 일반국민들 사이에서는 감정에 따라 유대인에 대한 박해가 마음대로 횡행하고 있었다. 선동자들은 무리를 지어 도시와 시골에서 유대인들을 살해하거나 불을 지르며 그들의 재산을 파괴하고 있었다. 행위의 발단은 해명할 수도 없는 범죄행위로 시작되었으며, 유대인에게 책임을 묻게 되는 불행한 사건들로 형성되어 갔다. 성체의 빵을 훔쳤다던가, 우물에 독극물을 투여했다던가 하는 소문들이 모두가 유대인들이 행한 것으로 일반적으로 인식되었다. 14세기 중반기에 페스트병인 흑사병으로 유럽인구의 3분의 1이 사망하였는데 이러한 질병도 모두가 유대인들이 우물에 독극물을 투여했기 때문에 발생했다고 해명되고 있었다(서기 1350년). 이러한 박해는 스위스에서부터 시작되더니 남부독일지방을 거쳐 북부독일지방으로 확대되어갔다. 특히 1348년에서 1350년 사이에는 모든 유대인공동체들이 파괴되고 수천 명이 죽어갔다. 난동을 일으킨 대중들은 대부분이 유대인들에게 빚을 갚을 수 없는 채무자들이었다. 그리고 박해당한 사망자들의 유동재산은 도시수공업자들의 고문관들에게 분배되었다고

한다. 이때부터 유대인들은 동유럽으로 유랑생활을 떠나게 되었다.(서기1350)

그러자 스페인에 살고 있던 세파르딤유대인들과 중부유럽에 살고 있던 아시케나짐유대인들에게는 더욱 심한 변화가 일시에 다가왔다. 역사적으로 중부유럽에서는 영국에서의 추방이 있은 다음(서기 1290) 프랑스에서의 추방이 있었고(서기 1306) 전 유럽에서의 흑사병이 우물의 독극물 사건으로 둔갑된 학살로 이어졌다(서기 1348-1350). 그 후 유대인들은 중부유럽에서 동부유럽으로의 방랑이 시작되었다(서기 1350). 그러나 스페인에서는 기독교회의 주선으로 기독교인과 랍비간의 종교적 대화가 있었으며, 그 후 수천 명의 스페인계 유대인들이 강제적으로 기독교세례를 받게 된 시절이 있었다(서기 1412). 이를 거부해 온 사람들에게는 교회의 종교재판에 의해 처형된 일도 많았다(서기 1478). 그런데 1492년 3월 31일에 와서는 스페인계 유대인들의 추방이 대대적으로 시작되었다. 이민족문화에 침투된 지역을 재정복한 스페인사람들은 순수한 스페인혈통을 다시 회복시켜야 되겠다는 이유로 유대인에 대한 청소작업을 단행했던 것이다. 약 15만 명을 추방시켰고, 2만 명이 학살되었다. 세례를 받은 5만 명은 구제되었던 것이다.

이러한 학대 이면에는 도미니꼬와 프란체스코의 유랑설교자들이 유대인에 대한 혐의를 선동한 점이 크게 작용했다. 그러나 1422년의 교황교서에서는 이러한 선동적인 설교를 금지시켰다. 하지만 별 성과를 거두지 못하였다. 바로 이때부터 유대인들을 무기력한 소수민족으로 보게 되는 인식이 보편화되어갔으며, 그들을 소수민족으로 보게 되었던 시각 때문에 그들에 대한 경계의식도 느슨해졌고, 신성로마제국에서는 그나마 유대인들이 수많은 작은 국가들 사이로 피신하여 생존을 유지할 수 있게 되었던 것이다. 그리고 그들이 국가간의 상행위에 유용하게 활용될 수 있으리라는 믿음 때문에 작은 국가들의 영주들은 추방된 그들을 영입하였던 것이다. 그러나 이러한 영주들의 영입도 16세기에 와서는 전 서유럽에서 사라졌다. 이유로는 옛날에 유대인들에게 기대했던 사업능력이 점차 쇠락되어갔기 때문이다. 그래서 그들은 겨우 시골마을의 변두리나 작은 도시의 주변지역에서 생업을 유지할 수 있는 처지가 되었고, 정치적인 이유와 구직문제 때문에 주거지역을 자주 옮겨 다녀 야만 하는 영원한 방랑자의 신세가 된 것이다. 고향을 잃고 떠돌아 다녀야만 하는 그들의 유랑모습은 기독교인들의 입장에서 보면 하나님으로부터 벌 받은 부정적인 민족모습으로 저주되었던 상징적 모습이었다. 즉 십자가를 매고 형장으로 끌려가는 예수그리스도에 자기 집문 앞에서 쉬지도 못하게 하고 온갖 욕설을 다 퍼부은 죄과로 그리스도의 재림 시까지는 지상에서 유랑해 야 한다는 영원한 방랑자 '아스버Ahasver'의 모습이 된 것이다. 아스버는 밥 벌이를 하기 위해 떠돌이생활을 해야 했던 구두수선쟁이로 비유된 이름이다.

2) 종교개혁시대의 유대인

그런데 종교개혁시대에 들어와서는 종교개혁자들과 인본주의사상가들 사 이에서 유대인들에 대한 편견이 다소 누그러졌다. 왜냐하면 유대인들도 자신 들이 처해 있는 종교적 환경에서 시류에 융합하여 살 수 있도록 자신들의 신앙적 율법을 개혁하지 않으면 안 되었기 때문이다. 그렇기에 유대인들 가 운데서도 그들의 신앙을 새롭게 하기 위한 운동이 시작되었다.

대표적인 개혁주의인물로서 요셉 카로Josepf Karo(1488-1575)와 모세 잇세레 스Moses Isserles(1525-1572)를 든다. 세파르딤유대인이었던 카로는 당시의 지 도급율법학자였다. 그는 당시의 시대정신에 맞는 새로운 유대인법률법전인 '준비된 식탁Schulchan Aruch'을 제정했다(1565년). 이 법전은 변화된 시대적 상황에 적합하게 사용되도록 만들어낸 종교적 법전이었다. 그런데 잇세레스 Isserles가 이 법전을 보완하여 아시케나짐유대인들에게도 공히 수용될 수 있 는 법전으로 제작하였다. 그 결과 후일에는 이 법전이 세파르딤유대인과 아 시케나짐유대인들에게 공히 통용될 수 있는 법전으로 발전했다. 본래 아시케 나짐유대인들은 그들의 기도문 詩(Pijutim)나 참회기도문(Selihot)에서 엄격한 율법정신이 담긴 성가들을 노래하고 철저한 탈무드율법을 지켜갔다. 그러나 세파르딤유대인들은 이와는 반대로 세속문화를 개방하고 그들의 율법을 집산하여 현세에 맞도록 창조적인 예배의식으로 개정해나갔다. 그뿐만 아니라 그들이 살고 있는 현지사회문화에 개방적이었다. 그렇기 때문에 새로운 법전인 '준비된 식탁'이 세파르딤유대인학자로부터 나오게 된 것이다.

이와 같은 법전이 통용케 된 심층적인 배경은 17세기경 네덜란드의 암스테르담에서부터였다. 본래 암스테르담도시는 아시케나짐유대인들이 살고 있던 곳이다. 그런데 이들이 대량으로 추방된 이후에는 스페인계 유대인들이 들어와 살게 되었다. 이들은 대부분이 부유하고 화려하고 세속적이었다. 성당예배 시에도 극장관람객들처럼 화려한 옷을 입고 오기도 했다. 그러나 독일계 유대인들이 살고 있던 성당 시나고게에서는 공간도 어둡고 협소하며 그곳에서 예배 보는 사람들의 분위기도 경건 그 자체였다. 그렇듯 세파르딤과 아시케나짐유대인들의 신앙적 전통 사이에는 판이한 모습이 보였다.

그러자 바로 이 시기에 독일에서는 종교개혁이 일기 시작한 것이다. 마르틴 루터는 가톨릭을 개혁하고 성서연구를 통해 신교적 종교혁명을 주장하고 나섰다. 당시의 종교적 분위기는 가톨릭과 신교가 대세를 이루고 있었으나 유대교는 아주 작은 변경그룹에 속해 있던 것이다. 그뿐만 아니라 기독교문화의 변경지대에 서있는 유대인들도 새로운 사회문화에 적응해가며 살아야겠다는 그들 나름의 결심이 서게 되었다. 그렇기에 그들은 새로운 법전을 만들어야 했고, 자신들의 신앙생활에 변화를 가져와야 했던 것이다. 이 법전의 정신은 개방적인 세파르딤유대인들에게서 완고한 아시케나짐유대인들에게 전이되어 점차 공통적인 이해관계로 접어들어 갔다. 그럼으로써 모든 유대인들이 이 법전정신을 함께 지켜나가자는 공감대를 형성하게 되었고, 중요시하게 된 관습적인 율법법전이 된 것이며, 이 법전이 유대인들의 신앙적 민주화에 크게 기여하게 된 것이다. 그리고 현세에 개방적이고 시류에 적응하려는 이 같은 신앙적 노력이 유대인에게서 진행되고 있었기 때문에 기독교의 종교개혁자들도 유대인들에 거는 희망이 컸다. 그들은 희망하기를 개방적인 유대인들이 기독교에 영합되어 자신들의 신앙적 개종도 해볼 수 있지 않겠느냐는 은근한 기대감을 가졌던 것이다. 그렇기에 마틴 루터도 처음에는 유대인들에게 기독교로의 개종이 확대되리라는 기대 속에서 그들에게 비교적 관용적인 이해를 가졌던 것이며, 적극적인 희망표시를 했던 것이다.

그러나 이러한 기대는 충족되지 못했다. 그러자 루터도 그들에 대한 비난 강도를 높여갔다. 즉 유대인들에게 탈무드율법을 지키지 못하도록 그들의 시나고게예배나 율법교육도 금지시켜야 하며, 이자놀이도 금지시키고, 육체적 노동을 의무화 시키도록 해야 한다고 주장했다. 루터는 유대인들의 추방은 원치 않았지만 자신의 종교개혁설이 유대인에게도 영향력을 미칠 수 있도록 해야 하겠다고 생각했다. 그리고 그는 유대인에게 지나친 관용적 태도를 보인다는 것은 오히려 자신의 종교개혁 노력을 위한 기반을 쇠약하게 만들지 않겠나 하고 두려워했다. 이에 신교도신학자들도 이러한 루터의 종교개혁논쟁에 강한 뒷받침을 해주었고 지방영주들에게도 동조하라고 간섭하기 시작했다. 그러나 지방토후들은 역시 예나 지금이나 경제적인 이해관계 때문에 유대인들에 대한 신앙적 통제에 반대했다. 이들은 유대인들이 각종 조합 Zuenfte들의 이해관계에 개입하지만 않는다면 경제적인 장점을 자신들에게 가져올 것이라고 믿고 있었기 때문이다. 그래서 이들이 베푼 유대인들의 법적 지위는 중세시대보다는 낫게 보장되어 있었다. 적어도 외형적으로는 유대인과 기독교인들의 법적 지위가 16세기 이후로는 평등해졌다. 하기에 지방영주들은 유대인들에 대해 종교개혁을 주장하는 신도들보다 관용적인 태도를 보였던 것이다.

그러나 14세기부터 시작되었던 유대인들의 동유럽으로의 유랑은 그간에 있었던 그들에 대한 제약과 불이익 때문에 16세기까지도 계속되었다. 주로 아시케나짐유대인들은 폴란드와 리타우Litauen지방으로 이동했던 것이다. 그리고 이곳에서 새로운 생활양식을 갖게 되었다. 인구밀도가 적고 정치적 구조가 개방적이어서 유대인들의 동유럽이동은 유리했다. 폴란드의 왕들은 미개발지역을 건설하는 데 이들이 도움이 될 수 있다고 믿고 이들을 적극 환영했다. 그뿐만 아니라 그들은 유대인그룹이 도시를 중심으로 살고 있던 독일시민들에게 정치적인 상대적 견제세력이 될 수 있다고 믿었기 때문에 그들을 더욱 환영했다. 그 결과 이곳에서는 유대인들이 서유럽에서 있을 때보다 각종 사회그룹 속에서 보다 나은 평등권과 자유를 누릴 수 있었으며 보다 나은 취급을 받게 되었다. 그래서 그들은 농업이나 상업, 각종 영역에서 자신이 선호하는 직업을 자유로이 선택할 수 있었다. 그리고 유대인을 비방한다거나 그들에 육체적인 피해를 가하는 자에게는 벌을 주기도 했다. 종교개혁에 관한 논쟁에 있어서도 유대인들의 정신적 힘이 필요케 되었으며 논쟁의 초점도 유대인들에게 유리한 정책을 펼치고 있는 왕의 입장을 강화시켜주고 있는 데 맞춰지고 있었다. 그리고 종교개혁에 관한 일반시민들의 목소리는 당시 경제적인 상황이 나빠지고 있었기 때문에 종교개혁에 관한 관심조차 가질 수가 없어 사라져갔다. 그뿐만 아니라 서유럽에서 계속해서 몰려들어오는 유대인들이 소수민족으로 그곳에 먼저 와있던 유대인들의 위치를 강화시켜주고 있었기 때문에 유대인들의 입지는 비교적 나아져갔다.

그러나 16세기 말에 가서는 유대인들의 사정이 바뀌어갔다. 폴란드에서 복음운동을 시작했던 희랍정교회인 예수회Jesuiten의 압력을 유대인들이 받기 시작했던 것이다. 특히 1648년에는 희랍정교회에 가까웠던 코사크족이 가톨릭귀족들과 폴란드왕가에 반기를 들고 폭거를 했던 것이다. 그리고 이들의 폭거는 유대인들에게도 대량학살로 이어졌다. 이유는 유대인들이 지배계층과 결탁이나 하고 아첨이나 하는 종족으로 관찰되어졌기 때문이다. 그 결과 수천 명의 유대인들이 참살 당하게 되었다. 이러한 학살이 있게 되자 팔레스티나에서 보내진 구세주로 보이는 예언자 사바타이 제비Sabbatei Zewi(1626-1676)가 나타나 종말론적 정서 속에서 많은 동조자를 거닐고 이들의 구원운동을 전개하였다. 그러나 이러한 운동은 사바타이 제비 자신이 구세주라는 주장이 난세에 흔히 있을 수 있는 예언자의 목소리로 간주되어 형법에 따라 취소되었고, 그 자신도 이슬람종교로 개종하게 되어 실패하고 말았다. 그러기에 이 시기에는 희랍정교회의 코사크족폭동으로 인한 유대인학살과 이에 대한 메시아적 구원운동 사이의 충돌 속에서 동유럽에서는 신앙에 대한 새로운 의식과 종교개혁적인 노력이 싹텄다. 그리고 이러한 새로운 신앙의식의 싹틈은 폴란드와 리타우지방으로 유랑해온 아시케나짐유대인들에게 있어서는 17세기 이후부터 점차 일기 시작했던 중부유럽유대인들의 신앙적 부활을 희망케 하는 배아세포가 되었던 것이다.

그런데 이러한 신앙적인 의식변화는 여러 곳에서 진행되어갔다. 북부독일과 네덜란드에서도 종교개혁으로 인해서 변화된 정신적 풍토가 형성되었다. 이는 유대인들에 있어서도 얻는 점이 많았다. 칼빈파와 루터파는 신앙의 자유와 양심의 자유를 요구하고 가톨릭과 대치하고 있었다.

스페인과 포르투갈계의 세파르딤유대인들은 가톨릭계의 왕 필립 II세의 영향권으로부터 벗어나 신교파가 강한 암스테르담과 함부르크로 옮겨올 수가 있었다. 덴마크왕 크리스티안Christian IV세는 1616년에 엘베강가에 독자적인 도시 대사우Dessau를 건설하여 그곳으로 많은 유대인들이 이주할 수 있도록 배려했었다. 그리고 이들 세파르딤유대인들에게 폴란드계 아시케나짐유대인들이 그곳으로 합세함으로써 그들은 하나의 공동체를 형성할 수 있게 되었고 부유한 생활을 영위할 수 있게 되었다. 그뿐만 아니라 많은 독일의 소도시들은 유대인들이 새로이 이주하여 살 수 있도록 개방되어서 이들은 중상주의적 경제를 표방하고 있는 이들 소도시에서 유용하게 활용될 수 있는 이점을 얻고 있었다.

3) 계몽주의시대에 유대인의 해방과 갈등

계몽주의시대에 와서는 유대인에 있어서도 종교개혁적인 터전이 될 수 있는 몇 가지 긍정적인 변화가 있었다. 우선 하스칼라Haskala라 불리는 유대인들의 18세기 계몽주의가 그것 중의 하나였다. 계몽주의설립자는 모세 멘델스존이었다. 그는 『3가지 대화에 있어 영혼의 불멸성』이란 작품을 남겼다. 이 작품은 인간이 미신과 신학적 궤변에 눈을 돌리지 않는 한 모든 종교에 관해 본능적으로도 통찰할 수 있고 이성적으로도 이해할 수 있는 대중적 형식으로 쓰인 계몽작품이었다. 그러기에 이 작품은 대단한 성과를 거두게 되었으며, 이로 인해 멘델스존은 독일에서뿐만 아니라 전 유럽에서 작가로서나 종교철학자로서 유명해졌다. 그가 토라의 율법을 최초로 독일어로 번역함으로써 그의 종교철학적 서적들은 모든 계몽적인 유대인들과 자유주의적 유대인들에게 대단한 호감을 갖게 했으며, 기독교문화에 대해서 유대인신앙을 접목시키고 개방시켜 준 위대한 역할을 했다.

그 다음 유대인의 해방을 위한 가장 계몽적인 정치적 충격은 프랑스혁명이었다. 1791년 9월 28일 프랑스의회에서 결정된 선언문에서는 유대인들에 대한 절대적인 평등권이 선언되었다. 따라서 프랑스에서뿐만 아니라 프랑스군대가 점령하고 있던 여타의 유럽지역에서도 유대인들에 대한 평등권의 법적 지위는 보장되었다.

그러나 1804년 이후 프랑스의 황제 보나파르트 나폴레옹Napoleon Bonaparte은 의견을 달리했다. 그는 유대인들이 유럽사회에서 적응하면서 효과적으로 살게 하기 위해서는 유대인들에게 특별한 교육과 감시가 필요하다고 했다. 그 결과 이들의 평등권을 보장한 해방선언은 다시금 사회적 상황질서에 맞도록 재조정되었다. 프랑스와 독일에서는 유대인들에 대한 직업선택의 자유가 제한되었으며 부분적으로는 국가관리직에서 일할 수도 없게 되었다. 특히 독일관료들은 이에 적극적으로 동조한 나머지 유대인들의 정체성이 침해되는 한이 있다 해도 유대인들이 독일사회에 적응하고 융합되어 살 수 있도록 하기 위해서는 심도 있는 제한적 구속을 필요로 한다고 주장하고, 그렇게 하여야만 또한 전체 독일국민에게 이롭다고 했다.

이처럼 유대인들이 유럽사회에 적응해서 살아가야 한다는 제약이 가해지고 있었는데도 불구하고 19세기 초기에 있었던 법률 입법은, 프랑스와 프로이샤에 있어서 계몽주의의 영향 때문인지는 몰라도, 처음으로 유대인과 기독교인이 동등하게 공생할 수 있는 구조적 변화를 갖도록 제정되었다. 그 결과 계몽주의는 유대인을 위한 해방의 시발점으로 표식되고 있었다. 그러나 유대인이 종국적으로 열등민족이라는 점에 관해서는 유사학문의 증명을 통해 그들에 대한 부정적인 선입감이 계속되고 있었다. 학자들은 유대인들의 특성을 찾기 위해서 상이한 민족들의 특성과 기질을 비교분석하고 있었으며, 그 과정에서 유대인들이 열등민족의 범주에 속한다는 선입감을 정당화시켜 갔던 것이다. 그렇기에 유대인들이 타민족과 혼재하여 살아가는 유럽에서 살아남기 위해서는 유대인들이 선택하여야 할 길이 명확했다. 그들의 전통적 생활형식을 거부하고 그들의 전통의식에서 벗어나 대다수의 국민을 이루고 있는 기독교인과 융합하여 살아가는 길 뿐이었다. 그리하여 그들은 기독교와의 영합도 시도하고 적응하려는 노력을 계속했던 것이다. 그러나 그렇지 못한 유대인들은 그들이 처한 비참한 상황들을 외교적 통로를 통해 외부에 알리기도 하고 이민계획도 확대하려 했다. 그러자 유대인들에 대한 과거의 나쁜 선입감들이 다시금 살아나 결국에는 후일에 반유대주의논쟁으로 발전되어 갔던 것이다.

그러나 다행히도 계몽주의 이후로는 사람들의 생각에 종교적인 규범을 토대로 유대인을 바라본다기보다는 경제적인 경쟁능력을 가지고 그들을 바라보는 시각이 사고의 중심에 서게 되었다. 그리하여 그들에 대한 제약은 점차 해제되어갔으며, 유대인들의 활동영역도 과거의 방어적인 입장에서 개방되어 갔다. 이에 그들의 활동은 금융산업, 상업분야에서 돋보이기 시작했다. 그러나 이들이 자본주의발전과 함께 급속하게 성장하게 되자 이들을 곱게 보지 않는 새로운 계층이 생겨났다. 경제적으로 약한 처지에서 유대인에게 빚을 지고 있던 소시민들과 농민들이 바로 유대인들의 적대적 계층이 된 것이다. 따라서 1819년에는 독일의 많은 소도시들에서 유대인에 대한 공격적인 소동이 일어났다. 소위 말하는 '햅-햅-소란Hepp-Hepp-Unruhen(햅햅이란 유대인들을 폄하시켜 비방할 때 외쳐대는 채찍질소리로 양떼에 대한 채찍질소리로부터 시작되었다.)이 일어났던 것이다. 그리고 1848년에는 독일전역에 걸쳐 여러 번의 대규모소동이 발생했던 것이다. '햅-햅-소란'의 발단은 평등한 대우를 요구했던 뷰르츠부르크도시의 한 유대인은행가가 바이에른주의회에 제출한 청원서가

문제가 되어(1819년) 독일 각 도시에서 유대인에 대한 공격이 발생했던 것이다. 첫 번째의 폭동희생자는 1803년부터 뷰르츠부르크시에서 살아왔던 사람이었으며, 그와 함께 희생된 사망자와 부상자는 상당수에 이르렀고, 400명의 유대인이 이 도시를 떠나야만 했다. 이처럼 유대인이 공격대상이 되었던 것은 그들이 소수민족으로 멸시되어왔던 이유도 있지만, 그들의 해방이 스스로 투쟁하여 얻어진 것이 아닌 국가의 상층부로부터 배려된 해방이었기 때문에 정책 여하에 따라 변화되는 일시적인 면이 컸다.

따라서 프랑스혁명의 반동으로 일어난 '복고주의Restauration'시대에 와서는 다시금 유대인들의 해방은 후퇴하였다. 여러 가지 사소한 행정적인 제약이 유대인에 가해졌다. 그리하여 유대인에게는 그들의 정체성을 대변할만한 결합체들도 사라져갔고, 그들은 뿔뿔이 흩어져 기독교사회체제 내에서 융합된 채 개인적인 생활을 영위하여야만 했다. 그들의 주위세계는 어려웠고 그들의 정신적 모습도 산만해졌다. 그들의 모습은 자본주의발전과 함께 제기된 이윤추구만 목적으로 하는 나쁜 모습으로 각인되어졌고, 자연과학적인 인종학에서 오는 나쁜 인간형으로만이 스테레오타입처럼 확산되어 그들에 대한 불안과 불신이 점증되어갔다. 그러더니 마침내 19세기 후반에 와서는 자본주의적 시민사회가 현대적 반유대주의를 불러일으킨 탄생지가 되고 말았다.

그런데 반유대주의사상을 뒷받침한 지식인들 가운데 게르만민족주의이데올로기를 대변하고 있는 사상가들이 많았다. 그 대표적인 예로 피히테Johann Gottlieb Fichte(1762-1814)를 거명한다. 그는 유대인을 지칭해서 국가 내의 국가위험을 안고 있는 사람들이라 비난했다. 유대인은 독일인이 아니어서 독일 내에 독자적인 국가를 건설하려들지도 모른다는 그의 의구심이 1871년 독일 제국 설립이후부터 일기 시작하여 계속되고 있었던 것이다. 그래서 민족국가주의사상을 옹립하고 있던 시민적 보수주의기독교인들은 유대인들에 의해 사회가 위태롭게 되어가는 증후에 대해 강력한 경고를 보냈고, 독일국가를 보장하고 국가의 본질을 유지할 수 있는 도덕적인 보증인은 기독교인뿐이라는 의견을 선전적으로 대변하고 있었다.

이러한 시대정신 때문에 1870년경부터는 유대인의 해방이란 말은 형식적인 법조문에만 존재하는 어휘였을 뿐 실상은 현대적인 반유대주의가 일기 시작했던 시대였다. 그래서 이들에 대한 제약과 비방은 계속되고 사회적인 긴장도 폭발 직전이었다. 이에 유대인들은 자신들의 종교적 정체성을 유지하면서도 자신들이 생존하기 위해서는 기독교적 사회에 적응하여 살아가려는 노력이 필수불가결 했다. 그러나 극단적으로 기독교로의 개종을 완수하겠다는 유대인은 거의 없었다. 오히려 유대교를 개혁하겠다는 사람과 정교회를 지키겠다는 사람이 맞서는 유대인 내부의 갈등경향만이 노출되었다.

유대교개혁운동은 중동학자이며 랍비였던 아브라함 가이거Abraham Geiger(1810-1874)에 의해 강하게 일기 시작했다. 그는 개혁운동의 설립자로서 종교와 일상생활을 현실적으로 일치시키려 했다. 공허한 종교형식도 폐기시키고 유대인신앙도 실질적인 현실생활에 맞도록 히브리어 대신에 독일어로 예배의식을 보도록 했다. 그뿐만 아니라 유대인들이 팔레스티나로 귀향할 수 있다는 소망도 한낱 꿈에 지나지 않으며 그곳에 사원을 재건할 수 있다는 사실도 이제는 모두 끝난 일이라 생각하고 있었다. 그저 개혁의지를 가진 다른 유대인들과 함께 구세주의 강림이나 기대하는 태도와 유대인의 전통의식을 현대적 생활양식에 맞도록 융합하여 살아가는 지혜만을 추구했던 것이다.

그런데 이러한 개혁의견에 맞서 신정교회Neoorthodoxie를 주장하는 사람이 있었으니 그는 랍비 삼손 라파엘 히르쉬Samson Raphael Hirsch(1808-1888)이다. 그는 유대종교는 유대국가와 분리해서 생각할 수 없는 것이라 보고 <토라>와 <탈무드>율법에 쓰여 있는 종교법칙을 그대로 따르는 자만이 이스라엘민족의 지속성을 보존할 수 있는 사람이라 보았다. 따라서 그는 종교철학이나 계몽주의 같은 상념은 거부하고, 유대교율법을 지켜나갈 수 있는 데는 시대정신을 관통하고 있는 정신사적 흐름만을 적절히 참작하면 된다고 믿고 있었다. 그렇기에 19세기 중반부터는 사실상 개혁파와 신정교회에 속하는 두개의 종교공동체만이 유대계사회에 존재하게 되었던 것이다. 즉 자유로운 생각을 지니고 있는 독일인의 공동체와 같은 모습으로 살고자 하는 개혁파의 공동체와 유대교를 포기하지 않고 살고자 하는 신정교회의 집단만이 존재하게 된 것이다.

그렇지만 이들 두 그룹간에는 공통점이 있었다. 이는 당시 타올랐던 반유대주의공격이 그들에게 가해지고 있을 때마다 그들은 상호간의 연대성을 유지했다는 점이다. 바로 1881년과 1882년에 제정러시아에서 발생한 유대인대학살이 있었던 때가 그 예이다. 그때에 유대인들은 이러한 연대성을 갖추기 위한 목적으로 국제적 구조공동체를 결성했고, 어려움에 처해 있을 때마다 그들의 국가시민권을 보호하기 위해 연대적 대비를 강구했던 것이다. 그리고 그들의 평등권을 보장받기 위한 정치운동으로 새로운 나라건설을 위한 지온주의운동을 펼쳤던 것이다. 지온주의는 본래 폴란드태생인 의사 레온 핀스커 Leon Pinsker(1821-1891)에 의해 시작되었다 그는 계몽된 유대인으로서 유대인들은 자신들이 살고 있는 현지에 동화되어 그 사회의 가치관을 수용하고 선량한 시민으로 살아가는 게 좋겠다는 이념을 처음에는 주장하고 있었다. 그러나 유대인들에게 해방을 보장하고 평등한 대우를 해주겠다는 현지사회의 법령들이 실제적인 현실에서는 휴지조각에 불과하다는 사실을 깨닫고 태도를 바꾸었다. 그는 타민족으로부터의 증오를 받지 않기 위해서는 독자적인 조국을 건설하는 것이 최선의 길이라 생각하고 있었다. 그렇지만 대부분의 유대인들은 자신들이 살고 있는 현지국가에서 해방의 성과를 기대할 수는 없을까 하는 최소한의 희망을 걸고 있었기 때문에 그의 주장에 지지를 보내지는 못하고 있었다. 그러나 1881년 러시아에서 유대인의 대학살이 발생하자 팔레스티나로 귀향하자는 지온주의는 설득력을 얻게 되었다. 그 후 핀스커와 비슷한 경험에서 지온주의를 설립한 사람이 테오도르 헤르쩰Theodor Herzel (1860-1904)이다. 그는 유대인들이 현지사회에 동화되어 산다는 것은 불가능하다고 믿고 팔레스티나에 독자적인 유대인주권국가를 건설할 것을 주장했다. 이에 1897년 바젤에서 열렸던 지온주의총회에서 구체적인 안이 첫발을 내딛게 되었으며, 이스라엘국가가 건설된 것은 그가 사망한 후 반세기 만의 일이었다. 그러나 지온주의는 히틀러 이후에 더욱 큰 지지를 받게 되었다.

4) 현대적 반유대주의와 대량학살

그런데 20세기 전환기에 와서는 현대적 반유대주의가 어떤 그룹에 의해 일고 있었던 것이 아니라 전체 국민들의 사고 속에서 잠재적으로 확산되어 가고 있었다. 처음에는 기성정치정당이 선거 때의 정치프로그램일환으로 흘려보내던 구호들이 언론매체를 통하여 일상적인 구호로 일반화 되어갔고, 그러한 슬로건들이 반복 확산되어 가는 동안 일반국민들의 의식 속에는 유대인문제가 나쁜 방향으로 활성화되었다. 물론 이러한 언론들의 반유대적 확산운동에는 몇몇 학자들의 참여도 외면할 수 없었다. 주로 당시의 유대인들에 대한 부정적 구호들은 독일국민의 복지와는 아무런 이해관계도 없이 국가조직을 해치고, 국제적인 배금주의자들로서 세계를 지배하려는 사람들이라 낙인된 내용들이었다. 따라서 당시의 대표적인 슬로건은 '유대인은 우리의 불행이다'였다. 그리고 반유대주의는 독일민족의 맹목적인 이데올로기가 되어갔다. 이때부터 계몽적인 이상이나 종교적인 관점에서 반유대주의사상을 주장할 수 있는 구속력은 사라져갔기 때문에 반유대주의에는 독일민족이 최고의 순수민족이라는 범게르만민족주의와 생물학적 차별론으로 대치되어갔다.

그러나 20세기 초반 20년간에는 독일계 유대인의 생활은 비교적 안정적이었다. 그들은 선량한 독일시민으로서 봉사해왔고, 또한 독일을 조국으로 알고 사는 애국주의적 시민상을 간직하고 있었다. 그렇기에 1914년 1차 세계대전이 발발했을 때만 해도 유대인들은 애국주의자들로서 기동력을 발휘했다. 독일군인들을 구성하고 있는 10만 명의 유대인군인 가운데 자원병이 10% 이상이었으며, 3만 명이 훈장을 받기도 했다. 그리고 1만 2천 명이 전사했다. 그러나 이들 사망자를 위한 위로비는 지급되지 않았다. 그들의 참전군인 숫자도 의도적으로 낮게 밝혀지고 있었다. 당시 바이마르헌법에는 종교의 자유가 명시되어 있었고, 국가와 종교가 엄격히 구분되어 있었기에 모든 국민은 동일한 대우를 받을 수 있었다. 하지만 유대인에게는 그러하지 못했다. 특히 독일이 1차 대전에 패하고 경제적 위기가 닥쳐오자 반유대주의는 다시금 독소 있는 목소리로 고개를 들기 시작했다. 중산보수층의 시민들 가운데서는 유대인에 관한 잊혀져간 옛날거짓이야기들이 다시금 대화의 중심에 서게 되었고 비교적 유대인에 관용적이던 좌파정당까지도 자신들의 이해관계에 따라 분명한 태도 없이 유대인들에 대한 선입견을 기회주의적으로 정치에 악용하기도 했다. 하지만 이러한 좌파의 태도는 유대인에 대한 논쟁을 피해가려는 이유에서였으며 그들의 적은 언제나 우파정당이었다.

우파정당인 국가사회주의가 선거에 이기게 되자 반유대주의적 구호를 방어해주었던 세력들의 목소리는 낮아져갔다. 그리고 히틀러가 처음부터 유대인을 대량학살하려는 의도를 갖고 있었는지, 또는 대량학살 자체가 정치적 목적이 되어 있었는지는 알 수 없겠으나, 1920년대부터 히틀러의 유대인증오는 파시즘운동과 함께 분명하게 나타난 것이 사실이다.

국가사회주의가 권력을 이양 받은 후 1933년부터는 반유대주의적 정책이 계속 강화되었다. 유대인들을 게토지역으로 격리시키는 작업이 진행되었고, 대량학살로 이어지는 종말정책이 뒤따르게 되었다. 물론 이에 대한 저항도 많았으나 대부분의 독일국민과 결정적인 기관들은 정부정책에 거의 침묵하고 있었다. 가톨릭이나 신교교회들도 침묵하고 있었고, 경우에 따라서는 오히려 순종하고 있었다. 이점에 대해서는 2차 세계대전 후 많은 종교인들이 참회하고 있는 대목이다.

이때 외국에서 유대인에 도움을 주었던 나라는 거의 없었다. 단지 유대인의 난민과 이민을 위해 문을 열어주었던 나라는 도미니크공화국뿐이었다. 모든 나라들은 국경을 폐쇄하고 있었다. 이처럼 유대인들의 주거자유가 제약받고 있던 그때에 이를 전 세계에 알리고 깨우쳐 주고자 했던 상징적인 사건이 발생했다. 폴란드계 유대인 헤르쉴 그륜스판Herschel Gruenspan(1921-1945)이 1938년 11월 7일에 파리주재 독일대사관 참사관인 에른스트 휜 라트Ernst von Rath에게 총상을 입히고, 이틀 후 사망케 한 사건이었다. 이에 자극 받은 요셉 괴벨스Joseph Geobbels 선전상은 유대인에 대한 강력한 정책을 수립완료한 후 히틀러의 친위대(SS=Schutzstaffeln)와 돌격대(SA=Sturmabteilung)를 동원하여 1938년 11월 10일 이른 아침에 모든 유대인의 성당과 상점, 시설들을 파괴했다. 그들로부터 귀중한 물건들은 차압되고 나머지 물건들은 파괴됐으며 100명 이상이 살해되었고, 3만 명이 체포되어 집단수용소로 이송되었다. 그리고 주위에 있는 독일계 주택가는 경찰과 소방서대원에 의해 보호조치가 취해졌고, 종국에 가서는 전 국가사회의 '아리안민족화'를 위한 '제국의 크리스탈 밤Reichskristallnacht(1938년 11월 9-10일)'이라는 유대민족의 청소작업인 대학살계획이 시작된 것이다. 이러한 유대인의 대학살작업은 독일과 독일점령지역에서만 진행되었던 것이 아니다. 독일과 가까운 맹방국에서도 진행되었다. 루마니아의 파시스트들은 독일이 간청하지도 않았는데 스스로 동조하여 30만 명이나 되는 유대인을 처형하였다. 그리하여 6백만 명이란 유대인이 유럽에서 살해되었고, 제3제국에서는 유대인의 생존이 정지되었다.

　대체적으로 유대인의 살상은 우선 게토지역으로 이송된 후 그곳에서 집단수용소로 이관된 후 처형되었다. 그러나 게토라는 의미는 본래 수용소라는 뜻이 아니다. 게토라는 지역은 12세기까지만 해도 푸줏간사람들의 마을이나 어민마을 등과 같은 사회적 인간그룹들이 정상적인 삶을 이루고 있는 자연스런 유대인주거마을이었다. 절대로 격리된 곳이 아니었다. 그래서 이들 마을을 동유럽에서는 유딧쉬어로 도시라는 의미의 '쉬테틀Schtetl'이라 불렀다.

　그러나 마을에 담을 치게 하고 강제로 집단이주하게 한 것은 15세기부터였다. 유대인들의 실존적 거주가 이때부터 가시적으로 노출되었으며, 사회법률적으로도 보이지 않게 게토화 되어 갔다. '게토'란 낱말은 1516년 베니스에서 처음으로 생겼다. 제3제국에 와서는 게토라는 지역이 유대인과 비유대인의 접촉을 차단시키기 위해 설정된 곳이었다. 주거지역은 아니었다. 처형지로 가기 전 유대인들을 집합시키고 잠시 머물게 한 중간운송지역이었다. 게토에서 굶주림과 탈진, 질병으로 죽어간 사람 만해도 수만 명이다. 그 유명했던 바르샤바게토에서는 그곳에서 집단수용소 트레브링카Treblinka로 강제이송 되는 것에 대한 폭동이 발생했는데 1943년에는 1개월간이나 지속되었다. 폭거가 진압된 후 친위대에 의해 처형된 유대인들은 56,065명이라고 1943년

5월 16일에 발표된 바 있다.

　이 같은 불행한 사건은 유럽 여러 곳에서 진행되었다. 그러나 이제는 이러한 불행했던 역사가 되풀이 되지 않도록 모든 인류가 참회할 전기를 맞고 있는 것이 우리의 현실이다. 600만 명의 처형이란 20세기 전반에 있어 가장 큰 역사적 비극이라 보겠다.

★ 위의 글 내용은 다음과 같은 참고문헌들을 참고하여 요약한 것임을 밝혀둔다.
Dan Cohen Sherbok: Judentum, Freiburg/Basel/Wein. 1999. S. 15-45
Thomas Schweer: Judentum. Muenchen. 1994. S.16-43
Gerhard Wehr: Judentum. Muenchen. 2001.
Peter Ortag: Juedische Kultur und Geshichte. Bonn 2004